Der Teilbarkeitsbegriff in der Insolvenzordnung sowie die insolvenzrechtliche Behandlung unteilbarer Leistungen im gegenseitigen Vertrag

Europäische Hochschulschriften
Publications Universitaires Européennes
European University Studies

Reihe II
Rechtswissenschaft

Série II Series II
Droit
Law

Bd./Vol. 4689

PETER LANG
Frankfurt am Main · Berlin · Bern · Bruxelles · New York · Oxford · Wien

Stefan Matthies

Der Teilbarkeitsbegriff in der Insolvenzordnung sowie die insolvenzrechtliche Behandlung unteilbarer Leistungen im gegenseitigen Vertrag

PETER LANG
Internationaler Verlag der Wissenschaften

Bibliografische Information der Deutschen Nationalbibliothek
Die Deutsche Nationalbibliothek verzeichnet diese Publikation in der Deutschen Nationalbibliografie; detaillierte bibliografische Daten sind im Internet über <http://www.d-nb.de> abrufbar.

Zugl.: Freiburg (Breisgau), Univ., Diss., 2007

D 25
ISSN 0531-7312
ISBN 978-3-631-57688-5

www.peterlang.de

Meinen Eltern,
Alfred und Ute Matthies,
in Dankbarkeit.

Vorwort

Für den Vertragspartner eines Insolvenzschuldners, der vor Verfahrenseröffnung bereits teilweise Leistungen an den Schuldner erbracht hat, ist, angesichts § 105 S. 1 InsO zusammen mit dem dieser Norm von der vorherrschenden Meinung zugesprochenen Inhalt, von entscheidender Bedeutung, ob die in dem gegenseitigen Vertrag zugesagten Leistungen als „teilbar" qualifiziert werden können oder nicht. Der Teilbarkeitsbegriff in § 105 S. 1 InsO wird im geltenden Recht mit dem Hinweis auf eine möglichst gleichmäßige Gläubigerbefriedigung weit ausgelegt. Der Vertragspartner kann damit dem Erfüllungsverlangen des Insolvenzverwalters nicht entgegenhalten, nur gegen Erhalt der gesamten Gegenleistung weitere Teilleistungen zu erbringen. Das den Vertragspartner schützende funktionelle Synallagma des gegenseitigen Vertrages verliert damit seine Wirkung, u. U. muss der Vertragspartner nach Erfüllungswahl des Insolvenzverwalters (§ 103 InsO) die von ihm versprochene Leistung sogar ein zweites Mal erbringen.

Ob dies richtig ist, muss kritisch hinterfragt werden. In grundsätzlicher Hinsicht stellt sich dabei die Frage, ob es, so wie von der herrschenden Meinung befürwortet, mit Insolvenzverfahrenseröffnung überhaupt zu einer „Vertragsspaltung" kommt. Schließlich begegnet der Teilbarkeitsbegriff auch in anderen Regelungsbereichen der InsO, so dass zu fragen ist, wie der Begriff hier verstanden werden kann.

Die vorliegende Arbeit geht diesen Fragen nach und untersucht, welchen Einfluss die Prinzipien Gläubigergleichbehandlung, funktionelles Synallagma und Privatautonomie auf den Teilbarkeitsbegriff in der InsO ausüben. Von besonderem Interesse ist dabei auch, wie eine „unteilbare" vertragliche Leistung nach geltendem Recht im Insolvenzverfahren zu behandeln ist.

Die Arbeit wurde im Sommersemester 2007 von der rechtswissenschaftlichen Fakultät der Albert-Ludwigs-Universität in Freiburg i. Br. als Dissertation angenommen. Rechtsprechung und Literatur sind bis einschließlich November 2007 berücksichtigt worden. Bedanken möchte ich mich bei meinem Doktorvater Herrn Professor Dr. Dr. h. c. Dieter Leipold, der mir bei der Betreuung der Arbeit alle Freiheiten ließ und durch den ich während meiner Assistentenzeit am Lehrstuhl eine so große Bereicherung erfuhr. Ein herzlicher Dank gebührt auch Herrn Professor Dr. Rolf Stürner für die Erstellung des Zeitgutachtens.

Meiner Frau, Verena Matthies, verdanke ich anregende und weiterführende Diskussionen sowie meinem ehemaligen Lehrstuhlkollegen Christian Mezger das Korrekturlesen der Arbeit mit wertvollen Anmerkungen.

Freiburg i. Br., im Dezember 2007 *Stefan Matthies*

Inhaltsverzeichnis

ABKÜRZUNGSVERZEICHNIS

a. A.	anderer Ansicht
a. E.	am Ende
a. F.	alte Fassung
a. M.	anderer Meinung
Abs.	Absatz
abw.	abweichend
AcP	Archiv für die civilistische Praxis (Band [Jahr], Seite)
AG	Aktiengesellschaft; Amtsgericht; Die Aktiengesellschaft (Jahr, Seite)
AktG	Aktiengesetz
Alt.	Alternative
AnfG	Anfechtungsgesetz
Anm.	Anmerkung
arg. e	argumentum (Argument aus)
Art.	Artikel
Aufl.	Auflage
BauR	Zeitschrift für das gesamte öffentliche und zivile Baurecht (Jahr, Seite)
BAG	Bundesarbeitsgericht
BAGE	Entscheidungen des Bundesarbeitsgerichts (Band, Seite)
BB	Betriebsberater (Jahr, Seite)
Bd.	Band
Bearb.	Bearbeiter
BeckOK	Beck'scher Online-Kommentar
Begr.	Begründer
BGB	Bürgerliches Gesetzbuch
BGBl.	Bundesgesetzblatt
BGH	Bundesgerichtshof
BGHReport	Schnelldienst zur Zivilrechtsprechung des Bundesgerichtshofs (Jahr, Seite)
BGHZ	Entscheidungen des Bundesgerichtshofs in Zivilsachen (Band, Seite)
Bl.	Blatt
Bsp.	Beispiel
BT-Drucksache	Bundestags-Drucksache
BVerfG	Bundesverfassungsgericht
BVerfGE	Entscheidungen des Bundesverfassungsgerichts (Band, Seite)

BVerwG	Bundesverwaltungsgericht
bzw.	beziehungsweise
ca.	circa
d.h.	das heißt
DB	Der Betrieb (Jahr, Seite)
ders.	derselbe
dies.	dieselbe; dieselben
Diss.	Dissertation
DM	Deutsche Mark (Währung)
DNotZ	Deutsche Notar-Zeitschrift (Jahr, Seite)
DZWiR	Deutsche Zeitschrift für Wirtschaftsrecht (Jahr, Seite)
EUR	Euro (Währung)
EWiR	Entscheidungen zum Wirtschaftsrecht (Jahr, Seite)
f.	folgende
ff.	folgende
FK-InsO	Frankfurter Kommentar zur Insolvenzordnung
Fn.	Fußnote
GBO	Grundbuchordnung
GbR	Gesellschaft bürgerlichen Rechts
GesO	Gesamtvollstreckungsordnung
GG	Grundgesetz
ggf.	gegebenenfalls
GmbH	Gesellschaft mit beschränkter Haftung
GmbHG	Gesetz betreffend die Gesellschaften mit beschränkter Haftung
h. L.	herrschende Lehre
h. M.	herrschende Meinung
HK-InsO	Heidelberger Kommentar zur Insolvenzordnung
Hrsg.	Herausgeber
HS	Halbsatz
i. d. Regel	in der Regel
i. E.	im Ergebnis
i. H. v.	in Höhe von
i. R.	im Rahmen
i. S. des/der	im Sinne des/der

i. V. m.	in Verbindung mit
InsO	Insolvenzordnung
InsOÄndG	Gesetz zur Änderung der Insolvenzordnung
InsR	Insolvenzrecht
InsVV	Insolvenzrechtliche Vergütungsverordnung
InVO	Insolvenz und Vollstreckung (Jahr, Seite)
JA	Juristische Arbeitsblätter (Jahr, Seite)
JR	Juristische Rundschau (Jahr, Seite)
Jura	Juristische Ausbildung (Jahr, Seite)
JuS	Juristische Schulung (Jahr, Seite)
JZ	Juristenzeitung (Jahr, Seite)
Kfz	Kraftfahrzeug
KG	Kammergericht; Kommanditgesellschaft
KO	Konkursordnung
krit.	kritisch
KTS	Zeitschrift für Insolvenzrecht – Konkurs, Treuhand, Sanierung (Jahr, Seite)
KV	Kostenverzeichnis
LG	Landgericht
Lit.	Literatur
LM	Lindenmaier-Möring, Nachschlagewerk des Bundesgerichtshofs in Zivilsachen
LMK	Lindenmaier-Möring, kommentierte BGH-Rechtsprechung
LS	Leitsatz
LZ	Leipziger Zeitschrift (Jahr, Spalte)
m.	mit
m. a. W.	mit anderen Worten
m. E.	meines Erachtens
m. w. Hinw.	mit weiteren Hinweisen
m. w. Nachw.	mit weiteren Nachweisen
MDR	Monatsschrift für Deutsches Recht (Jahr, Seite)
MittBayNot	Mitteilungen des Bayerischen Notarvereins, der Notarkasse und der Landesnotarkammer Bayern (Jahr, Seite)
MünchKomm-BGB	Münchener Kommentar zum Bürgerlichen Gesetzbuch
MünchKomm-InsO	Münchener Kommentar zur Insolvenzordnung
MünchKomm-ZPO	Münchener Kommentar zur Zivilprozessordnung

n. F.	neue Fassung
NJW	Neue Juristische Wochenschrift (Jahr, Seite)
NJW-RR	NJW Rechtsprechungsreport Zivilrecht (Jahr, Seite)
Nr.	Nummer
Nrn.	Nummern
NZBau	Neue Zeitschrift für Baurecht und Vergaberecht (Jahr, Seite)
NZI	Neue Zeitschrift für das Recht der Insolvenz und Sanierung (Jahr, Seite)
NZM	Neue Zeitschrift für Miet- und Wohnungsrecht (Jahr, Seite)
o.	oben
OHG	Offene Handelsgesellschaft
OLG	Oberlandesgericht
Rdnr.	Randnummer
Rdnrn.	Randnummern
RegE	Regierungsentwurf
RG	Reichsgericht
RGBl.	Reichsgerichtsblatt
RGZ	Entscheidungen des Reichsgerichts in Zivilsachen (Band, Seite)
RNotZ	Rheinische Notar-Zeitschrift (Jahr, Seite)
Rspr.	Rechtsprechung
RWS	Kommunikationsforum Recht – Wirtschaft – Steuern
S.	Satz; Seite
s.	siehe
s. o.	siehe oben
s. u.	siehe unten
sog.	so genannte
str.	streitig
StuB	Steuern und Bilanzen, Zeitschrift für das Steuerrecht und die Rechnungslegung der Unternehmen (Jahr, Seite)
StudKomm	Studienkommentar
u.	und; unten
u. a.	unter anderem; und andere
u. U.	unter Umständen
umstr.	umstritten
usw.	und so weiter

v. a.	vor allem
Var.	Variante
VersR	Versicherungsrecht (Jahr, Seite)
vgl.	vergleiche
VglO	Vergleichsordnung
VOB/B	Vergabe- und Vertragsordnung für Bauleistungen (VOB) Teil B: Allgemeine Vertragsbedingungen für die Ausführung von Bauleistungen
WiB	Wirtschaftsrechtliche Beratung (Jahr, Seite)
WM	Wertpapier-Mitteilungen (Jahr, Seite)
WuB	Entscheidungssammlung zum Wirtschafts- und Bankrecht
z. B.	zum Beispiel
z. T.	zum Teil
ZfIR	Zeitschrift für Immobilienrecht (Jahr, Seite)
ZfSch	Zeitschrift für Schadensrecht (Jahr, Seite)
ZGS	Zeitschrift für das gesamte Schuldrecht (Jahr, Seite)
ZInsO	Zeitschrift für das gesamte Insolvenzrecht (Jahr, Seite)
ZIP	Zeitschrift für Wirtschaftsrecht (Jahr, Seite)
ZPO	Zivilprozessordnung
ZRP	Zeitschrift für Rechtspolitik (Jahr, Seite)
zust.	zustimmend
zutr.	zutreffend
ZVG	Gesetz über die Zwangsversteigerung und Zwangsverwaltung
ZZP	Zeitschrift für Zivilprozess (Band [Jahr], Seite)

1. TEIL. ALLGEMEINES

§ 1 Problemdarstellung

I. Einleitung

§ 105 S. 1 InsO[1] bestimmt: *Sind die geschuldeten Leistungen teilbar und hat der andere Teil die ihm obliegende Leistung zur Zeit der Eröffnung des Insolvenzverfahrens bereits teilweise erbracht, so ist er mit dem der Teilleistung entsprechenden Betrag seines Anspruchs auf die Gegenleistung Insolvenzgläubiger, auch wenn der Insolvenzverwalter wegen der noch ausstehenden Leistung Erfüllung verlangt.*

Die Norm wirft eine Reihe von Fragen auf, die bislang nicht hinreichend untersucht und beantwortet wurden. Dies gilt vor allem für den Teilbarkeitsbegriff, der innerhalb des § 105 S. 1 InsO von entscheidender Bedeutung ist.[2] Seine Stellung innerhalb der Regelungen über die Behandlung gegenseitiger nicht vollständig erfüllter Verträge in der Insolvenz (§§ 103 ff. InsO) trägt zu den Verständnisproblemen rund um den Teilbarkeitsbegriff der Norm im Wesentlichen bei, handelt es sich bei diesem Normkomplex doch um eines der schwierigsten und dogmatisch umstrittensten Gebiete des Insolvenzrechts.[3] Die praktische Bedeutung der Norm und damit auch das Erfordernis nach einer klaren und zugleich dogmatisch stringenten Begriffsbestimmung zeigen sich nicht zuletzt in einer Reihe von Fällen, die der *BGH* bislang zu entscheiden hatte.[4] Aus der historischen Entwicklung heraus ergibt sich eine besondere Schwierigkeit, den Inhalt des nun geltenden § 105 InsO zu bestimmen. Schon unter Geltung der Vergleichsordnung (hier: § 36 VglO[5]) und der Konkursordnung (hier: § 17 KO[6]) war umstritten, wie sich die Zahlungsunfähigkeit auf den teilweise erfüllten Ver-

---

1 Insolvenzordnung in der Fassung der Bekanntmachung vom 05. Oktober 1994, BGBl. I S. 2866.

2 Siehe nur *Kreft* in: MünchKomm-InsO § 105 Rdnr. 8; *Andres* in: *Andres/Leithaus* InsO § 105 Rdnr. 1; *Krull* NZI 1998, 66 (67, 68).

3 Vgl. *Foerste* Insolvenzrecht Rdnrn. 205 (Kernproblem des Insolvenzverfahrens), 210.

4 Siehe etwa *BGHZ* 67, 242; *BGHZ* 125, 270; *BGHZ* 135, 25; *BGHZ* 147, 28; hierzu ausführlich S. 128 ff.

5 Vergleichsordnung vom 26. Februar 1935, RGBl. S. 321, in der Fassung vom 01. Januar 1964.

6 Konkursordnung vom 10. Februar 1877, RGBl. S. 351, in der Fassung vom 01. Januar 1964.

trag auswirkt. Bereits § 36 Abs. 2 VglO sprach von „teilbaren Leistungen“, so dass die Problematik der Begriffsbestimmung insgesamt nicht neu ist und durch eine jahrzehntelange Diskussion angereichert, aber auch zum Teil belastet ist. Im Zusammenhang damit tauchen nach wie vor immer die gleichen Fragen auf: Welche Wirkung hat die Eröffnung des Verfahrens auf einen gegenseitigen Vertrag, welche Reichweite hat das Wahlrecht des Verwalters, welche Rechtsfolgen ergeben sich aus der Erfüllungswahl oder Erfüllungsablehnung und was folgt aus alledem für bei Verfahrenseröffnung bereits teilweise erfüllte Verträge?

Diese Fragen können durch die vorliegende Arbeit nicht abschließend beantwortet werden. Im Zentrum der Untersuchungen steht allein der Teilbarkeitsbegriff als Rechtsbegriff in der Insolvenzordnung. Über § 105 S. 1 InsO hinaus erlangt der Begriff Bedeutung, wenn es um teilweise Vorleistungen des Schuldners geht oder schlicht wenn der Leistungsaustausch an sich aufgeteilt und getrennt werden kann, so etwa im Rahmen des Insolvenzanfechtungsrechts oder beim masseverbindlichen Fortbestand von Dauerschuldverhältnissen nach § 108 InsO. Es wird der Versuch unternommen, die Teilbarkeitsbegriffe in der InsO in ihren unterschiedlichen Kontexten darzustellen und zu bestimmen. Im Vordergrund steht dabei der Teilbarkeitsbegriff im Rahmen der Abwicklung gegenseitiger Verträge (§§ 103, 105 InsO), da der Begriff gerade hier besonders umstritten und diffizil festzumachen ist.

Zu berücksichtigen ist bei der Begriffsbestimmung zunächst immer der rechtliche Kontext des Begriffs. Dabei wirken ganz generell die Ziele des Insolvenzverfahrens, die Wertungen des Gesetzgebers, die Rechtsprinzipien zum Schutz der Rechtssicherheit, aber auch die Interessen der Parteien auf das Auslegungsergebnis ein.

Eine juristische Begriffsbestimmung muss neben diesen rechtlichen auch einer Vielzahl von wirtschaftlichen und praktischen Anforderungen gerecht werden. Für die Gerichte und die am Insolvenzverfahren Beteiligten, insbesondere den Insolvenzverwalter, muss ein Rechtsbegriff, der so weit reichende Folgen nach sich zieht, wie der Teilbarkeitsbegriff[7] klar und sicher bestimmt werden können. In diesem Zusammenhang sind auch all diejenigen, die von den Wirkungen des Insolvenzverfahrens beeinflusst werden können und ihre Leistungen am Insolvenzrisiko anderer bemessen, so die Banken in der Kreditwirtschaft, an einer klaren Begriffsbestimmung interessiert.

---

7 Siehe S. 7 ff.

Ausgehend von einer rechtsfolgenorientierten Betrachtung soll der Teilbarkeitsbegriff unter Würdigung des Gläubigergleichbehandlungsgrundsatzes und der Prinzipien des funktionellen Synallagmas und der Privatautonomie bestimmt werden. Bei der Lektüre der einschlägigen Literatur fällt auf, dass das Ergebnis bei der Begriffsbestimmung meist kurz und schlicht mit dem Gläubigergleichbehandlungsgrundsatz gerechtfertigt wird.[8] Man kann bereits vorwegnehmen, dass die vorherrschende Meinung im Rahmen des § 105 S. 1 InsO von einem (sehr) weiten Teilbarkeitsbegriff[9] ausgeht; eine Leistung soll schon dann teilbar sein, wenn sich die vor und nach Eröffnung des Insolvenzverfahrens erbrachten Leistungen feststellen und bewerten lassen.[10] Grund hierfür sei der Gläubigergleichbehandlungsgrundsatz, da ein Gläubiger, der nur teilweise vorleistet, ebenso ein Ausfallrisiko eingehe, wie jeder andere vollständig vorleistende Gläubiger auch.[11] Damit stellt sich natürlich die Frage nach dem Inhalt und der Dimension des Gleichbehandlungsprinzips. Es muss untersucht werden, woraus sich dieser Grundsatz ergibt und ob er, gerade bei der Anwendung des § 105 S. 1 InsO fähig ist, das Prinzip des funktionellen Synallagmas, das ohne Zweifel durch einen weiten Teilbarkeitsbegriff eingeschränkt wird, derart zu verdrängen. Wenn nämlich der Vertragspartner gegenüber dem Erfüllungsverlangen des Insolvenzverwalters grundsätzlich nach § 320 BGB geltend machen kann, nur gegen Erhalt der Gegenleistung für die teilweise schon erbrachte Vorleistung weitere Teilleistungen zu erbringen[12], so leuchtet ein, dass dies nicht gelten kann, soweit § 105 S. 1 InsO einschlägig ist.

Ausgehend von dieser Fragestellung werden Inhalt und Grenzen der einschlägigen Rechtsprinzipien untersucht, um hieraus die notwendigen Erkenntnisse für die Bestimmung des Teilbarkeitsbegriffs zu gewinnen.

---

8 Etwa *Thode* ZfIR 2000, 165 (180 f.); *Kreft*: in Festschrift für *Uhlenbruck*, S. 387 (395 f.); *ders.* in: MünchKomm-InsO § 105 Rdnr. 1; *Berscheid* in: *Uhlenbruck* InsO § 105 Rdnr. 17; *Scherer* NZI 2004, 113 (116); *Tintelnot* ZIP 1995, 616 (619); *Scheffler* ZIP 2001, 1182 (1185 f.); *Ahrendt* in: Hamburger Kommentar zum InsR § 105 Rdnr. 1; *Gottwald/Steer* MittBayNot 2005, 278 (282).

9 Dazu S. 157 ff. m. Nachw.

10 *Kreft* in: MüchKomm-InsO § 105 Rdnr. 14; *ders.* in: Festschrift für *Uhlenbruck*, S. 387 (396); *Thode* ZfIR 2000, 165 (180 f.); *Meyer* NZI 2001, 294 (297). – A. A. hingegen *Marotzke* in: HK-InsO § 105 Rdnrn. 4, 8 ff.; *Häsemeyer* Insolvenzrecht Rdnr. 20.27; *Windel* Jura 2002, 230 ff.

11 *Krull* ZInsO 1998, 291 (292); *Meyer* NZI 2001, 294 (295).

12 Str., dafür *Marotzke* in: HK-InsO § 105 Rdnr. 5; *ders.* Gegenseitige Verträge, 3. Aufl., Rdnrn. 4.160 ff.; *Henckel* in: Festschrift für *H.-P. Kirchhof*, S. 191 (202); *ders.* JZ 1998, 155 (157); dagegen *Tintelnot* in: *Kübler/Prütting* InsO § 105 Rdnr. 16; *Kreft* in: MünchKomm-InsO § 103 Rdnr. 47; *Wegener* in: FK-InsO § 105 Rdnr. 19.

Die Relevanz des Teilbarkeitsbegriffs im Rahmen von § 105 S. 1 InsO wird immer dann deutlich, wenn bei Insolvenzverfahrenseröffnung gegenseitige Verträge bestehen, die noch nicht vollständig erfüllt sind, wobei teilweise bereits Leistungen zwischen dem Insolvenzschuldner und seinem Vertragspartner ausgetauscht wurden. Hat der Vertragspartner des Schuldners teilweise vorgeleistet, so entscheidet die Einordnung der vertraglich geschuldeten Leistung als teilbar oder unteilbar darüber, ob der Vertragspartner die der Vorleistung entsprechende Gegenleistung nur als Insolvenzforderung geltend machen kann (§ 105 S. 1 InsO) – so wenn die Leistungen teilbar sind – oder ob er, im Falle der Erfüllungswahl durch den Insolvenzverwalter, sogar die gesamte Gegenleistung aus der Masse verlangen kann (§§ 103 Abs. 1, 55 Abs. 1 Nr. 2 InsO) – so wenn Unteilbarkeit der Leistung angenommen wird.[13]

Der Gesetzgeber verzichtet auf eine Definition des Teilbarkeitsbegriffs[14] und stellt die inhaltliche Auslegung damit dem Rechtsanwender anheim.[15] Einheitliche Kriterien, um eine Leistung entweder als teilbar oder unteilbar zu qualifizieren, fehlen bislang.[16] So zeichnet sich ab, dass das Problem gerade darin besteht, dass in einem einheitlichen Sachverhalt eine Leistung entweder als teilbar oder unteilbar qualifiziert werden kann.[17]

Ein Teil der Literatur geht jedoch davon aus, dass der Teilbarkeitsbegriff spätestens seit dem Urteil des *BGH* vom 25. April 2002[18] abschließend geklärt sei.[19] Hier entschied der *BGH*, dass eine Leistung dann teilbar sei, wenn sich die vor und nach Eröffnung des Insolvenzverfahrens erbrachten Leistungen feststellen und bewerten ließen.[20] Zu beachten ist jedoch, dass der dem Urteil zugrunde liegende Sachverhalt keinen Fall des § 105 S. 1 InsO betraf.[21] Es ging letztlich um

---

13 Vgl. *Linder* S. 145; *Wiegmann* S. 93; *Kreft* in: MünchKomm-InsO § 105 Rdnrn. 24 ff.

14 *Wegener* in: FK-InsO § 105 Rdnr. 7.

15 Vgl. auch *Jaeger* Teilbarkeit und Unteilbarkeit obligatorischer Leistungen (1913), S. 4.

16 Zu den unterschiedlichen Ansichten in der Literatur siehe unten S. 157 ff.

17 Am Beispiel des Bauvertrages etwa *Kesseler* ZIP 2005, 2046 (2048) (unteilbar). – A. M. hingegen *Kreft* in: Festschrift für *Uhlenbruck*, S. 387 (396); *Huber* NZBau 2005, 177 (180) (teilbare Leistung); zweifelnd *Gottwald/Steer* MittBayNot 2005, 278 (281).

18 *BGHZ* 150, 353 = NJW 2002, 2783 = NZI 2002, 375 = ZIP 2002, 1093 = ZInsO 2002, 577 = DZWiR 2003, 20.

19 *Huber* ZInsO 2005, 440 (452).

20 *BGHZ* 150, 353 (LS 1).

21 Vereinfacht: Die Z-GmbH (Z) verpflichtete sich gegenüber einer Arbeitsgemeinschaft (ARGE) zur Errichtung eines Bauwerks. Hierzu schloss sie mit der späteren Klägerin (K) einen Subunternehmervertrag über die Herstellung und Anlieferung von Betonfertigteilen. Zur Sicherung der Werklohnforderung hat die Z ihre Ansprüche gegenüber der ARGE an die K abgetreten. Nachdem die Z insolvent geworden war, entstand Streit darüber, wem – und in welcher Höhe – die Forderung gegenüber der ARGE zu-

die Frage, ob einem Zessionar die vor Verfahrenseröffnung abgetretenen Rechte auch nach Verfahrenseröffnung noch (zumindest teilweise) zustanden, wenn schuldnerseits bis zur Verfahrenseröffnung bereits teilweise Leistungen an den Vertragspartner (Drittschuldner) erbracht wurden. Da bei Insolvenzverfahrenseröffnung ein Vorleistungsüberschuss des Insolvenzschuldners vorlag (und damit nach geltendem Recht der Teilbarkeitsbegriff bei der Anwendung des § 103 InsO in Frage stand[22]), kann richtigerweise nicht die Rede davon sein, der Begriff der Teilbarkeit in § 105 S. 1 InsO sei geklärt.[23]

II. Kurze Darstellung zur Vorgeschichte der §§ 103, 105 InsO – Wiederkehrschuldverhältnisse und Sukzessivlieferungsverträge

Die am 01. Januar 1999 in Kraft getretene Insolvenzordnung (Art. 110 Abs. 1 EGInsO) regelt in § 103 InsO das Wahlrecht des Insolvenzverwalters, das auch die Konkursordnung von 1877 in § 17 vorsah. Beide Normen entsprechen sich inhaltlich. Unter Geltung der Konkursordnung ging man zunächst davon aus, dass sich das Wahlrecht des Verwalters stets auf den ganzen Vertrag bezog. Hatte ein Vertragspartner vor Verfahrenseröffnung teilweise Leistungen an den Schuldner erbracht, so hatte die Erfüllungswahl zwangsläufig zur Folge, dass auch die Gegenleistung für die schon erhaltenen Vorleistungen (die sog. Rückstände) aus Massemitteln erbracht werden musste. Dieser Umstand allein erschien jedoch nicht besonders problematisch, denn wenn der Verwalter vermeiden wollte, dass auch Rückstände aus der Masse beglichen werden, konnte und musste er die Vertragserfüllung ablehnen. § 17 KO eröffnete dem Verwalter stets die Möglichkeit, so zu handeln, wie es für die Masse am günstigsten war. Die Norm versagte jedoch in einem bestimmten Fall: Der Verwalter hatte dann kein wirkliches „Wahlrecht" mehr, wenn Energieversorgungsunternehmen aufgrund ihrer Monopolstellung den Konkursverwalter zur Erfüllungswahl „zwingen" konnten, indem sie anderenfalls die weitere Versorgung abbrachen. Auf die Leistungen der Energieversorgungsunternehmen war der Verwalter zwingend angewiesen, wollte er den Schuldnerbetrieb fortführen. Die Lösung des Problems wurde in der Konstruktion der sog. Wiederkehrschuldverhältnisse erblickt. Man nahm an, dass bei Verträgen, die zu den Wiederkehrschuldverhältnissen zählten, die Schuldverhältnisse für weitere Zeitabschnitte oder für weitere Bezugsmengen stillschweigend neu entstehen. Auf diese Weise konnte man erreichen, dass bezüglich jeder einzelnen Lieferung ein eigenständiges Vertragsver-

steht. Vor der Insolvenzverfahrenseröffnung wurden schon erhebliche Teile des Bauwerks fertig gestellt.

22 Vgl. *Scherer* NZI 2004, 113 ff.

23 So auch *Kesseler* ZIP 2005, 2046 (2047).

hältnis vorliegt, das konkursrechtlich gesondert zu behandeln ist. Verlangt der Verwalter bei Annahme eines Wiederkehrschuldverhältnisses Erfüllung des Vertrages, so brauchte er die Altverbindlichkeiten nicht aus der Masse zu begleichen, da in diesem Fall bezüglich der gewünschten Liefermenge ein eigenes Schuldverhältnis begründet wurde. Die Wiederkehrschuldverhältnisse wurden in Abgrenzung von Sukzessivlieferungsverträgen von der Wissenschaft konstruiert[24] und später von der Rechtssprechung übernommen.[25] In der Folge entstand jedoch das Problem, dass man fortan immer zwischen Wiederkehrschuldverhältnissen und Sukzessivlieferungsverträgen (die dann vorliegen sollten, wenn sich dem Parteiwillen entnehmen ließ, dass der Vertrag einheitlich nur im Ganzen abgewickelt werden soll) unterscheiden musste. Die Abgrenzung bereitete jedoch z. T. erhebliche Schwierigkeiten. Man versuchte dann, über die Grundsätze des Kontrahierungszwangs die Abgrenzungsfragen zu umgehen. Unterlag ein Monopolist einem Kontrahierungszwang, so konnte der Verwalter die Erfüllung ablehnen und zugleich Abschluss eines neuen Vertrages verlangen. Trotz dieser Überlegungen wollte der Gesetzgeber der Vergleichsordnung das Problem dadurch lösen, indem er § 36 Abs. 2 VglO schuf.[26] Der Regelungsbereich dieser Norm erfasste jedoch auch Sukzessivlieferungsverträge, so dass die schwierigen Abgrenzungsfragen zu den Wiederkehrschuldverhältnissen nun auf die Frage verlagert wurden, ob teilbare oder unteilbare Leistungen vorliegen. Wie noch zu zeigen ist, wurde die Unterscheidung sowohl in der Rechtsprechung als auch in der Literatur überwiegend begrifflich angegangen. Durch die Schaffung des § 105 S. 1 InsO neben § 103 InsO, mit dem der Gesetzgeber im Grunde § 17 KO und § 36 Abs. 2 VglO miteinander verband (Regelungen aus unterschiedlichen Gesetzen, die unterschiedliche Ziele verfolgten – hier die Liquidation, dort die Reorganisation), existieren die Abgrenzungsprobleme auch heute noch. Es bleibt jedoch zu fragen, ob es vor dem Hintergrund dieser Vorgeschichte gerechtfertigt ist, dass § 105 S. 1 InsO auch die Verträge erfasst, die früher zu den Sukzessivlieferungsverträgen gezählt wurden und damit, ob die Rechtsfolge des § 105 S. 1 InsO grundsätzlich für alle Vertragsverhältnisse angemessen ist.[27]

---

24 Grundlegend *Jaeger* LZ 1912, 286 ff.

25 *RGZ* 148, 326 (331); *BGH* KTS 1961, 8 (9); *BGH* BB 1952, 868 (m. Anm. *Berges*).

26 Zum Inhalt der Norm siehe Fn. 280.

27 Zu den aufgeworfenen Fragen S. 57 ff.

III. Die Relevanz des Teilbarkeitsbegriffs – am Beispiel des Bauvertragsrechts – und das Problem der Doppelleistungspflicht

In der Praxis hat sich die Diskussion über den Teilbarkeitsbegriff besonders bei der Abwicklung von Bauverträgen in der Insolvenz entfacht.[28] Im Einzelnen soll die Relevanz des Begriffs daher im Folgenden am Beispiel dieses für die Praxis so wichtigen Vertragstypus' dargestellt werden.

Die Bedeutung des Teilbarkeitsbegriffs wird schnell verständlich, wenn man sich die *praktischen Folgen* bei der Anwendung des § 105 S. 1 InsO vor Augen führt, insbesondere in Fällen des Bauhandwerks.[29] Angenommen, der Vertragspartner vergütet eine Handwerksleistung des späteren Insolvenzschuldners fast vollständig im Voraus. Der Handwerker erbringt zwar vor Eröffnung des Insolvenzverfahrens über sein Vermögen die geschuldete Leistung, diese ist jedoch vollständig mangelhaft. In diesem Fall liegt eine nicht vollständige Leistung i. S. des § 103 InsO vor.[30] Entscheidet sich der Insolvenzverwalter nun für die Erfüllung des Vertrages, so ist entscheidend, ob § 105 S. 1 InsO zur Anwendung kommt oder nicht.[31] Im Falle teilbarer Leistungen, muss der Vertragspartner den seiner Vorleistung entsprechenden Anspruch auf die Gegenleistung als Insolvenzgläubiger geltend machen. Bei Äquivalenz von Leistung und Gegenleistung entspricht dies in der Regel dem Betrag der bereits erbrachten Vorleistung. Zwar schuldet der Insolvenzverwalter die mangelfreie Herstellung des Werks und der

---

28 Vgl. *Kreft* in: Festschrift für *Uhlenbruck*, S. 387 ff.; *Huber* NZI 2002, 467 ff.; *ders.* NZBau 2005, 177 ff., 256 ff.; *ders.* ZInsO 2005, 449; *Kesseler* RNotZ 2004, 176 ff.; *Gottwald/Steer* MittBayNot 2005, 278 ff.

29 Vgl. zum Sprachgebrauch *Huber* ZInsO 2005, 449: *„Das BGB kennt den Begriff ‚Bauvertrag' nicht, spricht aber vom ‚Bauwerk' in § 634 a Abs. 1 Nr. 2 BGB. Der Bauvertrag ist ein Werkvertrag, gerichtet auf Herstellung eines körperlichen Arbeitserfolges (§ 631 BGB) in Form von Schaffung, Erhaltung oder Reparatur eines Bauwerkes. Man unterscheidet den BGB-Bauvertrag, wenn ausschließlich die Regeln der §§ 631 ff. BGB Anwendung finden [...] sowie den VOB-Bauvertrag, wenn die Geltung der VOB/B vereinbart wurde [...]*". So auch *Huber* NZBau 2005, 177 (178).

30 *Balthasar* in: *Nerlich/Römermann* InsO § 103 Rdnr. 34; *Marotzke* in: HK-InsO § 103 Rdnr. 28 m. w. Nachw.

31 Deutlich wird dies auch an einem von *Kesseler* (ZIP 2005, 2046 [2051]) aus der Praxis beschriebenen Fall: Dort besaß ein Pensionär ein abbezahltes Einfamilienhaus. Von den Ersparnissen i. H. von 400.000 EUR wollte er ein Ferienhaus erwerben. Er beauftragte zu diesem Preis ein Bauunternehmen, das kurz vor vollständiger Fertigstellung des Werks in Insolvenz fiel. Ein beauftragter Sachverständiger stellte erhebliche statische Mängel fest und empfahl den Abriss des Gebäudes und Neuerrichtung. Nach Erfüllungswahl und Neuerrichtung des Objekts durch den Insolvenzverwalter, verlangte dieser Zahlung in Höhe von 400.000 neben den schon an den Insolvenzschuldner geleisteten 380.000 EUR.

Vertragspartner materiell-rechtlich nur noch den noch ausstehenden Teil seiner Gegenleistung. Eine Besonderheit ergibt sich aber daraus, dass die vom Insolvenzverwalter geschuldete Leistung nach Verfahrenseröffnung und Erfüllungswahl zu erbringen ist. Unter dem Postulat, dass zum Schutze des Gleichbehandlungsgrundsatzes die Masse nur Leistungen für etwas zu erbringen habe, wofür ihr auch die Gegenleistung zufließt,[32] wird von den Vertretern eines extensiven Teilbarkeitsbegriffs akzeptiert, dass der Vertragspartner nun noch einmal die gesamte Gegenleistung erbringen soll.[33] Letztlich müsste der Vertragspartner somit zweimal zahlen.[34]

Aber auch in anderen Fallgestaltungen kann sich das gleiche Problem stellen. Leistet der Vertragspartner einen Vorschuss, dessen Wert der Errichtung des Kellergeschosses entspricht, so muss er den Anspruch hierauf bei Teilbarkeit der Leistungen als Insolvenzforderung zur Tabelle anmelden. Wählt der Verwalter Erfüllung des Vertrages, so muss der Verwalter theoretisch zwar noch die Errichtung z.B. des Erd- und Obergeschosses aus Massemitteln bezahlen.[35] Dies ist allerdings ohne Errichtung des Kellergeschosses natürlich nicht möglich. Würde in diesem Fall auch die Errichtung des Kellergeschosses aus Massemitteln bezahlt werden, ohne dass der Masse hierfür auch die Gegenleistung zufließt, widerspräche dies dem soeben erwähnten Grundsatz des Masseschutzes. Vermieden wird dies im Ergebnis dadurch, dass der Vertragspartner auch hier letztlich zweimal „zur Kasse gebeten" wird. Die Vergütung für die Errichtung des Kellergeschosses müsste er nach Erfüllungswahl noch zur Masse leisten.[36]

Eine Doppelleistungspflicht für den Vertragspartner ergibt sich nicht aus dem Gesetz. Eine gesetzliche Grundlage ist hierfür aber erforderlich (vgl. § 311 Abs. 1 BGB). Will man die Doppelleistungspflicht in allen Fällen, in denen schuldnerseits die weiteren Leistungen nach Erfüllungswahl nicht Sinn bringend ohne andere Leistungen (so die Errichtung des Dachgeschosses nicht ohne Kellergeschoss) erbracht werden können, annehmen, so drängt sich die Frage auf, ob man es nicht mit dem Masseschutz ein wenig zu weit treibt. Denn die Doppelleistungspflicht ergibt sich so nur aufgrund des Wunsches, die Masse weitestgehend vor finanziellen Belastungen zu schützen. Einen Grundsatz der Meistbegünstigung der Masse kennt das Gesetz jedoch nicht. In dogmatischer

---

32 Vgl. *BGHZ* 135, 25 = JZ 1998, 154 (m. Anm. *Henckel*) = WuB VI G. § 9 GesO 2.97, S. 703 ff. (m. Anm. *Hess*); *Krull* ZInsO 1998, 291 (292).

33 Vgl. die Fallgestaltungen bei *Kreft* in: Festschrift für *Uhlenbruck*, S. 387 (400) und *Kesseler* ZIP 2005, 2046 (2051). Näher dazu auch unten S. 157 ff.

34 *Kreft* in: Festschrift für *Uhlenbruck*, S. 387 (401); *Berscheid* in: *Uhlenbruck* InsO § 105 Rdnr. 23; *Gottwald/Steer* MittBayNot 2005, 278 (282).

35 *Kreft* in: Festschrift für *Uhlenbruck*, S. 387 (400).

36 *Huber* NZBau 2005, 256 (262); *Kreft* geht hingegen von einem Rückzahlungsanspruch wegen Zweckverfehlung aus, siehe *Kreft* in: Festschrift für *Uhlenbruck*, S. 387 (401).

Hinsicht drängt sich dabei auch die Frage auf, wie sich dies mit dem Grundsatz der Privatautonomie vereinbaren lässt. Der Vertragspartner wird nämlich eigentlich vor weiterer Inanspruchnahme durch den Erfüllungseinwand (§ 362 Abs. 1 BGB) geschützt. Verpflichtet man ihn dazu, u. U. Teile seiner vertraglichen Leistung noch einmal zu erbringen, so wird ihm im Grunde ein Vertrag aufgedrängt, den er so nicht wollte.[37]

Die Probleme, die sich so aus einem weiten Teilbarkeitsbegriff ergeben, sollen nach anderer Ansicht dadurch vermieden werden, dass der Teilbarkeitsbegriff bei Vorleistungen des Vertragspartners – und damit im Anwendungsbereich des § 105 InsO – eher eng ausgelegt wird.[38] Entscheidend soll es darauf ankommen, ob auch bestimmte Teile der vereinbarten Leistung jeweils einzeln einen selbständigen wirtschaftlichen Zweck haben und ob sich die Gegenleistung auf diese Teilleistungen beziehen lässt. Dabei soll es auf die Interessen der Parteien ankommen. So hätte etwa ein völlig mangelhaftes Werk des Schuldners für den Gläubiger keinen wirtschaftlichen Zweck, so dass eine Teilbarkeit der gegenseitigen Leistungen schon aus diesem Grunde nicht vorliegen würde. Dann wäre § 105 S. 1 InsO nicht anwendbar. Der Vertragspartner könnte bei Erfüllungswahl durch den Insolvenzverwalter die gesamte Gegenleistung, d.h. auch Mangelbeseitigung, auf Kosten der Masse verlangen, müsste seinerseits aber nur den noch ausstehenden Teil der Gegenleistung an den Verwalter und damit zur Masse erbringen. Hierdurch soll das funktionelle Synallagma nicht unterlaufen und die Vertragskalkulation der Parteien nicht zerstört werden.[39] Ohne Bedeutung für § 105 S. 1 InsO ist in diesem Zusammenhang, ob die mangelhafte Leistung eine „Teilleistung“ oder vielmehr eine „Nichtleistung“ darstellt. Hat der Vertragspartner einen Teil seiner Gegenleistung erbracht und lässt sich der Wert der mangelhaften Leistung beziffern, ist § 105 S. 1 InsO in beiden Fällen anwendbar.

Gerade in solchen das Bauvertragsrecht betreffenden Einzelfällen kann der Teilbarkeitsbegriff erhebliche wirtschaftliche Auswirkungen entfalten. Angesichts der grundlegenden Bedeutung des § 105 S. 1 InsO ist es zwar denkbar, im Einzelfall die Reichweite des Teilbarkeitsbegriffs durch Auslegung zu reduzieren[40], damit steht eine grundsätzliche Klärung des Teilbarkeitsbegriffs aber noch aus.

---

37 Ausführlicher zum Ganzen S. 157 ff.

38 *Marotzke* in: HK-InsO § 105 Rdnrn. 4, 8 ff.; *Häsemeyer* Insolvenzrecht Rdnr. 20.27; *Windel* Jura 2002, 230 (234).

39 Vgl. *Scherer* NZI 2004, 113 (116).

40 So *Meyer* NZI 2001, 294 ff.; vgl. auch *Kroth* in: *Braun* InsO § 105 Rdnrn. 10, 14 ff. (bei umsatzsteuerrechtlichen Problemen).

Die zahlreichen Klärungsversuche[41] haben bislang eines deutlich gemacht: Grundlage für die einzelnen Definitionen des Begriffs sind Einzelfallüberlegungen. Die wertende Betrachtung einiger Einzelfälle wird mit einem entsprechenden Begriff, der der maßgeblichen Wertung nachkommen soll, generalisiert. In der Folge werden aber auch Fälle von § 105 S. 1 InsO erfasst, für die die Rechtsfolge nicht angemessen ist.[42] In den meisten Fällen sieht sich die herrschende Meinung, die mit einem weiten Teilbarkeitsbegriff die Masse schützen will, nicht dazu berufen, an der Rechtslage etwas zu ändern, denn eine Masseanreicherung (ob berechtigt oder nicht) wird in jedem Fall erreicht. Zu guter letzt wird das Ergebnis auch noch mit dem Gläubigergleichbehandlungsgrundsatz gerechtfertigt. Damit stellt sich die Frage, in welchen Fällen der Gleichbehandlungsgrundsatz tatsächlich zu einem entsprechend weiten Begriffsverständnis zwingt. Dies wird nur dann der Fall sein, wenn der Vertragspartner wie jeder andere Insolvenzgläubiger mit seiner Forderung Einfluss auf das Schuldnervermögen ausübt.[43] Gerade diese Voraussetzung zwingt aber wieder zu einer Einzelfallbewertung.[44] In dem in Fn. 31 beschriebenen Fall ließe sich die Teilbarkeit der Leistung und damit die Anwendung des § 105 S. 1 InsO mit dem Argument verneinen, der Pensionär übe keinen entsprechenden Einfluss auf das Schuldnervermögen aus, weil er lediglich die Gegenforderung für eine schon erbrachte Leistung und damit lediglich die schon vergütete und damit liquide Gegenleistung verlange.[45] Es soll nicht der Eindruck entstehen, als werde der herrschende Teilbarkeitsbegriff gleich zu Beginn der Untersuchungen als „unbrauchbar" verworfen. Kritisch muss man aber fragen, ob die Weite des Teilbarkeitsbegriffs uneingeschränkt gerechtfertigt ist und wie der Begriff bestimmt werden kann, um auch entsprechende Einzelfälle angemessen zu lösen.

Nicht nur bei einem Vorleistungsüberschuss des Vertragspartners zeigt sich die Bedeutung des Teilbarkeitsbegriffs. Auch in einem umgekehrten Fall ergeben sich interessante Fragen. Was gilt z.B., wenn der Schuldner vor Verfahrenseröffnung teilweise Leistungen erbracht hat, seinen Anspruch gegen den Vertrags-

---

41 Überblick bei *Linder* S. 120 ff. – Von Bedeutung sind etwa Ansätze wie (1) Höchstpersönlichkeit der Leistungserbringung (*Kreft* in: MünchKomm-InsO § 105 Rdnr. 22), (2) Zuordnung von Leistung und Gegenleistung (*Tintelnot* in: *Kübler/Prütting* InsO § 105 Rdnr. 4), (3) Feststellbarkeit und Bewertbarkeit der einzelnen Leistungsteile (*Thode* ZfIR 2000, 165 [181]; *BGHZ* 147, 28 [34]).

42 Vgl. *Henckel* in: Festschrift für *H.-P. Kirchhof*, S. 191 (204 f.); zweifelnd auch *Pilgram* Ökonomische Analyse S. 137.

43 Dazu später ausführlich, S. 51 ff.

44 Ob es dabei ausreichend ist, dem Vertragspartner wegen der Vorleistung einen Kondiktionsanspruch einzuräumen (so *Kreft* in: Festschrift für *Uhlenbruck*, S. 387 [401]), ist fraglich.

45 Ausführlich S. 169 ff.

partner aber an einen Zessionar wirksam abgetreten hat? Durch die Vorleistung des Schuldners ist der Anspruch des Vertragspartners auf die entsprechende Gegenleistung „werthaltig“[46] geworden. Dies bedeutet, dass die Gegenleistung dem Schuldner einredefrei zusteht. Da man annimmt, dass sich das Wahlrecht des Insolvenzverwalters nicht auf derartige werthaltige Ansprüche bezieht[47], steht der der Vorleistung entsprechende Betrag der Gegenleistung der Masse zu, durch das Erfüllungsverlangen nun aber auch der übrige Erfüllungsanspruch. Um ein höheres Schutzniveau für die Masse zu erreichen, ist insbesondere von der Rechtsprechung der Grundsatz aufgestellt worden, dass der Masse für die von ihr zu erbringenden Leistungen ungeschmälert auch die entsprechende Gegenleistung zustehen muss.[48] Positiver kann man auch formulieren, dass nach Ansicht des *BGH*, nicht-werthaltige Ansprüche im Falle der Erfüllungswahl durch den Insolvenzverwalter „erneuert“[49] werden, so dass sie der Masse nicht durch antezipierte Abtretungen verloren gehen können.

Konsequenz hieraus ist u. a., dass im Falle einer Abtretung des Anspruchs durch den Schuldner[50] die Abtretung in Höhe der Werthaltigkeit wirksam ist.[51] Dies ist dem Grunde nach logisch, denn wenn sich das Wahlrecht des Verwalters nicht auf den der Vorleistung entsprechenden Teil der Gegenleistung bezieht, ist die Masse insofern auch nicht schutzwürdigt.[52] Aus ihren Mitteln muss keine Leistung erbracht werden, also steht ihr auch nicht die Gegenleistung zu. Der Erfüllungsanspruch wegen der bei Verfahrenseröffnung noch nicht erbrachten und dann aufgrund des Erfüllungsverlangens durchgeführten Leistungen steht jedoch der Masse zu. Dieser Teil des Erfüllungsanspruchs wird von einer möglichen Vorausabtretung nicht berührt. So verhält es sich jedoch nicht, wenn der Vertrag auf unteilbare Leistungen gerichtet ist. Lassen sich Leistung und Gegenleistung nicht in ein Wertverhältnis zueinander setzen, so fehlt es für die Bestimmung des von der Abtretung betroffenen Forderungsteils an einer entsprechenden Bezugsgröße[53], so dass eine Abtretung unwirksam ist.

Ebenso wenig ist eine Aufrechnung gegenüber diesen Erfüllungsansprüchen mit Insolvenzforderungen des Gläubigers zulässig.[54] Die Aufrechnung (§§ 389 ff. BGB) bewirkt, dass gegeneinander gerichtete Forderungen, soweit sie sich decken – und auch des Weiteren fällig und durchsetzbar sind – erlö-

---

46 Der Begriff wird vom *BGH* verwendet, *BGHZ* 129, 336 (341).

47 Vgl. etwa *Foerste* Insolvenzrecht Rdnr. 216.

48 *BGHZ* 129, 336 (339 f.); *BGHZ* 135, 25 (27).

49 Vgl. *BGHZ* 150, 353 (LS 3).

50 Zur Kreditsicherheit könnte der Schuldner die Forderung antezipiert an einen Kreditgeber abgetreten haben. – Vgl. hierzu *Adam* DZWiR 1998, 227.

51 *Huber* NZI 2002, 467 (470); *Graf/Wunsch* ZIP 2002, 2117 (2121).

52 Vgl. *BGHZ* 129, 336 = JZ 1996, 49 (m. Anm. *Bork*).

53 *Kreft* in: MünchKomm-InsO § 105 Rdnr. 28.

54 *Huber* NZI 2002, 467 (470).

schen, wenn sie aufgerechnet werden, § 389 BGB. Da die Aufrechnung im gewissen Sinne als Institut zur Selbstvollstreckung einer Forderung geeignet ist, das in der Insolvenz geltende Prinzip der Gläubigergleichbehandlung zu gefährden[55], regelt die InsO in den §§ 94 ff., unter welchen Voraussetzungen die Aufrechnung in der Insolvenz zulässig ist.[56] Bestand demnach die Aufrechnungslage schon bei Verfahrenseröffnung, so wird das Recht des Insolvenzgläubigers zur Aufrechnung durch die Verfahrenseröffnung nicht beeinträchtigt, § 94 InsO. Hatte der spätere Insolvenzschuldner teilweise vorgeleistet und dadurch in entsprechender Höhe eine Forderung gegen den Insolvenzgläubiger erworben, so kann der Gläubiger gegen diese Forderung mit anderen Forderungen, die er gegen den Schuldner zur Zeit der Verfahrenseröffnung hat, aufrechnen. Dies freilich nur, wenn die Leistung des Schuldners eine teilbare ist. Denn nur soweit bestand die Aufrechnungslage schon bei Verfahrenseröffnung und nur soweit schneidet die Verfahrenseröffnung dem Gläubiger nicht das Recht zur Aufrechnung ab. Liegt jedoch eine unteilbare Leistung des Schuldners vor, gestaltet sich die Rechtslage anders. Der Gläubiger ist dann mit seiner gesamten Gegenforderung Insolvenzgläubiger (§ 38 InsO). Ihm nutzt es nicht, wenn der Insolvenzschuldner nach Verfahrenseröffnung Leistungen erbringt, § 96 Abs. 1 Nr. 1 InsO.

IV. Probleme bei Unteilbarkeit der Leistungen im gegenseitigen Vertrag

Geht man davon aus, dass teilbare Leistungen immer dann vorliegen, wenn sich die vor und nach Eröffnung des Insolvenzverfahrens erbrachten Leistungen feststellen und bewerten lassen[57], besteht die Schwierigkeit darin, überhaupt unteilbare Leistungen zu benennen.[58] Dementsprechend gibt es in der Literatur nur wenige Darstellungen zu diesem Themenkomplex.[59] Der *BGH* selbst hat die Behandlung unteilbarer Leistungen mehrmals explizit offen gelassen.[60]

Ohne auf jede einzelne Abwicklungslage ausführlich eingehen zu wollen, sollen nur einige Probleme aufgezeigt werden, die sich im Zusammenhang mit der

55 Kritisch zur Aufrechnungsbefugnis eines Gläubigers daher *Lüke* in: *Kübler/Prütting* InsO § 94 Rdnr. 8.

56 *Henckel* ZZP 99 (1986), 419 (422); *Uhlenbruck* in: *Uhlenbruck* InsO § 94 Rdnr. 1; *Lüke* in: *Kübler/Prütting* InsO § 94 Rdnr. 7.

57 *BGHZ* 150, 353 (LS 1).

58 So auch *Kesseler* ZIP 2005, 2046 (2048); *Graf/Wunsch* ZIP 2002, 2117 (2120); nach *Kreft* (in: MünchKomm-InsO § 105 Rdnr. 21) ist sogar *grundsätzlich* jede Leistung teilbar.

59 Vgl. etwa *Linder* S. 145 ff; *Kreft* in: MünchKomm-InsO § 105 Rdnrn. 21 ff.

60 *BGHZ* 129, 336; *BGH* ZIP 1997, 688 (689).

Qualifizierung einer Leistung als unteilbar ergeben. Eine ausführliche Darstellung dieses Themenkomplexes erfolgt im 5. Teil dieser Arbeit.[61]

Gelangt man zu dem Ergebnis, dass die Leistungen in einem Vertrag unteilbar sind[62], so kann, sollte der *Schuldner* vorgeleistet haben, der Verwalter keinen der Vorleistung entsprechenden Teil der Gegenleistung zur Masse ziehen. Möchte der Verwalter die Gegenleistung für die Masse nutzbar machen, muss er die Vertragserfüllung (§ 103 Abs. 1 InsO) wählen, dann aber auch die noch ausstehende Gegenleistung aus Massemitteln bewirken. Lehnt der Verwalter die Vertragserfüllung hingegen ab, so kann der Vertragspartner einen Schadensersatzanspruch entsprechend § 103 Abs. 2 S. 1 InsO zur Tabelle anmelden. Fraglich ist aber, ob der Verwalter die Vorleistung zurückverlangen kann. Überwiegend geht man davon aus, dass in einem solchen Fall ein Ausgleich stattzufinden habe, da die Nichterfüllung beim Vertragspartner nicht zu einer Vermögensmehrung führen dürfe.[63] Da eine ausdrückliche gesetzliche Regelung für diese Fälle nicht existiert, kann man bei Teilbarkeit der Leistungen zwar noch annehmen, dass der Verwalter nur verlangen könne, dass der Vertragspartner seine Gegenleistung so anteilig erbringt, wie der Schuldner vorgeleistet hat.[64] Bei Unteilbarkeit bleibt aber nur ein entsprechendes Rückforderungsrecht. Woraus sich ein solcher Anspruch ergeben soll, ist unklar. Die Beantwortung dieser Frage hängt wesentlich mit dem dogmatischen Umfeld der Erfüllungsablehnung und den Folgen des Schadensersatzverlangens zusammen. Nimmt man ein Rückforderungsrecht an[65], fragt sich weiter, ob der Vertragspartner gegen den Anspruch mit seinem Schadensersatzanspruch aufrechnen kann. Dies ist letztlich Frage der Auslegung der §§ 94 ff. InsO.[66]

Hat umgekehrt der Vertragspartner vor Verfahrenseröffnung teilweise vorgeleistet, so stellt sich die Frage nach einem Rückforderungsrecht bei Erfüllungsablehnung in gleicher Weise. Neben der grundsätzlichen Frage, aus welchem Rechtsgrund sich ein Rückforderungsrecht ergibt, tritt hier § 105 S. 2 InsO, der die Rückforderung einer in das Vermögen des Schuldners übergegangenen Leistung des Vertragspartners nach Verfahrenseröffnung ausschließen könnte.

---

61 S. 202 ff.

62 Was für den Bauvertrag angenommen wird von: siehe die oben in Fn. 17 Genannten.

63 *Balthasar* in: *Nerlich/Römermann* InsO § 103 Rdnr. 68.

64 Nachweise bei *Berscheid* in: *Uhlenbruck* InsO § 103 Rdnr. 92.

65 Etwa aus § 326 BGB a. F. analog (*Kreft* in: MünchKomm-InsO § 105 Rdnr. 26 unter Hinweis auf *Jaeger/Henckel* KO § 17 Rdnr. 81) = §§ 326 Abs. 4, 346 Abs. 1 BGB (*Berscheid* in: *Uhlenbruck* InsO § 103 Rdnr. 93), oder aus § 812 Abs. 1 BGB (*Balthasar* in: *Nerlich/Römermann* InsO § 103 Rdnr. 69; *Tintelnot* in: *Kübler/Prütting* InsO § 103 Rdnr. 95).

66 Siehe S. 220.

V. Die Relevanz des Teilbarkeitsbegriffs in anderen Regelungsbereichen der InsO

Auch in anderen Regelungsbereichen kommt es bei der Anwendung der insolvenzrechtlichen Normen auf die Teilbarkeit von Leistungen an. Exemplarisch seien hier die Regelungen des § 108 InsO sowie die Regelungen der §§ 142, 143 InsO genannt.[67]

§ 108 Abs. 1 InsO ordnet an, dass u. a. Miet- und Pachtverhältnisse des Schuldners über unbewegliche Gegenstände mit Wirkung für die Insolvenzmasse fortbestehen. Leasingverträge stellen atypische Vertragstypen dar, die überwiegend den mietrechtlichen Vorschriften unterworfen werden.[68] Dementsprechend wird auch der Immobilienleasingvertrag vom Anwendungsbereich des § 108 Abs. 1 S. 1 InsO erfasst.[69] Wie § 108 Abs. 2 InsO nun zu erkennen gibt, ist z.B. der Vertragspartner des insolvent gewordenen Leasingnehmers mit Ansprüchen für die Zeit vor der Eröffnung des Insolvenzverfahrens auf die Insolvenzquote verwiesen. Typischerweise handelt es sich bei den von § 108 InsO erfassten Verträgen um Dauerschuldverhältnisse, bei denen Leistung und Gegenleistung nach zeitlichen Abschnitten bestimmt sind. Im Grunde reicht daher eine „zeitliche" Teilbarkeit der Leistungen aus, um zu bestimmen, mit welchen Ansprüchen der Vertragspartner auf die Quote verwiesen ist (§ 108 Abs. 2 InsO) und welche er als Masseforderungen geltend machen kann (§ 108 Abs. 1 S. 2 InsO). Wie verhält es sich aber in all den Fällen, in denen der Leasinggeber neben der zeitweiligen Überlassung der Leasingsache weitere Leistungen erbringt und diese gleichfalls mit den einzelnen Leasingraten abgegolten werden? Gerade bei den speziellen Leasingverträgen mit Nebenleistungsverpflichtungen oder Finanzierungsleasingverträgen, in denen die Nebenleistung oder die Finanzierungsleistung schon vor Verfahrenseröffnung vollständig erbracht wurden, stellt sich die Frage, in welcher Höhe die Raten für die weitere Gebrauchsüberlassung aus der Masse zu zahlen sind.[70] Ähnlich wie im Anwendungsbereich des § 105 S. 1 InsO hat der Vertragspartner hier die sonstigen Leistungen schon vor Verfahrenseröffnung erbracht, so dass er mit dem Betrag für die Ansprüche auf die Gegenleistung Insolvenzgläubiger sein müsste. § 108 Abs. 2 InsO stellt aber einzig auf die zeitliche Teilbarkeit ab und anders als bei § 105 S. 1 InsO ist die Teilbarkeit

---

67 Dazu S. 187 ff., S. 195 ff.

68 *BGH* NJW 1977, 195; *BGHZ* 68, 118; *BGHZ* 71, 198; *BGHZ* 96, 103 (106); *BGHZ* 128, 255; *Engel* Beilage zu BB 1999, 1 (1); *Bien* ZIP 1998, 1017 (1017); *Putzo* in: Palandt vor § 535 Rdnr. 28; *Huber* in: *Gottwald* Insolvenzrechtshandbuch § 37 Rdnr. 40.

69 Mobilienleasingverträge bestehen nur unter den weiteren Voraussetzungen des § 108 Abs. 1 S. 2 InsO mit Wirkung für die Masse fort.

70 Zum Meinungsstand *Sinz* in: *Uhlenbruck* InsO § 108 Rdnr. 84.

der Leistungen bei § 108 InsO keine tatbestandsmäßige Voraussetzung. Auf sie kommt es, wie gesehen, dennoch nicht weniger an.

Die Frage nach der Teilbarkeit von Leistungen stellt sich mitunter auch bei der Anwendung der Vorschriften über die Insolvenzanfechtung.[71] Nach den §§ 129 ff. InsO kann der Insolvenzverwalter Rechtshandlungen des Schuldners, die vor Verfahrenseröffnung vorgenommen worden sind und die Insolvenzgläubiger benachteiligen, anfechten. Der Zweck der §§ 129 ff. InsO liegt darin, unrechtmäßig abgeflossene Vermögenswerte zugunsten der Gläubigergesamtheit wieder zurück zur Masse zu holen. Die Masse soll angereichert werden.[72] Wie sich nämlich in der Praxis gezeigt hat, steht zu befürchten, dass der Schuldner – quasi am Gläubigergleichbehandlungsgrundsatz vorbei – einzelne Vertragspartner noch vor Verfahrenseröffnung befriedigt, obwohl zu diesem Zeitpunkt ein Insolvenzgrund schon vorgelegen hat.[73] Zweifelsohne berechtigt ist die Insolvenzanfechtung immer dann, wenn der Schuldner durch seine Rechtshandlungen Vermögenswerte „verschleudert". Erhält er aber für seine Leistung unmittelbar eine gleichwertige Gegenleistung in sein Vermögen, so liegt nach § 142 InsO ein Bargeschäft vor, das nur unter den Voraussetzungen des § 133 Abs. 1 InsO anfechtbar ist. Der Grund liegt darin, dass mit dem Erhalt der Gegenleistung das Vermögen des Schuldners in gewisser Weise nur „umgeschichtet" wird[74], eine Gläubigerbenachteiligung aber nicht zu befürchten ist.[75] Bei der Bestimmung der Reichweite des § 142 InsO, inwieweit also ein Bargeschäft angenommen werden kann, kommt es auf die Teilbarkeit von Leistung und Gegenleistung an, wenn man auch ein einheitliches Austauschverhältnis in ein teilweise ausgleichendes Bargeschäft und einen zugunsten des Gläubigers überschießenden anfechtbaren Teil zerlegen will.[76] Auch hier stellt sich die Teilbarkeitsfrage zwangsläufig mit dem jeweiligen Verständnis über die Reichweite des § 142 InsO.

---

71 Dazu S. 195 ff.

72 *BGHZ* 58, 240 (242); *Hirte* in: *Uhlenbruck* InsO Vor §§ 129 ff. Rdnr. 1; *Kirchhof* in: MünchKomm-InsO vor §§ 129 bis 147 Rdnrn. 2, 31; *Kreft* in: HK-InsO § 129 Rdnr. 1.

73 Aus neuerer Zeit *BGHZ* 149, 100 = DZWiR 2002, 119 (Zahlung von Sozialversicherungsbeiträgen) (Besprechung bei *Grundlach/Frenzel/Schmitdt* DZWiR 2002, 89); *BGHZ* 167, 190 = DZWiR 2006, 502 (Anwaltsgebühren nach Verfahrenseröffnung).

74 *Kirchhof* in: MünchKomm-InsO § 142 Rdnr. 9.

75 *BGH* NZI 2005, 389 (390) = EWiR 2005, 545 (*Gerhardt*); *Hirte* in: Uhlenbruck InsO § 142 Rdnr. 3; *Kreft* in: HK-InsO § 142 Rdnr. 2.

76 *BGHZ* 167, 190 = NJW 2006, 2701 = ZIP 2006, 1261 = ZInsO 2006, 712 = NZI 2006, 469 = DZWiR 2006, 502 = BGHReport 2006, 1133 (m. Anm. *Ringstmeier*).

Angesichts der Forderungen nach einem einheitlichen Teilbarkeitsbegriff in der InsO[77] soll in erster Linier geklärt werden, ob sich der Teilbarkeitsbegriff in § 105 S. 1 InsO als Gesetzesbegriff mit dem Begriff der Teilbarkeit bei der Anwendung des § 103 InsO deckt.[78] Weiterhin soll untersucht werden, ob sich zumindest die Teilbarkeitsbegriffe, die sich bei der Anwendung der insolvenzrechtlichen Bestimmungen (§§ 108, 142 f. InsO) ergeben, durch die dem Insolvenzverfahren übergeordneten Verfahrensprinzipien (insbesondere dem Gläubigergleichbehandlungsgrundsatz) inhaltlich entsprechen und in wie fern diese möglicherweise vom Teilbarkeitsbegriff des § 105 S. 1 InsO abweichen.

VI. Kritische Anmerkungen

Die Darstellung verdeutlicht, welche praktische Bedeutung die Zuordnung einer Leistung als teilbar oder unteilbar hat. Diese bezieht sich dabei nicht nur auf den dargestellten Bereich des Bauvertragsrechts, sondern lässt sich auf beliebig weitere Vertragsgestaltungen übertragen.[79] Die dargestellten Rechtsfolgen können daher grundsätzlich auf andere Vertragsgestaltungen entsprechend übertragen werden.

Die punktuelle Veranschaulichung anhand des Bauvertragsrechts macht deutlich, dass der Schwerpunkt bei einer Lösung der Teilbarkeitsfrage auf dem Verhältnis zwischen Gläubigergleichbehandlungsgrundsatz und funktionellem Synallagma im gegenseitigen Vertrag unter Berücksichtigung der Parteiinteressen im Einzelfall liegt. Ob sich ein ausgewogenes Verhältnis dieser Rechtsprinzipien allein durch die Formel „Feststellbarkeit und Bewertbarkeit" ergibt, ist fraglich.[80]

Unabhängig von der Frage, nach welchen Kriterien man die Teilbarkeitsprüfung vornimmt, ergibt sich bei Unteilbarkeit eine Reihe weiterer dogmatischer und interessanter Probleme, die eine nähere Betrachtung lohnen.

In gewisser Weise ist einem großen Teil der rechtswissenschaftlichen Stimmen zuzugeben, dass die Tatbestand-Rechtsfolge-Regelung in § 105 InsO im Grunde als konsequent und logisch zu bezeichnen ist.[81] Denn fällt der Schuldner in Insolvenz, so sind i. d. Regel alle gegen ihn gerichteten Forderungen, die zur Zeit

---

77 *Scherer* NZI 2004, 113 (117), *Linder* S. 111.

78 So *Scherer* NZI 2004, 113 (117); *Linder* S. 120.

79 So etwa auch auf Lizenz-, Miet-, Pacht-, Leasing-, Darlehens-, Dienst- oder Tauschverträge, vgl. *Scheffler* ZIP 2001, 1182 (1183) m. w. Nachw.; *Marotzke* in: HK-InsO § 105 Rdnrn. 11 ff.

80 Vgl. auch *Pilgram* Ökonomische Analyse S. 137.

81 *Kreft* in: MünchKomm-InsO § 105 Rdnr. 1; *Scherer* NZI 2004, 113 (116).

der Eröffnung des Insolvenzverfahrens bestehen, Insolvenzforderungen (§ 38 InsO).[82] Ist der Insolvenzschuldner also bspw. nach Erhalt der Kaufsache (z.B. eines Buches) noch den Kaufpreis schuldig, so kann der Verkäufer seine Forderung nach Verfahrenseröffnung nur als Insolvenzgläubiger geltend machen. Es leuchtet ein, dass im Grunde nichts anderes gelten kann, wenn der Insolvenzschuldner 10 Bücher kauft und schon 5 erhalten hat. Denn hinsichtlich der bereits 5 geleisteten Bücher unterscheidet sich die Stellung des Verkäufers auf Anhieb nicht im Vergleich zur eben beschriebenen Situation. Konsequenterweise müsste er auch hier die Kaufpreisforderung in Höhe der 5 geleisteten Bücher als Insolvenzgläubiger geltend machen.

Vornehmlich wird die Rechtsfolge aus § 105 S. 1 InsO, oder besser gesagt, das mit der Norm erzielte Ergebnis, deshalb gutgeheißen, da es dem Gläubigergleichbehandlungsgrundsatz in der Insolvenz diene.[83] Richtig ist dabei, dass der Grundsatz dort Beachtung finden muss, wo er Geltung und Durchsetzung beansprucht. Der Wunsch nach Gläubigergleichbehandlung ist aber nur „Vater des Gedankens", wenn die Teilbarkeit einer Leistung schlichtweg als Regelfall für jede vertragliche Leistung angenommen wird.[84] Obwohl der Gläubigergleichbehandlungsgrundsatz an sich nur ein allgemeines Postulat enthält[85], zögert man nicht, ihn begründend in jedem Einzelfall heranzuziehen.[86] Auch im soeben beschriebenen Beispielfall könnte man ohne nähere Differenzierung von der Teilbarkeit der Leistungen ausgehen und den Verkäufer auf eine Insolvenzforderung verweisen. Gleichwohl wird dieser sich fragen, warum er im Ergebnis, wenn der Verwalter die Erfüllung des Vertrages wählen sollte, die gesamte vertraglich versprochene Leistung erbringen muss, dafür (wegen § 105 S. 1 InsO) aber nicht auch die gesamte Gegenleistung erhält. Auch wird man fragen müssen, woraus sich die Rechtsverkürzung des Vertragspartners ergibt und ob die verfassungsrechtlichen Anforderungen, die an eine solche zu stellen sind, erfüllt sind. Ein Weiteres kommt hinzu: Wenn die 10 gekauften Bücher einen Wert von 800 EUR haben, V sie aber nur zu 600 EUR verkauft hat, so hat der gesamte

---

82 Masseforderungen bestehen nur in Ausnahmefällen, §§ 53 ff. InsO. Auch der Kreis der Aussonderungsberechtigten ist beschränkt, § 47 InsO.

83 *Thode* ZfIR 2000, 165 (180 f.); *Kreft*: in Festschrift für *Uhlenbruck*, S. 387 (395 f.); *ders.* in: MünchKomm-InsO § 105 Rdnr. 1; *Berscheid* in: *Uhlenbruck* InsO § 105 Rdnr. 17; *Scherer* NZI 2004, 113 (116); *Balthasar* in: *Nerlich/Römermann* InsO § 105 Rdnr. 4; *Tintelnot* ZIP 1995, 616 (619); *Ahrendt* in: Hamburger Kommentar zum InsR § 105 Rdnr. 1.

84 Aus der Rechtsprechung *BGHZ* 143, 332 = ZIP 2000, 364 (365); *BGHZ* 147, 28 = LM § 17 KO Nr. 35 (*Pape*).

85 *Häsemeyer* Insolvenzrecht Rdnr. 16.20.

86 Kritisch zum Stellenwert des Gleichbehandlungsgrundsatzes *Meyer/Rein* NZI 2004, 367 (369) (Im Laufe der Zeit wurde der Grundsatz [...] zu einem um seiner selbst willen geschützten Dogma).

Vertrag für den Käufer einen Wert von 200 EUR (Gewinn). Liefert V vor Verfahrenseröffnung 5 Bücher (Wert: 400 EUR) an und kann nach Verfahrenseröffnung und Erfüllungswahl wegen § 105 S. 1 InsO nur 300 EUR gegen Lieferung weiterer 5 Bücher verlangen, so steigert sich der Vertragswert im Ergebnis auf 500 EUR, da der Vertragspartner rechtstatsächlich eine Gegenleistung für die vor Verfahrenseröffnung erbrachte Leistung nicht erhalten wird.[87] Durch diese Lösung wird das gesamte vertragliche Austauschverhältnis gestört. Inwieweit dies mit dem Gläubigergleichbehandlungsgrundsatz gerechtfertigt werden kann, muss untersucht werden. Warum sollte der Vertragspartner gleich mit allen anderen Insolvenzgläubigern behandelt werden, deren Forderungen gegen den Schuldner im Zeitpunkt der Verfahrenseröffnung (§ 38 InsO), nicht nur dem Grunde nach, sondern auch der Höhe nach, unzweifelhaft feststehen?

Angenommen man verneint die Teilbarkeit. In diesem Fall ist § 105 InsO nicht einschlägig, ohne aber dass es auf den Teilbarkeitsbegriff weniger ankommt. Damit sind auch die Rechtsfolgen andere. Zu einer Verkürzung der Rechte des Vertragspartners käme es in diesem Fall nicht.[88] Und auch, wenn der Verwalter die weitere Erfüllung ablehnen sollte, könnte der Vertragspartner einen Schadensersatzanspruch wegen der Nichterfüllung des gegenseitigen Vertrages geltend machen. Die Klarheit dieser Rechtslage soll aber nicht darüber hinwegtäuschen, dass sich auch durchaus Fälle denken lassen, in denen der Vertragspartner wegen Unteilbarkeit der gegenseitige Leistungen ungerechtfertigter Weise gegenüber anderen Insolvenzgläubigern privilegiert wird. Dies liegt dann nahe, wenn der Vertragspartner sich im Tatsächlichen z.B. nicht von einem Gläubiger unterscheidet, der durch seine Forderung gegen den Schuldner „mitverantwortlich" für die Zahlungsunfähigkeit und damit für das wirtschaftliche Aus ist.[89]

Ob schließlich der (ungeschriebene) Teilbarkeitsbegriff bei der Anwendung des § 103 InsO vor dem Hintergrund des Gleichbehandlungsgrundsatzes der gleiche ist, wie der (geschriebene) in § 105 S. 1 InsO, kann auch bezweifelt werden. Gleichgültig nämlich, ob es sich beim Vertragspartner z. B. um den Unternehmer oder den Besteller eines Werkes handelt: er darf die vom Schuldner vor Verfahrenseröffnung erbrachte Teilleistung auch nach Verfahrenseröffnung in seinem Vermögen behalten, muss allerdings die entsprechende Gegenleistung zur Masse erbringen. Eine Verkürzung der Rechte einer der Vertragsparteien steht hier nicht im Raum. Der Gläubigergleichbehandlungsgrundsatz ist lediglich mittelbar betroffen, da es für die Frage der Teilbarkeit – wohlgemerkt bei

---

87 Siehe auch das Beispiel bei *Henckel* KTS 2006, 487 (492/493).

88 *Tintelnot* in: *Kübler/Prütting* InsO § 105 Rdnr. 5; *Linder* S. 144 ff.; *Wiegmann* S. 93; *Kreft* in: MünchKomm-InsO § 105 Rdnrn. 21 ff.

89 *Henckel* in: Festschrift für *H.-P. Kirchhof*, S. 191 (204 f.); *ders*. JZ 1998, 155 (157).

einem Vorleistungsüberschuss des Schuldners – letztlich nur darum geht, die zur Masse gehörenden Rechte und Forderungen genau beziffern zu können, damit der Verwalter die der Masse zustehenden Rechte geltend machen kann, was i. E. dem Interesse aller Gläubiger entspricht, deren Rechte sich so realisieren lassen.[90]

90 *Häsemeyer* Insolvenzrecht Rdnr. 20.25 (In Höhe der empfangenen Leistung wird er [der Vertragspartner] vom Gläubigergleichbehandlungsgrundsatz nicht betroffen).

§ 2 Themenabgrenzung und Bestandsaufnahme bisheriger wissenschaftlicher Untersuchungen

§ 105 S. 1 InsO setzt vom Anwendungsbereich her voraus, dass zwischen dem Insolvenzschuldner und seinem Vertragspartner ein gegenseitiger Vertrag besteht. Weiterhin wird verlangt, dass über das Vermögen des Schuldners ein Insolvenzverfahren eröffnet ist und, schließlich, dass der Vertrag zu dieser Zeit nicht vollständig erfüllt ist, der Vertragspartner jedoch einen gewissen Überschuss geleistet hat. Ob der Insolvenzverwalter die Erfüllung des Vertrages wählt oder nicht, ist für § 105 S. 1 InsO selbst irrelevant.

Bedeutsam ist jedoch der rechtliche Rahmen, der § 105 InsO umgibt. Von Bedeutung für die Bestimmung des Teilbarkeitsbegriffs sind insbesondere die Wirkung der Verfahrenseröffnung auf gegenseitige Verträge und gegenseitige Erfüllungsansprüche sowie die Wirkung der Ausübung des Wahlrechts durch den Insolvenzverwalter. Ohne Zweifel handelt es sich bei den diese Themen umgebenden Rechtsfragen um grundlegende Fragen für das gesamte Insolvenzrecht. Rechtsprechung und Wissenschaft gehen diesen Fragen schon sehr lange und kontrovers nach.[91] Primärer Gegenstand der vorliegenden Arbeit sollen sie allerdings nicht sein.

Dennoch erfordert eine Begriffsbestimmung innerhalb des § 105 InsO eine Auseinandersetzung mit diesen Fragen, da sie maßgebend für die normativen Grundlagen der Begriffsbestimmung sind. Der Teilbarkeitsbegriff kann nur dann eindeutig bestimmt werden, wenn er sich in das System der §§ 103 ff. InsO einfügt und von dem Verständnis der diesen Normen zugrunde liegenden Wertungen ausgeht.

Es würde jedoch den Rahmen dieser Arbeit sprengen, müssten zunächst die den §§ 103 ff. InsO innewohnenden Grundsatzfragen eingehend erforscht werden.

Wie bereits angedeutet wurde, gehört der Regelungskomplex um §§ 103 ff. InsO zu einem der umstrittensten Gebiete des Insolvenzrechts. Dies bedeutet zugleich, dass es bereits eine Vielzahl von wissenschaftlichen Untersuchungen,

---

91 Vgl. etwa zur Frage der Wirkungen der Verfahrenseröffnung: *Kreft* in: MünchKomm-InsO § 103 Rdnr. 8 f.; *Berscheid* in: *Uhlenbruck* InsO § 103 Rdnrn. 3 ff.; *Marotzke* Gegenseitige Verträge, 3. Aufl., Rdnrn. 3.2 ff.; *Gerhardt* in: Festschrift für *Merz*, S. 117. Unter Geltung der KO schon *Jaeger/Henckel* KO § 17 Rdnrn. 40 ff.; 111 ff.

sei es in Form der Kommentarliteratur, als Monographien[92] oder Festschriftbeiträge, rund um die Problemfälle der Normen gibt.[93] Der Teilbarkeitsbegriff des § 105 S. 1 InsO wird praktisch zwar vor allem bei der Abwicklung von Bauverträgen in der Insolvenz behandelt[94], wobei bislang jedoch eine umfassende Begriffsbestimmung, die sich nicht nur auf einzelne vom *BGH* entschiedene Fälle oder nur bestimmte Vertragstypen bezieht, fehlt. Bei vielen Untersuchungen fällt zudem auf, dass der Inhalt und die Grenzen der den Teilbarkeitsbegriff konstituierenden Rechtsprinzipien nicht oder nicht genau herausgearbeitet werden.

Rendtorff[95] untersucht in seiner Arbeit die unterschiedlichen Ansatzpunkte zur Dogmatik des Verwalterwahlrechts nach § 103 InsO in der höchstrichterlichen Rechtsprechung sowie der zeitgenössischen Literatur. In Bezug auf vorinsolvenzlich erbrachte Teilleistungen, und damit auch in Bezug auf § 105 InsO, untersucht er, was sich aus den unterschiedlichen Verständnisansätzen für die Behandlung teilweise erfüllter Verträge in der Insolvenz ergeben könnte. Der Teilbarkeitsbegriff steht demnach nicht im Zentrum seiner Untersuchungen und er nähert sich diesem vielmehr über das Verwalterwahlrecht aus § 103 InsO.

Die Arbeiten von *Wiegmann* und *Linder*[96] stellen hingegen § 105 InsO mitsamt seinem Teilbarkeitsbegriff in den Vordergrund ihrer Untersuchungen.

Wiegmann geht dabei aber in der Hauptsache der Frage nach, welche Bedeutung der Teilbarkeitsbegriff nach seinen Überlegungen für unterschiedliche Vertragstypen hat. In Bezug auf den Teilbarkeitsbegriff an sich beschäftigt er sich, nach Darstellung der historischen Entwicklung, im Wesentlichen mit den in Rechtsprechung und Literatur vorherrschenden Begriffsverständnissen, die dargestellt und gegeneinander abgewogen werden.

Linder nimmt sich im Besonderen der Vorleistungen in der Insolvenz an, was eine Auseinandersetzung mit den unterschiedlichen Verständnissen zur Frage der Teilbarkeit von Leistungen, je nach dem ob der Schuldner oder sein Vertragspartner vor Verfahrenseröffnung teilweise Leistungen erbracht hat, mit einschließt. Im Ergebnis will *Linder* jedoch auf einen einheitlichen Teilbarkeitsbeg-

---

92 Zuletzt *Rendtorff* Der beiderseitig nicht vollständig erfüllte Vertrag in der Insolvenz (2003); *Wiegmann* Grund, Grenzen und Wirkungsweise des § 105 InsO (2004); *Linder* Vorleistungen in der Insolvenz (2006).

93 Eine detaillierte Aufzählung der Literatur erscheint angesichts der großen Zahl und der spezifischen Differenzierungen nicht sinnvoll, vgl. aber z.B. die Übersicht im MünchKomm-InsO §§ 103 ff.

94 Siehe etwa *Kreft* in: Festschrift für *Uhlenbruck*, S. 387 ff.; *Thode* ZfIR 2000, 165 ff.; *Kesseler* ZIP 2005, 2046 ff.; *ders.* RNotZ 2004, 176 ff.; *Meyer* NZI 2001, 294 ff.; *Huber* NZBau 2005, 177; *ders.* NZBau 2005, 256; *ders.* ZInsO 2005, 449.

95 Fn. 92.

96 Beide Fn. 92.

riff hinaus, der unabhängig davon, wer Vorleistungen erbracht hat, gelten soll.[97] Dies gelingt ihr aber nur, indem sie § 103 Abs. 1 InsO teleologisch dahingehend reduziert, dass sich das Wahlrecht des Verwalters von vornherein nur auf den noch nicht abgewickelten Vertragsteil bezieht.[98] Dies führt allerdings dazu, dass eine durch die Verfahrenseröffnung automatisch eintretenden Vertragsspaltung angenommen werden muss. § 105 S. 1 InsO habe nach alledem nur deklaratorische Bedeutung.[99] Vor dem Hintergrund ihres Verständnisses zu § 103 Abs. 1 InsO habe es der Norm daher im Grunde gar nicht bedurft.

Die Ausführungen der genannten Autoren sind ebenso kritikwürdig[100], wie es die vorliegende Arbeit sein wird. Als neuer Ansatz soll aber versucht werden, normative Vorgaben aus insolvenzspezifischen und allgemeinrechtlichen Prinzipien zu gewinnen. Anders als bei den genannten Autoren soll nicht versucht werden, durch eine auf die Historie oder die *ratio* der Norm beschränkte Betrachtung, den Inhalt des § 105 S. 1 InsO zu bestimmen. Dahingehende Versuche sind bislang nicht gelungen. Es bleiben stets Kritikpunkte, die sich gerade aus Einzelfallproblemen ergeben und die zur Modifizierung der allgemeinen Teilbarkeitsformel führen.[101]

97 *Linder* S. 68 ff. – Dem zu Grunde liegt der Aufsatz von *Scherer* NZI 2004, 113 ff.

98 *Linder* S. 103 ff.

99 *Linder* S. 107.

100 Vgl. nur die Rezension zu *Linder* von *Henckel* in: KTS 2006, 487 ff.

101 Weiter dazu unten S. 128 ff.

§ 3 Arbeitsziel und Gang der Untersuchungen

I. Ziel der Arbeit

Ziel der Arbeit ist es, den Teilbarkeitsbegriff in seinen verschiedenen Erscheinungsformen zu untersuchen und seinen Inhalt zu bestimmen, damit eine Leistung in der Insolvenz als teilbar oder unteilbar qualifiziert werden kann. Dies gilt vornehmlich für den Bereich der Abwicklung gegenseitiger Verträge in der Insolvenz (§§ 103, 105 InsO). Darüber hinaus aber auch für andere Bereiche der InsO, so innerhalb des § 108 InsO sowie innerhalb des Insolvenzanfechtungsrechts (§§ 129 ff. InsO).

II. Gang der Untersuchungen

Um dieses Ziel zu erreichen, werden zunächst Grundüberlegungen darüber angestellt, was einen Rechtsbegriff an sich ausmacht, was ein solcher leisten kann und insbesondere wie ein Rechtsbegriff eigentlich genau bestimmt werden kann. Bedeutung erlangen hier Fragen der juristischen Begriffsbildung.

Wie noch zu zeigen sein wird, ist der Inhalt eines Rechtsbegriffs immer abhängig von dem Regelungszweck, in dessen Kontext er steht.[102] Der Rechtsbegriff an sich ist niemals Selbstzweck, sondern dient der Umsetzung der gesetzgeberischen Entscheidungen. Der Gesetzgeber ist bei der Begriffswahl nicht ganz ungebunden, sondern muss sich an die sachlogischen Bindungen halten.[103] Verwendet er einen bestimmten Rechtsbegriff um das Gesetzesziel zu erreichen, so ist das Ziel bei der Begriffsbestimmung selbstverständlich zu Grunde zu legen. Rechtsbegriffe aber, die nicht nur unbestimmt sind, sondern deren Inhalt man sich auf unterschiedlicher Weise erschließen kann, müssen hinreichend konkret bestimmbar sein, damit sie über die Erreichung des Gesetzesziels hinaus sich in das Gesamtsystem des Rechts einfügen.

Die Untersuchungen gehen daher zunächst den normativen Vorgaben des Teilbarkeitsbegriffs nach. Es wird untersucht, welchen Fall – oder welche Fälle – der Gesetzgeber bei Erlass des § 105 S. 1 InsO geregelt wissen wollte, so dass der Begriff daran ausgerichtet werden kann. Im gleichen Schritt muss jedoch auch untersucht werden, ob der Gesetzgeber sein Ziel durch die geschaffene Re-

102 Vgl. soweit nur *Sax* in: Festschrift für *Nottarp*, S. 133 ff.
103 *Sax* in: Festschrift für *Nottarp*, S. 133 (138 ff.); *Wank* Juristische Begriffsbildung S. 6.

gelung erreichen kann, ohne dabei allgemeine Prinzipien des Rechts[104] zu verletzen. Soweit dies der Fall ist, kann eine Begriffsbestimmung auf der Grundlage des gesetzgeberischen Willens erfolgen.

Die notwendig abstrakte Formulierung eines Gesetzestextes – und damit der Rechtsbegriffe – hat aber typischerweise zur Folge, dass auch Fälle von der Norm erfasst werden (können), an die der Gesetzgeber nicht gedacht hat oder, die er von der Norm nicht erfasst sehen wollte. Eine Begriffsbestimmung kann davor jedoch nicht Halt machen. Vielmehr ist es Aufgabe des Rechtsanwenders den Gesetzesbegriff auch vor diesem Hintergrund zu bestimmen, damit unbedachte Fälle entweder einer bestimmten Kategorie zugeordnet werden können oder von vornherein aus dem Anwendungsbereich der Norm herausfallen. Dies erfordert jedoch eine weitere Auseinandersetzung mit den schon erwähnten allgemeinen Rechtsprinzipien. Aus ihnen sind normative Vorgaben zu gewinnen, die es erlauben, den Gesetzesbegriff näher zu bestimmen.[105] Unschwer kann man sich vorstellen, dass Rechtsprinzipien auch gegeneinander gerichtet sein können[106], so dass untersucht werden muss, welchen Inhalt ein Prinzip hat und wo dessen Grenzen zu ziehen sind. Auf diese Weise können alle Versuche der Begriffsbestimmungen an den dann gewonnenen normativen Vorgaben gemessen und ausgerichtet werden.

Im Weiteren soll dann der Teilbarkeitsbegriff an sich untersucht werden. Zum Teil bietet die zeitgenössische Literatur[107] hierzu schon einige Vorschläge an, die sich weitestgehend an teleologischen Überlegungen orientieren.[108] Diese Vorschläge werden aufgegriffen und ebenfalls an den normativen Vorgaben

---

104 Grundlegend zum Begriff und der Bedeutung der Rechtsprinzipien *Kant* Kritik der reinen Vernunft, S. 672.

105 Vgl. *Zippelius* Juristische Methodenlehre, S. 54.

106 Beispiel: Zu den allgemeinen Rechtsprinzipien zählt der Schutz der Rechtsgüter vor fremder Schädigung (§ 823 Abs. 1 BGB; § 303 StGB). Denjenigen, der einen Schaden an fremden Rechtgütern schuldhaft herbeiführt, trifft die Verantwortlichkeit für die Schadenstragung (vgl. *Looschelders* VersR 1999, 141 ff.). Ebenso gilt aber das Rechtsprinzip des Minderjährigenschutzes. Beide Prinzipien geraten dann in Konflikt miteinander, wenn ein Minderjähriger fremde Rechtsgüter schädigt. Vielfach wird ein solcher Konflikt gesetzlich gelöst (vgl. § 828 Abs. 1 BGB), vielfach jedoch muss eine Lösung erst entwickelt werden, vgl. *Zippelius* Juristische Methodenlehre, S. 56.

107 *Kreft* in: MünchKomm-InsO § 105; *ders.* in: Festschrift für *Uhlenbruck*, S. 387; *Krull* NZI 1998, 66 ff.; *Meyer* NZI 2001, 294 ff.; *Mohrbutter/Mohrbutter* DZWiR 2003, 1 ff.; *Scherer* NZI 2004, 113 ff.; *Huber* NZI 2002, 467 ff.; *Kesseler* ZIP 2005, 2046 ff.

108 Für die generelle Vorrangigkeit der teleologischen Auslegungsmethode *Wank* Juristische Begriffsbildung, S. 90 ff. – Für § 105 S. 1 InsO erachtet *Henckel* KTS 2006, 487 die systematische und historische Auslegung für ergiebiger.

gemessen. Am Ende dieser Untersuchung soll so der für § 105 S. 1 InsO maßgebliche Teilbarkeitsbegriff stehen.

In einem weiteren Schritt wird dann untersucht, ob die Begriffsbestimmung Relevanz über § 105 S. 1 InsO hinaus haben kann oder ob sich der Begriff auf die ihn verwendende Norm beschränken muss. Dementsprechend wird der Teilbarkeitsbegriff auf andere Fallgestaltungen übertragen. Zu prüfen ist, ob dies zur Lösung der relevanten Fälle beitragen kann.

Am Ende der Arbeit steht die Frage, wie „unteilbare Leistungen" im gegenseitigen Vertrag insolvenzrechtlich zu behandeln sind. Hierbei ergeben sich dogmatische Zuordnungsprobleme, die nicht zuletzt durch die Schuldrechtsmodernisierung 2001 an neuer Brisanz gewonnen haben.[109]

109 Zur Auswirkung der Schuldrechtsreform auf das Insolvenzrecht ausführlich *Marotzke* KTS 2002, 1 ff.; *Berscheid* in: *Uhlenbruck* InsO Vor § 103 Rdnrn. 10 ff.

2. Teil. Grundlagen für den Begriff der „teilbaren Leistungen“ als Rechtsbegriff in der InsO im Rahmen der Abwicklung gegenseitiger Verträge (§§ 103, 105 InsO)

§ 4 Grundüberlegungen zum Rechtsbegriff

§ 105 S. 1 InsO setzt für die von der Norm vorgesehene Rechtsfolge die Teilbarkeit der Leistungen voraus. Das Gesetz bedient sich damit der Begriffe „Leistungen“ und „teilbar“. Unter einer Leistung im Sinne des Vertragsrechts versteht man die Zuwendung eines wirklichen oder vermeintlichen Vorteils, der typischerweise, aber nicht notwendig einen Vermögenswert hat.[110] Dieser Leistungsbegriff kann, da die InsO sich auch im Übrigen allgemein-zivilrechtlichen Begriffen bedient (gegenseitiger Vertrag, Erfüllung etc.) auch für das Insolvenzrecht übernommen werden. Wann aber eine Leistung „teilbar“ sein soll, kann demgegenüber nicht so leicht gesagt werden. Ein insolvenzrechtlicher Teilbarkeitsbegriff kann erst recht nicht aus dem allgemeinen Zivilrecht abgeleitet werden, da selbst innerhalb des BGB die Teilbarkeit einer Leistung durch Auslegung unterschiedlich bestimmt werden kann. So wird der Begriff ausdrücklich in § 420 BGB angesprochen. Schulden demnach mehrere eine teilbare Leistung oder haben mehrere eine teilbare Leistung zu fordern, so ist im Zweifel jeder Schuldner nur zu einem gleichen Anteil verpflichtet, jeder Gläubiger nur zu einem gleichen Anteil berechtigt. Die Auslegung ergibt hier, dass eine Leistung dann teilbar ist, wenn sie ohne Wertminderung und ohne Beeinträchtigung des Leistungszwecks in Teilleistungen erbracht werden kann.[111] Andere fordern zusätzlich die Gleichartigkeit der Leistungsteile, um einen Gesamtschuldnerinnenausgleich nach § 426 Abs. 2 S. 1 BGB zu ermöglichen.[112] Auf die Teilbarkeit der Leistung kommt es im BGB darüber hinaus z.B. auch in § 266 BGB an.[113] Nach § 266 BGB ist der Schuldner grundsätzlich zu Teilleistungen nicht berechtigt. Da die Parteien aber frei darin sind, etwas anderes zu vereinbaren, muss der Gläubiger u. U. Teilleistungen annehmen; dies ist nur dann möglich, wenn die

110 *Heinrichs* in: Palandt § 241 Rdnr. 4. – Das Bereicherungsrecht demgegenüber fragt danach, ob eine bewusste und zweckgerichtete Mehrung fremden Vermögens vorliegt (*Sprau* in: Palandt § 812 Rdnr. 3 m. w. Nachw.).

111 *Heinrichs* in: Palandt § 420 Rdnr. 1.

112 *Noack* in: Staudinger (Bearb. 1999) § 420 Rdnr. 13.

113 *Heinrichs* in: Palandt § 266 Rdnr. 3.

Gesamtleistung insgesamt teilbar ist. Die Teilbarkeit wird hier in ähnlicher Weise, wie in § 420 BGB bestimmt.[114]

Eher seltener anzutreffen ist die Teilbarkeit im Rahmen des § 110 BGB. Bezüglich des Merkmals „Bewirken der Leistung“ wird ganz herrschend der Standpunkt vertreten, dass eine Teilerfüllung durch den Minderjährigen nicht ausreicht, um die Fiktionswirkung der Norm auszulösen. Sind Leistung und Gegenleistung aber entsprechend teilbar, so führt auch eine Teilerfüllung zur Teilwirksamkeit (z.B. Zahlung einer Versicherungsrate für den entsprechenden Zeitraum[115]).[116] Für die Teilbarkeit kommt es demnach darauf an, ob sich Leistung und Gegenleistung derart miteinander in Beziehung setzen lassen, dass sich einem Leistungsteil ein entsprechender Gegenleistungsteil gegenüber stellen lässt.

Die Bestimmung des Teilbarkeitsbegriffs ist, wie die Beispiele zeigen, immer auslegungsabhängig. Auch für das Insolvenzrecht, insbesondere für § 105 S. 1 InsO, muss ein eigenständiger Begriff entwickelt werden.[117] Rechtsprechung und Literatur haben in Bezug auf die Teilbarkeitsformel die unterschiedlichsten Positionen vertreten und eine Fülle von Begriffsdefinitionen hervorgebracht. Unbefangen könnte man hier doch auch vortragen, dass eine Leistung immer dann teilbar ist, wenn die Gesamtleistung in Teilleistungen erbracht werden kann.[118] Damit wäre aber praktisch die Rechtsfolge des § 105 S. 1 InsO von einer Abrede der Parteien abhängig[119], weil der Leistungsschuldner zu Teilleistungen nach § 266 BGB zwar grundsätzlich nicht berechtigt ist, die genannte Norm durch Parteiabrede allerdings abbedungen werden kann. Überdies werden so die Ziele des Insolvenzverfahrens nicht hinreichend berücksichtigt. Will man die Begriffe in ihrem Zusammenwirken erfassen, so muss man sich Klarheit darüber verschaffen, durch welche Ziele und Prinzipien die InsO geprägt ist und wie diese zueinander (möglicherweise ausgleichend) in Bezug gesetzt werden können.[120] Möchte man demnach einen autonomen Rechtsbegriff definieren, sollen zunächst methodische Grundüberlegungen zum Rechtsbegriff als solchem angestellt werden. Zu klären ist auch, welche Möglichkeiten man bei der Begriffsbestimmung grundsätzlich hat und welche Bestimmungskriterien speziell für § 105 S. 1 InsO maßgeblich sind.

---

114 Siehe nur *Heinrichs* in: Palandt § 266 Rdnr. 3.

115 *Schmitt* in: MünchKomm-BGB § 110 Rdnr. 14.

116 *Heinrichs* in: Palandt § 110 Rdnr. 4; *Knothe* in: Staudinger (Bearb. 2004) § 110 Rdnr. 10 m. w. Nachw.

117 Zur Auslegung der InsO *Pawlowski* DZWiR 2001, 45.

118 Vgl. *BGHZ* 67, 242 (248 f.) (teilbar sei eine Leistung dann, wenn sie sich in hinreichend verselbständigte Teile aufspalten lasse).

119 So *Hess* in: *Hess/Kropshofer* KO § 17 Rdnr. 41; *Pilgram* Ökonomische Analyse S. 136 f.; vgl. auch *Wegener* in: FK-InsO § 105 Rdnr. 6.

120 Vgl. *von Jhering* Zweck im Recht, S. 442.

I. Rechtsbegriff auf Tatbestandsseite

Von besonderer Bedeutung für den Teilbarkeitsbegriff in § 105 S. 1 InsO ist, dass er sich auf Tatbestandsseite befindet und dem Rechtsanwender damit ermöglicht wird, durch das Ergebnis der Auslegung die Rechtsfolgen auf die Fälle zu lenken bzw. zu beschränken, die wertend betrachtet unter den Tatbestand der Norm fallen *sollen*.

Rechtsbegriffe (= Begriffe des Rechts) dienen dazu, rechtserhebliche Sachverhalte greifbar zu machen.[121] Was den Begriff selbst ausmacht, ist eine rein philosophische und theoretische Frage, auf die es keine abschließende Antwort gibt.[122] Einigkeit besteht aber darüber, dass Rechtsbegriffe Begriffe sind, die sich auf das Recht beziehen und somit einen Zusammenhang zur Rechtsordnung herstellen.[123]

Aus diesem Verständnis heraus wird zugleich klar, was ein Rechtsbegriff zu leisten fähig sein muss. Aus dem Begriff heraus muss deutlich werden, was das Recht – und damit die Ordnung des menschlichen Zusammenlebens - ausdrücken will. Der Rechtsbegriff steht damit notwendigerweise im Zusammenhang mit der inneren Ordnung der staatlichen Gemeinschaft. Nur aus ihr heraus wird der Rechtsbegriff dem Inhalte nach verständlich.[124]

Gesetzesbegriffe sind begriffslogisch Begriffe, die das Gesetz verwendet. Ihr Inhalt ist daher aus dem jeweiligen Gesetz heraus zu bestimmen. Man könnte sich auf den Standpunkt stellen und die beiden Begriffe „Rechtsbegriff" und „Gesetzesbegriff" gleichstellen[125], da der Rechtsbegriff in gewisser Weise erst durch die Gesetzesform in Erscheinung tritt.[126] Es gibt jedoch auch Rechtsbeg-

---

121 Mit dem *Be-griff* bekommt man den „intendierten Sachverhalt geistig in den Griff", man ergreift, *be-greift*. Vgl. *Sax* in: Festschrift für *Nottarp*, S. 133 ff.; *Pawlowski* DZWiR 2001, 45 (46).

122 Vgl. *Hatz* Rechtssprache und juristischer Begriff, S. 44; *Kuhlen* Typuskonzeption in der Rechtstheorie, S. 25; *Dubischar* Grundbegriffe des Rechts, S. 22; *Schiffauer* Wortbedeutung und Rechtserkenntnis, S. 75.

123 *Engisch* Einführung in das juristische Denken, S. 95; *ders.* Sinn und Tragweite juristischer Systemantik, Studium Generale 1957, 173 (184) („*Das Wesen der Rechtsbegriffe besteht darin, als Träger von Aussagen über Rechtsinhalte zu fungieren*").

124 *Pawlowski* DZWiR 2001, 45 (46).

125 *Sax* in: Festschrift für *Nottarp*, S. 133; *Schiffauer* Wortbedeutung und Rechtserkenntnis, S. 76; *Hatz* Rechtssprache und juristischer Begriff, S. 71.

126 *Hatz* Rechtssprache und juristischer Begriff, S. 28, 71.

riffe, die vom Gesetz nicht verwendet werden.[127] So gesehen ist der Begriff „Rechtsbegriff" weiter gefasst als der Begriff „Gesetzesbegriff".

Da das Gesetz in § 105 S. 1 InsO aber den Begriff der teilbaren Leistungen verwendet, ist die Unterscheidung hier eher von theoretischer Bedeutung. Anders verhält es sich mit dem Teilbarkeitsbegriff, den man bei der konkreten Anwendung insolvenzrechtlicher Normen gewinnt. Der Schuldner hat vor Verfahrenseröffnung Teilleistungen an den Vertragspartner erbracht und seinen Anspruch gegen den Vertragspartner antezipiert an einen Sicherungsgeber abgetreten. Bei Verfahrenseröffnung kommt es auf die Teilbarkeit der Leistungen an, weil der Sicherungsgeber wissen will, in welcher Höhe ihm nun ein Anspruch (aus abgetretenem Recht) gegenüber dem Vertragspartner des Schuldners zusteht. Der Begriff der Teilbarkeit muss wertend bestimmt werden und erlangt dadurch die Bedeutung eines Rechtsbegriffs, obgleich es sich bei ihm nicht um einen Gesetzesbegriff handelt.[128]

Aus diesen allgemeinen Erwägungen heraus lässt sich schließen, dass der Inhalt des Teilbarkeitsbegriffs in § 105 S. 1 InsO immer konkret bestimmt werden muss, und zwar unter Beachtung des konkreten Sachzusammenhangs. Dieser ist indes im Rahmen anderer Regelungsbereiche (so etwa auch bei § 103 InsO) ein anderer, da die konkreten tatsächlichen Gegebenheiten durch die differierenden Tatbestandsvoraussetzungen andere sind. Welcher Zustand, sprich welche Rechtsfolge *in concreto* gelten *soll*, was eine gesetzliche Norm vorgibt, wird – auf dem Weg der Gesetzesentstehung – maßgeblich von den gesellschaftlichen Anschauungen bestimmt und ist demnach in gewisser Weise rechtssoziologisch bedingt. Schon aus diesem Grunde muss die These, § 103 und § 105 InsO gingen vom gleichen Teilbarkeitsbegriff aus[129], kritisiert werden. Darüber hinaus sollte eine Begriffsdefinition einzelfallbezogene Merkmale enthalten, um – gemessen am Sinn und Zweck des Gesetzes – für die Anwendung im Einzelfall flexibel zu bleiben,[130] und um zu verhindern, dass die Rechtsfolge der Norm auch für die Fälle gilt, die zwar begrifflich, nicht aber teleologisch, der Norm unterstehen. Die Formel von der „Feststellbarkeit und Bewertbarkeit" lässt in dieser Hinsicht Zweifel aufkommen. Nicht unberücksichtigt bleiben darf bei al-

127 *Engisch* Die Relativität der Rechtsbegriffe, S. 59, 60, 62 f.: Beispiele nach heutigem Recht etwa noch „faktisches Vertragsverhältnis", „adäquate Kausalität", „Persönlichkeitsrecht" oder „Gewohnheitsrecht". *Engisch* (a. a. O.) nannte seinerzeit noch weitere Begriffe, die heute allerdings eine Grundlage im Gesetz gefunden haben, so etwa „Geschäftsgrundlage" (vgl. § 313 BGB).

128 Zur Interpretation des Rechts durch (Be-)Wertungen *Pawlowski* Einführung in die juristische Methodenlehre, Rdnr. 181 f.

129 So *Linder* S. 111 ff.; *Scherer* NZI 2004, 113 (117).

130 Vgl. *Kroth* in: *Braun* InsO § 105 Rdnr. 10 (a. E.).

lem jedoch das Erfordernis größtmöglicher Rechtssicherheit, so dass für einen Rechtsunterworfenen absehbar ist, ob die Leistungen teilbar sind und ob damit bei Insolvenz einer Partei die Rechtsfolge des § 105 S. 1 InsO eingreift.[131]

II. Bestimmungskriterien für einen Rechtsbegriff im Allgemeinen und ihre Brauchbarkeit für § 105 S. 1 InsO im Besonderen

Soweit es um die Frage geht, wie ein Gesetzesbegriff bestimmt werden kann, wie ein Gesetz also auszulegen ist, sei auf die einschlägige Literatur zur Methodenlehre verwiesen.[132] Um sich im Zusammenhang mit § 105 InsO die Methoden der einzelnen Auslegungsarten im Zusammenhang zu vergegenwärtigen, sollen diese nur kurz skizziert werden.

1. Grammatische Auslegung

Nach der grammatischen Auslegung ist zu ermitteln, welcher Sinn nach dem Sprachgebrauch der Sprachgemeinschaft und nach der Sprachregelung des Gesetzgebers den Gesetzesworten zukommt. Es ist also der mögliche Wortsinn, der Bedeutungsumfang der Gesetzesworte zu erforschen.[133] Wegen der den Gesetzen innewohnenden speziellen Zwecke, die diese erreichen wollen, ist der Wortsinn jedoch häufig für die Gesetzesauslegung nicht weiterführend.

So ist dies auch für den Begriff der „teilbaren Leistung". Welchen Inhalt man dem Begriff allein durch die Erforschung des Wortsinns beimessen kann, bleibt unklar. So könnte gerade der Wortlaut der Norm dafür sprechen, dass eine Leistung immer dann teilbar ist, wenn sie in Teilleistungen erbracht werden kann. Die Norm erwähnt nämlich auch, dass der Verwalter *„wegen der noch ausstehenden Leistung Erfüllung"* verlangen kann. Dies setzt voraus, dass eine gewisse Teilerfüllung zuvor schon eingetreten ist. Durch die Formulierung *„Betrag seines Anspruchs auf die Gegenleistung"* könnte man näher eingrenzen, dass die vom Vertragspartner zu erbringende Leistung nicht in einer Geldleistung bestehen kann.[134] Ob dies aber den Interessen des Insolvenzverfahrens nach einer gleichmäßigen Gläubigerbefriedigung gerecht wird, ist fraglich. Denn wo sollte der Unterschied in Fällen liegen, in denen der Vertragspartner z.B. einerseits

---

131 Vgl. *Krull* ZInsO 1998, 291 (293).

132 Etwa: *Bydlinsiki* Grundzüge der juristischen Methodenlehre (2005); *Kramer* Juristische Methodenlehre, 2. Aufl. 2005; *Zippelius* Juristische Methodenlehre, 10. Aufl. 2006; *Larenz/Canaris* Methodenlehre der Rechtswissenschaft, 4. Aufl. 2006.

133 *Zippelius* Juristische Methodenlehre, S. 42 f.

134 Vgl. in diesem Sinne *Marotzke* in: HK-InsO § 105 Rdnr. 17.

Käufer einer Sache ist und bei Eröffnung des Verfahrens über das Vermögen des Verkäufers den Kaufpreis teilweise angezahlt hat, und andererseits als Verkäufer bei Käuferinsolvenz einen Teil der Ware geliefert hat?[135] Aus der Formulierung des § 105 S. 1 InsO (sind *die Leistungen teilbar* und hat der andere Teil *die ihm obliegende Leistung* bereits *teilweise erbracht*) ergibt sich, dass sich die Teilbarkeit (der Leistungen insgesamt) durch den wechselseitigen Bezug von Leistung- und Gegenleistung ergibt, das Teilbarkeitskriterium also nicht danach bestimmt wird, ob z.B. die Käufer- *oder* Verkäuferleistung (isoliert) „teilbar" ist, dass sie teils vor, teils nach Verfahrenseröffnung erbracht wird.[136]

2. Systematische Auslegung

Wie die Bezeichnung „systematische Auslegung" schon zu erkennen gibt, versucht man anhand dieser Methode aus dem „inneren Zusammenhang"[137] der gesamten Rechtsordnung den Inhalt eines Rechtsgedankens zu bestimmen.[138] Ziel dieser Auslegungsmethode ist es, logische Widersprüche innerhalb der Rechtsordnung zu vermeiden, um so die Einheit des Rechts und damit Rechtssicherheit zu gewährleisten.[139]

Auch für § 105 S. 1 InsO ist zu untersuchen, welche Erkenntnisse sich aus einer systematischen Betrachtung für den Teilbarkeitsbegriff ergeben. Hier könnte man den Kreis der systematischen Umgebung wahlweise enger oder weiter ziehen. Dabei könnte die Stellung des § 105 S. 1 InsO im Rahmen der §§ 103 ff. InsO (Erfüllung der Rechtsgeschäfte) schon eine bestimmte Auslegungstendenz erkennen lassen, wenn man den unmittelbaren Regelungsrahmen betrachtet. Es könnten Rückschlüsse daraus zu ziehen sein, dass die InsO als *sedes matiriae* einer speziellen Verfahrensart (eben des Gesamtvollstreckungsverfahrens) neben dem sonstigen Verfahrens- und Wirtschaftsrecht steht, insbesondere dem BGB und der ZPO. Da auch diese Gesetze Regelungen über Teilleistungen oder teilbare Leistungen enthalten[140], scheint es im Sinne der Vermeidung logischer Wi-

---

135 Siehe auch *Tintelnot* in: *Kübler/Prütting* InsO § 105 Rdnr. 15; *Balthasar* in: *Nerlich/Römermann* InsO § 105 Rdnr. 10.

136 *BGHZ* 67, 242 (246 ff.); *Scheffler* ZIP 2001, 1182 (1184, 1186).

137 Nach *Savigny* Juristische Methodenlehre, S. 14.

138 Vgl. *Pawlowski* DZWiR 2001, 45 (49).

139 Vgl. *Zippelius* Juristische Methodenlehre, S. 43 f.

140 Nach § 301 ZPO hat der Erlass eines Teilurteils die Teilbarkeit des geltend gemachten Anspruchs und damit der mit diesem geforderten Leistung zur Vorraussetzung, vgl. schon *Jaeger* Teilbarkeit und Unteilbarkeit obligatorischer Leistungen (1913), S. 3; dazu auch *OLG* Stuttgart (5 U 62/03) ZInsO 2004, 1087 = MittBayNot 2005, 162 (163); *Leipold* in: *Stein/Jonas* ZPO § 301 Rdnrn. 4 ff.; *Vollkommer* in: *Zöller* ZPO § 301 Rdnr. 2; *Musielak* in: MünchKomm-ZPO § 301 Rdnr. 7.

dersprüche geboten, zu untersuchen, was unter teilbaren Leistungen nach diesen Rechtssätzen zu verstehen ist und – falls sich eine klare Aussage machen lässt – ob die InsO dieses Verständnis für § 105 S. 1 InsO übernehmen kann. Wie aber schon angeklungen ist, scheidet eine systematische Auslegung dahingehend, den Begriff aus anderen Regelungsbereichen auf § 105 S. 1 InsO zu übertragen, von vornherein aus. Der Begriff lässt sich schlicht nicht aus anderen Regelungsbereichen entleihen, weil der Begriff dort ebenfalls, angepasst an den konkreten rechtlichen Sachzusammenhang, bestimmt wird, der in der Gesamtvollstreckung im Vergleich zur Einzelzwangsvollstreckung oder gar während des Erkenntnisverfahrens zwangsläufig ein anderer ist.

Demgegenüber könnten aus der näheren systematischen Umgebung stichhaltige Argumente gezogen werden. Wenn geklärt werden kann, welche Reichweite das Wahlrecht des Insolvenzverwalters nach § 103 InsO hat, ob also sich das Wahlrecht möglicherweise auch auf einen bei Verfahrenseröffnung bereits abgewickelten Vertragsteil bezieht oder nur den noch unerfüllten Vertragsteil betrifft[141], könnten Rückschlüsse auf Inhalt und Reichweite des § 105 InsO gezogen werden.

3. Historische Auslegung

Nach der historischen Auslegungsmethode versucht man, den geschichtlichen Kontext eines Rechtssatzes zu erschließen. Denn trotz aller Systematik leuchtet ein, dass es von entscheidender Bedeutung sein kann, wie der Gesetzgeber bei Schaffung einer Norm diese verstanden wissen wollte. Die historische Auslegung darf jedoch nicht mit der noch zu erwähnenden teleologischen Methode[142] verwechselt werden, die nach dem Sinn und Zweck einer Norm fragt und dabei natürlich auch auf den Willen des Gesetzgebers rekurriert.

Bei der historischen Betrachtung geht es vielmehr darum, die Rechtsnorm nach den Gerechtigkeitsvorstellungen zu bestimmen, die bei Erlass des Gesetzes in der Volksgemeinschaft vorherrschten.[143] Bei der historischen Auslegung geht es also vielmehr darum, den gesellschaftlichen Hintergrund bis zum Erlass einer Norm zu untersuchen. Es gilt zu verstehen, welcher Zustand (rechtstatsächlich) herrschte und was dies (daraus ableitend nach dem Volkswillen) für den Inhalt einer Norm bedeuten könnte. Aus den in diesem Zusammenhang vom Gesetzgeber angestellten Wertungen kann man im Hinblick auf den Umgang mit der

141 Damit einher geht die Frage, ob es überhaupt bei Verfahrenseröffnung zu einer „Spaltung" des Vertrages kommt, so *Linder* S. 57 f.; kritisch hierzu *Henckel* KTS 2006, 487 (491 ff.).

142 Dazu sogleich auf S. 33.

143 Vgl. *Zippelius* Juristische Methodenlehre, S. 44.

InsO davon ausgehen, dass der Gesetzgeber das bis dahin vorhandene Insolvenzrecht verbessern wollte.[144]

Dies führt auch für § 105 S. 1 InsO zu einem bestimmten Untersuchungsgegenstand, was schon die Gesetzesmaterialen zu § 105 InsO erkennen lassen.[145] Danach war die Situation, die ein Insolvenzverwalter eines maroden Unternehmens vorfand, häufig die, dass er, wollte er die Geschäfte des Schuldners zum Vorteil der Masse fortführen, auf das dafür Übliche angewiesen war, nämlich Telefon, Energie, Wasser etc. Mit den Versorgungsunternehmen bestanden jedoch häufig Verträge, aus denen die Versorger gegen den Schuldner z. T. hohe Forderungen für schon erbrachte Leistungen hatten. Dem Verwalter blieb letztlich nichts anderes übrig, als die Erfüllung der Verträge mit den Versorgungsunternehmen zu wählen, mit der Folge, dass auch Altverbindlichkeiten aus der Masse zu vergüten waren.[146] Eine Unternehmensfortführung war danach vielfach nicht mehr möglich. Vor diesem Hintergrund erging § 36 Abs. 2 VglO, die Vorgängernorm von § 105 InsO, so dass daraus auch Rückschlüsse für den Teilbarkeitsbegriff gezogen werden könnten.[147]

4. Teleologische Auslegung

Nach der teleologischen Auslegungsmethode geht es darum, den Sinn und Zweck einer Norm zu erforschen und die Norm so auszulegen, dass sie diesen Zweck erreicht. Wie schon angemerkt, ist der Zweck der Norm auch aus der Gesetzesgeschichte heraus zu bestimmen.[148] Die teleologische Auslegung umfasst daher auch eine genetische Komponente.[149] Nach dieser Methode geht es aber auch darum, die Interessenlage der Beteiligten zu würdigen, da das Gesetz typischerweise eine genaue Interessenabwägung beinhalten muss, um dem Gerechtigkeitsgedanken gerecht zu werden.[150]

Hierin liegt ein Schwerpunkt der Untersuchungen zu § 105 InsO, denn die InsO modifiziert durch ihre Regelungen die bis zur Eröffnung des Verfahrens bestehende Rechtslage im erheblichen Maße. Es muss untersucht werden, wie die (rechtlichen) Interessen der Beteiligten vor dem Hintergrund der geltenden

---

144 *Pawlowski* DZWiR 2001, 45 (48).

145 BT-Drucksache vom 15. April 1992, 12/2443, S. 145 f.

146 Nach damaligem Rechtsverständnis war das Erfüllungsverlangen des Insolvenzverwalters nicht teilbar. Es erfasste stets den Vertrag im Ganzen. Dadurch konnten Verträge auch nur einheitlich im Ganzen erfüllt werden, vgl. *Mohrbutter/Mohrbutter* DZWiR 2003, 1 ff. (2).

147 Siehe S. 57 ff.

Rechtslage und den geltenden Rechtsprinzipien durch die Bestimmung eines Teilbarkeitsbegriffs zu einem gerechten Ausgleich gebracht werden können.[151]

5. Brauchbarkeit der Kriterien für § 105 S. 1 InsO

Maßgeblich ist ein Rechtsbegriff nach den Rechtsfolgen zu bestimmen, die von ihm ausgehen.[152] Demnach ist die teleologische Begriffsbestimmung maßgeblich anzuwenden.[153]

Eine Wortlautinterpretation kann häufig nicht zu einer definitiven Begriffsbestimmung führen, da einem Begriff, vor allem in der Rechtswissenschaft, verschieden mögliche Inhalte zugeschrieben werden können. Eine Grenze wird lediglich durch den noch möglichen Wortsinn gezogen.[154] Diese Erkenntnis ist gewissermaßen Standard in der juristischen Methodenlehre. Sie offenbart zugleich die Schwäche der Wortlautinterpretation. Nämlich die Orientierung am „Sinn" des Wortes.

Die Formulierung „teilbare Leistung" ergibt an sich – losgelöst vom Sachzusammenhang – keinen Sinn. Ohne Wertungen ist der Begriff nicht fassbar. In der Methodenlehre ist bei solchen Begriffen von sog. „Sollensbegriffen" die Rede[155], im Gegensatz zu sog. „Seinsbegriffen", die aus sich heraus schon einen Sinn ergeben, ohne dass es auf den jeweiligen Sachzusammenhang ankommt.[156]

Nach der systematischen Betrachtungsweise soll der Begriff der „teilbaren Leistungen" in das „innere System" der gesamten Rechtsordnung eingestellt werden. Dies ist für die letztendliche Begriffsbestimmung jedoch nicht ausschlaggebend. Denn es geht auch nicht ausschließlich um die Rechtsordnung an sich, sondern um die vom Recht Betroffenen. Mit ihren Interessen muss das Recht kohärent sein, nicht der Rechtsordnung wegen mit der „Gesamtheit des Rechts". Dennoch

---

148 Ausführlich dazu *Heck* AcP 112 (1914), 1 ff.

149 Vgl. *BVerfGE* 72, 389. Zum Ganzen auch *Wank* Juristische Begriffsbildung, S. 92 ff.

150 Dazu *Pawlowski* Einführung in die juristische Methodenlehre, Rdnrn. 135 ff.

151 Siehe unten S. 37 ff.

152 Sog. „rechtsfolgenorientierte Begriffsbildung"; vgl. nur *Hassold* in: Festschrift für *Larenz*, S. 211 (231); *Germann* Probleme und Methoden der Rechtsfindung, S. 86 ff.

153 Unstreitig, vgl. *Wank* Juristische Begriffsbildung, S. 90; *Leipold* BGB I, § 5 Rdnr. 9.

154 *BVerfGE* 71, 108 (115); *BVerfG* NJW 2001, 1848 (1849); *BVerfG* NJW-RR 1995, 1162; *Engisch* Einführung in das juristische Denken, S. 90 ff.

155 *Sax* in: Festschrift für *Nottarp*, S. 140 ff.; *Engisch* Einführung in das juristische Denken, S. 140 ff.

156 Unter einen „Seinsbegriff" versteht man bspw. die Formulierung „der Regen macht nass". Die Aussage entspricht dem Tatsächlichen und muss nicht mit Wertungen angereichert werden, vgl. erneut *Sax* in: Festschrift für *Nottarp*, S. 133 ff.

kann sich aus der Systematik ein Begriffsinhalt ergeben, der den Anforderungen an eine rechtsfolgenorientierte Begriffsbestimmung gerecht wird.

Die historische Betrachtungsweise hat vieles für sich. Gesetztes Recht ist zumeist nur die Reaktion auf in der (Rechts-)Gemeinschaft bestehende, unerwünschte oder zu vermeidende Zustände.[157] Die Gemeinschaft verleiht ihrem Willen durch den Gesetzgeber Ausdruck, so dass der „Wille des Gesetzgebers" selbstverständlich maßgeblich für die Bestimmung eines Rechtsbegriffs sein müsste. Dennoch leidet die historische Bestimmungsmethode an einer Schwäche. „Der Gesetzgeber" als Person existiert nicht.[158] Am Gesetzgebungsverfahren ist eine ganze Anzahl von Personen beteiligt, die unterschiedliche Vorstellungen über die Gemeinschaftszustände haben können und – aus der Perspektive der Rechtswissenschaft heraus beurteilt – in den Gesetzesmaterialien ihre Vorstellungen ungenau oder bewusst auslegungsbedürftig formulieren. Inwieweit die historische Betrachtungsweise für die vorliegende Untersuchung richtungweisend ist, wird an anderer Stelle behandelt.[159]

Die Ausführungen sollen in keiner Weise die rechtliche Bewertung des Teilbarkeitsbegriffs vorwegnehmen oder den Inhalt des Begriffs auf eine bestimmte Betrachtungsweise festlegen. Vielmehr soll vor Augen geführt werden, wie und wonach eine Begriffsbestimmung zu erfolgen hat.

Rechtsbegriffe stehen im Dienste des Lebens. Ausgangspunkt einer teleologischen Betrachtung ist daher die Rechtsfolge.[160] Dies wird klar, wenn man sich verdeutlicht, dass der Regelungszweck durch die Rechtsfolge ausgedrückt wird.[161] Über die Bestimmung eines Sollensbegriff entscheidet daher letztlich der rechtliche Sollenszusammenhang, in den der Rechtsbegriff eingestellt ist.[162] Aus diesem Grund ist die Untersuchung zunächst der Frage gewidmet, wie der Teilbarkeitsbegriff bei der Abwicklung gegenseitiger Verträge ausgelegt werden *soll.* Vom Standpunkt des Gläubigergleichbehandlungsgrundsatzes aus z.B. ergibt sich dabei ein anderes Ergebnis als vom Standpunkt des Synallagma-Schutzes. Zugleich muss untersucht werden, wie sich diese einzelnen normativen Vorgaben in Verbindung zu einander setzen lassen.

---

157 Zur Normexegese *Goldschmidt* in: Festschrift für *Englisch*, S. 191 ff; *Betti* in: Festschrift für *Engisch*, S. 205 ff.

158 *Pawlowski* DZWiR 2001, 45 (48).

159 S. 57 ff.

160 Ausführlich *Wank* Juristische Begriffsbildung, S. 90 ff.

161 *Germann* Probleme und Methoden der Rechtsfindung, S. 86 ff; *Hassold* in: Festschrift für *Larenz*, S. 211 (231).

162 *Sax* in: Festschrift für *Nottarp*, S. 138.

III. Die Teilbarkeit von Leistungen bei der Anwendung von § 103 InsO

§ 103 InsO selbst enthält im Gesetzeswortlaut anders als § 105 S. 1 InsO nicht den Begriff der Teilbarkeit. Um die Reichweite des Insolvenzverwalterwahlrechts bestimmen und um zugleich sagen zu können, inwieweit vorinsolvenzliche Abtretungen auch nach Verfahrenseröffnung Bestand haben und inwieweit der Vertragspartner mit anderen vorinsolvenzlichen Forderungen gegen einen Erfüllungsanspruch der Masse aufrechnen kann, ist auch hier erforderlich, die Teilbarkeit der Leistungen in dem gegenseitigen Vertrag genau bestimmen zu können. Kann man bei § 105 S. 1 InsO den Teilbarkeitsbegriff noch abstrakt und losgelöst von einer dogmatischen Auffassung zum Wahlrecht des Verwalters bestimmen, so hängt die Teilbarkeit einer Leistung bei der Anwendung des § 103 InsO zwangsläufig mit dem Verständnis zum Verwalterwahlrecht zusammen.[163] Der Begriff kann hier daher nicht in identischer Weise wie ein Gesetzesbegriff (etwa Wortlaut, Historik) bestimmt werden.[164] Die Auslegung hat sich ausschließlich an teleologischen und systematischen Gesichtspunkten zu orientieren.

163 A. A. *Scherer* NZI 2004, 113 (115 f.) *Linder* S. 83, die annehmen, auch der Teilbarkeitsbegriff in § 105 S. 1 InsO sei durch das Verständnis zum Verwalterwahlrecht nach § 103 InsO vorbestimmt.

164 Vgl. *Engisch* Einführung in das juristische Denken, S. 209; *ders.* Relativität der Rechtsbegriffe, S. 59; *Esser* Vorverständnis und Methodenwahl in der Rechtsfindung, S. 99 f.

§ 5 Normative Vorgaben für den Teilbarkeitsbegriff in §§ 103, 105 InsO

I. Anforderungen an § 105 S. 1 InsO und den Teilbarkeitsbegriff

Obwohl § 105 S. 1 InsO viele streitige Fragen aufwirft, ist man sich doch darin einig, dass die Norm im Ergebnis eine Brücke schlagen will zwischen einerseits dem Insolvenzrecht, und damit verbunden den Zielen und Prinzipien des Insolvenzverfahrens, und andererseits dem vertraglichen Verhältnis des Schuldners mit seinem Vertragspartner.[165] Die Norm muss daher den verschiedenen Anforderungen, die sich hinter ihr verbergen, gerecht werden.

Es bedarf keiner ausführlichen Begründung dazu, dass dem Teilbarkeitsbegriff in erster Linie ein solcher Inhalt zugeschrieben werden muss, der mit der Verfassung und der darin enthaltenen objektiven Werteordnung vereinbar ist.[166] Gleichwohl bestehen Stimmen in der Literatur, die § 105 S. 1 InsO (zumindest) als verfassungsrechtlich bedenklich ansehen.[167] Grund hierfür ist das Verständnis der h. M. über den Normzweck de §§ 103, 105 InsO und demzufolge die Wertungen der Interessen der Vertragsparteien in der Insolvenz.[168] Den Gesetzesmaterialien zufolge[169] legte der Gesetzgeber der Norm die Wertungen des § 36 Abs. 2 VglO zugrunde. § 36 Abs. 2 VglO sah für das Vergleichsverfahren vor, dass der Gläubiger bei Teilbarkeit der Leistungen und wenn er die ihm obliegende Leistung zur Zeit der Eröffnung des Verfahrens bereits teilweise erbracht hatte, mit dem der Teilleistung entsprechenden Betrag seiner Forderung auf die Gegenleistung Vergleichsgläubiger war.[170] In der KO fehlte eine vergleichbare Regelung[171], obwohl ähnliche Probleme auch hier auftraten. Gerade Energieversorgungsunternehmen hatten bei Insolvenz ihrer Kunden z. T. erhebliche Mengen ihrer Leistungen bislang unvergütet erbracht. Wollte der Verwalter das Unternehmen fortführen, musste er die Erfüllung der Energielieferungs-

---

165 Vgl. *Tintelnot* in: *Kübler/Prütting* InsO § 105 Rdnr. 2; *Marotzke* in: HK-InsO § 105 Rdnr. 2; *Berscheid* in: *Uhlenbruck* InsO § 105 Rdnr. 1; *Meyer* NZI 2001, 294 (294).

166 Zur verfassungskonformen Auslegung *Larenz/Canaris* Methodenlehre der Rechtswissenschaft, S. 159 ff.

167 *Marotzke* in: HK-InsO § 105 Rdnr. 7; *ders.* Gegenseitige Verträge, 3. Aufl., Rdnr. 4.164; *Häsemeyer* in: 50 Jahre Bundesgerichtshof, S. 725 (730 f.); *ders.* Insolvenzrecht Rdnr. 20.27; *Henckel* JZ 1998, 155 (158).

168 *Kreft* in: MünchKomm-InsO § 105 Rdnr. 2.

169 BT-Drucksache 12/2443, S. 149 f.

170 Ausführlich zu § 36 Abs. 2 VglO *Linder* S. 22 ff.

171 Vgl. *RGZ* 51, 281; *RGZ* 85, 221 (222); *RGZ* 129, 228 (230); *BGHZ* 97, 87 (90) = JZ 1986, 681 (m. Anm. *Henckel*); *Jaeger/Henckel* KO § 17 Rdnr. 84.

verträge wählen, was dazu führte, dass die Versorger auch die Vergütung der Rückstände aus der Zeit vor Verfahrenseröffnung aus der Masse verlangen konnten.[172] Zur Sicherung ihrer Ansprüche stand ihnen ein Leistungsverweigerungsrecht unstreitig zu.[173] Das Problem versuchte *Ernst Jaeger* mit dem Begriff des Wiederkehrschuldverhältnisses zu lösen.[174] Um in einer möglichst großen Anzahl der Fälle das Vergleichsverfahren eröffnen zu können, führte der Gesetzgeber § 36 Abs. 2 in die VglO ein. Der Begriff des Wiederkehrschuldverhältnisses wurde im weiteren Verlauf der Entwicklung jedoch wegen des Kontrahierungszwanges, dem z.B. die Energieversorger unterlagen[175], für entbehrlich gehalten[176], so dass der Verwalter die Erfüllung der Verträge ablehnen und gleich neue Verträge mit den Versorgern abschließen konnte, womit die Nachteile, auch die sich aufgestauten Rückstände bezahlen zu müssen, wegfielen. Wenn aber der Begriff der Wiederkehrschuldverhältnisse im Grunde entbehrlich ist, ist auch § 36 Abs. 2 VglO entbehrlich und damit eigentlich auch § 105 S. 1 InsO.[177] An der Geeignetheit der Norm, das ihr vorgegebene Ziel (Beseitigung der Konstruktion der Wiederkehrschuldverhältnisse[178]) zu erreichen, kann man daher zu Recht zweifeln.[179]

Soweit § 105 S. 1 InsO darüber hinaus den Zweck verfolgt, dem Verwalter die Sondervorteile (Konditionen) aus dem Vertrag mit dem Vertragspartner zu sichern[180], ist zweifelhaft, ob dieser Zweck die Reichweite der Norm rechtfertigt. Soweit § 105 S. 1 InsO einschlägig ist, wird dem Vertragspartner verwehrt, sich auf die Einrede des nicht erfüllten Vertrages zu berufen. Darin liegt ein Eingriff in seine Rechtsposition. Ob § 105 S. 1 InsO den verfassungsrechtlichen Vorgaben (Verhältnismäßigkeit) genügt, ist daher fraglich.[181]

Des Weiteren – wenn auch ebenfalls als allgemeine Vorgabe zu verstehen – muss § 105 S. 1 InsO die Interessen der Vertragsparteien angemessen berücksichtigen. In einer wertenden Betrachtung lässt sich die Norm auf unterschiedliche Weise verstehen, denn darüber, was „angemessen" ist, können die Meinun-

---

172 Dazu auch *Langhein* ZIP 1985, 385 (389); *Kiesow* Vergleichsordnung § 4 Rdnr. 19 a; *Kilger/K. Schmidt* § 36 VglO Anm. 5; ausführlicher zum entwicklungsgeschichtlichen Hintergrund des § 105 InsO S. 57 ff. m. w. Nachw.; *Kreft* in: MünchKomm-InsO § 105 Rdnrn. 3 ff.

173 *Jaeger/Henckel* KO § 17 Rdnr. 84; *Jaeger/Henckel* InsO § 51 Rdnr. 54.

174 Grundlegend in: LZ 1912, 286 ff.

175 § 6 des Energiewirtschaftsgesetzes aus dem Jahre 1935 (RGBl. I 1451).

176 *Jaeger/Henckel* KO § 17 Rdnr. 86; *Linder* S. 51.

177 *Henckel* KTS 2006, 487 (489).

178 BT-Drucksache 12/2443, S. 145 f.

179 Siehe die in Fn. 167 Genannten.

180 BT-Drucksache 12/2443, S. 145 f.

181 S. 117 ff.

gen weit auseinander gehen. Eine genaue Bestimmung der Parteiinteressen, die ebenso vielzählig wie auch unterschiedlich, von Fall zu Fall gar konträr sein können, ist nicht möglich. Typischerweise lässt sich jedoch ein besonderes Interesse benennen, das der Abwicklungslage des § 105 InsO gewissermaßen immanent ist. Es ist dies das Interesse der einen (nicht insolventen) Partei, oder wie § 105 S. 1 InsO formuliert *„des anderen Teils"*, die Kalkulationsgrundlage, die für die ursprüngliche Bestimmung des Vertragsinhalts maßgeblich war, auch in der Insolvenz zu berücksichtigen.[182] Ob dies der Fall ist, ist insbesondere dann fraglich, wenn der teilweise vorleistende Gläubiger seinerseits mangelhafte Leistungen des Schuldners erhält, aufgrund der Erfüllungswahl des Insolvenzverwalters aber den objektiven Wert der Mangelbeseitigung[183] zahlen muss. Diese Pflicht trifft ihn dann, wenn man den Teilbarkeitsbegriff extensiv auslegt und mit dem Grundsatz verbindet, die Masse müsse nur für die Leistungen aufkommen, für die sie auch ungeschmälert die Gegenleistung erhält. Wenn nach Erfüllungswahl die Mangelbeseitigung aus Massekosten bezahlt werden müssen, müsste auch der Vertragspartner diese Kosten zur Masse leisten. An einer vertraglichen Absprache hierüber wird es immer fehlen, denn die Kosten für die vertragsgemäße Leistung trägt grundsätzlich immer der Schuldner der Leistung. Dies führt letztlich auch dazu, dass die Privatautonomie im Rahmen von § 105 S. 1 InsO in Frage steht. Auch dieses Problem muss § 105 InsO in angemessener Weise zu lösen im Stande sein.

Eine der wohl wichtigsten Anforderungen an § 105 S. 1 InsO ist die Vereinbarkeit mit dem Gläubigergleichbehandlungsprinzip im Insolvenzrecht.[184] So wird dann auch unter dem geltenden Recht von einem Großteil der Stimmen vorgetragen, eine möglichst weite Auslegung des Teilbarkeitsbegriffs entspreche dem Zweck der §§ 103 ff. InsO, die Masse zugunsten aller Insolvenzgläubiger anzureichern oder zumindest zu entlasten.[185]

---

182 Vgl. *Marotzke* in: HK-InsO § 105 Rdnr. 5; *Henckel* JZ 1998, 155 (157); *Häsemeyer* Insolvenzrecht Rdnr. 20.27.

183 Wie *Kesseler* (ZIP 2005, 2046 [2049]) zu Recht feststellt, führt das Erfüllungsverlangen in diesen Fällen faktisch zum Entstehen eines Vertrages über die Beseitigung von Mängeln zum objektiven Beseitigungspreis (S. 2049). Anders lässt sich der auf die Beseitigung der Mängel entfallene Teilwert nicht bestimmen.

184 Für die maßgebliche Beachtung des Gebots bei der Auslegung *Pawlowski* DZWiR 2001, 45 (49).

185 Vgl. aus der Literatur: *Berscheid* in: *Uhlenbruck* InsO § 105 Rdnr. 6; *Kreft* in: MünchKomm-InsO § 105 Rdnr. 8; *ders.* in: Festschrift für *Uhlenbruck*, S. 387 (388, 396); *Huber* in: *Gottwald* Insolvenzrechtshandbuch § 36 Rdnr. 1; *ders.* NZI 2002, 467 (469); *Mohrbutter/Mohrbutter* DZWIR 2003, 1 (5); *Scheffler* ZIP 2001, 1182 (1183). – Aus der Rechtsprechung: *BGHZ* 67, 242 (246); *BGHZ* 125, 270; *BGHZ* 129, 336 (342); *BGHZ* 150, 353.

Es sollen hier keine Zweifel darüber formuliert werden, dass das Insolvenzrecht, anders als das (Einzel-)Zwangsvollstreckungsrecht mit dem dort geltenden Prioritätsprinzip, das Gleichbehandlungsrecht aller Gläubiger i. S. des Art. 3 Abs. 1 GG konkretisiert. Es muss jedoch hinterfragt werden, inwiefern der Gleichbehandlungsgrundsatz als tragendes Argument für die Auslegung von § 105 S. 1 InsO relevant sein kann. Im Ausgangspunkt nämlich ist für die Norm allein der gegenseitige nicht vollständig erfüllte Vertrag der Parteien relevant. Die Betrachtung ist daher zunächst einmal zweiseitig. Das rechtliche Verhältnis zwischen Gläubiger und Schuldner allein mit dem Hinweis auf den Gleichbehandlungsgrundsatz in die gewünschte Form zu gießen, wäre zu pauschal. Wenn der Gleichbehandlungsgrundsatz seine Wirkungen auch auf § 105 InsO ausstrahlt, so steht außer Frage, dass die mit der Norm zu setzenden Rechtsfolgen der Gleichbehandlung aller Gläubiger Rechnung tragen muss. Inwieweit dies aber der Fall ist und wo die Grenzen dessen liegen, muss begründet werden.[186]

Zu den wichtigsten Anforderungen an die Norm gehört auch, dass sie das funktionelle Synallagma des gegenseitigen Vertrages in der Insolvenz hinreichend schützt[187], und damit letztlich die Interessen der Prteien hinreichend berücksichtigt. Ein Versagen gerade diesbezüglich wird der Norm vorgeworfen, so dass sie aus diesem Grunde verfassungswidrig sei.[188]

Von der Hand zu weisen ist die Kritik in der Tat nicht. In der von § 105 S. 1 InsO vorausgesetzten Abwicklungslage hat der Gläubiger teilweise vorgeleistet, die entsprechende Gegenleistung des Schuldners steht hingegen noch aus. Außerhalb der Insolvenz wird der Gläubiger durch die Wirkung des funktionellen Synallagmas vor weiterer Inanspruchnahme ohne vorherigen Erhalt der Gegenleistung geschützt. Bezüglich seiner (Rest-)-Leistung kann er grundsätzlich ein Zurückbehaltungsrecht geltend machen.[189] Es ist nicht – oder wenn nur schwer – einzusehen, warum ihm dieses Recht und dieser Schutz durch die Insolvenz des Schuldners genommen werden soll, zumal § 105 InsO dazu explizit keine Aussage enthält. Dennoch wird dem Vertragspartner ein Zurückbehaltungsrecht, und damit ein Schutz durch das funktionelle Synallagma von der

---

186 Dazu sogleich, S. 41 ff.

187 *Pilgram* Ökonomische Analyse S. 137; *Windel* Jura 2002, 230 (232) m. w. Nachw. stellt fest, dass §§ 103, 105 InsO allgemein als Schutz des Synallagmas verstanden werden.

188 S. o. bei Fn. 167. Vgl. *Marotzke* in: HK-InsO § 105 Rdnr. 7 m. w. Nachw. – A. M hingegen *Tintelnot* in: *Kübler/Prütting* InsO § 105 Rdnr. 2.

189 *Heinrichs* in: Palandt § 320 Rdnrn. 1, 8; *Grothe* in: BeckOK Bamberger/Roth § 320 Rdnr. 13; *Emmerich* in: MünchKomm-BGB § 320 Rdnr. 4; *H. P. Westermann* in: Erman § 320 Rdnr. 11; *Scheffler* ZIP 2001, 1182 (1187).

herrschenden Lehre zumeist nicht zugestanden.[190] Es fragt sich daher, wie § 105 S. 1 InsO vor diesem Hintergrund bestehen kann.

II. Dogmatik, Inhalt und Bedeutung der für die Auslegung des Teilbarkeitsbegriffs relevanten Prinzipien

Der Gläubigergleichbehandlungsgrundsatz, das funktionelle Synallagma, die Privatautonomie und der Interessenschutz der Parteien stellen Anforderungen an den Inhalt des Teilbarkeitsbegriffs. Diese Prinzipien können im Verhältnis zueinander doch sehr gegenläufig sein. Steht man für eine uneingeschränkte Gläubigergleichbehandlung, so folgt daraus zugleich, dass sich der Schutz des funktionellen Synallagmas in der Insolvenz nicht verwirklichen lässt, und umgekehrt.[191] Nur wenn feststeht, wie sich diese Prinzipien im Verhältnis zueinander verhalten und abgrenzen lassen, kann auch gesagt werden, wie sich dies auf die Auslegung der in der InsO verwendeten Rechtsbegriffe auswirkt. Aus diesem Grunde soll die Dogmatik dieser Prinzipien im Folgenden näher analysiert werden.

1. Der insolvenzrechtliche Gläubigergleichbehandlungsgrundsatz

In § 1 S. 1 InsO erklärt der Gesetzgeber es zum Ziel des Insolvenzverfahrens, die Gläubiger eines Schuldners gemeinschaftlich zu befriedigen.[192] Diese Norm umschreibt nur den Zweck des Verfahrens, kann jedoch nicht als gesetzliche Grundlage des Gleichbehandlungsgrundsatzes angesehen werden. Nach einer solchen sucht man auch vergeblich. Der Gleichbehandlungsgrundsatz ist im Ergebnis nur das Ziel des Gesetzgebers und daher „nur" bei der Anwendung der InsO und der Durchführung des Insolvenzverfahrens als Auslegungsdirektive zu berücksichtigen.[193] Dies bedeutet, dass der Gleichbehandlungsgrundsatz nicht für die gesamte InsO festgeschrieben ist, in sinnbildlicher Weise jedoch „über der InsO steht".[194]

---

190 *Scheffler* ZIP 2001, 1182 (1187); *Tintelnot* in: *Kübler/Prütting* InsO § 105 Rdnr. 16 m. w. Nachw.; *Berscheid* in: *Uhlenbruck* InsO § 105 Rdnr. 23; *Pape* in: Kölner Schrift zur InsO, S. 531 (547).

191 Näher *Häsemeyer* in: 50 Jahre Bundesgerichtshof, S. 725 (727).

192 Dies ist der Hauptzweck des Insolvenzverfahrens, *BGHZ* 150, 353; *Ganter* in: MünchKomm-InsO § 1 Rdnrn. 20, 51 f.; *Kirchhof* in: HK-InsO § 1 Rdnr. 4; *ders.* ZInsO 2000, 297 (299).

193 *Häsemeyer* Insolvenzrecht Rdnr. 16.20.

194 *Foerste* Insolvenzrecht Rdnr. 8 (Leitidee des Insolvenzrechts).

Dass dies so ist, ist keine Selbstverständlichkeit, denn im Grunde lassen sich auch andere Möglichkeiten der Gläubigerbefriedigung denken.[195] Allein die anteilige Befriedigung aller Gläubiger an dem bei Verfahrenseröffnung noch vorhandenen Vermögen des Schuldners entspricht am ehesten den Geboten der Gerechtigkeit. Es erscheint gerecht, bei unzureichendem Vermögen des Schuldners den Verlust nicht einen, sondern alle Gläubiger tragen zu lassen.[196]

Mangels eindeutiger Rechtsgrundlage des Gleichbehandlungsprinzips tritt ein Problem zu Tage, nämlich die Bestimmung der inhaltlichen Dimension dieses Grundsatzes. Es fragt sich, was der Grundsatz überhaupt besagt, welche Wertungen in seine Bestimmung hineinfließen und wie er sich in konkreten Fällen überhaupt anwenden lässt.

Bei der Untersuchung dieser Fragen, stößt man auf eine lange Geschichte des Gleichbehandlungsgrundsatzes.[197] Führt man sich vor Augen, dass vor hunderten Jahren willkürliche Privilegierungen einzelner Obligationen normal waren[198], so versteht man, wenn es in den Motiven zur Konkursordnung heißt, dass die Beseitigung aller Vorrechte in der Insolvenz das oberste Ziel sein müsse[199], welches der Gesetzgeber nicht aus den Augen verlieren dürfe.[200]

Als Schlussfolgerung hieraus könnte man sagen, dass Bevorzugungen bei der Anwendung der InsO und demnach auch bei der Bestimmung des Teilbarkeitsbegriffs unbedingt vermieden werden müssen.[201] So wäre aufgrund des Gleichbehandlungsgrundsatzes regelrecht geboten, jede Leistung als teilbar zu qualifizieren. Denn nur so würde die Masse bei Vorleistungen des Gläubigers nach Erfüllungswahl durch den Insolvenzverwalter zugunsten aller Gläubiger entlastet. Der Vertragspartner könnte i. S. von § 105 InsO die seiner Vorleistung entspre-

---

195 *Gassert-Schumacher* S. 323 nennt drei Möglichkeiten: (1) Wettlauf der Gläubiger, (2) eine streng chronologische Befriedigung der Gläubiger sowie (3) eine anteilige Befriedigung aller Gläubiger an dem verbleibenden Schuldnervermögen.

196 Vgl. *Gassert-Schumacher* S. 324; kritisch *Foerste* Insolvenzrecht Rdnr. 11.

197 Dazu *Gassert-Schumacher* S. 323 ff. Eine kompakte Übersicht der historischen Entwicklung des Prinzips des Gläubigergleichbehandlungsgrundsatzes findet sich bei *Wiórek* Das Prinzip der Gläubigergleichbehandlung im Europäischen Insolvenzrecht (2005), S. 92 ff. (kritisch dazu *Smid* DZWiR 2006, 484).

198 Beispiele nach *Hahn/Mugdan* S. 238: Bevorzugung von Lösegeld aus Sklaverei und Türkengefahr nach der Hamburger Fallitenordnung, Vorzugsrechte für Bierbrauer und Branntwein in Bayern, Vorrecht für Gaslieferungen nach der Handfestenordnung zugunsten des Staates in Bremen etc. – Weitere Beispiele in *Hahn/Mugdan* (a. a. O.) z.B. S. 239 (Vorrechte des Fiskus), S. 240 (Kirchen und Schulen) etc. Zu den einzelnen Konkursvorrechten auch *Gassert-Schumacher* S. 103 ff., 117 ff.

199 *BGHZ* 41, 101; *Pape/Uhlenbruck* Insolvenzrecht Rdnr. 126.

200 *Hahn/Mugdan* (a. a. O. [Fn. 198]) S. 238.

201 Dies ist die eigentliche Folge aus der Argumentation der als „herrschend" bezeichneten Ansicht.

chende Gegenleistung stets nur als Insolvenzforderung geltend machen. Ebenso gut lassen sich andere Beispiele anfügen, in den das Ergebnis der Begriffsbestimmung durch den Gleichbehandlungsgrundsatz determiniert ist.[202]

Dies würde jedoch nicht nur dazu führen, dass Begriffe völlig obsolet würden[203], sondern führt auch dazu, dass sich das Recht, ohne unterschiedliche Wertungen zu beachten, einseitig in eine Richtung entwickelt und derart angewendet wird. Dies wiederum führt zu einer gewissen Ungerechtigkeit, weil sich aus der Natur der Sache ergibt, dass eine Differenzierung, und damit eine Privilegierung, im Einzelfall durchaus geboten sein kann.[204] Eine derart rein negative Bestimmung des Gleichbehandlungsgrundsatzes muss daher als für die Rechtsanwendung untauglich ausscheiden.[205]

In der heutigen Literatur finden sich daher auch Untersuchungen darüber, wie das Wesen und der Inhalt des Gleichbehandlungsgrundsatzes positiv begründet werden können. Bevor jedoch auf die unterschiedlichen Begründungen eingegangen wird, soll nicht unerwähnt bleiben, dass – soweit die Funktion des Gleichbehandlungsgrundsatzes in Frage steht – Einigkeit herrscht. Der Gleichbehandlungsgrundsatz hat demnach eine Friedensfunktion und eine Gerechtigkeitsfunktion.[206] Erstere zeigt sich immer dann, wenn die Regelungen der InsO den Ansturm der einzelnen Gläubiger auf das zur Befriedigung aller Gläubiger ohnehin nicht ausreichende Schuldnervermögen unterbinden und das Vermögen im Sinne aller Gläubiger sichern will. Dies ist der Fall bei den Regelungen über den Vermögensbeschlag (§§ 80 ff. InsO), der Untersagung der Einzelzwangsvollstreckung (§ 89 InsO) oder der Insolvenzanfechtung (§§ 129 ff. InsO). Die §§ 103 ff. InsO stehen jedoch nicht in diesem Zusammenhang und können daher auch nicht der Friedensfunktion des insolvenzrechtlichen Gleichbehandlungsgrundsatzes zugeschrieben werden. Natürlich lässt sich anführen, dass es dem sozialen Frieden unter den einzelnen Gläubigern entgegenlaufen würde, wenn ohne ausreichende Differenzierung der eine Gläubiger seine vertraglichen An-

---

202 Beispiele finden sich bei *Pawlowski* DZWiR 2001, 45 (49 ff.) (Auslegung des Obstruktionsverbots, Verbraucherinsolvenz und Prozesskostenhilfe).

203 § 105 InsO formuliert *„sind die Leistungen teilbar"*. Dies impliziert, dass es auch unteilbare Leistungen geben muss. Es würde keinen Sinn machen, zu untersuchen, wann dies der Fall ist, weil ohnehin jede Leistung teilbar wäre. – Für *Linder* ist nur noch z.B. das lebende Tier unteilbar (S. 123), unter Hinweis auf *Selb* in: MünchKomm-BGB § 420 Rdnr. 1; *Noack* in: Staudinger (Bearb. 1999) § 420 Rdnr. 14.

204 Vgl. *Bruns* ZZP 110 (1997), 305 (307); *Meyer/Rein* NZI 2004, 367 (369); *Gassert-Schumacher* S. 327.

205 Vgl. *Meyer/Rein* NZI 2004, 367 (369).

206 *Häsemeyer* Insolvenzrecht Rdnr. 2.01 ff.; *Gassert-Schumacher* S. 325 f.; vgl. auch *Wiórek* S. 76 ff. Gegen den Gleichbehandlungsgrundsatz aus Gründen des Rechtsfriedens *Foerste* Insolvenzrecht Rdnr. 11.

sprüche im Verhältnis zu den anderen Gläubigern privilegiert durchsetzen könnte. Die Sicherung des sozialen Friedens ist jedoch nicht von den §§ 103 ff. InsO intendiert. Dies zeigt sich deutlich daran, dass die vertraglichen Gläubiger im Grunde[207] ihre Forderungen im Insolvenzverfahren gar nicht geltend machen müssen, sondern den Ausgang des Verfahrens abwarten können und sich dann in Höhe der gesamten Forderung an den Schuldner wenden können.[208]

Damit kann festgestellt werden, dass die Friedensfunktion des insolvenzrechtlichen Gleichbehandlungsgrundsatzes im Grunde für die Auslegung des Teilbarkeitsbegriffs, aber auch für die gesamten §§ 103 ff. InsO, keine Rolle spielt.[209]

Nicht so deutlich verhält es sich dagegen mit der Gerechtigkeitsfunktion des Gleichbehandlungsgrundsatzes. Wie diese ausgestaltet ist, darüber gehen die Meinungen auseinander.

a) Der Gleichbehandlungsgrundsatz als Ausdruck der verteilenden Gerechtigkeit

Zum einen könnte man den Gleichbehandlungsgrundsatz als Ausdruck der verteilenden Gerechtigkeit begreifen. Im Falle der Insolvenz steht fest, dass das Vermögen des Schuldners im Regelfall (vgl. z.B. § 199 S. 2 InsO) nicht zur Befriedigung aller Gläubiger ausreichen wird. Das in Art. 3 Abs. 1 GG zum Ausdruck kommende Prinzip der Rechtsgleichheit verlangt nun, dass nicht einzelne Gläubiger sich aus der knappen Masse voll befriedigen, während dadurch gleichzeitig andere Gläubiger auf ihre Forderungen proportional weniger erhalten.[210]

Art. 3 Abs. 1 GG stellt jedoch nur lapidar fest, dass alle Menschen vor dem Gesetz gleich sind. Welche Gebote sich hieraus ergeben – insbesondere für das Insolvenzrecht als spezielle Regelungsmaterie der Gesamtvollstreckung – muss jedoch erst erarbeitet werden. Nach einer möglichst (gesamt-)-wirtschaftlich sinnvollen Betrachtung wird der Gläubigergleichbehandlungsgrundsatz dabei als Prinzip der verteilenden Gerechtigkeit nutzbar gemacht. Im Vordergrund stehen dabei folgende Überlegungen: Das in Deutschland geltende Kreditsicherungs-

---

207 In gewissen Fällen besteht jedoch eine faktische Pflicht zur Teilnahme am Insolvenzverfahren (ausführlicher dazu unten bei Fn. 372).

208 Vgl. *Brehm* in: Festschrift für *Jelinek*, S. 15 (26); *Kreft* in: MünchKomm-InsO § 103 Rdnr. 18; *ders.* in: Festschrift für *Uhlenbruck*, S. 387 (393 f.); *Jaeger/Henckel* KO § 17 Rdnr. 160; *Musielak* AcP 179 (1979), 189 (195); *Bork* in: Festschrift für *Zeuner*, S. 297 (298, 315); *Gottwald/Steer* MittBayNot 2005, 278 (280).

209 Vgl. *Foerste* Insolvenzrecht Rdnr. 11.

210 Vgl. *Baur/Stürner* Insolvenzrecht Rdnr. 5.37.

system privilegiert nach wie vor die Gläubiger, die durch Geld- oder Warenkapital unternehmerische Tätigkeit initiieren, so z.B. die Banken.[211] Wenn ein Handwerksbetrieb bspw. seine Geschäfte aufnehmen und seine Dienste am Markt anbieten will, so bedarf er hierzu zunächst einmal eines gewissen Startkapitals, das in der Regel durch Kredite der Banken finanziert wird. Nach geltendem Recht können die durch Geldkredite entstehenden Rückzahlungsansprüche (§ 488 Abs. 1 S. 2 BGB) – und so ist es in der Praxis auch üblich – durch Sicherheiten geschützt werden.[212] Dem können sich mittelständische Unternehmen *de facto* nicht entziehen. Aufgrund dieser Sicherheiten sind dann auch die Gläubiger (Kreditgeber) in der Insolvenz privilegiert. Sie können entweder Aussonderungsrechte geltend machen (§ 47 InsO) oder werden im Wege der Absonderung (§§ 49 ff. InsO) befriedigt. Ein Aussonderungsrecht erlaubt dem Berechtigten, seinen Anspruch (auf Herausgabe eines Gegenstandes oder Rechtes) ohne am Insolvenzverfahren teilnehmen zu müssen, direkt gegen den Insolvenzverwalter geltend zu machen. Auch ein Absonderungsberechtigter ist privilegiert, da er wegen des Pfand- oder Sicherungsrechts an bestimmten Gegenständen oder Rechten der Insolvenzmasse abgesonderte Befriedigung verlangen kann (§§ 165 ff. InsO).[213] Das geltende Kreditsicherungssystem benachteiligt hingegen die Gläubiger, die als Dienstleistende am Ertrag des erwirtschafteten Kapitals partizipieren.[214] Der soeben beschriebene Handwerksbetrieb kann sich seine Lohnforderungen nicht dinglich sichern lassen. Gem. § 641 Abs. 1 BGB werden diese sogar erst dann fällig, nachdem er die Werkleistung erbracht hat und Abnahme erfolgt ist.[215]

Es zeigt sich bei dieser Betrachtung also schon eine in der Wirtschaftsverfassung angelegte Differenzierung einzelner Gläubigergruppen. Unter dem Postulat, Art. 3 Abs. 1 GG verbiete, Gleiches ungleich und Ungleiches gleich zu behandeln, ist nach einem Grund für die Differenzierung der Gläubigergruppen zu suchen. Auch hier kann wieder ein gesamtwirtschaftlicher Aspekt herangezogen werden: Durch die Privilegierung der Geldkreditgeber wird der Geldfluss erleichtert. Dies führt automatisch zu mehr unternehmerischer Tätigkeit und ist daher gesamtwirtschaftlich wohl sinnvoll. In diesem Zusammenhang wird vor-

---

211 *Stürner* ZZP 94 (1981), 263 (270).

212 Zur Auswahl stehen hier meist Realsicherheiten (Grundschuld, Hypothek, Sicherungsübereignung, Eigentumsvorbehalt), seltener Personalsicherheiten wie die Bürgschaft (§ 765 BGB). – Ausführlich dazu *Weber* Kreditsicherungsrecht, 8. Aufl. 2006; *Lwowski/Merkel* Kreditsicherheiten, 8. Aufl. 2003.

213 Einzelheiten bei *Keller* Insolvenzrecht Rdnrn. 380 ff., 397 ff.

214 *Stürner* ZZP 94 (1981), 263 (270).

215 Eine Erleichterung in der Rechtsdurchsetzung verleiht in diesem Zusammenhang das Gesetz zur Beschleunigung fälliger Zahlungen vom 01. Mai 2000 (BGBl. I S. 330), dazu *Liegmann* GewArch 2003, 274 ff.

getragen, Teil des Gerechtigkeitsverständnisses des Wirtschaftsrechts sei das Leistungsprinzip. Danach habe das Rechtssystem den Beitrag des einzelnen Gläubigers nach seinem Nutzen für das System zu beurteilen. Eine Privilegierung gesicherter Gläubiger sei wegen des höher zu bewertenden produktiven Beitrags zum Schuldnervermögen gerechtfertigt.[216]

Aus diesem Grunde ist die Privilegierung im Ergebnis als mit dem Gläubigergleichbehandlungsgrundsatz vereinbar anzusehen.[217] Es reicht demnach nicht aus, die Gleichheit zwischen den Gläubigern auf die Befriedigungsquote zu reduzieren.[218] Unter dem Gesichtpunkt der verteilenden Gerechtigkeit ist die Insolvenzmasse daher zwischen den Gläubigern entsprechend der Differenzierung zu verteilen.[219]

Um auf die anfangs aufgeworfene Frage zurückzukommen, so ist die Begründung des Gläubigergleichbehandlungsgrundsatzes durch die Annahme bedingt, maßgebliches Element des Grundsatzes sei das Differenzierungsgebot.[220] So lässt sich der Gläubigergleichbehandlungsgrundsatz durch Normen wie §§ 39, 47, 55 InsO positiv begründen. Denn nur sie differenzieren zwischen den einzelnen Gläubigern, was im Übrigen auf das Gebot der gleichmäßigen Befriedigung aller Gläubiger schließen lässt.

b) Der Gleichbehandlungsgrundsatz als Ausdruck der ausgleichenden Gerechtigkeit

Häsemeyer[221] bemühte sich, den Gleichbehandlungsgrundsatz in einer anderen Art und Weise positiv zu begründen. Er trifft im Wesentlichen folgende Aussagen: Der Geltungsgrund des Gleichbehandlungsgrundsatzes liegt im gleichmäßigen Einfluss aller Gläubiger auf das Schuldnervermögen.[222] Die Begründung, Durchsetzung, dingliche Sicherung und Erfüllung jeder einzelnen Forderung soll demnach mitursächlich für die Insolvenz des Schuldners gewesen sein (Theorie

---

216 *Gassert-Schumacher* S. 330.

217 Vgl. *Baur/Stürner* Insolvenzrecht Rdnr. 5.37; *Bruns* ZZP 110 (1997), 305 (307) (die Privilegierung ist Kehrseite des Gleichheitsgebots); *Meyer/Rein* NZI 2004, 367 (369) (der Gleichbehandlungsgrundsatz muss als Auffangregel verstanden werden).

218 *Baur/Stürner* Insolvenzrecht Rdnr. 5.37.

219 So stellt auch *Wiórek* S. 82 im Anschluss an die Darstellung zur verteilenden Gerechtigkeit fest.

220 Vgl. *Häsemeyer* KTS 1982, 507 (516).

221 *Häsemeyer* Insolvenzrecht Rdnrn. 2.17 ff.

222 *Häsemeyer* Insolvenzrecht Rdnrn. 2.24 ff. – In diesem Zusammenhang wird dies als „Theorie der Ausgleichshaftung" bezeichnet, vgl. *Brehm* in: Festschrift für *Jelinek*, S. 15 (24).

der Ausgleichshaftung).[223] Daraus folgert er, dass jede Bevorzugung dem einzelnen Gläubiger erlaubt, die Folgen seines eigenen Einflusses auf die Mitgläubiger abzuwälzen.[224] Dabei geht er sogar so weit und fordert auch absolute Rechte sollten unter die Ausgleichshaftung fallen. Der absolute Charakter rechtfertige nicht die Befreiung von der Gleichbehandlung.[225] *Häsemeyer* versucht den Gleichbehandlungsgrundsatz dadurch handhabbar zu machen, in dem er für jede einzelne insolvenzrechtliche Norm danach fragt, was den einzelnen Gläubigern im Verhältnis zu ihren Mitgläubigern zusteht.[226] Nur aus dieser Betrachtung heraus könne festgestellt werden, ob der Gleichbehandlungsgrundsatz (im Rahmen einer einzelnen Norm) Berücksichtigung findet oder nicht.

Die Theorie der Ausgleichshaftung ist in grundsätzlicher Weise in der Literatur begrüßt worden; einige stimmen ihr zu[227], andere kritisieren sie[228]. Für die hiesigen Untersuchungen kann man aus ihr jedoch folgern, dass auch in § 105 InsO, wenn der Gleichbehandlungsgrundsatz zu einer bestimmten Auslegung des Teilbarkeitsbegriffs zwingen will, das Verhältnis der einzelnen Gläubiger untereinander zum Ausdruck kommen muss.

c) Der Gleichbehandlungsgrundsatz als Ausdruck von Vergemeinschaftung

Ein weiterer Ansatz zur Begründung des Gleichbehandlungsgrundsatzes im Insolvenzverfahren ist der Versuch, eine Rechts- oder Interessengemeinschaft der Gläubiger zu konstruieren.

Wenn mehrere eine Leistung fordern können, die sich insgesamt aufteilen lässt, so zeigt schon die Regelung über die Teilgläubigerschaft bei teilbaren Leistungen im bürgerlichen Recht (§ 420 BGB), dass jeder Gläubiger nur dazu berechtigt sein kann, einen (gleichen) Anteil zu fordern. Überträgt man diesen Gedanken auf insolvenzrechtliche Kategorien, so lässt sich die Gleichbehandlung der Gläubiger – die außerhalb des Insolvenzverfahrens mit ihren Forderungen berechtigt sind, jeweils die gesamte Leistung zu fordern – nur dann rechtfertigen, wenn man annimmt, dass mit Verfahrenseröffnung ein pfandrechtsähnliches „Beschlagrecht" am Schuldnervermögen entsteht, über das die Gläubiger fortan zu einer Rechtsgemeinschaft verbunden werden.[229] Da folglich allen

---

223 *Häsemeyer* Insolvenzrecht Rdnr. 2.26 (Mitte).
224 *Häsemeyer* Insolvenzrecht Rdnr. 2.27 (a. E.).
225 *Häsemeyer* Insolvenzrecht Rdnr. 2.36.
226 *Häsemeyer* Insolvenzrecht Rdnr. 2.30 (a. E.).
227 *Windel* Jura 2002, 230 (232).
228 *Brehm* in: Festschrift für *Jelinek*, S. 15 (25); *Landfermann* ZZP 107 (1994), 127 (128/129).
229 Vgl. *Windel* Jura 2002, 230 (231) m. w. Nachw.

Gläubigern zum gleichen Zeitpunkt das gleiche Verwertungsrecht zusteht, können sie nur anteilige Befriedigung verlangen. Von der herrschenden Meinung allerdings wird ein derartiges Beschlagrecht am Schuldnervermögen, mit dem der Gleichbehandlungsgrundsatz gerechtfertigt werden kann, abgelehnt.[230] Wesentlicher (und überzeugender) Grund hierfür sei, dass der Gleichbehandlungsgrundsatz die Zuweisung eines Beschlagrechts überhaupt erst ermöglicht, nicht umgekehrt durch dieses Beschlagrecht legitimiert werden kann.[231]

Schließlich wird zum Teil vorgetragen, die Insolvenzgläubiger bildeten zwar keine Rechts- doch aber eine Interessengemeinschaft. Gemeinsam soll nämlich allen Gläubigern sein, dass sie ein gleichlaufendes Interesse an einer bestmöglichen und gleichmäßigen Verwertung des Schuldnervermögens haben.[232] Diese Annahme ist vielfach zu Recht kritisiert worden. Sie steht geradezu im Gegensatz zu dem Argument, das im Übrigen für den Gleichbehandlungsgrundsatz im Insolvenzverfahren einhellig verwendet wird, nämlich, den Ansturm aller Gläubiger auf das zur Befriedigung aller nicht mehr ausreichende Schuldnervermögen zu verhindern. Dass man einem solchen Ansturm entgegentreten möchte, verdeutlicht allein, dass die Gläubiger geradezu in einem Interessengegensatz zueinander stehen. Jeder möchte für sich das meiste „herausholen". Erst das Insolvenzverfahren schließt die Gläubiger zu einer „Zwangs-Verlust-Gemeinschaft" zusammen.[233] Den Gleichbehandlungsgrundsatz kann diese Zwangsgemeinschaft indes nicht rechtfertigen.

---

230 Aufschlussreich sind insofern die Ausführungen bei *Hahn/Mugdan* S. 45: *„Schon eine solch stillschweigende Generalhypothek erregt Bedenken. Sie würde kraft der Konkurseröffnung auch die Grundstücke, die Wertpapiere, die Forderungen des Schuldners ergreifen, im Widerspruch mit den sonst geltenden Gesetzen über Pfanderwerb an solchen. Überhaupt wäre es misslich, das Konkursverfahren auf eine Generalhypothek aller Gläubiger zu begründen, während das Gesetz für das Konkursverfahren alle Generalhypotheken zu beseitigen genötigt ist. [...] Die Beschlagnahme ist nicht der den Konkursanspruch erzeugende Rechtsgrund, vielmehr begründet dieser Anspruch die Beschlagnahme. [...] Die Annahme eines Pfandrechts der Gläubiger erscheint legislativ fehlerhaft und zugleich unzureichend. Das Pfandrecht würde nur ein Veräußerungsrecht gewähren; es würde nicht hinreichen, die Rechte des Gemeinschuldners nach allen Richtungen zu verwerten, nicht die schwebenden Verträge desselben zu erfüllen, die anhängigen Prozesse fortzuführen; es würde nicht ein allgemeines Anfechtungsrecht begründen, und es würde vor allem nicht den notwendigen Dispositionsverlust des Gemeinschuldners in sich schließen"*.

231 *Windel* Jura 2002, 230 (232).

232 *Kuhn/Uhlenbruck* KO § 3 Rdnr. 2, *BVerwG* NJW 1962, 979 (980).

233 *Häsemeyer* KTS 1982, 507 (523 ff.); *Windel* Jura 2002, 230 (232) spricht von „unfreiwilliger Zwangsgemeinschaft".

d) Stellungnahme

Die (beiden weiterführenden) Ansätze, die den Gleichbehandlungsgrundsatz positiv zu begründen versuchen, haben einiges für sich. Genauso gut lassen sich beide Ansätze aber auch kritisieren.

aa) Grundsätzliches

Versteht man den Gleichbehandlungsgrundsatz als Ausdruck der verteilenden Gerechtigkeit[234], so kommt man nicht umher, eine Antwort auf die Frage zu geben, was die relevanten Differenzierungskriterien für die privilegierte Behandlung einzelner Gläubigergruppen sind. Wenn die Billigkeitstheorie dafür kritisiert wird, dass aus ihr heraus die Differenzierungskriterien nicht deutlich werden[235], so kann dieser Kritik nicht zugestimmt werden. Eine Theorie muss die Differenzierungskriterien selbst nicht benennen. Vielmehr müssen diese auf der Grundlage der Theorie, die allein auf ihre grundsätzliche Brauchbarkeit hin zu untersuchen ist, begründet werden. Die Billigkeitstheorie gibt dabei vor, wie eine Begründung aussehen kann. Dies gelingt ihr durch die dogmatische Anknüpfung an Art. 3 Abs. 1 GG. In Folge dessen müssen die Gläubigergruppen, die unterschiedlich behandelt werden sollen, miteinander verglichen werden. Dabei kann es jedoch nicht so sehr darum gehen, Gleichheiten zwischen ihnen herauszusuchen. Im Fokus der Untersuchungen müssen vielmehr die Unterschiede stehen. In einem nächsten Schritt ist dann danach zu fragen, ob die Unterschiede derart gewichtig sind, dass eine unterschiedliche insolvenzrechtliche Behandlung der Gläubigergruppen gerechtfertigt ist.[236]

Die InsO enthält in einigen Regelungen typisierte Privilegierungsgründe. Dies sind u. a. dinglich gesicherte Gläubiger, wie sich aus §§ 47, 50, 51 InsO ergibt. Durch diese Regelungen werden im Grunde jedoch nur die Unterschiede zwischen den Gläubigern herausgestellt. Der Unterschied zwischen einem Insolvenzgläubiger nach § 38 InsO und einem Absonderungsberechtigten nach § 51 InsO ist schlicht der, dass der Absonderungsberechtigte seine Forderung gegen den Schuldner dinglich gesichert hat. Damit ist jedoch noch nichts dazu gesagt, ob die unterschiedliche Behandlung beider Gläubiger in der Insolvenz auch gerechtfertigt ist. Die Rechtfertigung ergibt sich freilich nicht aus der dinglichen Sicherung an sich.[237] Sie muss anders begründet sein.

---

234 In der Literatur wird hierbei auch von „Billigkeitstheorie" gesprochen.

235 So ist wohl *Wiórek* S. 85 zu verstehen.

236 Das Argumentationsmuster ist angelehnt an die sog. „Neue Formel" des *BVerfG* (*BVerfG*E 88, 87 [96]; *BVerfG*E 97, 271 [290]; *BVerfG* NJW 2000, 310 [311]), hierzu *Brüning* JZ 2001, 669.

237 Vgl. *Häsemeyer* Insolvenzrecht Rdnr. 3.36.

Die Theorie der Ausgleichshaftung nach *Häsemeyer* scheint eine Antwort hierauf zu haben. Was die dinglichen Sicherheiten angeht, so soll die Rechtfertigung der Ungleichbehandlung in der Publizität der Sicherheiten liegen. Nur dadurch soll für die übrigen Gläubiger die Einflussmöglichkeit des dinglich Gesicherten auf das Schuldnervermögen klar zum Ausdruck kommen, so dass, wenn sie ungeachtet dessen mit dem Schuldner kontrahieren, nicht besser gestellt werden dürften, als jeder andere, ebenfalls ungesicherte Gläubiger. Dies führt nach *Häsemeyer* aber auch dazu, dass publizitätslose Sicherheiten (Eigentumsvorbehalt, Sicherungsübereignung) keine Vorzugsrechte in der Insolvenz geben können.[238] Hier fehlt gerade die Möglichkeit anderer Gläubiger, die Einflussmöglichkeit des Gesicherten auf das Schuldnervermögen zu erkennen.

Dies kann nicht überzeugen. In der Frage nach den Unterschieden verschiedener dinglich gesicherter Gläubiger kann die Publizität nicht als Richtschnur herangezogen werden. Wie an anderer Stelle zu Recht angemerkt[239] wird, bietet die Offenlegung des Einflusses des Sicherungsgläubigers auf das Schuldnervermögen keine Auskunft darüber, wie es um die wahre Vermögenslage des Schuldners steht. Es liegt auf der Hand, dass es um die Vermögenslage desjenigen Schuldners besser steht, der zwar all seine Produktionsmittel sicherungsübereignet hat, damit aber wirtschaften kann, als um die Vermögenslage desjenigen, der gar keine Produktionsmittel im Besitz hat.[240]

Die Theorie der Ausgleichshaftung weist daher in einigen Punkten Schwächen in der Begründung des Gläubigergleichbehandlungsgrundsatzes auf. Dies soll der Gesamtaussage jedoch keinen Abbruch tun. Es ist richtig, dass sich eine unterschiedliche insolvenzrechtliche Behandlung einzelner Gläubiger aus dem Verhältnis der Gläubiger zu einander rechtfertigen lassen muss, denn wenn nach dem Willen des Gesetzgebers die Gesamtvollstreckung die Individualvollstreckung ablösen soll[241], und die Gleichbehandlung aller Gläubiger damit kraft Gesetzes angeordnet wird, muss eine Privilegierung einzelner Gläubiger da zulässig sein, wo sich der Einzelne von der Gläubigergesamtheit unterscheidet, mithin dann, wenn eine Privilegierung sachlich (den anderen gegenüber) gerechtfertigt ist.

Diese Feststellung führt damit zugleich das oben dargelegte Argumentationsmuster für eine Rechtfertigung der Ungleichbehandlung im Rahmen der Billig-

238 *Häsemeyer* KTS 1982, 507 (572).

239 *Wiórek* S. 87.

240 Zur weitergehenden Kritik vgl. *v. Wilmowsky* Europäisches Kreditsicherungsrecht, S. 162.

241 Nach *Foerste* (Insolvenzrecht Rdnr. 11) reicht allein der Wille des Gesetzgebers als Rechtfertigung des Gleichbehandlungsgrundsatzes.

keitstheorie fort. Beide Ansätze lassen sich damit mit einander verbinden.[242] Wird der Gläubigergleichbehandlungsgrundsatz demnach als Wertungsargument für oder gegen ein bestimmtes Ergebnis herangezogen, müssen, um die Stichhaltigkeit des Arguments überprüfen zu können, zunächst die Gläubiger auf ihre Unterschiede hin untersucht werden. In einem weiteren Schritt ist dann nach der sachlichen Rechtfertigung der insolvenzrechtlichen Ungleichbehandlung zu fragen, die sich nur aus dem Verhältnis der Gläubiger zu einander ergeben kann. Ob also ein Gläubiger bestimmte Rechte gegen die Masse soll geltend machen können, ist nicht nur Frage seiner formalen Rechtsinhaberschaft, sondern hängt auch von der Beurteilung ab, ob es den anderen Gläubigern gegenüber gerechtfertigt ist, dass er Rechte gegenüber der Masse soll geltend machen können.

bb) Bedeutung für den Teilbarkeitsbegriff

Will man nun die Bedeutung des Ganzen für den insolvenzrechtlichen Teilbarkeitsbegriff (und hier vornehmlich für § 105 S. 1 InsO) herausarbeiten, so führen die Untersuchungen zu der Frage, wie in § 105 InsO das Verhältnis verschiedener Gläubiger zueinander angelegt ist.[243]

cc) Der Gleichbehandlungsgrundsatz im Rahmen des § 105 InsO

Die Entstehungsgeschichte der Norm kann Aufschluss darüber geben, in welchem Maße der Gleichbehandlungsgrundsatz in § 105 S. 1 InsO einen Niederschlag gefunden hat und ist daher auf eine mögliche Aussage hin zu untersuchen.[244]

Erklärtes Ziel des Gesetzgebers der 12. Legislaturperiode war es, das weitgehend funktionsunfähig gewordene Konkurs- und Vergleichsrecht durch ein modernes Insolvenzrecht zu ersetzen.[245] Als Lösung wurde dabei u. a. vorgeschlagen, allgemeine Konkursvorrechte zu beseitigen[246] und den Wert der Kreditsi-

---

242 Auch *Wiórek* S. 85 weist mit anderer Argumentation darauf hin, dass sich beide Theorien nicht so sehr von einander unterscheiden.

243 Schenkt man dem Großteil der Literatur Glauben, so dürfte hierüber nicht der geringste Zweifel bestehen. Selbst die zwei kürzlich erschienene Abhandlungen von *Wiegmann* und *Linder* stellen fest, § 105 InsO diene dem Gläubigergleichbehandlungsgrundsatz, ohne jedoch die Dogmatik dieses Grundsatzes herauszuarbeiten.

244 Eine kurze Darstellung der Entstehungsgeschichte findet sich auch bei *Kreft* in: MünchKomm-InsO § 105 Rdnrn. 3-5.

245 Vgl. BT-Drucksache 12/2443, S. 1 (A. Zielsetzung). Zu den Zielen der Insolvenzordnung *Pape/Uhlenbruck* Insolvenzrecht Rdnr. 45; *Smid* Grundzüge des neuen Insolvenzrechts, § 1 Rdnr. 22.

246 BT-Drucksache 12/2443, S. 1 ff. (B. Lösung, Nr. 6).

cherheiten im Insolvenzverfahren zu erhalten.[247] Maßgeblich kann allein die Begründung zu § 119 des Regierungsentwurfes zur Insolvenzordnung (RegE) sein, der § 105 InsO inhaltsgleich entspricht.[248] Die Begründung lautet wie folgt:

Satz 1 übernimmt den Gedanken des § 36 Abs. 2 S. 1 VglO. Bei Verträgen über teilbare Leistungen, ***insbesondere über die fortlaufende Lieferung von Waren oder Energie***[249]*, kann der Insolvenzverwalter für die Zukunft Erfüllung verlangen, ohne dadurch auch für die Vergangenheit zur vollen Erfüllung verpflichtet zu werden. Der Vertragspartner muss den Anspruch auf die Gegenleistung für seine Leistungen aus der Vergangenheit als Insolvenzgläubiger geltend machen, unabhängig davon, ob der Verwalter für die Zukunft die Erfüllung wählt oder diese ablehnt.*

Im Wortlaut der Konkursordnung hat dieser Gedanke keinen Niederschlag gefunden. Rechtsprechung und Lehre haben jedoch jedenfalls für Energieversorgungsverträge auf anderen Wegen ähnliche Ergebnisse erreicht: Nach einer früher verbreiteten Auffassung sind diese Verträge als so genannte Wiederkehrschuldverhältnisse aufzufassen. Sie bilden eine Kette ständig wiederholter Einzelverträge, mit der Folge, dass der Bezug von Energie für die Zukunft den Konkursverwalter nicht verpflichtet, aus der Konkursmasse Zahlungsrückstände des Schuldners zu begleichen. Heute wird überwiegend die Ansicht vertreten, zwar sei auch bei Energielieferungsverträgen § 17 KO auf den gesamten Vertrag anwendbar; der Verwalter könne jedoch durch Ablehnung der Erfüllung die Pflicht zur Zahlung von Rückständen vermeiden, und das Versorgungsunternehmen sei dennoch auf Grund des öffentlich-rechtlichen Kontrahierungszwangs zum sofortigen Abschluss eines neuen Vertrages verpflicht. Bisherige Sonderkonditionen brauche das Versorgungsunternehmen allerdings nicht aufrechtzuerhalten.

Die Übernahme der Regelung der Vergleichsordnung macht diese Konstruktionen überflüssig. Sie gewährleistet zugleich, dass der Verwalter die Möglichkeit hat, Verträge über die fortlaufende Lieferung von Waren oder Energie im Insolvenzverfahren zu den gleichen Bedingungen fortzusetzen. Die Fortführung eines Unternehmens im Insolvenzverfahren wird erleichtert. ***Der Vertragspartner, der seine Rückstände nur als Insolvenzforderungen geltend machen kann, wird im Vergleich zu den anderen Gläubigern nicht unzumutbar be-***

247 BT-Drucksache 12/2443, S. 1 ff. (B. Lösung, Nr. 7).

248 BT-Drucksache 12/2443 ,S. 145 f.

249 Hervorhebung nicht im Original.

lastet[250]*, da er für die Zeit von der Eröffnung des Verfahrens an die vereinbarte Gegenleistung voll aus der Masse erhält.*[251]

Bei dieser Begründung fällt zunächst auf, dass der Gesetzgeber ein Beispiel für den Anwendungsbereich der Norm nennt. Danach erfasst die Norm nämlich Gläubiger, denen Forderungen aus fortlaufender Lieferung von Waren oder Energie zustehen. Ob die Norm aus diesem Grunde eher restriktiv zu handhaben ist und sie nur vergleichbare Vertragsgestaltungen erfassen soll[252], kann hier noch offen bleiben. Zur Beurteilung des Verhältnisses der Gläubiger zueinander, kann man folgende Feststellung treffen: Es macht keinen Unterschied, ob der Gläubiger eine Forderung aus der (Vor-)Lieferung von Energie oder aus der Vorleistung von Waren gegenüber dem Schuldner hat. Diese Gläubiger sind untereinander gleich. Erklärt es der Gesetzgeber zum Ziel des Insolvenzverfahrens und sollen die Rechte der dinglich gesicherten Gläubiger am Ziel des Verfahrens ausgerichtet werden, was in den §§ 47 ff. InsO näher konkretisiert wird[253], so spricht dies dafür, dass der Gleichbehandlungsgrundsatz in § 105 S. 1 InsO derart zur Geltung kommt, dass alle (nur) obligatorisch berechtigten Gläubiger, wenn sie Vorleistungen an den Schuldner erbracht haben und ihnen hieraus Forderungen zustehen, untereinander insolvenzrechtlich gleich behandelt werden.

Dies gilt zumindest für Gläubiger aus Waren- oder Energielieferungsverträgen. Daraus lassen sich Schlüsse in zwei Richtungen ziehen: Die Begründung könnte ein Hinweis darauf sein, dass schlicht alle obligatorisch Berechtigten, die Vorleistungen an den Schuldner erbringen, von der Regelung erfasst werden und demnach ihre Gegenleistungsansprüche stets nur als Insolvenzforderungen geltend machen können.[254] Dafür könnte auch die Formulierung „*insbesondere*" in Satz 2 der angegebenen Begründung sprechen, die Waren- und Energielieferungsverträge eben nur als Beispiele nennt, neben denen natürlich auch noch andere existieren. Diese Betrachtungsweise verträgt sich jedoch nicht mit den übrigen Ausführungen der Begründung. Insbesondere die Hinweise auf die Konstruktionen der Wiederkehrschuldverhältnisse und Sukzessivlieferungsverträge sowie die bis dato entwickelte Lösung über den öffentlich-rechtlichen Kontra-

---

250 Hervorhebung nicht im Original.

251 Die Begründung zu Satz 2 des § 105 InsO wird hier weggelassen, siehe dazu aber S. 235 dort bei Fn. 1111.

252 So geltend gemacht von *Marotzke* in: HK-InsO § 105 Rdnr. 7.

253 Siehe schon Fn. 247.

254 Diesen Schluss zieht die h. M., vgl. *Berscheid* in: *Uhlenbruck* InsO § 105 Rdnr. 6; *Kreft* in: MünchKomm-InsO § 105 Rdnr. 8; *Huber* in: *Gottwald* Insolvenzrechtshandbuch § 36 Rdnr. 1; *Balthasar* in: *Nerlich/Römermann* InsO § 105 Rdnr. 7; *Scheffler* ZIP 2001, 1182 (1185); *Mohrbutter/Mohrbutter* DZWiR 2003, 1 ff.

hierungszwang machen dies deutlich. Die zusammenfassende Feststellung „*Die Fortführung eines Unternehmens im Insolvenzverfahren wird erleichtert*“ bringt zum Ausdruck, dass diejenigen Vertragspartner, die derartige Leistungen an den Schuldner erbringen, die für die Fortführung des Unternehmens in der Insolvenz von entscheidender Bedeutung (im Sinne von notwendig) sind, untereinander gleich behandelt werden sollen. Sie unterscheiden sich durch die besondere Bedeutung ihrer Leistung für das Schuldnerunternehmen zugleich von anderen Gläubigern, deren Leistungen eben nicht notwendig für die Fortführung des Unternehmens sind.

Danach ist der Gläubigergleichbehandlungsgrundsatz für § 105 InsO nur dann beachtlich, wenn es um das Verhältnis zwischen Gläubigern geht, deren Leistungen für die Fortführung des Unternehmens von Bedeutung sind. Im Verhältnis zu anderen Gläubigern spielt der Gleichbehandlungsgrundsatz dagegen keine Rolle.

Des Weiteren führt die Begründung aus, dass der Vertragspartner, der seine Rückstände nur als Insolvenzforderungen geltend machen kann, im Vergleich zu *den anderen* Gläubigern nicht unzumutbar belastet wird, da er für die Zeit von der Eröffnung des Verfahrens an die vereinbarte Gegenleistung voll aus der Masse erhält.

In dieser Passage der Begründung wird das Verhältnis der Gläubiger, die bedeutende Leistungen (im soeben beschriebenen Sinne) erbringen zu „anderen Gläubigern“ angesprochen. Von entscheidender Bedeutung ist, dass der Gesetzgeber zugesteht, dass erstere im Vergleich zu letzteren benachteiligt (≈ belastet) werden. Er macht aber geltend, diese Benachteiligung sei nicht „unzumutbar“. Damit stellen sich folgenden Fragen: 1. Wer sind die „anderen Gläubiger“? Worin unterscheiden sie sich also von der Vergleichsgruppe? 2. Ist die Benachteiligung bzw. die Besserstellung der anderen Gläubiger gerechtfertigt?

Was die erste Frage angeht, so lässt sich mit Sicherheit nur sagen, dass keine bestimmten Gläubiger angesprochen werden. Aus dem Sinnzusammenhang heraus können aber nur Gläubiger gemeint sein, die ebenfalls vom Anwendungsbereich des § 105 InsO erfasst werden können und die schon wegen besonderer Bevorzugungen nicht auf eine Privilegierung im Rahmen des § 105 InsO angewiesen sind[255], also alle Vertragspartner, denen aus Teilleistungen anteilige Gegenleistungsansprüche gegen den Schuldner zustehen. M. a. W. verbleiben nur andere dinglich nicht gesicherte obligatorisch Berechtigte. Diese Feststellung zwingt zur Kritik, wenn in der Rechtswissenschaft behauptet wird, grundsätzlich

255 Also dinglich gesicherte Gläubiger, denen Aus- oder Absonderungsrechte zustehen.

seien alle Verträge zunächst einmal teilbar i. S. des § 105 S. 1 InsO.[256] Dass ein Gläubiger Teilleistungen vor Verfahrenseröffnung an den Schuldner erbracht hat, kann allein für die Begründung, warum in seinem Fall § 105 S. 1 InsO gelten soll, nicht ausreichen. Für eine Gleichbehandlung aller Gläubiger, ohne Rücksicht auf etwaige Unterschiede, fehlt es an einem sachlichen Grund. Der bloße Wunsch nach Masseanreicherung kann hierfür nicht herangezogen werden, da sich diese Wertung dem Gesetz ausdrücklich nicht entnehmen lässt.[257] Dies führt zur zweiten Frage.

Eine Rechtfertigung der Ungleichbehandlung muss sich einzig aus dem Verhältnis der Gläubiger zu einander ergeben. § 105 InsO erfasst nach dem hier Gesagten nur Gläubiger, deren Leistungen von Bedeutung für die Fortführung des Schuldnerunternehmens sind. Andere Gläubiger werden nicht von der Norm erfasst, auch wenn sie teilweise vorgeleistet haben sollten. Die Bevorzugung letzterer liegt nun darin, dass § 105 InsO gerade nicht gilt und sie demnach ihre Forderungen aus vor Verfahrenseröffnung erbrachten Teilleistungen bei Erfüllungswahl des Verwalters gegen die Masse geltend machen können. Das Differenzierungskriterium dabei ist die Bedeutung der Leistung für die Masse.

Die Rechtfertigung der Ungleichbehandlung liegt demnach sachlich darin begründet, dass die Fortführung des Unternehmens durch § 105 S. 1 InsO erleichtert werden soll. Dem stünde entgegen, wenn Vorleistungen, aus denen u. U. exorbitante Gegenansprüche bestehen, auch aus der Masse vergütet werden müssten. Der h. M., die einen möglichst weiten Teilbarkeitsbegriff vertritt und demnach fast alle Leistungen als teilbar qualifiziert, so dass § 105 InsO regelmäßig anwendbar ist, kann nicht gefolgt werden, zumindest nicht was die Reichweite des Teilbarkeitsbegriffs angeht. Die Leistungen anderer Gläubiger, die nicht notwendig für die Unternehmensfortführung sind, müssen auch gar nicht als teilbar qualifiziert werden. Möchte der Schuldner/Verwalter für die Masse die Leistung in ihrer Gesamtheit in Anspruch nehmen, – quasi als Luxus – dann muss hierfür auch der gesamte Gegenwert bezahlt werden. Inwiefern diese Lösung auch mit anderen Rechtsprinzipien vereinbar ist, bleibt noch zu untersuchen.[258]

Im Ergebnis steht damit fest, dass der Gläubigergleichbehandlungsgrundsatz für § 105 InsO nur eine untergeordnete Bedeutung hat. Er gebietet es, nur solche

256 *Kreft* in: Festschrift für *Uhlenbruck*, S. 387 (392); *Berscheid* in: *Uhlenbruck* InsO § 105 Rdnr. 6; *Tintelnot* in: *Kübler/Prütting* InsO § 105 Rdnrn. 4 ff.; *Kreft* in: Müch-Komm-InsO § 105 Rdnr. 12.

257 Vgl. *Foerste* Insolvenzrecht Rdnr. 224 m. w. Hinw.

258 S. 62 ff., 109 ff., 169 ff.

Leistungen als teilbar zu qualifizieren, die für die Fortführung des Schuldnerunternehmens in der Insolvenz von Bedeutung sind.

Dies führt schließlich zu einem flexiblen Teilbarkeitsbegriff, da die Bedeutung ein und derselben Leistung von Fall zu Fall unterschiedlich sein kann.[259] Freilich besteht mit einem so verstandenen Teilbarkeitsbegriff die Schwierigkeit, die Bedeutung einer vertraglichen Leistung für die Massewirtschaftlichkeit zu beurteilen. Z.T. wird vorgetragen, dass in einem vom Wettbewerb geprägten Markt der Verwalter nicht auf die Weiterbelieferung durch den bisherigen Lieferanten angewiesen sei.[260] Zwar könnte er dann die Güter auch von anderen Händlern oder Produzenten beziehen und die Erfüllung der bestehenden Verträge ablehnen. Diese Möglichkeit scheidet aber zunächst dann aus, wenn der Lieferant eine marktbeherrschende Stellung innehat.[261] Da man im Rahmen des § 105 S. 1 InsO konkret nach der Bedeutung der Leistung für die Wirtschaftlichkeit der Masse und danach fragt, ob die Fortführung des Unternehmens im Ergebnis durch die Anwendung der Norm erleichtert wird, kann es auch sein, dass der Verwalter auf die Erfüllung gerade des Vertrages mit dem konkreten Lieferanten angewiesen ist, der ihm derart vorteilhafte Sonderkonditionen eingeräumt hat, die der Verwalter von anderen (gerade im Hinblick auf die Insolvenz) nicht bekommen würde, um die Vorteile auch in Zukunft nutzbar zu machen. In jedem Einzelfall muss daher geprüft werden, ob die Anwendung des § 105 S. 1 InsO Sinn macht. Ziel ist die erleichterte Möglichkeit, weiterwirtschaften zu können, die sich gerade daraus ergibt, dass der konkrete Vertrag unter § 105 S. 1 InsO gefasst wird.

dd) Die Trennung zwischen „Vorfrage“ und konkreter Teilbarkeitsformel

Nach den obigen Ausführungen ist noch keine Entscheidung darüber gefallen, nach welcher Formel die Teilbarkeit letztlich bestimmt werden kann. Wenn der Vertragspartner nach § 105 S. 1 InsO den Betrag seines Anspruchs auf die Gegenleistung zur Insolvenztabelle anmelden muss (§§ 87, 174 InsO), so bietet sich die Formel der Feststellbarkeit und Bewertbarkeit an; zwingend erforderlich ist sie nicht, denn es reicht, wenn der Wert der erbrachten Teilleistung geschätzt werden kann (§ 45 InsO). Diejenigen, die einen strengen Maßstab bei der Be-

---

259 *Häsemeyer* (Insolvenzrecht Rdnr. 20.27 [a. E.]) vertritt sogar auf Grundlage seiner Theorie der Ausgleichshaftung, dass der Gleichbehandlungsgrundsatz im Rahmen des § 105 InsO überhaupt nicht herangezogen werden könne, da die Regelung bloß zu einer Masseanreicherung führe.

260 *Henckel* KTS 2006, 487 (489).

261 In diesen Fällen kann sich auch *Marotzke* (in: HK-InsO § 105 Rdnr. 7; *ders.* Gegenseitige Verträge, 3. Aufl., Rdnr. 4.164) die Anwendung des § 105 InsO vorstellen.

stimmung der Teilbarkeit anlegen[262] und darauf abstellen, ob auch bestimmte Teile der vereinbarten Leistung jeweils einzeln einen selbständigen wirtschaftlichen Zweck haben[263] und ob sich die Gegenleistung auf diese Teilleistung beziehen lässt[264], kommen ohne Schätzung letztlich auch nicht aus.

Dass die Leistung überhaupt zur Fortführung des schuldnerischen Unternehmens erforderlich sein muss, ist daher im Grunde als „Vorfrage" zu klären. Erst, wenn diese Frage geklärt ist, kann man weiter fragen, wie man die gegenseitigen Leistungen konkret aufteilt. Eine Antwort hierauf kann an dieser Stelle noch nicht gegeben werden. Zuvor müssen auch die weiteren normativen Vorgaben des Teilbarkeitsbegriffs analysiert werden.[265]

ee) Überprüfung der These anhand des historischen Hintergrunds der Norm

Zusammengefasst lautet die These wie folgt: Der Gläubigergleichbehandlungsgrundsatz ist innerhalb des § 105 S. 1 InsO nur insoweit angelegt, als Gläubiger betroffen sind, deren Leistungen notwendig für die Fortführung des schuldnerischen Unternehmens sind bzw. das Weiterwirtschaften des Schuldners ermöglichen. Im Folgenden soll untersucht werden, ob dieses Verständnis einer genaueren Überprüfung vor dem historischen Hintergrund der Norm standhält.

Als Ausgangspunkt der Betrachtungen werden die Regelungen in der *Vergleichsordnung von 1927* herangezogen. Nach dem damals geltenden Recht waren Gläubiger aus gegenseitigen nicht vollständig abgewickelten Verträgen privilegiert. § 4 der Vergleichsordnung sah nämlich vor, dass Gläubiger aus derartigen Verträgen nicht am Vergleichsverfahren teilnehmen und vom Vergleich nicht betroffen sind.[266] Dies bedeutete zugleich, dass der Gläubiger seine Ansprüche aus dem Vertrag ungehindert in voller Höhe geltend machen konnte[267], auch wenn er bereits vor Verfahrenseröffnung teilweise Leistungen an den

---

262 *Marotzke* in: HK-InsO § 105 Rdnr. 8.
263 Unter Hinweis auf *BGHZ* 98, 160 (171).
264 Unter Hinweis auf *BGHZ* 67, 242 (249); *BGHZ* 125, 270 (275).
265 Siehe S. 173 f.
266 § 4 der Vergleichsordnung vom 05. Juli 1927 lautete: *„Gläubiger, deren Ansprüche auf einem gegenseitigen Vertrage beruhen, der zur Zeit der Eröffnung des Vergleichsverfahrens von dem Schuldner und von dem anderen Teile noch nicht oder noch nicht vollständig erfüllt ist, sind an dem Verfahren nicht beteiligt und werden von dem Vergleiche nicht betroffen. Die Vorschrift des § 30 bleibt unberührt"*.
267 Siehe aus der damaligen Kommentarliteratur *Kiesow* Vergleichsordnung § 4 Rdnr. 16.

Schuldner erbracht haben sollte.[268] Eine Gläubigergleichbehandlung in dem Sinne, dass auch der teilweise vorleistende entsprechend mit den vollständig vorleistenden Gläubigern gleichgestellt werden müsse, ist also in dieser Regelung nicht angelegt.

Hinzu kommt, dass die Parteien eines gegenseitigen Vertrages nach § 28 der Vergleichsordnung[269] ihr Wahlrecht nur hinsichtlich des ganzen Vertrages ausüben konnten.[270] Entschied sich eine Partei demnach nicht für die Erfüllung des Vertrages, so ergab sich aus § 30 der Vergleichsordnung[271] ein Schadensersatzanspruch des Vertragspartners, der vom Vergleichsverfahren erfasst wurde. Der Schadensersatzanspruch bemaß sich aber auch hier wieder nach dem ganzen Vertrag. Eine Teilung des Vertrages kam nicht in Frage.[272]

Aus dieser Rechtslage heraus, in der entweder der gesamte Vertrag abgewickelt wurde oder nicht, erklären sich die Bemühungen *Ernst Jaegers*, mit der Konstruktion der sog. Wiederkehrschuldverhältnisse in Abgrenzung zu Sukzessivlieferungsverträgen, eine abweichende Rechtsfolge zu erzielen. Das Problem bestand vornehmlich darin, dass, wollte der Schuldner den Konkurs vermeiden, er insbesondere für Verträge über die Lieferung von Gas, Wasser, Wärme oder Elektrizität die Erfüllung wählen musste. Gerade aus solchen Verträgen resultierten aber z. T. erhebliche Altlasten aus vorkonkurslichen Lieferungen. Das Resultat war nun, dass dem Schuldner auch die Erfüllungswahl oft nichts nutzte, um den Konkurs abzuwenden, er sich dadurch sogar zur Begleichung der Rückstände verpflichtete und sein Konkurs damit noch wahrscheinlicher wurde. Es fragte sich also, wie man dieses Problem lösen kann. Dabei ging es aber, anders als oft dargestellt wird[273], nicht in erster Linie darum, die Masse möglichst zum Nutzen der Gläubigergesamtheit anzureichern, damit der einzelne Gläubiger eine höhere Befriedigung aus seiner Quote erfährt, sondern es ging darum, das

---

268 *Linder* S. 15 bei Fn. 34 weist darauf hin, dass seinerseits auch schon eine anders lautende Meinung bestanden hat, wonach bei Teilbarkeit der Leistungen der Gläubiger in Höhe der Vorleistung am Vergleichsverfahren teilnehmen soll.

269 § 28 der Vergleichsordnung lautet: „*Ist ein gegenseitiger Vertrag zur Zeit der Eröffnung des Vergleichsverfahrens von dem Schuldner und von dem anderen Teile noch nicht oder noch nicht vollständig erfüllt, so kann jeder Vertragsteil mit Ermächtigung des Gerichts die Erfüllung wählen oder die weitere Erfüllung ablehnen*“.

270 Siehe auch diesbezüglich *Kiesow* Vergleichsordnung § 4 Rdnr. 18.

271 § 30 der Vergleichsordnung lautet: „*Wird die Erfüllung oder die weitere Erfüllung [...] abgelehnt, [...] so kann der Vertragspartner des Schuldners Schadensersatz wegen Nichterfüllung verlangen. Er ist mit dem Ersatzanspruch am Vergleichsverfahren beteiligt und wird von dem Vergleiche betroffen*“.

272 Weitere Nachw. bei *Linder* S. 17, insbesondere bei Fn. 41.

273 Siehe nur *Kilger/K. Schmidt* § 36 VglO Anm. 5.

Scheitern der Vergleichsbemühungen zu verhindern, wodurch der Konkurs im Ergebnis von vornherein abgewendet werden sollte.

Die Lösung wurde in der Konstruktion der sog. Wiederkehrschuldverhältnisse erblickt.[274] Bei einem Wiederkehrschuldverhältnis entstehen die Schuldverhältnisse für weitere Zeitabschnitte oder für weitere Bezugsmengen stillschweigend neu. Auf dieser Weise konnte man erreichen, dass bezüglich jeder einzelnen Lieferung ein eigenständiges Vertragsverhältnis vorliegt, das konkursrechtlich gesondert zu behandeln ist. Wird Erfüllung des Vertrages gewählt, so brauchten die Altverbindlichkeiten nicht beglichen zu werden, da in diesem Fall bezüglich der gewünschten Liefermenge ein eigenes Schuldverhältnis begründet wurde.[275] Die Altverbindlichkeiten hingegen nahmen am Vergleichsverfahren teil.[276] Ein Sukzessivlieferungsvertrag sollte demgegenüber dann vorliegen, wenn sich dem wechselseitigen Parteiwillen entnehmen lässt, dass der Vertrag, der ebenfalls in getrennten Teilleistungen erfüllt werden kann, einheitlich im Ganzen abgewickelt werden soll.[277] In diesem Fall sollte es bei der eingangs beschriebenen Abwicklung des Vertrages nach §§ 4, 28, 30 der Vergleichsordnung verbleiben.

Es wird zwar darauf hingewiesen, dass die Unterscheidung zwischen Sukzessivlieferungsvertrag und Wiederkehrschuldverhältnis durch diese Differenzierung an erheblicher Bedeutung gewinnt, das Problem dadurch jedoch nicht gelöst, sondern nur auf eine andere Ebene verlagert wird[278], da es fortan in jedem Einzelfall auf eine genaue Ermittlung des Parteiwillens und damit auf die Unterscheidung Wiederkehrschuldverhältnis/Sukzessivlieferungsvertrag ankommt. Von Bedeutung ist in diesem Zusammenhang jedoch der ursprüngliche Hintergrund dieser Konstruktion.

Die *Vergleichsordnung von 1936*[279] versuchte das Problem durch den neu eingefügten § 36 Abs. 2 zu beheben. Zunächst ist jedoch darauf hinzuweisen, dass § 36 Abs. 1 an der bisherigen Rechtslage festhielt, diese jedoch in Zusammenschau mit Abs. 2 auf den Fall begrenzte, in dem keine Vertragspartei zur Zeit der Verfahrenseröffnung Leistungen erbracht hatte, oder die Leistungen unteil-

---

274 Grundlegend dazu *Jaeger* LZ 1912, 286 ff.

275 *RGZ* 148, 326 (331); *BGH* KTS 1961, 8 (9); *OLG* Düsseldorf KTS 1965, 45; *BGH* BB 1952, 868 (m. Anm. *Berges*).

276 Zu den Wiederkehrschuldverhältnissen siehe aus der Rspr. *RGZ* 148, 326 (330); *RGZ* 155, 306 (312) und aus der Lit. *Marotzke* in: HK-InsO § 103 Rdnr. 53; *Jaeger/Henckel* KO § 17 Rdnr. 85.

277 Vgl. *RGZ* 148, 326 (330); *Musielak* JuS 1979, 96 f.

278 Kurze Darstellung der unterschiedlichen Meinungen zur Abgrenzung der Sukzessivlieferungsverträge von den Wiederkehrschuldverhältnissen bei *Wiegmann* S. 33 f. m. w. Nachw.

279 Vgl. schon Fn. 5.

bar waren.[280] Interessant ist, dass der Gesetzgeber durch Schaffung einer solchen Regelung offensichtlich den gegenseitigen Vertrag weiterhin privilegieren wollte. Durch § 36 Abs. 2 gewann aber jetzt die Frage nach der Teilbarkeit oder Unteilbarkeit einer Leistung besondere Bedeutung. Nach wie vor darf aber nicht verkannt werden, dass durch diese Regelung das Zustandekommen des Vergleichs, und damit die Vermeidung des Konkurses, erleichtert werden sollte. Dadurch versuchte man, die Sanierungschancen des schuldnerischen Unternehmens zu verbessern.[281] In der Folge stellten sich auch Entscheidungen der obersten Gerichte ein, in denen versucht wurde, den Begriff der Teilbarkeit nach § 36 Abs. 2 VglO näher zu bestimmen.[282] Bei Betrachtung dieser Urteile fällt auf, dass die Gerichte dem Gesetzgeber unterstellten, mit der Regelung „ersichtlich"[283] über das ursprüngliche Problem hinausgehen zu wollen, und die dann schon früh auf eine weite Auslegung des Teilbarkeitsbegriffs zusteuerten. Entschied das *RG* noch, dass die Regelung alle Gläubiger aus Dauerrechtsverhältnissen erfassen sollte, deren zeitlich ablaufende Leistungen sich ihrem wirtschaftlichen Wert nach teilen lassen, ging der *BGH* weiter und qualifizierte selbst einen Werkvertrag als teilbar. In der Folge stand nichts der Annahme mehr entgegen, jeder beliebige Vertrag könne auf teilbare Leistungen gerichtet sein.[284] Jedes Mal aber wird die Extension des § 36 Abs. 2 VglO auf einen vom Gesetzgeber gewollten weiten Teilbarkeitsbegriff gestützt. Im Vordergrund steht nunmehr jedoch einzig der Gedanke der Masseanreicherung.[285] Das hat mit der ursprünglichen Problematik jedoch nicht mehr viel zu tun. Der Teilbarkeitsbegriff ist somit nach und nach immer weiter ausgedehnt worden. Auf diese Problematik wies auch schon *Kesseler*[286] hin. Zutreffend merkt er an, dass sich der

---

280 § 36 der Vergleichsordnung vom 26. Februar 1935 lautet: „*(1) Ein Gläubiger, dessen Forderung auf einem gegenseitigen Vertrage beruht, ist nicht Vergleichsgläubiger, wenn zur Zeit der Eröffnung des Verfahrens noch keine Vertragspartei den Vertrag vollständig erfüllt hat. (2) Sind die geschuldeten Leistungen teilbar und hat der Gläubiger die ihm obliegende Leistung zur Zeit der Eröffnung des Verfahrens bereits teilweise erbracht, so ist er mit dem der Teilleistung entsprechenden Betrag seiner Forderung auf die Gegenleistung Vergleichsgläubiger. Wegen dieser Teilleistung kann der Gläubiger ein etwa im Vertrage vereinbartes oder als vereinbart geltendes Rücktrittsrecht nach der Verfahrenseröffnung nicht mehr ausüben*".

281 Siehe *Langhein* ZIP 1985, 385 (389).

282 *RGZ* 155, 306, Urteil vom 18. August 1937; *BGHZ* 67, 242, Urteil vom 21. Oktober 1976; *BGHZ* 125, 270, Urteil vom 10. März 1994. – Zu den Urteilen im Einzelnen S. 129 ff., S. 132 ff., S. 140 ff.

283 *RGZ* 155, 306 (312).

284 Vgl. nur *BGHZ* 51, 350 (355); *Kreft* in: Festschrift für *Uhlenbruck*, S. 387 (392); *Berscheid* in: *Uhlenbruck* InsO § 105 Rdnr. 6; *Tintelnot* in: *Kübler/Prütting* InsO § 105 Rdnrn. 4 ff.; *Kreft* in: MüchKomm-InsO § 105 Rdnr. 12.

285 *Kilger/K. Schmidt* § 36 VglO Anm. 5.

286 *Kesseler* ZIP 2005, 2046.

Gesetzgeber, wenn jede vertragliche Leistung als teilbar angesehen werden kann, den Begriff der Teilbarkeit in § 105 InsO schlicht hätte sparen können.[287]

Zu beachten ist auch, dass im Geltungsbereich der *Konkursordnung*[288] keine mit § 36 Abs. 2 VglO vergleichbare Vorschrift existierte.[289] Ursprünglich wurde demnach unstreitig angenommen, dass der Konkursverwalter bei Erfüllungswahl gemäß den seinerzeit geltenden §§ 17, 59 Abs. 1 Nr. 2 KO[290] den ganzen Vertrag als Masseschuld zu erfüllen hatte.[291] *Kreft* legte bereits ausführlich dar, dass erst der *BGH* 1997 mit seiner sog. „Sachsenmilchentscheidung"[292] von diesem Verständnis abgewichen ist und auch § 17 KO einen derartigen Zweck zuschrieb, aus dem sich die gleichen Rechtsfolgen ergeben, wie aus dem heute geltenden § 105 S. 1 InsO.[293] Im Vordergrund stand damit jedoch lange Zeit[294] die Auffassung, gegenseitige Verträge müssten bei Erfüllungswahl so abgewickelt werden, wie es der ursprünglichen Parteivorstellungen entsprach. Mit der Unterscheidung Wiederkehrschuldverhältnis/Sukzessivlieferungsvertrag sollte auch im Rahmen der KO das Problem gelöst werden, dass mit § 17 allein nicht verhindert werden konnte, dass Unternehmen mit Monopolstellung den Konkursverwalter zur Erfüllungswahl zwingen konnten, indem sie ansonsten von einer Weiterbelieferung absahen. Obwohl man bis zur eben erwähnten „Sachsenmilchentscheidung" begrifflich zwischen Wiederkehrschuldverhältnissen und Sukzessivlieferungsverträgen unterschied, wurden bei der inhaltlichen Neuausrichtung des § 17 KO durch den *BGH* die Gründe für die Konstruktion der Wiederkehrschuldverhältnisse nicht berücksichtigt. Die begrifflichen Abgrenzungsprobleme versuchte man schon früher zu vermeinden. Die eigentlich relevanten Fälle nämlich, die der Konstruktion zugrunde liegen (Monopolisten als Vertragspartner), ließen sich auch auf andere Weise angemessen lösen. Durch die Annahme eines Kontrahierungszwanges konnte der Verwalter die Vertragserfüllung ablehnen und zugleich den Abschluss eines neuen Vertrages verlangen, der

---

287 *Kesseler* ZIP 2005, 2046 (2048).

288 Siehe schon Fn. 6.

289 *Huber* NZI 2002, 467 (467); *Wegener* in: FK-InsO § 105 Rdnr. 1.

290 § 17 der Konkursordnung lautete in ähnlicher Weise wie § 103 InsO: *„(1) Wenn ein zweiseitiger Vertrag zur Zeit der Eröffnung des Konkursverfahrens von dem Gemeinschuldner und von dem anderen Teil nicht oder nicht vollständig erfüllt ist, so kann der Konkursverwalter anstelle des Gemeinschuldners den Vertrag erfüllen und die Erfüllung von dem anderen Teil verlangen. [...]"*.

291 *RGZ* 51, 281; *RGZ* 62, 201; *RGZ* 85, 211; *Jaeger/Henckel* KO § 17 Rdnr. 84.

292 *BGHZ* 135, 25. – Dazu S. 148 ff.

293 *Kreft* ZIP 1997, 865; abgedruckt auch in: Festschrift für *Fuchs* (1996), S. 115.

294 *Henckel* KTS 2006, 487 (492) („*Warum das, was Jahrzehnte lang richtig war [...] auf einmal falsch sein soll, hat der BGH nicht überzeugend begründet*").

ihn nicht verpflichtete, Altverbindlichkeiten zu begleichen.[295] Im Ergebnis stand damit auch nicht die Masseanreicherung im Vordergrund.

Ohne vorwegnehmen zu wollen, welche Auswirkungen das heute vorherrschende weite Begriffsverständnis grundsätzlich für gegenseitige Verträge in der Insolvenz hat, lässt sich feststellen, dass sich die These, § 105 S. 1 InsO erfasse nur Gläubiger, deren Leistungen für die Fortführung des Unternehmens notwendig sind, mit dem historischen Hintergrund der Norm vereinbaren lässt. In diesem Fall nämlich wird erreicht, was auch schon der historische Gesetzgeber zu erreichen versuchte. Der Verwalter kann Verträge, aus denen Leistungen fließen, auf die er notwendigerweise zum Weiterwirtschaften angewiesen ist, erfüllen, ohne dadurch zur Begleichung der Altverbindlichkeiten verpflichtet zu werden. Diese müssen gem. § 105 S. 1 InsO nämlich als Insolvenzforderungen geltend gemacht werden. Des Weiteren ist § 105 S. 1 InsO aber nicht auf die die Problematik ursprünglich begründenden Verträge, wie solche über die Lieferung von Gas, Wasser oder Energie, beschränkt. Welche Leistungen für das Weiterwirtschaften durch den Schuldner bzw. den Insolvenzverwalter nötig sind, ist von Fall zu Fall unterschiedlich und muss dementsprechend auch in Einzelfällen beurteilt werden.[296]

§ 105 S. 1 InsO zwingt daher zur Prüfung der Bedeutsamkeit der Leistung für die Masse. Die Norm ist daher so zu verstehen, dass wenn dem Vertragspartner aufgrund der Bedeutung der von ihm angebotenen Leistung die Teilung seiner Gesamtforderung zum Vorteil der Gläubigergesamtheit zuzumuten ist[297], die Leistungen „teilbar“ sein sollen.

2. Der Schutz des funktionellen Synallagmas in der Insolvenz

Die folgenden Untersuchungen widmen sich der Frage, welche Bedeutung das funktionelle Synallagma in der Insolvenz hat und was sich daraus für die insolvenzrechtliche Bergriffsbestimmung schließen lässt. Zunächst soll der Begriff und der Aussagegehalt des funktionellen Synallagmas näher vorgestellt werden, bevor der Begriff dann innerhalb des insolvenzrechtlichen Systems betrachtet

295 Ausführliche Nachweise zum Kontrahierungszwang bei: *Marotzke* in: HK-InsO § 103 Rdnr. 53 a. E.

296 In einem anderen Zusammenhang nennt *Ganter* in: Festschrift für *Gerhardt*, S. 237 ff. Beispiele: neue Rohstoffe müssen besorgt werden; Inbetriebnahme einer industriellen Anlage durch eine Fachfirma (*BGHZ* 145, 190 = NJW 2003, 1865 = DZWiR 2003, 291 [m. Anm. *Grundlach/Schirrmeister*]); Reparatur einer betriebsnotwendigen Maschine (*BGH* ZIP 2003, 855 = ZInsO 2003, 420 [Besprechung bei *Franke/Böhme* DZWiR 2003, 494]); siehe auch *AG* Hamburg (67g IN 419/02) NZI 2003, 153 (Vermietung von Filmen an insolventen Kinobetreiber).

297 *Henckel* in: Festschrift für *H.-P. Kirchhof*, S. 191 (204).

wird. Hierbei ist zu klären, inwieweit das Dogma der synallagmatischen Verknüpfung vertraglicher Leistungen in der Insolvenz Geltung beanspruchen kann und unter welchen Voraussetzungen der Grundsatz des Synallagmas Einschränkungen hinnehmen muss. Vor dem Hintergrund des Themas dieser Arbeit ist das Prinzip dann in Ausgleich mit dem Gläubigergleichbehandlungsgrundsatz zu bringen.

a) Allgemeines

aa) Der Begriff „Synallagma“

Synallagmatische Verträge sind zweiseitig verbindliche Verträge, bei denen die Hauptleistungspflicht der einen Seite nach dem Willen der Parteien die Gegenleistung für die Hauptleistungspflicht der anderen Seite sein soll.[298] Das Synallagma besteht daher nur bei zweiseitig verpflichtenden Verträgen, nicht dagegen bei einseitig verpflichtenden Verträgen[299], wobei nicht verkannt werden darf, dass alle Verträge (zumindest) zweiseitige Rechtsgeschäfte sind.[300]

bb) Das „funktionelle Synallagma“

Der Begriff des „*funktionellen* Synallagmas“ verbirgt hinter sich kein anderes oder weiter reichendes Verständnis als der Begriff des Synallagmas an sich. Vielmehr wird hiermit nur eine synallagmatische Rechtsfolge von dreien gekennzeichnet:[301]

Das *genetische Synallagma* bringt die Verknüpfung der Leistungspflicht der einen mit der Gegenleistungspflicht der anderen Seite schon im rechtsgeschäftlichen Willen der Parteien zum Ausdruck.[302] Die Wirkung des Synallagmas ist

---

298 Diese Beziehung wird oft mit dem Grundsatz des „do ut des“ beschrieben. Die eine Partei leistet nur, damit auch die andere Partei ihrer Verpflichtung nachkommt. Der Begriff „Synallagma“ stammt aus dem Griechischen („syn“ = miteinander, gegenseitig; „allagi“ = Wechsel oder Austausch), vgl. *Kepplinger* S. 18 m. w. Nachw.

299 Z.B. bei der Schenkung, §§ 516 ff. BGB.

300 Beispiele zu synallagmatischen Verträgen bei *Heinrichs* in: Palandt vor § 320 Rdnr. 14.

301 Vgl. *Kepplinger* S. 21 (d, aa) mit Fn. 81.

302 Vgl. *Larenz* Schuldrecht S. 203; *Heinrichs* in: Palandt vor § 320 Rdnr. 13. *Rumpf* S. 94 bei Fn. 495 weist zu Recht darauf hin, dass der Begriff des genetischen Synallagmas für weitgehend entbehrlich gehalten wird, denn wenn das Synallagma schon auf der Stufe der Entstehung des Vertrages dazu führt, dass dieser nur wirksam ist, wenn beide Verpflichtungen aus dem Vertrag synallagmatisch verknüpft sind, so ergibt sich dieses

daher schon bei der Frage relevant, ob der Vertrag überhaupt wirksam entstanden ist.

Demgegenüber betreffen das *funktionelle* und das *konditionelle Synallagma* Abwicklungsfragen eines Vertrages. Das konditionelle Synallagma verhindert, dass eine Partei, wenn z.B. der Gegenpartei die Erbringung der Leistung unmöglich (§ 275 BGB) wird, die eigene Leistung noch erbringen muss. Im geltenden Recht kommt das konditionelle Synallagma in den §§ 323, 326 Abs. 1 BGB zum Ausdruck. Das funktionelle Synallagma schließlich beschreibt die wechselseitige Abhängigkeit bei der Durchsetzung der gegenseitigen Ansprüche.[303] Dieser Gedanke liegt den §§ 320 ff., 274 Abs. 2 BGB, § 756 ZPO zu Grunde, wenn sich hieraus u. a. ergibt, dass eine Partei die ihr obliegende Leistung bis zur Bewirkung der Gegenleistung verweigern darf.[304]

cc) Funktionsweise des funktionellen Synallagmas

Die Einrede des nicht erfüllten Vertrages (§ 320 BGB) ist, wie soeben erwähnt, Ausdruck des funktionellen Synallagmas.[305] Betrachtet man die Wirkungsweise des funktionellen Synallagmas genauer, so lässt sich feststellen, dass es im Grunde zwei Funktionen besitzt: die Durchsetzungs- oder Zwangsfunktion und die Sicherungsfunktion.[306]

Die Durchsetzungs- oder Zwangsfunktion kommt darin zum Ausdruck, dass eine Partei kraft der Einrede aus § 320 BGB die eigene Leistung zurückbehalten darf, um die andere Partei dadurch zur Gegenleistung zu zwingen. Verlangt ein Vertragspartner Leistung vom anderen ohne zugleich die Gegenleistung anzu-

---

Ergebnis doch schon aus den Regeln über den Vertragsschluss selbst. Dagegen *Jabornegg* S. 71.

303 Generell hierzu: *Otto* in: Staudinger (Bearb. 2001) Einleitung zu §§ 320 ff. Rdnr. 13; *Emmerich* in: MünchKomm-BGB vor § 320 Rdnr. 17.

304 Aus den vorstehenden Ausführungen ergibt sich, dass im Rahmen dieser Arbeit lediglich das funktionelle Synallagma von Bedeutung sein kann. Nur noch das konditionelle Synallagma scheint zum Thema einen gewissen Bezug aufzuweisen, beeinflusst jedoch nicht die bei gegenseitigen nicht vollständig erfüllten Verträgen bestehenden Abwicklungslagen; erst recht nicht seit Aufgabe der sog. „Erlöschenstheorie" durch den *BGH* mit Urteil vom 25. April 2002.

305 Der Schutzbereich des funktionellen Synallagmas deckt sich mit dem subjektiv festgesetzten Äquivalenzverhältnis, d.h. es ist gleichgültig, für welche Partei die Vertragsabwicklung letztlich vorteilhafter ist. Die Einrede nach § 320 BGB steht beiden Parteien zu. Vgl. *Häsemeyer* KTS 1973, 2 (3).

306 *Häsemeyer* KTS 1973, 2 (3); *Smid* Grundzüge des neuen Insolvenzrechts, § 11 Rdnr. 3.

bieten, so reicht für den anderen Vertragspartner die Erhebung der Einrede aus, um den Vertragspartner zur Erfüllung zu nötigen.[307] Im Prozess führt die Einrede zu einer Verurteilung Zug um Zug (§ 322 Abs. 1 BGB). Damit ist zugleich der Vorteil verbunden, dass das Recht auf die Gegenleistung nicht zwangsläufig selbständig (mit eigener Klage) gerichtlich geltend gemacht werden muss.

Das funktionelle Synallagma führt weiterhin auch zu einer gewissen Sicherheit (Sicherungsfunktion). Dies in dem Sinne, dass eine Partei, wenn die andere Partei die Leistung nicht zu erbringen im Stande ist, die eigene Leistung auch nicht erbringen muss. Durch § 320 BGB wird sie hiervor gesichert.[308] *Häsemeyer*[309] umschreibt die Sicherungsfunktion daher treffend folgendermaßen: Das funktionelle Synallagma ist daran orientiert, dass man mit dem ganzen Vermögen für die Erfüllung seiner Verbindlichkeiten haftet und daher nur bei eigener Liquidität von dem anderen dessen Leistung verlangen darf.

b) Das funktionelle Synallagma als Konfliktlösungsnorm

Wenn man das Synallagma dahingehend fruchtbar zu machen versucht, dass seine inhaltliche Aussage Vorgaben für die insolvenzrechtliche Begriffsbestimmung liefert, so ist zu klären, ob sich die Folgen, die dadurch schließlich erreicht werden – oder vielmehr erreicht werden sollen (etwa: volle Berücksichtigung des Synallagmas im Rahmen des § 105 InsO) – aus dem Synallagma selbst rechtfertigen. Anderenfalls ist danach zu fragen, worin der eigentliche Grund für die Interessenabwägung liegt.

In diesem Zusammenhang ist häufig die Rede von den Parteiinteressen, die sich hinter den Wertungsfragen verbergen sollen. So wies u. a. *Häsemeyer*[310] schon 1973 in einem Aufsatz, in dem er das funktionelle Synallagma im Konkurs- und Vergleichsrecht betrachtete, darauf hin, dass man die Vertragskalkulation eines Vertragspartners, der die Rückstände aus vor Verfahrenseröffnung erbrachten Teilleistungen bei Erfüllungswahl des Verwalters nicht erstattet bekomme[311], zerstören würde, was den Interessen des Vertragspartners evident

---

307 *Häsemeyer* KTS 1973, 2 (3).

308 Über § 321 BGB wird dieser Schutz sogar durch die sog. Unsicherheitseinrede noch erweitert. Danach besteht die Einrede auch bei drohender Illiquidität des anderen Teils, solange dieser Sicherheiten für die eigene Leistung bestellt (§ 321 Abs. 1 BGB).

309 In: KTS 1973, 2 (3).

310 In KTS 1973, 2.

311 Diese Rechtsfolge soll sich nach geltendem Recht zwingend aus § 105 S. 1 InsO ergeben, siehe *Huber* NZI 1998, 97 (100); *ders.* in: *Gottwald* Insolvenzrechtshandbuch § 36 Rdnr. 11; *Scherer* NZI 2004, 113 (116).

zuwider laufe.[312] Damit entscheidet letztlich die Bewertung der Parteiinteressen darüber, welche Rechtsfolgen sich aus einer Norm ergeben sollen und wie die Norm vor diesem Hintergrund auszulegen ist.

Richtigerweise sollten jedoch beide Fragen im Ansatz von einander getrennt betrachtet werden, denn das Interesse einer Partei kann nicht maßgeblich dafür sein, ob das funktionelle Synallagma zur Anwendung kommt und ob letztlich das Synallagma an sich die erzielten Rechtsfolgen rechtfertigt.[313] Richtig ist aber auch, dass der Schutz, den das funktionelle Synallagma den Vertragsparteien vermittelt, regelmäßig mit den Parteiinteressen übereinstimmt. Damit ist jedoch nicht gemeint, dass die Wirkungen des funktionellen Synallagmas auch Inhalt des Willens der Parteien beim Vertragsschluss waren und damit dass das funktionelle Synallagma seine Grundlage im Willen der Parteien findet und damit Bestandteil des Vertrages ist.[314] Die Regeln über den Vertragsschluss lehren, dass Inhalt des Vertrages nur das ist, was die Parteien ausdrücklich oder stillschweigend zum Ausdruck gebracht haben[315]; worüber also eine Einigung auch erzielt werden sollte. Bei gegenseitigen Verträgen (z.B. dem Kaufvertrag) verhandeln die Parteien typischerweise über die Beschaffenheit der Kaufsache oder über den genauen Kaufpreis oder über sonstige Rechte, die mit dem Kauf der einen oder anderen Partei zustehen sollen (z.B. Rückgaberechte innerhalb einer bestimmten Zeit etc.). Dass die durch den Vertrag begründeten Verbindlichkeiten in einem synallagmatischen Austauschverhältnis stehen sollen, bringen die Parteien nicht (auch nicht nur konkludent) zum Ausdruck, sondern diese Vorstellung liegt dem Vertrag derart zu Grunde, dass man hier vielmehr von einer Geschäftsgrundlage oder Wertungsgrundlage sprechen kann.[316] Sowohl die eine als auch die andere Partei hat die Vorstellung, nicht ohne Erhalt der Gegenleistung die eigene Leistung zu erbringen und auch nicht erbringen zu müssen. Dass beide Vertragsparteien davon ausgehen, dürfte für den jeweils anderen bei Abschluss des Vertrages auch erkennbar gewesen sein. Allenfalls kann man hier von der Vereinbarung einer Wertungsgrundlage sprechen, da jede Partei weiß, dass sie, wenn sie die eigene Leistung nicht erbringt, auch die Gegenleistung nicht wird fordern können und möglicherweise schon Erhaltenes wird zurückgewähren müssen.[317] Die genauen rechtlichen Folgen aber, so auch die Einrede

312 So auch *Marotzke* in: HK-InsO § 105 Rdnr. 8; *Heidland* Bauvertrag Rdnrn. 720 ff.; *Langhein* ZIP 1985, 385 (394); *Häsemeyer* KTS 1973, 2 (12).

313 Vgl. *Kepplinger* S. 21.

314 So aber *Jabornegg* S. 74; *Hoeniger* S. 240.

315 Vgl. z.B. *Looschelders* Schuldrecht Allgemeiner Teil, Rdnr. 231.

316 Siehe *Schmidt-Rimpler* S. 61 f.; so auch noch *Danckelmann* in: Palandt, 27. Aufl. 1968, §§ 320 ff. (I, c, aa).

317 *Schmidt-Rimpler* S. 62. – Gegen die Annahme einer Geschäftsgrundlage *van den Daele* S. 13 f.

des nicht erfüllten Vertrages nach § 320 BGB, die sich aus dem Prinzip des funktionellen Synallagmas ergeben, müssen vom Gesetz bestimmt werden.[318]

In der Literatur wird auch teilweise vertreten, soweit es um die Einrede des nicht erfüllten Vertrages (§ 320 BGB) als Ausdruck des funktionellen Synallagmas gehe, stehe der hypothetische Parteiwille in Frage.[319] Die Einrede wird dem Vertragspartner dann quasi durch eine hypothetische Vertragsauslegung zugebilligt. Diese Konstruktion kann nicht überzeugen. Die Einrede des nicht erfüllten Vertrages bringt das funktionelle Synallagma zum Ausdruck. Das Gesetz berücksichtigt das funktionelle Synallagma, indem es eben gerade die Einrede aus § 320 BGB vorsieht. Dass dies jedoch so ist, ist nicht Ausdruck einer Regelung typisierter hypothetischer Vertragsinteressen, sondern Ausdruck eines Rechtsprinzips. Das Synallagma und mit ihm das funktionelle Synallagma entsprechen dem natürlichen Gerechtigkeitsempfinden[320] eines jedermann und sind daher als Prinzipien der Rechtsordnung anzusehen. Dies zeigt sich deutlich an der von den Gründungsvätern des BGB noch stärker betonten Abhängigkeit von Leistung und Gegenleistung. Bei Teilleistungen erwog man sogar ein Rückforderungsrecht der Vorleistenden.[321] Für gegenseitige Verträge hat der Gesetzgeber daher normiert, dass eine Partei die ihr obliegende Leistung bis zur Bewirkung der Gegenleistung verweigern darf; nicht, weil der hypothetische Parteiwille dies besagt, sondern weil der Gedanke, die eigene Leistung bis zum Erhalt der Gegenleistung zu verweigern, den Anforderungen der Billigkeit entspricht.[322]

Aus diesem Grunde kann das funktionelle Synallagma selbständig als „Konfliktlösungsnorm“ herangezogen werden. Der Schutz der Parteiinteressen ist an anderer Stelle zu erörtern und darf nicht mit den inhaltlichen Aussagen des funktionellen Synallagmas vermischt werden. Dass die Interessen der Parteien bei der Rechtsanwendung ebenfalls Berücksichtigung finden müssen, steht außer Frage, gibt aber keine Auskunft darüber, welche Vorgaben das funktionelle Synallagma für die Rechtsanwendung liefert.

---

318 *Schmidt-Rimpler* S. 62.

319 Vgl. *Jabornegg* S. 76; *Kepplinger* S. 22: *„Mit dem funktionellen Synallagma wird zum Ausdruck gebracht, dass der Gläubiger den Vertrag wohl kaum geschlossen hätte, wenn er geahnt hätte, dass der Schuldner [z.B.] in Verzug geraten würde.“*

320 *Mugdan* Bd. II, S. 635.

321 *Mugdan* Bd. II, S. 633.

322 *Mugdan* Bd. II, S. 634/635.

c) Anknüpfungspunkte des Synallagmas und Bedeutung

Leistungs- und Gegenleistungspflicht können in einem synallagmatischen Verhältnis stehen. In einem einfachen Vertrag, wie z.B. dem Kaufvertrag, gibt es jedoch mehrere verschiedenen Leistungspflichten. An erster Stelle stehen hier sowohl die Pflicht des Verkäufers, dem Käufer die Sache zu übergeben und das Eigentum daran zu verschaffen (§ 433 Abs. 1 BGB) als auch die Pflicht des Käufers, den vereinbarten Kaufpreis zu zahlen (§ 433 Abs. 2 BGB). Daneben ist der Käufer aber auch zur mangelfreien Leistung verpflichtet (§ 433 Abs. 1 S. 2 BGB). In gleicher Weise muss auch der Käufer nicht nur den Kaufpreis zahlen, sondern die Sache auch noch abnehmen (§ 433 Abs. 2 BGB). Es stellt sich nunmehr die Frage, welche dieser Leistungspflichten im Synallagma verbunden sind. Bedeutung erlangt diese Frage bei der Eröffnung des Insolvenzverfahrens, denn angenommen der Käufer hat den Kaufpreis in voller Höhe bezahlt, aber die Gegenleistung – sprich die Kaufsache – noch nicht erhalten. Kann man in diesem Fall von einem von beiden Seiten noch nicht vollständig erfüllten Vertrag sprechen, so dass § 103 InsO eingreift und damit das Wahlrecht des Insolvenzverwalters besteht? Denn immerhin hat in diesem Fall der Verkäufer seine Pflichten aus § 433 Abs. 1 S. 1 BGB nicht erfüllt und der Käufer ist seiner Abnahmepflicht noch nicht nachgekommen. Man könnte daher durchaus von einem von beiden Seiten noch nicht vollständig erfüllten Vertrag sprechen.

In der Kommentarliteratur findet man diesbezüglich den Hinweis, dass es nicht erforderlich sei, dass die beiderseits noch nicht vollständig erfüllten Verpflichtungen im Synallagma stehen.[323] Auch in der Literatur findet man Hinweise diesbezüglich. So vertritt *Huber*[324], dass selbst das Ausbleiben einer bloßen Nebenleistung, *„sofern sie nicht völlig unbedeutend ist"*, die Annahme einer vollständigen Erfüllung hindere.[325] Die zitierten Autoren beziehen sich dabei auf eine Entscheidung des *BGH* aus dem Jahre 1972[326], in der der *BGH* entschied, dass ein Grundstückskaufvertrag auch vom Käufer noch nicht vollständig erfüllt sei, solange die Auflassung noch ausstehe.[327]

---

323 *Marotzke* in: HK-InsO § 103 Rdnr. 28.

324 *Huber* in: *Gottwald* Insolvenzrechtshandbuch § 34 Rdnr. 22; *ders.* in: MünchKomm-InsO § 103 Rdnrn. 132, 123.

325 So auch *Jaeger/Henckel* KO § 17 Rdnr. 69; *Balthasar* in: *Nerlich/Römermann* InsO § 103 Rdnr. 32.

326 *BGHZ* 58, 246, Urteil vom 17. März 1972. – Aus neuerer Zeit auch *BGHZ* 155, 87, Urteil vom 27. Mai 2003.

327 *BGHZ* 58, 246 (LS). Der Sachverhalt gestaltete sich wie folgt: Der Käufer hatte vom späteren Vergleichsschuldner ein Grundstück gekauft und den Kaufpreis vollständig bezahlt. Nach Eröffnung des Vergleichsverfahrens macht er seinen Anspruch auf Auflassung gerichtlich geltend. Der *BGH* bejahte seinen Anspruch, weil der Käufer nach § 36 VglO nicht Vergleichsgläubiger sei. Er habe seinerseits den Vertrag nicht voll-

Diese Auffassung, die auch heute noch vertreten wird[328], ist jedoch unter der Beachtung des vom Synallagma intendierten Schutzes zu kritisieren.[329] Das funktionelle Synallagma hat eine Sicherungsfunktion hinsichtlich der Leistungen, die den Charakter der vertraglichen Verabredung ausmachen. In einem Kaufvertrag sind dies die Pflicht zur Kaufpreiszahlung und die Pflicht zur Übergabe und Übereignung der Sache (primäre Hauptleistungspflichten).[330] Im hiesigen Zusammenhang kann man auch sagen, dass das Vermögen der Parteien geschützt werden soll. Die eine Partei soll keine Leistung aus ihrem Vermögen weggeben müssen, ohne dafür die vertraglich äquivalente Gegenleistung in ihr Vermögen zu erhalten. Die Abnahmepflicht des Käufers, der den Kaufpreis schon vollständig bezahlt hat, rechtfertigt es nicht, den Vertrag als von beiden Seiten noch nicht vollständig erfüllt anzusehen und dadurch den Anwendungsbereich des § 103 InsO zu eröffnen. Soweit sich in der Literatur das Argument finden lässt, § 103 InsO diene grundsätzlich dem Schutz des funktionellen Synallagmas[331], kann dies als Argument dafür herangezogen werden, dass die Abnahmepflicht des Käufers nicht dazu führen darf, den Vertrag als beiderseitig unvollständig erfüllt anzusehen, da es eines Schutzes des funktionellen Synallagmas bzw. eines Schutzes der Parteien durch das funktionelle Synallagma in diesem Fall gar nicht bedarf. Denn sobald der Käufer den Kaufpreis vollständig bezahlt, gibt er sein Vermögen vollständig preis. Dieses kann durch das Recht zur Zurückbehaltung der Leistung nicht mehr gesichert werden. Die Abnahmepflicht des Käufers und die Leistungspflicht des Verkäufers stehen somit nicht in einem synallagmatischen Verhältnis zueinander.[332]

Im Ergebnis kann man daher festhalten, dass sich das Synallagma jeweils auf die Leistungen bezieht, die den Charakter der vertraglichen Verabredung aus-

---

ständig erfüllt, weil ihn die Pflicht zur Abnahme und zur Mitwirkung bei der Auflassung treffe. Dass er den Kaufpreis schon bezahlt und insoweit auf seine Rechte aus §§ 320 ff. BGB verzichtet habe, sei ohne Bedeutung, *BGHZ* 58, 246 = NJW 1972, 875 (876).

328 Siehe bei Fn. 324 und Fn. 325.

329 Ähnlich auch *Häsemeyer* KTS 1973, 2 (6): *„Die Entscheidung des Bundesgerichtshofes trifft nicht das Richtige, weil sie sich nicht an der Sicherungsfunktion des Synallagma orientiert*". – Kritisch auch *Foerste* Insolvenzrecht Rdnr. 208.

330 *Häsemeyer* Insolvenzrecht Rdnr. 20.15.

331 Siehe etwa *Windel* Jura 2002, 230; *Balthasar* in: *Nerlich/Römermann* InsO § 103 Rdnr. 3; *Berscheid* in: *Uhlenbruck* InsO § 103 Rdnr. 1; *Kreft* in: MünchKomm-InsO § 103 Rdnr. 2; *ders.* ZIP 1997, 865 (867); *Tintelnot* in: *Kübler/Prütting* InsO § 103 Rdnrn. 5, 6.

332 *Jaeger/Henckel* KO § 17 Rdnr. 47; *Wegener* in: FK-InsO (2. Aufl. 1999) § 103 Rdnr. 39. Siehe auch *Hess/Pape* InsO Rdnr. 705; anders *Graf/Wunsch* ZIP 2002, 2117 (2118).

machen, und daher in den meisten Fällen dem Vermögensschutz der Parteien dienen.[333] Führt man diesen Gedanken fort, so ergibt sich daraus, dass ein Käufer, der bei Insolvenz des Verkäufers den Kaufpreis schon vollständig bezahlt hat, nicht zur doppelten Zahlung des Kaufpreises verpflichtet sein kann, weil der Verwalter sich nicht nach §§ 103 Abs. 1, 105 S. 1 InsO für die Erfüllung des Vertrages entscheiden kann. § 103 InsO ist in diesem Fall nicht anwendbar. Dabei ist klar, dass die so verstandenen §§ 103, 105 InsO nur zu einer Anreicherung der Masse auf Kosten des Vertragspartners führen würden, ohne dass hierfür ein Grund (etwa die Gleichbehandlung der Gläubiger) besteht.[334]

d) Das funktionelle Synallagma im Vollstreckungsrecht

Wenn das funktionelle Synallagma an sich Einfluss auf die insolvenzrechtliche Begriffsbestimmung ausüben soll und losgelöst von den Interessen der Parteien steht, so ist umso wichtiger, ob der Schutz, den das funktionelle Synallagma den Parteien im gegenseitigen Vertrag vermittelt, auch bei Insolvenz einer Vertragspartei eingreift, oder ob gerade dieser Schutz gegenüber den Zielen des Insolvenzverfahrens versagen bzw. Einschränkungen hinnehmen muss.[335]

aa) Das funktionelle Synallagma in der Einzelzwangsvollstreckung

Die Geltung dieses Prinzips in der *Einzelzwangsvollstreckung* ist unproblematisch. Die eigene Leistung – auf die der andere Teil freilich einen Anspruch hat – kann bis zur Bewirkung der Gegenleistung – auf die ebenfalls ein Anspruch besteht – zurückbehalten werden. Klagt man nun die jeweilige Leistung ein, so ergibt sich aus § 322 Abs. 1 BGB, dass ein Urteil zu ergehen hat, das die Erfüllung Zug um Zug vorsieht. Auf diese Weise wird das funktionelle Synallagma in die Zwangsvollstreckung überführt. Will man nämlich seinen Leistungsanspruch mit dem Urteil vollstrecken, so ergibt sich schon aus dem Titel, dass nur Zug um Zug gegen Erbringung der Gegenleistung vollstreckt werden darf (vgl. auch § 756 ZPO).[336] Als Ausnahme hierzu gilt § 322 Abs. 3 BGB i. V. mit § 274 Abs. 2 BGB. In der Zwangsvollstreckung kann der Gläubiger seinen Anspruch auch ohne Bewirkung der Gegenleistung zwangsweise durchsetzen, wenn der Schuldner im Verzug der Annahme ist. Gerade diese Regelung macht deutlich,

333 *Häsemeyer* Insolvenzrecht Rdnr. 20.14 m. w. Nachw.; vgl. hinsichtlich der synallagmatischen Bezugspunkte in Dauerschuldverhältnissen *Rumpf* S. 102 ff.

334 *Häsemeyer* Insolvenzrecht Rdnr. 20.27.

335 Zu dieser Frage siehe auch *Häsemeyer* in: 50 Jahre Bundesgerichtshof, S. 725 ff.

336 *Lackmann* in: *Musielak* ZPO § 756 Rdnr. 1; *Hartmann* in: *Baumbach/Albers/Hartmann* ZPO § 756 Rdnr. 2; *Putzo* in: *Thomas/Putzo* ZPO § 756 Rdnr. 2.

dass die Leistung des vollstreckenden Gläubigers solange bei diesem, d.h. in seinem Vermögen verbleibt, solange auch die Vollstreckung beim Schuldner erfolglos bleibt. Dies ist von entscheidender Bedeutung, weil auf diese Weise sichergestellt ist, dass konkurrierende Gläubiger sich nicht durch Vermögenswerte befriedigen, die dem Schuldner (noch) nicht zustehen. Aber auch, wenn konkurrierende Gläubiger den Anspruch des Schuldners gegen den Vertragspartner (in diesem Verhältnis Drittschuldner genannt) pfänden, ist der Drittschuldner nicht schutzlos gestellt. Die Einrede des nicht erfüllten Vertrages – und damit auch der Schutz durch das vertragliche Synallagma – kommt ihm auch im Verhältnis zu den konkurrierenden Gläubigern zu.[337] Selbst wenn der Drittschuldner im Verhältnis zum Schuldner vorleistungspflichtig ist, bewahrt ihn § 321 BGB davor, seine Leistung erbringen zu müssen – die Leistung kommt wohlgemerkt durch die in der Zwangsvollstreckung *in* eine Forderung *wegen* einer Geldforderung dem Gläubiger zustehenden Einziehungsermächtigung (arg. ex § 836 Abs. 1 ZPO) dem Gläubiger zugute – und von seinem Vertragspartner (dem Schuldner) keine Leistung zu erhalten.

Das Prinzip des funktionellen Synallagmas wird also – so kann man festhalten – in der Einzelzwangsvollstreckung vollumfänglich realisiert.

bb) Das funktionelle Synallagma in der Gesamtvollstreckung

Nicht so deutlich verhält es sich mit dem funktionellen Synallagma im Gesamtvollstreckungsverfahren, also in der Insolvenz. Die in der Literatur häufig anzutreffende Aussage, § 103 InsO diene dem Schutz des funktionellen Synallagmas[338], darf hier nicht zu Missverständnissen führen und dahingehend verstanden werden, dass das funktionelle Synallagma in gleicher Weise wie im Einzelzwangsvollstreckungsverfahren Geltung findet. Im Folgenden soll daher anhand der einzelnen Abwicklungslagen deutlich gemacht werden, welchen Stellenwert das Prinzip im geltenden Insolvenzrecht hat. Dabei soll insbesondere der Frage nachgegangen werden, ob die Einrede des nicht erfüllten Vertrages auch im Insolvenzverfahren erhoben werden kann.[339]

---

337 *BGHZ* 93, 71 (78) = NJW 1985, 863 = LM § 845 ZPO Nr. 1 (*Gärtner*); EWiR 1985, 25 (*Rümker*); *Lüke* Zivilprozessrecht Rdnr. 649; *Musielak* ZPO Rdnr. 663.

338 Siehe Fn. 331.

339 In diesem Zusammenhang wird auch von der „Insolvenzfestigkeit“ des § 320 BGB gesprochen, vgl. nur *Kepplinger* S. 60 ff.; *Marotzke* Gegenseitige Verträge, 1. Aufl., S. 10; *Linder* S. 95; *Huber* in: MünchKomm-InsO § 103 Rdnr. 62.

(1) Das funktionelle Synallagma bei (einseitig) vollständig erfüllten Verträgen

(a) Fortgeltung trotz Verfahrenseröffnung bei beiderseitiger Erfüllung

Ist der Vertrag schon von beiden Seiten vollständig erfüllt, bevor das Insolvenzverfahren über das Vermögen einer der Vertragsparteien eröffnet wird, so könnte man sagen, dass es in diesem Fall nicht auf den Schutz des funktionellen Synallagmas – oder auf einen Schutz der Parteien durch das funktionelle Synallagma – ankommt. Ist der Vertrag erst einmal abgewickelt, so kann das Geschäft nicht nachträglich wieder beseitigt werden (Ausnahmen kann lediglich das Insolvenzanfechtungsrecht [§§ 129 ff. InsO] mit sich bringen, dazu sogleich). Es kommt auch nicht darauf an, ob das Geschäft für den Gemeinschuldner ungünstig war oder nicht. Dies ergibt sich aus § 103 Abs. 1 InsO, der für das Wahlrecht des Insolvenzverwalters nur zur Voraussetzung hat, dass ein gegenseitiger Vertrag von beiden Parteien nicht vollständig erfüllt ist. Aus der Perspektive des funktionellen Synallagmas heraus betrachtet, besteht der Grund dafür, dass vollständig erfüllte Verträge durch die Insolvenz nicht mehr berührt werden, darin, dass man die empfangenen Leistungen stets zur Sicherung des Vertragsinteresses behalten darf.[340] Ist der Vertrag daher erst einmal abgewickelt, so kann die nachträgliche Illiquidität eines Vertragspartners nicht dazu führen, dass der andere Teil auf sein Vertragsinteresse verzichten muss. Da er seine Leistung vollständig erbracht und auch die Gegenleistung in voller Höhe erhalten hat, hat sich der Vermögensaustausch so vollzogen, wie er den vertraglichen Interessen und auch der vertraglichen Äquivalenz entspricht. Die Insolvenz des einen kann daher keinen Einfluss auf die Vertragsäquivalenz ausüben. Dies kann man als Fortwirkung des funktionellen Synallagmas bezeichnen.[341]

(b) Durchbrechung durch die Insolvenzanfechtung

Die einzige Durchbrechung dessen liegt in den Anfechtungsregeln nach den §§ 129 ff. InsO.[342] Nach diesen Regelungen kann der Insolvenzverwalter Rechtshandlungen[343], die vor Eröffnung des Insolvenzverfahrens vorgenommen

---

340 Vgl. *Häsemeyer* KTS 1973, 2 (5) bei Fn. 4.

341 *Häsemeyer* KTS 1973, 2 (5). An anderer Stelle (in: 50 Jahre Bundesgerichtshof, S. 725 [726]) spricht *Häsemeyer* auch von der Realisierung der privatautonomen vorkonkurslichen Verpflichtung.

342 Vgl. *Huber* in: *Gottwald* Insolvenzrechtshandbuch § 34 Rdnr. 6. Zu den Anfechtungsbestimmungen *ders.* in: MünchKomm-InsO § 103 Rdnr. 59.

343 Zum Begriff der Rechtshandlungen *Huber* in: *Gottwald* Insolvenzrechtshandbuch § 46 Rdnr. 19.

worden sind und die Insolvenzgläubiger benachteiligen, anfechten, mit der Folge, dass das, was aus dem Vermögen des Schuldners weggeflossen ist, zurückgewährt werden muss (§ 143 Abs. 1 S. 1 InsO).[344] Von Bedeutung ist hier die Vorschrift des § 144 InsO. Danach lebt die Forderung des Vertragspartners gegen den Schuldner – die Masse (§ 144 Abs. 2 S. 2 InsO) – wieder auf, wenn er das Erlangte zurückgewährt (§ 144 Abs. 1 InsO). Ist die Gegenleistung noch unterscheidbar in der Masse vorhanden oder ist die Masse um deren Wert bereichert, so hat der Vertragspartner sogar einen Erstattungsanspruch als Masseforderung (§ 144 Abs. 2; § 55 Abs. 1 Nr. 3 InsO).

Die Rechtfertigung für eine Durchbrechung des Synallagma-Schutzes liegt darin, dass zumeist die Kenntnis des Gläubigers von der Zahlungsunfähigkeit des Schuldners (§§ 130 Abs. 1 Nr. 1; 132 Abs. 1 Nr. 1 u. 2 InsO), die Kenntnis der Gläubigerbenachteiligungsabsicht (§§ 131 Abs. 1 Nr. 3; 133 Abs. 1 S. 1 InsO) oder die Kenntnis des Eröffnungsantrags (§§ 130 Abs. 1 Nr. 2; 132 Abs. 1 Nr. 2 InsO) Voraussetzung für ein Anfechtungsrecht ist. Da es dem Gesetzgeber freisteht, das Synallagma-Prinzip aus sachlichen Gründen zur Erreichung bestimmter Zwecke einzuschränken[345], tritt das zu erreichende Ziel im Rahmen der Anfechtungsregeln, die Masse zum Vorteil aller Gläubiger anzureichern[346], in den Vordergrund. Der sachliche Grund liegt hier in der Kenntnis des Gläubigers von der Zahlungsunfähigkeit, Benachteiligungsabsicht oder dem Eröffnungsantrag. Das Synallagma wird in diesem Fall nicht etwa deshalb eingeschränkt, weil es aufgrund hypothetischen Parteiwillens bei Kenntnis der Benachteilungsabsicht etc. nicht Bestandteil des Vertrages ist, sondern weil unter wertender Betrachtung kein Grund dafür ersichtlich ist, zum Schutz des Gläubigers die (Fort-)Wirkung des funktionellen Synallagmas aufrechtzuerhalten. Der Gläubiger weiß nämlich genau, dass er es mit einem insolventen Schuldner zu tun hat. In diesem Fall darf er nicht auf den Erhalt der vertraglichen Äquivalenz vertrauen, da er damit rechnen muss, für seine Leistung keine (volle) Gegenleistung zu erhalten. Er muss seine Vermögensinteressen vielmehr dadurch wahren, indem er sich in den Schutz des funktionellen Synallagmas begibt. Weiß er von der Zahlungsunfähigkeit, ist es ratsam für ihn, die eigene Leistung zurückzubehalten

344 Zur Rechtsnatur der Anfechtung vgl. etwa *Huber* in: *Gottwald* Insolvenzrechtshandbuch § 52 Rdnrn. 1 ff.

345 Vgl. *Henckel* in: Festschrift für *H.-P. Kirchhof*, S. 191 (202).

346 *Huber* in: *Gottwald* Insolvenzrechtshandbuch § 46 Rdnr. 3. Die Regelungen dienen der Stärkung des Gleichbehandlungsgrundsatzes, da das Verhältnis der Gläubiger, die vorweg vom Schuldner befriedigt wurden, zu den übrigen Gläubigern, die eben nicht Leistungen vorab erhalten haben, dadurch zum Ausdruck kommt, dass in der Vorabbefriedigung eben kein Besserstellungsrecht gesehen wird, wenn der Gläubiger von der Zahlungsunfähigkeit, der Benachteiligungsabsicht oder dem Eröffnungsantrag wusste.

und die Eröffnung des Insolvenzverfahrens zu beantragen, damit Klarheit über die Vermögensverhältnisse geschaffen werden kann. Weiß der Gläubiger nämlich erst einmal von der Zahlungsunfähigkeit, wäre er selbst bei einem unmittelbaren Leistungsaustausch vor der Insolvenzanfechtung nicht geschützt, da dann selbst Bargeschäfte anfechtbar sein können, §§ 142, 133 Abs. 1 InsO.[347] Tut er dies nicht, so muss er so gestellt werden, als habe er vor Verfahrenseröffnung die Leistung ohne Erhalt der Gegenleistung an den Schuldner erbracht, so dass er die Gegenforderung nur als Insolvenzgläubiger geltend machen kann (§ 144 Abs. 2 S. 2 InsO).

Dass es sich bei den genannten Regelungen lediglich um eine Einschränkung des funktionellen Synallagmas handelt, zeigt die Vorschrift des § 144 InsO. Dadurch soll, wenn der Vertragspartner das Erlangte zurückgewährt, seine Forderung gegen den Schuldner als Insolvenzforderung wieder aufleben. Erhält er demnach keine Leistung, so soll zumindest das Recht auf die Leistung erhalten bleiben.[348] Nach § 144 Abs. 2 InsO kann er u. U. aber auch die Gegenleistung wieder zurückverlangen, wenngleich dies selten der Fall sein dürfte. Durch die Regelung des § 144 InsO wird ein neues Synallagma begründet. Der Anspruch der Masse aus § 143 InsO und der Masseanspruch aus § 144 Abs. 2; § 55 Abs. 1 Nr. 3 InsO stehen ihrerseits wieder in synallagmatischer Beziehung zueinander. Dem Anfechtungsgegner steht aus diesem Grunde das Zurückbehaltungsrecht aus § 273 BGB zu.[349]

Aus der Tatsache, dass das funktionelle Synallagma aufgrund wertender Betrachtung im Rahmen des Anfechtungsrechts bei vollständigem Leistungsaustausch vor Verfahrenseröffnung im geringen Maße eingeschränkt wird, kann man zunächst zweierlei Schlüsse ziehen: Zum einen ergibt sich daraus, dass das funktionelle Synallagma auch im Rahmen der Insolvenz grundsätzlich Geltung beanspruchen muss und zum anderen steht fest, dass das Prinzip durch andere Gerechtigkeitserwägungen eingeschränkt werden kann.

(c) Bedeutung bei lediglich einseitiger vollständiger Erfüllung

In Frage steht weiterhin die Bedeutung des funktionellen Synallagmas bei vollständiger Vorleistung einer Vertragspartei. An dieser Stelle interessiert insbe-

---

347 Dazu S. 198.

348 *Hirte* in: *Uhlenbruck* InsO § 144 Rdnr. 8

349 *BGH* NJW-RR 1986, 991 = LM § 273 BGB Nr. 40 = MDR 1986, 1021; *BGH* NJW 2000, 3777 (3778) = JuS 2001, 188 (*K. Schmidt*); *Jaeger/Henckel* KO § 38 Rdnr. 11 m. w. Nachw.; *Kreft* in: HK-InsO § 144 Rdnr. 6.

sondere, inwieweit dabei das Prinzip des Synallagma-Schutzes verwirklicht wird.

Auch bei vollständiger Vorleistung einer Vertragspartei ist § 103 InsO nicht einschlägig, mit der Folge, dass das Vertragsverhältnis von der Insolvenz unberührt bleibt. Die Bedeutung des Ganzen für das funktionelle Synallagma beurteilt sich demnach nicht anders, als läge der Insolvenzfall gar nicht vor. Die Insolvenz führt so gesehen nur dazu, dass sich durch die Bestellung eines Insolvenzverwalters die Zuständigkeit für die Geltendmachung der Forderung bei Vorleistungen durch den Gemeinschuldner ändert (§ 80 Abs. 1 InsO).[350] Die Ansprüche, die ohne Insolvenz dem Schuldner zur Geltendmachung zustehen, stehen bei Insolvenz der Masse zu (§ 35 InsO).

Ohne Insolvenz hat die vollständige Vorleistung einer Partei für das funktionelle Synallagma anerkanntermaßen folgende Bedeutung: Wer vollständig vorleistet, der verzichtet auf den Schutz, den ihm das funktionelle Synallagma gewährt.[351] In der vollständigen Vorleistung liegt die Preisgabe des Rechts, seine Leistung nur gegen Erhalt der Gegenleistung erbringen zu müssen. Wer vollständig vorleistet, der gibt sein Vermögen weg, ohne dafür den vertraglich äquivalenten Ausgleich zu erhalten.[352] Der Vermögensschutz durch die Einrede des nicht erfüllten Vertrages ist verloren gegangen. Auf der anderen Seite führt die vollständige Vorleistung aber auch dazu, dass die Gegenleistung einredefrei eingefordert werden kann.

Wird nun das Insolvenzverfahren eröffnet, so ändert sich an der soeben beschriebenen rechtlichen Beurteilung nichts. Für „ungerecht“ könnte man auf den ersten Blick nur halten, dass die Leistungsansprüche sich in der Insolvenz in unterschiedlicher Weise realisieren. Während der Masse bei vollständiger Vorleistung des Schuldners, der sich damit um den Schutz des Synallagmas gebracht hat, was eigentlich als nachteilig aufzufassen ist, die Gegenforderung in voller Höhe zusteht und sich bei einem solventen Vertragspartner auch verwirklichen lässt, wird der Vertragspartner, wenn er vorgeleistet hat, auf seine Forderung nur die Insolvenzquote erhalten. Darin verwirklicht sich jedoch nur das Insolvenzri-

---

350 Vgl. *Bork* in: Festschrift für *Zeuner*, S. 297 (298).

351 Siehe etwa *Medicus* Bürgerliches Recht Rdnr. 234 m. w. Nachw.

352 Diese Aussage trifft eindeutig in Fällen der *vollständigen* Vorleistung zu, nicht jedoch bei nur *teilweiser* Vorleistung. Die Vertreter eines weiten Teilbarkeitsbegriffs in § 105 InsO (S. 157 ff.) bedienen sich jedoch häufig dieser Feststellung, um ihrer Meinung Geltung zu verleihen, vgl. nur *Kreft* in: MünchKomm-InsO § 103 Rdnr. 47. Da es sich jedoch bei teilweiser Vorleistung um Teilleistungen innerhalb eines einheitlichen Vertrages handelt, kann der Vertragspartner, um den teilweisen Gegenanspruch abzusichern, seine noch nicht erbrachte Leistung zurückbehalten. Dieser Schutz wird ihm grundsätzlich – außerhalb des Insolvenzverfahrens – durch das funktionelles Synallagma unstreitig eingeräumt, *Heinrichs* in: Palandt § 320 Rdnr. 8.

siko, das jede Partei hinsichtlich ihres Vertragspartners trägt. Hat z.B. der Schuldner vorgeleistet und fällt auch der Vertragspartner nach einiger Zeit in Insolvenz, so wird auch die Masse nur quotale Befriedigung erfahren.

Das funktionelle Synallagma hat demnach keine Bedeutung für den Fall der vollständigen Vorleistung einer Partei. Da dies schon grundsätzlich der Fall ist, kann nichts anderes in der Insolvenz gelten.

(2) Das funktionelle Synallagma bei Ausbleiben jeglichen Leistungsaustauschs

§ 103 gibt dem Insolvenzverwalter das Recht, u. a. Verträge, die im Zeitpunkt der Verfahrenseröffnung überhaupt nicht – auch nicht teilweise – abgewickelt sind, zu erfüllen oder die Erfüllung zu verweigern. Auch in dieser Situation muss besonderes Augenmerk auf das funktionelle Synallagma gelegt werden.

Rund um § 103 InsO ranken sich viele Streitfragen.[353] Unter der Prämisse, dass die Verfahrenseröffnung keine Auswirkung auf den Vertrag an sich hat, kann der Insolvenzverwalter zunächst nach § 103 Abs. 1 InsO anstelle des Schuldners den Vertrag erfüllen und die Erfüllung vom anderen Teil verlangen. Schon die Formulierung der Norm erinnert an die Wirkung des funktionellen Synallagmas, wonach gegenseitige Verbindlichkeiten nur Zug um Zug zu erfüllen sind („*[...] Vertrag erfüllen und die Erfüllung [...] verlangen*"). Tatsächlich gewährt § 55 Abs. 1 Nr. 2 InsO dem Vertragspartner einen Masseanspruch, wenn sich der Verwalter für die Erfüllung des Vertrages entscheidet. Es ist jedoch nicht ganz klar, ob durch diesen Regelungsmechanismus der Schutz des funktionellen Synallagmas, sprich der Schutz des gegenseitigen Vertrages, wie er vor Insolvenzverfahrenseröffnung bestanden hat, zum Ausdruck gebracht wird[354], oder ob durch die angeordnete Rechtsfolge bei Erfüllungswahl lediglich ein „neues Synallagma" hergestellt wird, so dass dem Vertragspartner im Grunde auch nur eine „neue" Einrede des nicht erfüllten Vertrages zur Seite gestellt wird. Er kann dann die Bewirkung seiner Leistung vom Erhalt der Gegenleistung, sprich der

---

353 Welche Wirkung hat z.B. die Verfahrenseröffnung auf gegenseitige Verträge? Auf welche dogmatische Grundlage stützt sich das Wahlrecht des Insolvenzverwalters? Welche Reichweite hat das Wahlrecht usw.? Dazu etwa *Kreft* in: MüchKomm-InsO § 103 Rdnrn. 1 ff.; *Marotzke* in: HK-InsO § 103 Rdnrn. 1 ff.; *Foerste* Insolvenzrecht Rdnrn. 205 ff.; *Keller* Insolvenzrecht Rdnrn. 1168 ff.; *Becker* Insolvenzrecht Rdnrn. 1077 ff.

354 So *Häsemeyer* KTS 1973, 2 ff.; *ders.* Insolvenzrecht Rdnr. 20.08; *Jaeger/Henckel* KO § 17 Rdnrn. 5 ff.; *Roth* in: Festschrift für *Rolland*, S. 305 (312 f.) *Windel* Jura 2002, 230 (232).

Leistung aus der Masse, abhängig machen.[355] In diesem Fall müsste man lediglich nach dem Grund für dieses „Geschenk" fragen, weil der Vertragspartner dann im Verhältnis zu den anderen Gläubigern besser gestellt wäre. Eine solche Besserstellung im Verhältnis zu den übrigen Gläubigern lässt sich jedoch nicht rechtfertigen, weil die Besserstellung in diesem Fall allein vom Willen des Insolvenzverwalters abhinge, sich aber nicht aus der Stellung der Gläubiger untereinander ergäbe.[356] Will man sich dennoch auf diesen Standpunkt stellen, so muss nach dem gesetzgeberischen Willen zum Ausdruck kommen, dass mit der Schaffung des § 103 InsO beabsichtigt wurde, den Gläubiger, dessen Vertrag nach der Wahl des Verwalters erfüllt werden soll, im Verhältnis zu allen anderen, deren Verträge nicht erfüllt werden, besser zu stellen. Entscheidend kommt es dann darauf an, ob der Gesetzgeber das Synallagma derjenigen Verträge, die nicht erfüllt werden, auch nicht in der Insolvenz geschützt sehen wollte.

In der Regierungsbegründung zu § 117 RegE, der § 103 InsO inhaltsgleich entspricht, wird hinsichtlich des § 103 Abs. 1 InsO lediglich auf § 17 KO verwiesen.[357] Der Gesetzgeber der 12. Legislaturperiode nahm daher § 17 KO nach dem bis dahin geltenden Verständnis in seinen Willen auf.

Über das Verständnis zu § 17 KO bestand indes keine Einigkeit.[358] Der *BGH*[359] jedoch und mit ihm ein Großteil der Literatur[360] schrieben der Norm den Zweck zu, den Vertragspartner so lange wie möglich zu schützen. Wie an anderer Stelle[361] dargelegt ist, ergibt sich aus den Motiven zur Konkursordnung, dass der gegenseitige Vertrag durch die Konkurseröffnung dahingehend abgewandelt wird, dass nur noch der Verwalter die Erfüllung des Vertrages verlangen kann, nicht jedoch der Vertragspartner. Im Gegensatz dazu schützt § 17 KO den Vertragspartner dahingehend, dass ihm der Schutz des funktionellen Synallagmas durch die Einrede aus § 320 BGB *erhalten bleibt.*[362]

---

355 Auf diese Weise dürften wohl die Ausführungen bei *Linder* S. 97 zu verstehen sein: *„Wählt der Insolvenzverwalter also die Erfüllung des Vertrages, wird dem Vertragspartner des Insolvenzschuldners der entsprechende Schutz* wiederum *gewährt*".

356 Dass der Wille des Verwalters für eine Privilegierung allein nicht maßgeblich sein kann, zeigt deutlich der Fall in *BGHZ* 154, 190 = NJW 2003, 1865.

357 BT-Drucksache 12/2443, S. 145; abgedruckt bei *Balz/Landfermann* S. 327 f. Dort heißt es: *„Das Wahlrecht des Insolvenzverwalters bei gegenseitigen Verträgen wird inhaltlich unverändert aus dem geltenden Konkursrecht übernommen. Absatz 1 entspricht § 17 Abs. 1 KO*".

358 Im Einzelnen *Jaeger/Henckel* KO § 17 Rdnrn. 5-9; *Plander* JZ 1973, 45 (47).

359 *BGHZ* 58, 246 (249); *BGHZ* 68, 379 (383).

360 *Mentzel/Kuhn/Uhlenbruck* KO § 17 Rdnr. 18; *Böhle-Stamschräder* KO § 17 Rdnr. 3 a; *Lichtenberger* NJW 1977, 519 (520); *Häsemeyer* KTS 1973, 2 ff.

361 Vgl. *Jaeger/Henckel* KO § 17 Rdnr. 6.

362 *Jaeger/Henckel* KO § 17 Rdnr. 6; *Plander* JZ 1973, 45 (47); *Musielak* AcP 179 (1979), 189 (199).

Der Schutz des funktionellen Synallagmas soll nach diesem Verständnis in der Insolvenz, zumindest wenn der Verwalter die Erfüllung des Vertrages verlangt, erhalten bleiben.[363] Intendiert war daher nicht, den Gläubiger, dessen Vertrag zur Erfüllung gebracht wird, im Verhältnis zu den anderen, bei denen dies nicht der Fall ist, besser zu stellen. Da sich im Übrigen eine solche Besserstellung auch nicht aus dem Verhältnis der Gläubiger untereinander rechtfertigen lässt, muss (wo soll aus Sicht der Theorie der Ausgleichshaftung der Unterschied in der Verantwortlichkeit der Gläubiger bezüglich der Insolvenz des Schuldners liegen?) angenommen werden, dass sich das Synallagma des vorinsolvenzlichen Vertrages bei Erfüllungswahl in der Insolvenz fortsetzen soll. Es wird daher durch die §§ 103 Abs. 1; 55 Abs. 1 Nr. 2 InsO nicht lediglich eine „neue" synallagmatische Verknüpfung hergestellt.[364]

Dies belegt auch der Zweck des Insolvenzverfahrens. Danach kommt dem Verfahren die Bedeutung zu, die Störung des sozialen Friedens[365], die darin liegt, dass alle Gläubiger auf das zur Befriedigung aller nicht ausreichende Schuldnervermögen anstürmen, zu verhindern.[366] Anders als in der Einzelzwangsvollstreckung muss die Vermögensliquidation in die Hand eines Verwalters gelegt werden, der das Vermögen des Schuldners zunächst einmal sichert (vgl. § 148 Abs. 1 InsO) und dann liquidiert.[367] Entscheidet sich der Verwalter dann jedoch dafür, dass ein Vertrag abgewickelt werden soll, so entfällt für den Vertragspartner das Hindernis für seine Erfüllungsansprüche. Demnach muss ihm aber auch der Schutz durch das funktionelle Synallagma wieder uneingeschränkt zur Verfügung stehen.

Des Weiteren wird dieses Normverständnis auch mit einem Vergleich zum Einzelzwangsvollstreckungsrecht aufgezeigt.[368] Wird eine Forderung etwa, die dem Schuldner gegenüber seinem Vertragspartner zusteht, gepfändet, so kann letzterer als Drittschuldner dem Pfändungsgläubiger gegenüber weiterhin die Einrede des nicht erfüllten Vertrages entgegenhalten.[369] Diese kann der Gläubiger nur dadurch ausschalten, indem er seinerseits an den Drittschuldner die diesem zu-

363 Ohne jeden Zweifel *Medicus* Bürgerliches Recht Rdnr. 233.

364 Unter diesem Gesichtspunkt ist daher auch die sog. „Erlöschenstheorie" des *BGH* (*BGHZ* 103, 250) abzulehnen, wonach die gegenseitigen Ansprüche mit Verfahrenseröffnung erlöschen sollen und mit Erfüllungswahl „neu" entstehen sollen.

365 *Häsemeyer* in: 50 Jahre Bundesgerichtshof, S. 725 (725).

366 *Prütting* in: *Kübler/Prütting* InsO Einleitung Rdnr. 74; *Uhlenbruck* in: *Uhlenbruck* InsO § 1 Rdnr. 12.

367 Vgl. *Brehm* in: Festschrift für *Jelinek*, S. 15 (26).

368 Siehe auch *Jaeger/Henckel* KO § 17 Rdnr. 6.

369 *BGHZ* 93, 71 (78) = NJW 1985, 863 = LM § 845 ZPO Nr. 1 (*Gärtner*); EWiR 1985, 25 (*Rümker*); *Lüke* Zivilprozessrecht Rdnr. 649; *Musielak* ZPO Rdnr. 663.

stehende Leistung erbringt. Überträgt man dies in die Insolvenz, so kann auch der Insolvenzverwalter nur Leistung an die Masse verlangen, wenn an den Vertragspartner die Gegenleistung erbracht wird.

Gem. § 103 Abs. 2 InsO steht dem Insolvenzverwalter jedoch auch das Recht zu, die Erfüllung des Vertrages abzulehnen. Wie die Norm deutlich macht, *kann* in diesem Fall der andere Teil eine Forderung wegen der Nichterfüllung nur als Insolvenzgläubiger geltend machen; er muss es aber nicht, sondern kann auch den Ausgang des Verfahrens abwarten und sich dann, da die Eröffnung des Verfahrens auf den Bestand des Vertrages keinen Einfluss hat, an den Schuldner wenden.[370]

Unter Berücksichtigung dieses „Wahlrechts" des Gläubigers scheint die Bedeutung dieser Abwicklungslage für das funktionelle Synallagma sehr gering zu sein, wenn doch der Gläubiger wählen kann, ob er lediglich einen Schadensersatzanspruch geltend machen will oder den Ausgang des Verfahrens abwartet, was, wenn er sich lediglich später an den Schuldner wendet, keine Auswirkungen auf das funktionelle Synallagma des Vertrages hat. Es darf jedoch nicht verkannt werden, das das soeben beschriebene „Wahlrecht" im Tatsächlichen oft nicht besteht. Handelt es sich zum einen bei dem Schuldner um eine juristische Person (z.B. in Form der AG, GmbH, Verein etc.), so wird diese regelmäßig durch die Eröffnung des Insolvenzverfahrens in eine Liquidationsgesellschaft umgewandelt und nach Abschluss des Insolvenzverfahrens aufgelöst, vgl. § 141 a FGG (§§ 262 Abs. 1 Nr. 3; 264 Abs. 1 AktG; §§ 60 Abs. 1 Nr. 4; 74 Abs. 1 S. 2 GmbHG[371]; § 42 Abs. 1 BGB).[372] Schon aus diesem in der Praxis häufig anzutreffenden Grunde, muss der Gläubiger seine Rechte in der Insolvenz geltend machen. Aber auch, wenn es sich zum anderen bei dem Schuldner um eine natürliche Person handelt, so ist wegen der Möglichkeit zur Restschuldbefreiung, die in der Regel alle Forderungen gegen den Schuldner erfasst, ob sie nun angemeldet wurden oder nicht (§ 301 Abs. 1 S. 2 InsO), eine Wahrnehmung der Gläubigerrechte in der Insolvenz geboten. Letztlich kann man auch nicht

370 *Kreft* in: MünchKomm-InsO § 103 Rdnr. 18; *ders.* in: Festschrift für *Uhlenbruck*, S. 387 (393 f.); *Jaeger/Henckel* KO § 17 Rdnr. 160; *Musielak* AcP 179 (1979), 189 (195); *Bork* in: Festschrift für *Zeuner*, S. 297 (298, 315); *Gottwald/Steer* MittBayNot 2005, 278 (280).

371 Wobei freilich zu differenzieren ist: wird das Verfahren auf Antrag des Schuldners eingestellt oder nach Bestätigung eines Insolvenzplans, der den Fortbestand der Gesellschaft vorsieht, aufgehoben, so bleibt die Gesellschaft nur bestehen, wenn auch die Gesellschafter die Fortsetzung der Gesellschaft beschließen, § 60 Abs. 1 Nr. 4 GmbHG. Für den Verein siehe § 42 Abs. 2 BGB.

372 *Häsemeyer* Insolvenzrecht Rdnr. 30.01; *Uhlenbruck* ZIP 1996, 1641 (1647); *Haas* in: *Gottwald* Insolvenzrechtshandbuch § 92 Rdnrn. 544 ff. (GmbH); § 93 Rdnr. 16 (AG); § 93 Rdnr. 96 (Verein).

davon ausgehen, dass der Schuldner nach Abschluss des Insolvenzverfahrens wieder wirtschaftlich leistungsfähig oder leistungswillig ist[373], so dass sich eine Wahrnehmung der Rechte im Insolvenzverfahren empfiehlt.

Daher stellt sich die Frage, welches Schicksal das funktionelle Synallagma trifft, wenn der Verwalter die Erfüllung des Vertrages ablehnt und keine Partei Leistungen bei Eröffnung des Insolvenzverfahrens erbracht hat.

Der Gläubiger wird in diesem Fall eine Forderung wegen Nichterfüllung als Insolvenzgläubiger geltend machen. Besondere Bedeutung verdient in diesem Zusammenhang die Entscheidung des *BGH* vom 25. April 2002[374], in der das Gericht entschieden hat, dass der gegenseitige Vertrag durch die Eröffnung des Verfahrens an sich nicht erlösche, sondern die Verfahrenseröffnung nur *„wegen der beiderseitigen Nichterfüllungseinrede der Vertragspartner (§ 320 BGB)"* zur Folge habe, dass diese ihre noch ausstehenden Erfüllungsansprüche, soweit es sich nicht um Ansprüche auf die Gegenleistung für schon erbrachte Leistungen handelt, nicht durchsetzen können.[375] Nimmt man die Aussage des *BGH* zunächst einmal hin[376], so muss was die Wirkung der Geltendmachung von Schadensersatzansprüchen betrifft, auf das allgemeine Zivilrecht rekurriert werden. Danach hat die Geltendmachung von Schadensersatz Gestaltungswirkung. Wie § 281 Abs. 4 BGB zeigt, erlischt in diesem Fall der Erfüllungsanspruch.[377] Spätestens in diesem Zeitpunkt verliert dann aber auch das funktionelle Synallagma seine Bedeutung als Sicherungsrecht, da sich das gegenseitige Schuldverhältnis dann einseitig in ein Abrechnungsverhältnis umwandelt. Nur noch der Gläubiger kann Schadensersatz verlangen. Er muss keine Leistungen mehr an die Masse erbringen und kann auch von der Masse nichts verlangen.

Sieht man einmal davon ab, dass der gegenseitige Vertrag beim Ausbleiben jeglichen Leistungsaustauschs nicht besonders geschützt ist, wenn der Verwalter den Vertrag nicht ausdrücklich erfüllen will, so hat doch der Gläubiger insofern „Glück im Unglück", als er zumindest die Quote auf seine Schadensersatzforderung erhält, wohingegen er ohne Geltendmachung dieses Anspruchs nichts erhalten würde.

---

373 *Gottwald/Steer* MittBayNot 2005, 278 (280).

374 *BGHZ* 150, 353 (dazu S. 153 ff.).

375 *BGHZ* 150, 353. Die Begründung an sich ist nicht konsequent. Nicht wegen der Nichterfüllungseinrede sind die Erfüllungsansprüche nicht durchsetzbar. Die Einrede ist nur Ausdruck des funktionellen Synallagmas und führt erst bei Geltendmachung zur Undurchsetzbarkeit des Anspruchs. Dies ist nicht *per se* bei Eröffnung des Insolvenzverfahrens der Fall. Die Rechtsansicht des *BGH* basiert daher auf einer dogmatischen Konstruktion, vgl. *Henckel* in: Festschrift für *H.-P. Kirchhof*, S. 191 (199).

376 Kritik u. a. von *Marotzke* ZZP 115 (2002), 507 ff. – Siehe auch S. 98 ff., S. 153 ff.

377 Vgl. auch *Prahl* ZInsO 2005, 568 (569).

(3) Das funktionelle Synallagma bei teilweisem Leistungsaustausch

Die bisherige Darstellung hat gezeigt, dass das Prinzip des funktionellen Synallagmas gewahrt wird, wenn der Schuldner teilweise vorgeleistet hat und der Verwalter entweder die Vertragserfüllung wählt oder diese ablehnt. Entscheidend läuft damit alles auf die Frage hinaus, ob der Vertragspartner des Schuldners diesem gegenüber die Einrede des nicht erfüllten Vertrages bei Erfüllungswahl des Insolvenzverwalters auch hinsichtlich der Gegenleistung für die vor Verfahrenseröffnung erbrachten Teilleistungen entgegenhalten kann. Die Fragestellung allein macht deutlich, dass die Antwort nicht von vornherein durch die Annahme bedingt sein soll, mit Verfahrenseröffnung komme es automatisch zu einer Spaltung des Vertrages.[378] In der Vergangenheit ging der *BGH* im Konkursrecht zunächst von einer einheitlichen Lösung des Inhalts aus, dass – egal ob eine Vertragspartei im Zeitpunkt der Verfahrenseröffnung bereits Teilleistungen erbracht hatte – die Erfüllungswahl des Konkursverwalters zu einer ganzheitlichen Abwicklung des gegenseitigen Vertrages führte.[379] Erst später[380] stellte sich im Rahmen der „Vertragsspaltungstheorie" die Frage nach der Teilbarkeit. Ging die höchstrichterliche Rechtsprechung bis zu diesem Zeitpunkt noch davon aus, Sinn des § 17 KO sei es in erster Linie, möglichst lange den Vertragspartner zu schützen, rückte fortan ein stärkerer Schutz der Masse in den Fokus der Überlegungen.[381] Daher entwickelte sich der Grundsatz, dass bei einem Erfüllungsverlangen des Konkursverwalters der Masse für die von ihr erbrachten Leistungen auch die Gegenleistung ungeschmälert zustehen soll. Praktisch führt dies zu den auf S. 7 ff. dargestellten Folgen. Wenn der *BGH* aber den Vertrag spaltet in einen Teil, der vor Verfahrenseröffnung teilweise erfüllt war und einen anderen, der nach Verfahrenseröffnung und Wahl des Verwalters zu erfüllen ist, kommt es fortan entscheidend auf die Frage an, wann eine solche Spaltung vorgenommen werden kann. Allein dass es zu einer Spaltung kommt, ist vor diesem Hintergrund keine Selbstverständlichkeit, wenngleich die Regelung des § 105 S. 1 InsO etwas anderes vermuten lassen könnte.[382] Es ist aber Folgendes zu beachten: Unter der soeben angesprochenen Ansicht, dass das Er-

---

378 Vgl. *BGHZ* 68, 379 (381); *BGHZ* 129, 336; *Scherer* NZI 2004, 113 (115); ausführlich *Linder* S. 52 ff.

379 *BGHZ* 81, 90 (91); *BGHZ* 83, 359 (363); *BGHZ* 97, 87 (90); *Kuhn/Uhlenbruck* KO § 17 Rdnr. 23 f; *Graf/Wunsch* ZIP 2002, 2117 (2119); *Tintelnot* ZIP 1995, 616 (619).

380 Seit der Entscheidung vom 04. Mai 1995, *BGHZ* 129, 336 = LM § 17 KO Nr. 31 = NJW 1995, 1966.

381 *BGHZ* 129, 336 (339 f.); *BGHZ* 147, 28 (31; *BGHZ* 86, 382 (385 f.).

382 So *Gottwald/Steer* MittBayNot 2005, 278 (281). – Vor dem Hintergrund der Vertragsspaltungstheorie widerspricht der später eingeführte § 105 S. 1 InsO dogmatisch nicht der Rechtsprechung des *BGH*. Nicht richtig liegt daher *Wegener* in: FK-InsO § 105 Rdnr. 1 (a. E.).

füllungsverlangen des Konkursverwalters den Vertrag im Ganzen erfasse und folglich auch Ansprüche aus Teilleistungen vor Verfahrenseröffnung aus Massemitteln zu begleichen sind, erwuchs der Begriff des Wiederkehrschuldverhältnisses.[383] Die damit entstandenen Probleme, Sukzessivlieferungsverträge und Wiederkehrschuldverhältnisse von einander abzugrenzen, versuchte der Gesetzgeber in § 36 Abs. 2 VglO zu lösen. Da man die entsprechend problematischen Fälle (Monopolstellung des Energieversorgers) aber auch über den Kontrahierungszwang zu lösen vermochte, verzichtete die Insolvenzrechtskommission darauf, § 36 Abs. 2 VglO in die InsO übernehmen zu wollen. Der Gesetzgeber indes, der mit der InsO sowohl die Ziele eines Liquidationsverfahrens (KO) als auch die Ziele einer Reorganisation (VglO) zu erreichen versuchte, übernahm § 36 Abs. 2 VglO in § 105 S. 1 InsO. Erst nach Verkündung der InsO änderte der *BGH* seine Rechtsprechung zu Sinn und Zweck des § 17 KO und führte die Vertragsspaltungstheorie ein.[384] So gesehen ging § 105 S. 1 InsO, obwohl die InsO erst 1999 in Kraft getreten ist, der Vertragsspaltungstheorie von 1995 voraus. Zu untersuchen bleibt damit jedoch nach wie vor, ob die Vertragsspaltungstheorie überhaupt richtig ist.

(a) Folgen unter der Prämisse, § 320 BGB stehe dem Vertragspartner des Schuldners auch hinsichtlich der vor Verfahrenseröffnung erbrachten Teilleistungen zu

Zur Verdeutlichung des Problems stelle man sich folgenden Fall vor.

V verkauft dem späteren Insolvenzschuldner S 10 Bücher zum Gesamtpreis von 200 EUR und liefert vor Verfahrenseröffnung schon 5 Bücher an. Der bestellte Insolvenzverwalter entscheidet sich nach Verfahrenseröffnung dafür, den Vertrag mit V zu erfüllen.

Damit stellt sich die Frage, ob V nun die Lieferung der restlichen 5 Bücher davon abhängig machen kann, dass der Verwalter aus der Masse auch den Preis für die schon gelieferten Bücher bezahlt. Es ist zu klären, ob § 320 BGB auch in diesem Fall dem anderen Vertragsteil zusteht, ob die Norm also in dieser Reichweite „insolvenzfest" ist.

Klarstellend sei jedoch darauf hingewiesen, dass dies nicht mit der Frage verwechselt werden darf, ob im Rahmen des § 105 InsO ein enger oder weiter Teilbarkeitsbegriff vertreten wird. Die Frage wäre dann zum Beispiel, ob die Gesamtleistung des V teilbar ist. Die Antwort darauf wird von der hier zu finden-

---

383 Dazu S. 57 ff.

384 Zum Ganzen *Henckel* KTS 2006, 487 (488).

den Lösung jedoch beeinflusst. Der Schutz des funktionellen Synallagmas ist somit normative Vorgabe für die Bestimmung des Teilbarkeitsbegriffs.

Wenn V sich im Beispielsfall auf § 320 BGB berufen könnte, ginge damit wohl eine vollumfängliche Beachtung des Synallagma-Schutzes einher, denn auch außerhalb des Insolvenzverfahrens gewährt § 320 BGB das Recht, auch weitere Teilleistungen bis zur Bewirkung der Gegenleistung für schon erbrachte Leistungen zurückzubehalten.[385] Besonderes Augenmerk muss darauf gelegt werden, dass sich das funktionelle Synallagma immer auf einen einheitlichen Vertrag bezieht, der Grundlage für den Leistungsaustausch ist. *Kepplinger*[386] beruft sich demgegenüber auf die Vertragsspaltungstheorie und ist der Meinung, der Vertrag werde bei Verfahrenseröffnung durch § 105 InsO aufgespalten in einen schon abgewickelten Vertragsteil und in einen noch zu erfüllenden.[387] Der Vertragspartner habe demnach nur das Recht, § 320 BGB in Bezug auf den noch abzuwickelnden Vertrag geltend zu machen. So gesehen würde auch hier das funktionelle Synallagma, was den noch abzuwickelnden Vertrag anbelangt, vollumfänglich verwirklicht oder zumindest (konsequent gedacht) nicht eingeschränkt. Dann stellt sich bloß die Frage nach der Reichweite des funktionellen Synallagmas und zwar unter dem Gesichtspunkt, ob auch der „zweite" (erfüllte) Vertrag vom Schutz durch das Prinzip erfasst ist, was sich wohl eindeutig ablehnend beantworten lässt.

Die Ansicht *Kepplingers* ist jedoch nicht überzeugend.[388] Sie findet keine Stütze im Gesetz. Weder aus § 103 InsO noch aus § 105 InsO ergibt sich, dass ein Vertrag in zwei Verträge aufgespalten wird. § 105 InsO differenziert lediglich zwischen den Leistungen, die innerhalb eines „einheitlichen" Vertrages erbracht werden.[389] Hieraus die Entstehung eines zweiten Vertrages zu folgern, ließe sich im Übrigen auch nicht mit den Prinzipien des Vertragsrechts vereinbaren. Danach entsteht ein Vertrag nicht kraft Gesetzes, sondern ist Folge einer privatautonomen Entscheidung der einzelnen Vertragsparteien.

---

385 Siehe nur bei *Heinrichs* in: Palandt § 320 Rdnr. 8; *Vollkommer* in: *Jauernig* BGB § 320 Rdnr. 16.

386 *Kepplinger* S. 73.

387 So auch *BGHZ* 129, 336 (340) = LM § 17 KO Nr. 31 (Bl. 3); *Gottwald/Steer* MittBayNot 2005, 278 (281); *Linder* S. 52 ff., 57, 77, 84 ff.; *Wiegmann* S. 43.

388 So auch *Wiegmann* S. 53.

389 Vgl. auch *Tintelnot* in: *Kübler/Prütting* InsO § 103 Rdnr. 68.

(b) Folgen unter der Prämisse, § 320 BGB stehe dem Vertragspartner des Schuldners nicht hinsichtlich der vor Verfahrenseröffnung erbrachten Teilleistungen zu

Vertreter der Ansicht, § 320 BGB werde hinsichtlich der vor Verfahrenseröffnung erbrachten Teilleistungen im Rahmen des § 105 InsO ausgeschlossen, gelangen zu dem Ergebnis, dass V im Beispielsfall auch die restlichen 5 Bücher an den Insolvenzverwalter leisten muss, diese Leistung jedoch von der Bewirkung der Gegenleistung abhängig machen kann (§ 55 Abs. 1 Nr. 2 InsO). Im Übrigen kann er die Zahlung für die schon gelieferten 5 Bücher nur als Insolvenzforderung geltend machen. Das Prinzip des funktionellen Synallagmas, und im Gleichlauf auch der Schutz für die Parteien, den das Synallagma vermittelt, erfährt somit deutliche Einschränkungen.[390]

Es ist daher im Folgenden zu klären, welche Gründe sich für eine solche Einschränkung anführen lassen und was ggf. gegen eine Einschränkung spricht.

(c) Notwendigkeit, das Prinzip des funktionellen Synallagmas in der Insolvenz einzuschränken

In der wohl als herrschend zu bezeichnenden Literatur werden verschiedene Gründe dafür vorgetragen, dem Vertragspartner des Insolvenzschuldners die Möglichkeit, die Einrede des nicht erfüllten Vertrages hinsichtlich der vor Verfahrenseröffnung erbrachten Teilleistungen geltend zu machen, zu nehmen.

So wird von einer Vielzahl der Autoren geltend gemacht, dass anderenfalls die Regelung des § 105 InsO *ad absurdum* geführt würde[391], weil der mit der Norm erstrebte Zweck nicht zur erreichen wäre.[392] *Linder*[393] versucht dabei in ähnlicher Weise wie *Kepplinger*[394], sich auf den Standpunkt zu stellen, die Einrede des nicht erfüllten Vertrages könne nicht geltend gemacht werden und zugleich sei das funktionelle Synallagma gar nicht beeinträchtigt. Dieses Ergebnis erreicht die Autorin dadurch, dass sie § 105 InsO aufgrund einer teleologischen Reduktion des § 103 InsO[395] für lediglich deklaratorisch hält, da sich das Wahl-

390 An dieser Stelle ist es richtig, von „Einschränkungen" zu reden, da durch die Regelung der §§ 103 ff. InsO keine „neue" synallagmatische Verknüpfung hergestellt wird, sondern das schon vor Verfahrenseröffnung bestehenden Synallagma modifiziert wird. Vgl. oben S. 76 ff.

391 *Linder* S. 96; *Kepplinger* S. 73; *Scheffler* ZIP 2001, 1182 (1187); *Wiegmann* S. 53.

392 *Wiegmann* S. 53.

393 *Linder* S. 96.

394 Siehe oben S. 82 f. bei Fn. 387.

395 *Linder* S. 103 ff.

recht des Insolvenzverwalters von vornherein nur auf den noch nicht abgewickelten Vertragsteil beschränke. Dem liegt jedoch auch die Annahme zugrunde, der ursprünglich einheitliche Vertrag werde in der Insolvenz aufgespalten.[396]

Häufig anzutreffen ist auch das Argument, § 105 InsO diene dem Gleichbehandlungsgrundsatz aller Gläubiger in der Insolvenz.[397] Daher sei auch der teilweise vorleistende Gläubiger nicht anders zu behandeln als gar ein Gläubiger, der vollständig vorgeleistet habe.[398] Auch letzterer kann seine Gegenforderung nur als Insolvenzforderung geltend machen. In Bezug auf die Vorleistung nämlich tragen beide Gläubigergruppen das gleiche Vorleistungsrisiko. Durch die Vorleistung nämlich beraube sich der Vertragspartner selbst des Schutzes aus § 320 BGB.[399]

In enger Verbindung damit steht auch der Gedanke, dass die Möglichkeit des Vertragspartners, sich auf § 320 BGB zu berufen, letztlich nur dazu führe, dass es zu einer masseschädlichen Aufwertung der auf die Leistungen vor der Zeit der Verfahrenseröffnung entfallenden Insolvenzforderungen komme.[400] Der Vertragspartner werde zum Nachteil der Masse von den normalen insolvenzrechtlichen Folgen einer ungesicherten Vorleistung entlastet. Für eine solche Privilegierung gebe es keinen Grund[401], zumal der Vertragspartner durch die Versagung der Einrede nicht schlechter gestellt werde, als wenn der Verwalter die Vertragserfüllung abgelehnt hätte.[402]

Gegen die Gewährung der Einrede, die restlichen Leistungen nur gegen Erfüllung der Insolvenzforderungen erbringen zu müssen, spreche auch, dass die Insolvenzforderungen auf diese Weise *de facto* zu Masseforderungen würden[403], was nicht mit den §§ 53 ff. InsO zu vereinbaren sei. Im Übrigen sei § 105 InsO eine spezialgesetzliche Regelung im Bereich der gegenseitigen Verträge in der Insolvenz. Richtig sei zwar, dass grundsätzlich außerhalb der Insolvenz § 320 BGB von seiner Reichweite her auch geltend gemacht werden kann, um die Gegenleistung für bereits erbrachte Teilleistungen einzufordern, durch § 105 InsO werde dieses Recht aber in der Insolvenz ausgeschaltet.[404] Dem Gesetzgeber

---

396 Kritisch hierzu auch *Henckel* KTS 2006, 487 ff.

397 Vgl. nur *Andres* in: *Andres/Leithaus* InsO Rdnr. 1 m. w. Nachw.; *Thode* ZfIR 2000, 165 (180 f.); *Kreft*: in Festschrift für *Uhlenbruck*, S. 387 (395 f.); *ders.* in: MünchKomm-InsO § 105 Rdnr. 1; *Berscheid* in: *Uhlenbruck* InsO § 105 Rdnr. 17; *Scherer* NZI 2004, 113 (116); *Scheffler* ZIP 2001, 1182 (1185 f.).

398 *Tintelnot* in: Kübler/*Prütting* InsO § 103 Rdnr. 6.

399 *Linder* S. 97 m. w. Nachw. (siehe dort Fn. 353).

400 *Kreft* in: MünchKomm-InsO § 103 Rdnr. 47.

401 *Kreft* in: MünchKomm-InsO § 103 Rdnr. 47.

402 *Kreft* in: MünchKomm-InsO § 103 Rdnr. 47; siehe auch *BGHZ* 135, 25 = JZ 1998, 1154 (1155).

403 *Wiegmann* S. 53.

404 Siehe insb. *Scheffler* ZIP 2001, 1182 (1187); *Wiegmann* S. 53.

stehe es grundsätzlich frei, derartige Sicherungsrechte in der Insolvenz zu verkürzen.

Die Versagung der Einrede aus § 320 BGB diene schließlich auch dem Schutz des Verwalters.[405] Mit dem Amt des Verwalters geht einher, dass dieser oft kurzfristige Entscheidungen zu treffen habe. Der *BGH* hat in einer Reihe von Urteilen festgestellt, dass der Verwalter sein Wahlrecht zugunsten der Gläubigergesamtheit auszuüben habe[406], will er sich nicht dem Risiko der persönlichen Haftung aussetzen.[407] Massefreundlich wäre beispielsweise, wenn er Produktionsmaterial, auf das er angewiesen ist, beschafft, indem er die damit zusammenhängenden Verträge erfüllt.[408] Dabei kann es jedoch leicht passieren, dass aus den Verträgen Teilleistungen aus vorinsolvenzlicher Zeit noch nicht beglichen sind. Letztlich wäre das Verhalten des Verwalters dann, wenn die Masse auch diese Teilleistungen vergüten müsste, masseschädlich und der Verwalter wäre vor den Folgen solchen Fehlverhaltens nicht ausreichend geschützt.

Aus all diesen Gründen sei es daher geboten, dem Vertragspartner nicht die Einrede des nicht erfüllten Vertrages für auch vor Verfahrenseröffnung erbrachte Teilleistungen zuzugestehen.

(d) Keine Einschränkung des funktionellen Synallagmas in der Insolvenz

Ebenso gut lassen sich auf der anderen Seite genügend Gründe dafür anbringen, dem Vertragspartner die Einrede des nicht erfüllten Vertrages doch zu gewähren und damit i. E. den Schutz des funktionellen Synallagmas auch im Insolvenzfall nicht einzuschränken.[409]

Henckel[410] führt dazu argumentativ aus, dass der Vertragspartner in einem gegenseitigen Vertrag kein ungesicherter Gläubiger sei, sondern gerade durch das Synallagma geschützt ist[411], obgleich *Henckel* zugibt, dass dieser Schutz die schwächste Sicherheit ist, die die Rechtsordnung kennt.[412] Gerade aber diese

---

405 Vgl. *Henckel* in: Festschrift für *H.-P. Kirchhof*, S. 191 (205); *Thode* ZfIR 2000, 165 (181); *Schmitz* ZIP 2001, 765 (769); vgl. auch *Kesseler* ZIP 2005, 2046 (2048), der diesbezüglich jedoch eine ablehnende Ansicht vertritt.

406 Etwa *BGHZ* 150, 353.

407 Vgl. *Henckel* JZ 1998, 155 (1156).

408 Beispiel nach *Henckel* in: Festschrift für *H.-P. Kirchhof*, S. 191 (205).

409 *Berscheid* in: *Uhlenbruck* InsO § 103 Rdnrn. 71 ff.; *Henckel* ZZP 99 (1986), 419 (423); *Pletzsch* S. 50 f.; *Musielak* AcP 179 (1979), 189 (199 f.); *Huber* BB 1964, 731 (733).

410 *Henckel* in: Festschrift für *H.-P. Kirchhof*, S. 191 ff.; *ders.* JZ 1998, 155 ff.

411 *Henckel* JZ 1998, 155 (157); *ders.* KTS 2006, 487 (493).

412 *Henckel* in: Festschrift für *H.-P. Kirchhof*, S. 191 (202/203).

Sicherheit dürfe den im Übrigen ungesicherten Gläubigern nicht genommen werden.[413]

Andere Autoren machen geltend, dass das Ergebnis bei Versagung der Einrede aus § 320 BGB die Grundlage der Vertragskalkulation des Vertragspartners zerstöre.[414] Der Aufwand zur Erbringung der Gesamtleistung sei vor dem Hintergrund des gleichzeitigen Erhalts der gesamten Gegenleistung berechnet worden. Müsste der Vertragspartner, wenn er einen Teil der Leistung nur als Insolvenzforderung geltend machen kann, die restliche Leistung aber noch zu den ursprünglich günstigen Bedingungen erbringen, so zerstöre dies die gesamte Vertragskalkulation. Zum veränderten Preis[415] hätte der Vertragspartner die Gesamtleistung aber nie angeboten und auch nie anbieten können.[416] Dem Vertragspartern die Einrede aus § 320 BGB zu gewähren, so dass er die weitere Erfüllung des Vertrages verweigern kann, sei verglichen damit, dass die Vertragskalkulation zerstört würde, das angemessenere Ergebnis.[417]

Vor dem Hintergrund der Entstehungsgeschichte des § 105 InsO[418], insbesondere durch eine Besinnung auf die Lehre vom Wiederkehrschuldverhältnis[419], wird auch vorgetragen, dass sich der Insolvenzverwalter gegen Unternehmen mit marktbeherrschender Stellung nach wie vor durch den Kontrahierungszwang ausreichend schützen könne.[420] Wie schon erwähnt, geht § 105 InsO auf den Gedanken zurück, dem Verwalter die Fortführung des schuldnerischen Unternehmens zu ermöglichen, ohne dabei alle Altverbindlichkeiten derjenigen Vertragspartner zu begleichen, die eine marktbeherrschende Stellung innehaben und auf deren weitere Leistungen der Verwalter zwangsläufig angewiesen ist.[421] Daraus lässt sich nun schließen, dass der Verwalter, soweit ein Unternehmen tatsächlich marktbeherrschend ist, mit Hilfe des Kontrahierungszwangs den alten Vertrag – aus dem die Vorleistungen des Monopolisten stammen – nicht er-

---

413 Für eine fortwährende Anwendbarkeit der §§ 320 BGB auch *Kuhn/Uhlenbruck* KO § 17 Rdnr. 23 c m. w. Nachw.

414 Siehe nur *Marotzke* in: HK-InsO § 105 Rdnr. 5 m. w. Nachw.

415 Gemeint ist die Gegenleistung, die der Vertragspartner nun für die Gesamtleistung erhält.

416 Siehe auch *Häsemeyer* KTS 1973, 2 (10 f.): „*Der Konkursverwalter darf nicht eine für den Gemeinschuldner günstig kalkulierte Leistung verlangen und zugleich dem Gläubiger die Erfüllung solcher Forderungen verweigern, die jene Kalkulation erst ermöglicht haben.*".

417 *Marotzke* in: HK-InsO § 105 Rdnr. 5; *ders.* Gegenseitige Verträge, 3. Aufl., Rdnr. 4.161.

418 Einen Überblick dazu gibt *Wiegmann* S. 25-36.

419 Dazu *Jaeger* LZ 1912, 286.

420 *Marotzke* in: HK-InsO § 105 Rdnr. 5 (a. E.). Siehe hierzu etwa § 20 EnWG (Energiewirtschaftsgesetz vom 07. Juli 2005 [BGBl. I S. 1970]).

421 Siehe oben S. 51 ff.

füllen muss und statt dessen gleichzeitig einen neuen Vertrag abschließen kann. Wird auf der Gegenseite nun geltend gemacht, dass es doch gerade darum gehe, dem Verwalter die meist günstigen Sonderkonditionen aus dem Altvertrag weiterhin zu sichern[422], lässt sich dagegen einwenden, dass dies kein schützenswertes Interesse ist und auch durch den Zweck der Insolvenz nicht zu einem solchen wird. *Henckel* führt zu Recht aus, dass der Verwalter nicht erwarten kann, zu exzeptionell günstigen Bedingungen beliefert zu werden, wenn dem Vertragspartner die Gegenleistung teilweise entgeht.[423] Es ist jedoch zuzugeben, dass damit letztlich die Fälle noch nicht gelöst sind, in denen der Vertragspartner keine monopolähnliche Stellung innehat.

Unabhängig davon wendet *Häsemeyer* ein, dass grundsätzlich nicht zwei unterschiedliche Fragestellungen miteinander vermischt werden dürften.[424] Denn in all diesen Fällen, in denen der Vertragspartner teilweise vorgeleistet hat und die Erfüllung des Vertrages deswegen für die Masse schädlich wäre, weil der Verwalter dann auch die Altverbindlichkeiten begleichen müsste, geht es doch im Grunde – bei Außer-Acht-Lassen aller Konstruktivismen – um Folgendes: Das funktionelle Synallagma spricht eigentlich dafür, § 320 BGB auch in der Insolvenz geltend machen zu können. Wenn sich dies als für die Masse schädlich herausstellt, muss der Verwalter die Vertragserfüllung eben ablehnen und versuchen, einen neuen Vertrag zu schließen. Es geht also letztlich einmal um die Frage, unter welchen Voraussetzungen die Erfüllung eines schon bestehenden Vertrages verlangt werden darf und zum anderen um die Frage, unter welchen Voraussetzungen der Verwalter den Abschluss neuer Verträge in der Insolvenz durchsetzen kann.[425]

Zur Rechtfertigung des § 320 BGB auch in der Insolvenz macht *Musielak*[426] geltend, dass dadurch der Gläubigergleichbehandlungsgrundsatz nicht beeinträchtigt werde. Der Autor erklärt dies in einer vergleichenden Betrachtung mit § 273 BGB.[427] Das Besondere an diesem allgemeinen Zurückbehaltungsrecht sei das „rechtliche Verhältnis“, das nach allgemeiner Meinung weit zu verstehen

---

422 So auch die Gesetzesbegründung, BT-Drucksache 12/2443, S. 145 f., wiedergegeben oben auf S. 51 ff.; vgl. *Wegener* in: FK-InsO § 105 Rdnr. 2.

423 *Henckel* JZ 1998, 1155 (1157); siehe auch das Rechenbeispiel in KTS 2006, 487 (492/493).

424 *Häsemeyer* KTS 1973, 2 (11).

425 *Häsemeyer* KTS 1973, 2 (11).

426 *Musielak* AcP 179 (1979), 189 (199 f.).

427 Von Bedeutung ist insbesondere § 273 Abs. 1 BGB: „*Hat der Schuldner aus demselben rechtlichen Verhältnis, auf dem seine Verpflichtung beruht, einen fälligen Anspruch gegen den Gläubiger, so kann er, sofern nicht aus dem Schuldverhältnis sich ein anderes ergibt, die geschuldete Leistung verweigern, bis die ihm gebührende Leistung bewirkt wird (Zurückbehaltungsrecht).*“

sei.[428] Damit können auch Ansprüche aus einem anderen Vertrag dazu genutzt werden, die Leistung aus einem weiteren Vertragsverhältnis zu verweigern. Durch die Ausübung des Zurückbehaltungsrechts werde eine zuvor nicht bestehende Abhängigkeit zwischen zwei Ansprüchen hergestellt. In der Insolvenz würde dies dazu führen, dass der Verwalter nicht nur weitere Leistungen gegen Bewirkung der vollen Gegenleistung aus demselben Vertrag verlangen kann, sondern dass er darüber hinaus auch noch Verbindlichkeiten bedienen muss, die möglicherweise noch aus anderen Verträgen offen sind.[429] An dieser Stelle besteht wohl Einigkeit darin, dass eine Anerkennung des § 273 BGB im Insolvenzfall eine damit einhergehende Verletzung des Gläubigergleichbehandlungsprinzips nicht zu rechtfertigen vermag.[430] Ein Gläubiger nämlich, dem aus einem anderen Vertrag, den er bspw. in voller Höhe vorleistend erfüllt hatte, eine Gegenforderung zusteht, die für sich betrachtet unzweifelhaft nur eine Insolvenzforderung (§ 38 InsO) darstellt, wäre im Verhältnis zu allen anderen Gläubigern, die ggf. auch in voller Höhe vorgeleistet haben, besser gestellt, wenn er im Rahmen eines weiteren Vertrages, den der Verwalter erfüllen möchte, durch § 273 BGB auch die Erfüllung der Altverbindlichkeit verlangen könnte.[431] Eine Rechtfertigung dieser Ungleichbehandlung im Verhältnis zu den anderen Gläubigern ist nicht ersichtlich. *Musielak*[432] macht aber geltend, dass § 320 BGB nicht mit § 273 BGB auf eine Stufe gestellt werden dürfe, da der entscheidende Unterschied darin bestehe, dass bei § 320 BGB die Abhängigkeit zwischen Anspruch und Gegenanspruch aus dem Wesen der vertraglichen Vereinbarung folge und nicht erst durch die Ausübung des Zurückbehaltungsrechts hergestellt werde. Nach dem Vertrag werde von vornherein nur Leistung gegen Leistung geschuldet. Darin aber liege keine Ungleichbehandlung anderer Gläubiger.

Für § 320 BGB in der Insolvenz lässt sich schließlich auch noch anführen, dass andernfalls die allgemeinwirtschaftlichen Folgen nicht berücksichtigt wür-

---

428 *Heinrichs* in: Palandt § 273 Rdnr. 9: ein „*innerer natürlicher und wirtschaftlicher Zusammenhang*" genügt.

429 Im oben beschriebenen Beispielsfall (S. 82) möge des Weiteren dem V noch eine Forderung aus einem weiteren Kauf zweier Bücher durch S zustehen, die V ebenfalls schon geliefert hatte als der Verwalter sich schließlich für die Erfüllung des Vertrags über den Kauf der 10 Bücher entscheidet.

430 Überblick bei *Kepplinger* S. 64 ff.; *Jaeger/Henckel* InsO § 51 Rdnr. 53. – A. M. *Marotzke* Gegenseitige Verträge, 3. Aufl., Rdnrn. 2.46 ff.; *ders.* in: HK-InsO § 103 Rdnrn. 48 ff.

431 *Marotzke* (Gegenseitige Verträge, 3. Aufl., Rdnr. 4.154) löst das Problem auf andere Weise: Der Vertragspartner könne sich zwar auch auf die Einrede des § 273 BGB berufen, im Verhältnis zum Insolvenzverwalter mangele es aber an der Gegenseitigkeit der Ansprüche. Vom Insolvenzverwalter könne der Vertragspartner nicht volle Befriedigung, sondern nur konkursmäßige Berücksichtigung verlangen (§§ 38, 87 InsO).

432 Oben Fn. 426.

den.[433] Nachteile in dieser Hinsicht erleiden die Kunden, die ungesichert vorauszahlen oder Teilleistungen Zug um Zug zahlen müssen, ohne dabei zu wissen, ob sie den Rest der Leistung überhaupt noch und ohne Mängel erhalten.[434] Denn wer auf der anderen Seite Teilleistungen erbringt, der müsse angesichts des § 105 InsO auf Zahlung Zug um Zug oder Vorauszahlung des jeweiligen Teilpreises bestehen. Nur so kann das eigene Insolvenzrisiko minimiert werden.

Die soeben dargelegten Argumente sprechen mithin dafür, dem Vertragspartner des Insolvenzschuldners die Einrede des nicht erfüllten Vertrages auch hinsichtlich der vor Verfahrenseröffnung erbrachten Teilleistungen zuzugestehen.[435]

(e) Bedeutung des § 105 S. 1 InsO in diesem Zusammenhang

Die Bedeutung des dargestellten Meinungsstreits betrifft, dies sei hier noch einmal klargestellt, die Frage, ob die Einrede des nicht erfüllten Vertrages „insolvenzfest" ist und damit auch von den Parteien eines gegenseitigen Vertrages im Insolvenzverfahren geltend gemacht werden kann. Diese Frage hat grundsätzliche Bedeutung und darf nicht, auch dies sei noch einmal wiederholt, zu dem Missverständnis führen, § 105 InsO gebe diesbezüglich eine Antwort in die ein oder andere Richtung.[436] Es ist daher nicht richtig, wenn angeführt wird, aus § 105 InsO ergebe sich, dass das funktionelle Synallagma in der Insolvenz keine Geltung habe und daher auch § 320 BGB im Rahmen der §§ 103 ff. InsO keine eigenständige Bedeutung besäße.[437] Ebenso lässt sich nicht anführen, § 105 InsO wäre schlicht überflüssig, wenn das funktionelle Synallagma mit seiner Einrede des nicht erfüllten Vertrages durchgreifen würde.[438] § 105 InsO besitzt eine eigenständige Bedeutung im System der §§ 103 ff. InsO. Wenn (und darauf kommt es an) die geschuldeten Leistungen teilbar sind, greift die von der Norm speziell vorgesehene Rechtsfolge. Es muss jedoch deutlich werden, dass die Norm nur dann eingreift, wenn die Leistungen eben teilbar sind. Welche Leistungen man als solche qualifiziert, muss herausgearbeitet werden. An dieser Stelle geht es allein darum, zu hinterfragen, was das Prinzip des funktionellen Synallagmas für den Teilbarkeitsbegriff vorgibt. Logische Voraussetzung dieses Ansatzes ist jedoch, dass das funktionelle Synallagma auch in der Insolvenz Bestand hat, und damit, dass auch die Einrede des nicht erfüllten Vertrages grund-

---

433 *Henckel* in: Festschrift für *H.-P. Kirchhof*, S. 191 (203).

434 *Henckel* in: Festschrift für *H.-P. Kirchhof*, S. 191, (203); *ders.* KTS 2006, 487 (493).

435 *Kuhn/Uhlenbruck* KO § 17 Rdnr. 23 c; *Jaeger/Henckel* InsO § 51 Rdnr. 54; *Pilgram* Ökonomische Analyse S. 136.

436 Siehe oben S. 81 f.

437 So aber *Scheffler* ZIP 2001, 1182 (1187).

438 Vgl. die unter Fn. 391 Genannten.

sätzlich auch im Insolvenzverfahren geltend gemacht werden kann.[439] Bejaht man dies, so ist freilich *Henckel* zuzugeben, dass es dem Gesetzgeber freisteht, Sicherungsrechte – und dazu zählt ja auch die Einrede aus § 320 BGB – in der Insolvenz zu verkürzen.[440] Damit soll aufgezeigt werden, dass sich all diejenigen Erklärungsversuche verbieten, die § 105 InsO bereits dazu heranziehen, um für oder gegen die Insolvenzfestigkeit des § 320 BGB zu argumentieren.[441] Die Antwort auf diese Frage liegt nicht innerhalb dieser Norm, ist für sie jedoch maßgeblich. Nur wenn auch die Einrede aus § 320 BGB „insolvenzfest" ist, kann das in diesem Fall ohne Einschränkungen geltende Prinzip des funktionellen Synallagmas Aufschlüsse über den Teilbarkeitsbegriff geben. Andernfalls wäre es nicht dazu geeignet, Grundlage für die insolvenzrechtliche Begriffsbestimmung zu sein, da seine volle Geltung dann grundsätzlich innerhalb jeder insolvenzrechtlichen Norm in Frage stünde.

Der Problematik eine Lösung zuzuführen bereitet Schwierigkeiten. Man muss sich verdeutlichen, dass im Hintergrund der meisten insolvenzrechtlichen Erklärungsversuche zu der Dogmatik der §§ 103 ff. InsO (aber auch zu anderen Bereichen, etwa der §§ 94 ff. InsO) Wertungen stehen, die durch bisweilen sehr kreative Konstruktivismen zu erreichen versucht werden.[442] Angesprochen sei damit die gesamte Chronik der Versuche, Lösungen für Abtretungs- und Zessionsfälle aus den Wirkungen der Verfahrenseröffnung oder dem Wahlrecht des Insolvenzverwalters zu entwickeln.[443] Am (vorläufigen) Ende dieses Konstruk-

439 *Jaeger/Henckel* InsO § 51 Rdnr. 54; *Henckel* KTS 2006, 487 (492).

440 *Henckel* in: Festschrift für *H.-P. Kirchhof*, S. 191 (202).

441 Insbesondere *Kepplinger* S. 204 ff.

442 *Bork* Einführung in das Insolvenzrecht Rdnr. 160 (übt Kritik an der h. M. hinsichtlich des Einflusses der Eröffnung des Insolvenzverfahrens auf die Erfüllungsansprüche).

443 Zunächst ging die überwiegende Meinung davon aus, dass der Konkurs keine Auswirkung auf gegenseitige Verträge hat. Die Ablehnung des Vertrages durch den Verwalter sei jedoch ein rechtsgestaltender Akt und führe zum Erlöschen der Ansprüche (a. A. schon damals *Henckel* ZZP 99 [1986], 419 ff.). Die Erfüllungswahl sollte sich stets auf den gesamten Vertrag beziehen, vgl. *BGHZ* 97, 87 = EWiR 1986, 387 = JZ 1986, 694 (m. Anm. *Henckel*). Seit 1988 sollten die gegenseitigen Ansprüche dann schon durch die Verfahrenseröffnung erlöschen („Erlöschenstheorie" – *BGHZ* 103, 250; *BGHZ* 106, 236; *BGHZ* 116, 156 = LM § 17 KO Nr. 30 [m. Anm. *Stürner*] = EWiR 1993, 697 [m. Anm. *Paulus*]). Demnach habe die Erfüllungswahl gestaltende Wirkung und führe zum Neuentstehen der Ansprüche. Bei Vorleistungen des Schuldners sollte der Gläubiger mit sonstigen Insolvenzforderungen aufrechnen können, *BGHZ* 129, 336. Für den umgekehrten Fall kam der *BGH* mit seiner sog. Sachsenmilchentscheidung dem heutigen § 105 InsO zuvor, *BGHZ* 135, 25. Zur Entwicklung der Dogmatik siehe auch *Graf/Wunsch* ZIP 2002, 2117.

tionsprozesses befindet sich die als herrschend zu bezeichnende Meinung auf folgendem Standpunkt:[444]

Leistungsansprüche aus einem gegenseitigen, beiderseits nicht vollständig erfüllten Vertrag können mit Eröffnung des Insolvenzverfahrens nicht mehr durchgesetzt werden. Grund dafür ist, dass der Leistungsanspruch des Vertragspartners kraft Gesetzes zur Insolvenzforderung wird (§ 38 InsO), der Leistungsanspruch des Schuldners kann zwar durchgesetzt werden, ihm steht jedoch die Einrede des § 320 BGB entgegen.[445] Wählt der Insolvenzverwalter die Erfüllung des Vertrages, so sollen dieser Erfüllungswahl die gleichen Wirkungen zukommen, als wenn der Verwalter und der Vertragspartner den entsprechenden Vertrag mit identischem Inhalt neu abgeschlossen hätten. Der „konstitutiv wieder begründete"[446] Leistungsanspruch des Vertragspartners wird Masseverbindlichkeit nach §§ 103, 55 Abs. 1 Nr. 2 InsO, der Leistungsanspruch des Schuldners ist zur Masse zu erfüllen. Die Folgen dieser Konstruktion sind zugleich Grund derselben: Gegen den Leistungsanspruch des Schuldners kann der Vertragspartner wegen § 96 Abs. 1 Nr. 1 InsO mit keiner ihm sonst zustehenden Insolvenzforderung aufrechnen. Hat der Schuldner vor Verfahrenseröffnung den ihm zustehenden Leistungsanspruch zur Sicherung abgetreten, ist die Abtretung mit Insolvenzverfahrenseröffnung zusammen mit der Nicht-Durchsetzbarkeit des Anspruchs wirkungslos; auf den durch die Erfüllungswahl wieder „neu begründeten" Leistungsanspruch kann sie sich wegen § 91 Abs. 1 InsO nicht mehr erstrecken.

Aus dem dargelegten Standpunkt geht jedoch nicht eindeutig hervor, ob die Einrede des § 320 insolvenzfest ist oder nicht und welchen Stellenwert damit das funktionelle Synallagma einer einheitlichen Vertragsabwicklung in der Insolvenz hat. Nach wie vor kann man sich daher auf den Standpunkt stellen, die Einrede des nicht erfüllten Vertrages ergebe sich auch für den Insolvenzfall schon aus § 320 BGB selbst oder aber diese Einrede werde durch die Normen der §§ 103, 55 Abs. 1 Nr. 2 InsO erst in der Insolvenz Geltung verschafft.[447] Demnach könnte man annehmen, die Frage sei für den hiesigen Zusammenhang nicht weiter relevant, da die Geltung des § 320 BGB im Grunde außer Frage steht.[448]

444 Nach *Keller* Insolvenzrecht Rdnr. 1225.

445 So ausdrücklich *BGHZ* 150, 353 (LS).

446 Bei dieser Formulierung ist Vorsicht geboten, da die Ansprüche durch die Verfahreneröffnung gerade nicht erlöschen.

447 Vgl. *Huber* in: MünchKomm-InsO § 103 Rdnr. 61 f.; *Kepplinger* S. 60 ff.

448 Vgl. *Marotzke* in: HK-InsO § 103 Rdnr. 54.

(f) Stellungnahme und eigene Lösung

(aa) Zweck des § 103 InsO

Die unterschiedlichen Meinungen lassen sich darauf zurückführen, dass ebenso Uneinigkeit über den Zweck des § 103 InsO besteht. Im Gleichlauf mit der Frage, ob § 320 BGB insolvenzfest ist oder nicht, wird entweder vertreten, § 103 InsO diene dazu, das funktionelle Synallagma in der Insolvenz sicherzustellen, oder § 103 InsO intendiere, den Insolvenzverwalter zu berechtigen, der insolvenzfesten Einrede gem. § 320 BGB des anderen Teils durch vollständige, nicht bloß quotenmäßige Erfüllung der noch offenen Gegenleistung die Grundlage zu entziehen.[449]

Lässt man nach dem soeben Gesagten § 105 InsO zunächst einmal bei der Beantwortung der Frage außer Betracht, so stellt man folgende Überlegungen an: Außerhalb des Insolvenzverfahrens kann der Vertragspartner die restlichen Leistungen zurückbehalten, bis der Schuldner auch die teilweise Vorleistung vergütet, wenn er nicht zur Vorleistung verpflichtet ist (dazu sogleich). Dies ist unstreitig. Dieses Recht gewährt die mit dem Prinzip des funktionellen Synallagmas einhergehende Einrede des nicht erfüllten Vertrages. Entscheidende Bedeutung kommt nun der Frage zu, welche materiell-rechtliche Auswirkung die Insolvenz des Schuldners auf die Beurteilung des einheitlichen Vertragsverhältnisses hat. Unstreitig ist auch, dass die Insolvenz faktisch das Vertragsverhältnis erheblich beeinträchtigt, weil der insolvent gewordene Vertragsteil seine Leistung nicht mehr vollständig erbringen kann. Unter Beachtung des funktionellen Synallagmas ist es daher konsequent, wenn auch der andere Teil seine Leistung nicht mehr vollständig erbringen muss. Bis zu diesem Punkt besteht weitestgehend Einigkeit, denn wie der *BGH* formuliert[450], verliert durch die Insolvenz des Schuldners dessen Leistungsanspruch wegen § 320 BGB seine Durchsetzbarkeit.

Problematisch wird es erst, wenn der Verwalter den Vertrag gem. § 103 Abs. 1 InsO erfüllen will. Denn nun fragt sich, welchen Zweck die Norm zu erreichen versucht. *Kepplinger* hat den Meinungsstand hierzu bereits ausführlich dargelegt.[451] Denke man sich § 103 Abs. 1 InsO weg, so ginge § 320 BGB ins Leere.[452] Der Vertragspartner des Schuldners müsste den zur Zeit der Verfah-

449 Überblick über den Meinungsstand bei *Kepplinger* S. 60 ff. (62).
450 *BGHZ* 150, 353 (LS 3).
451 *Kepplinger* S. 58 ff.
452 Gemeint ist wohl, dass sich der Vertragspartner mit Eröffnung des Insolvenzverfahrens nicht auf die Einrede des nicht erfüllten Vertrages berufen kann; auf seinen Anspruch also nur die Quote erhält und auf der anderen Seite seine Leistung voll zur Masse

renseröffnung beiderseits noch nicht erfüllten Vertrag erfüllen, sich selbst aber mit der Quote begnügen.[453] Aus diesem Grunde verfolgten §§ 103, 55 Abs. 1 Nr. 2 InsO den Zweck, die Insolvenzforderung des Vertragspartners mit dem Erfüllungsverlangen des Verwalters in eine Masseverbindlichkeit umzuwandeln.[454]

Diese Ansicht lässt sich aber schon im Ansatz kritisieren. Es leuchtet nicht ein, warum der Vertragspartner ohne die genannten Normen für seine gesamte Gegenforderung nur die Quote verlangen kann. Denkt man sich § 103 InsO nämlich weg, so steht lediglich fest, dass der Verwalter die Erfüllung des Vertrages nicht verlangen kann. Im Übrigen wird die materielle Rechtslage nicht verändert. Der Vertragspartner kann daher jede weitere Leistung an den Schuldner einstellen bzw. gemäß § 320 BGB davon abhängig machen, dass der Schuldner sowohl die volle Gegenleistung für weitere Leistungen bezahlt als auch dass der Schuldner die bereits erhaltenen Leistungen voll vergütet.[455] Das funktionelle Synallagma würde ohne § 103 InsO also volle Wirkung in der Insolvenz entfalten. Der Zweck des § 103 InsO muss demnach anders begründet sein. § 103 InsO gestattet es dem Insolvenzverwalter, die Abwicklungsmodalität verbindlich festzulegen, sagt aber nichts über die den Vertragsparteien nach materiellem Recht zustehenden Rechte und Pflichten aus. M. a. W. handelt es sich bei § 103 InsO und dem darin enthaltenen Verwalterwahlrecht nicht um ein vertragsrechtliches, d.h. auf den Austauschvertrag selbst gestaltend einwirkendes Recht.[456] Auswirkungen hat das Wahlrecht damit nur auf die Frage, wie der Vertrag gesamtvollstreckungsrechtlich behandelt wird. Verlangt der Insolvenzverwalter die Erfüllung, bestimmt er damit, dass der Vertrag im Gesamtvollstreckungsverfahren abgewickelt wird. Dem Vertragspartner verbleibt materiell-rechtlich allerdings die Einrede des nicht erfüllten Vertrages.[457] § 103 InsO regelt daher nur, wie ein bei Verfahrenseröffnung beiderseitig noch nicht vollständig erfüllter Vertrag insolvenzrechtlich zu handhaben ist, trifft aber keine Aussage darüber, welche Rechte dem Vertragspartner des Schuldners gegenüber der Masse zustehen.

Geht man nun davon aus, dass durch § 103 InsO lediglich die Abwicklungsmodalität des Vertrages verbindlich festgelegt werden kann, so spricht dies dafür, dass das funktionelle Synallagma im Insolvenzverfahren gilt. Mit anderen

---

erbringen muss, vgl. *Windel* Jura 2002, 230 (232); *Medicus* Bürgerliches Recht Rdnr. 233.

453 *Kepplinger* S. 60.

454 *Kepplinger* S. 60 f.

455 Motive Gemeinschuldordnung S. 87 ff.; *Hahn/Mugdan* S. 65 ff.

456 *Häsemeyer* Insolvenzrecht Rdnr. 20.16.

457 Vgl. *Jaeger/Henckel* KO § 17 Rdnr. 6.

Autoren[458] kann man vertreten, dass die Einrede aus § 320 BGB auch trotz § 103 InsO im Insolvenzverfahren erhoben werden kann. Die Bedeutung der Norm liegt dann nicht darin, der Einrede des § 320 BGB Insolvenzschutz zu verleihen. Die Bedeutung der Norm beschränkt sich darauf, dem Insolvenzverwalter das Recht einzuräumen, zu wählen, ob ein bestimmter Vertrag während des Insolvenzverfahrens entweder abgewickelt (wenn günstig für die Masse) oder nicht abgewickelt wird. Entscheidet er sich für die Vertragserfüllung, muss der Vertrag im Ganzen, so wie es den Vorstellungen der Parteien entspricht, abgewickelt werden. Der Wortlaut des § 103 InsO sagt hier: *kann der Insolvenzverwalter anstelle des Schuldners den Vertrag erfüllen* (aber nur so, wie auch der Schuldner ihn zu erfüllen hat, nämlich im Ganzen) *und die Erfüllung vom anderen Teil verlangen*. Besondere Bedeutung für die Einrede aus § 320 BGB hat § 103 InsO nur dann, wenn der Vertragspartner gegenüber dem Schuldner vorleistungspflichtig ist.[459] Außerhalb des Insolvenzverfahrens werden die Rechte des Vorleistungspflichtigen durch § 321 BGB gesichert. Durch die sog. Unsicherheitseinrede kann der Vorleistungspflichtige die Leistung verweigern, wenn nach Vertragsschluss erkennbar wird, dass sein Anspruch auf die Gegenleistung durch mangelnde Leistungsfähigkeit des anderen Teils gefährdet wird. Wenn nun § 103 InsO anordnet, dass der Vertrag auch im Insolvenzverfahren wie geschuldet erfüllt werden muss, liefe der Vertragspartner bei einer Vorleistungspflicht Gefahr, die ihm obliegende Leistung voll erbringen zu müssen ohne dafür die Gegenleistung zu erhalten. Da nach Insolvenzverfahrenseröffnung immer die Gefahr besteht, dass der Vorleistungspflichtige mangels Leistungsfähigkeit des Schuldners/der Masse nicht befriedigt wird,[460] werden nach Ausübung des Wahlrechts durch den Verwalter (das erst § 103 InsO ihm gewährt) die Voraussetzungen des § 321 BGB regelmäßig[461] gegeben sein, so dass die Vorleistungspflicht durch § 103 InsO *de facto* entfällt.

Es lässt sich also festhalten, dass die Einrede des § 320 BGB auch im Insolvenzverfahren erhoben werden kann.[462] Entscheidet sich der Verwalter dann für die Erfüllung, so sprechen die besseren Argumente dafür, § 103 InsO auch nur die Bedeutung zukommen zu lassen, dass durch die Norm die Art der insolvenz-

---

458 *Marotzke* Gegenseitige Verträge, 2. Aufl., I 4; *Musielak* AcP 179 (1979), 189 (199 f.); siehe auch bei Fn. 413.

459 Vgl. *Kepplinger* S. 62.

460 Vgl. *Grüneberg* in: Palandt § 321 Rdnr. 5.

461 Es sei denn, es steht fest, dass die Befriedigung der Masseschulden nicht gefährdet ist, *Grüneberg* in: Palandt § 321 Rdnr. 5 (a. E.) mit Verweis auf *OLG* Düsseldorf MDR 1970, 1009.

462 *Heinrichs* in: Palandt § 320 Rdnr. 1 (a. E.).

rechtlichen Abwicklung festgelegt wird, nicht jedoch dass § 320 BGB erst durch § 103 InsO im Insolvenzverfahren zur Anwendung kommt.

(bb) Gestaltung der Vertragsabwicklung durch §§ 103 ff. InsO

Es steht damit noch die Antwort zu der Frage aus, wie sich die konkrete Abwicklung des Vertragsverhältnisses durch die §§ 103 ff. InsO gestaltet. Dadurch wird nämlich zugleich Antwort auf die Frage gegeben, inwieweit sich das funktionelle Synallagma im Rahmen der genannten Normen verwirklicht. Zu differenzieren ist dabei zwischen folgenden Fragen: Worauf bezieht sich die Erfüllungswahl des Insolvenzverwalters? Wie stark ist die Einrede des nicht erfüllten Vertrages bei Erfüllungswahl durch den Insolvenzverwalter?

Zur ersten Frage: Zur Auswahl stehen auch hier wieder zwei unterschiedliche Positionen. Zum einen könnte man annehmen, die Erfüllungswahl beziehe sich nur auf den noch nicht abgewickelten Vertragsteil. Zum anderen ist es aber auch denkbar, dass sich die Erfüllungswahl auf den gesamten Vertrag bezieht. Auszugehen ist auch hier wieder von allgemeinen Betrachtungen. Außerhalb der Insolvenz könnte der Schuldner die Erfüllung des Vertrages insoweit verlangen, als der Vertragspartner seiner Pflicht nicht nachkommt. Die Pflicht erlischt erst gem. § 362 Abs. 1 BGB durch Bewirkung der geschuldeten Leistung. Bei einer teilweisen Vorleistung des Vertragspartners erlischt die Forderung des Schuldners entsprechend in der Höhe der Vorleistung. Erfüllung kann er nur noch in Höhe der ausgebliebenen Leistung verlangen. In der Insolvenz tritt an die Stelle des Schuldners der Verwalter (§ 80 InsO). Aber auch er muss die Rechte des Schuldners so übernehmen, wie sie beim Schuldner bestanden haben.[463] Zur Masse gehört demnach nur eine solche Forderung des Schuldners, die auch diesem zugestanden hat. Aus diesem Grunde kann auch der Verwalter nur Erfüllung der noch ausgebliebenen Leistung verlangen, wenngleich damit feststeht, dass er den Vertrag als solchen (im Ganzen) als für die Masse nützlich betrachtet. Aus diesem Grunde sollte sich auch die Erfüllungswahl nur auf den noch nicht abgewickelten Vertragsteil beziehen.

Will man hingegen annehmen, dass sich die Erfüllungswahl auf den gesamten Vertrag bezieht, d.h. auch auf den bewirkten Vertragsteil, so muss klar werden, dass auch diese Konstruktion nur zu erreichen versucht, die Einrede des nicht erfüllten Vertrages auch auf die bereits erbrachten Leistungen zu erstrecken.[464] Diese Konstruktion dient einzig dem Schutz des Vertragspartners.

---

463 *RGZ* 115, 271 (273 f.); *BGHZ* 24, 15 (18); *BGHZ* 96, 34 (37); *BGHZ* 155, 87 (97).

464 So *Marotzke* Gegenseitige Verträge, 3. Aufl., Rdnr. 4.161; *ders.* in: HK-InsO § 105 Rdnr. 5. – A. M. hingegen *Tintelnot* in: *Kübler/Prütting* InsO § 105 Rdnr. 16; *Berscheid* in: *Uhlenbruck* InsO § 105 Rdnr. 24; *Brandes* RWS-Forum S. 1 (9).

Zur zweiten Frage: Die Frage, wie stark die Einrede des nicht erfüllten Vertrages des Vertragspartners bei der Erfüllungswahl ist, lässt sich nach den bisherigen Ausführungen nur in eine Richtung beantworten. Durch § 103 InsO wird die Einrede des nicht erfüllten Vertrages nicht beschnitten. Gilt vor der Insolvenz, dass der Vertragspartner bei teilweiser Vorleistung jede weitere Leistung von der Bewirkung der gesamten Gegenleistung abhängig machen kann, so kann der Vertragspartner dieses Recht auch in der Insolvenz geltend machen. Der Sinn des § 103 InsO liegt folglich darin, dem Insolvenzverwalter das Recht einzuräumen, für das Insolvenzverfahren verbindlich die Abwicklungsart festzulegen, sowie den vorleistungspflichtigen Vertragspartner hinreichend zu schützen.

(g) Zusammenfassung: Funktion des § 103 InsO

§ 103 Abs. 1 InsO hat im Ergebnis folgende Funktionen:

Die Norm erhält zunächst dem Vertragspartner den Schutz davor, weitere Leistungen an die Masse erbringen zu müssen, ohne die vertraglich geschuldete Gegenleistung zu erhalten.[465] Dies gilt nach wie vor auch dann, wenn er schon vor Verfahrenseröffnung Teilleistungen an den Schuldner erbracht hat. Dies ergibt sich aus der Einrede des § 320 BGB, die auch im Insolvenzverfahren erhoben werden kann.

Durch § 103 Abs. 1 InsO wird die Entscheidungszuständigkeit darüber, wie der Vertrag letztlich insolvenzrechtlich behandelt wird, auf den Insolvenzverwalter übertragen, mit der Folge, dass wenn der Verwalter Erfüllung wählt, der Vertrag durchgeführt werden muss. Der Norm kommt neben § 320 BGB nur besondere Bedeutung zu, wenn der Vertragspartner vorleistungspflichtig ist. In diesem Fall schützt sie den Vertragspartner.

§ 103 Abs. 1 InsO führt letztlich auch zu einer Stärkung der Masse, da sie dem Verwalter ermöglicht, für die Masse günstige Verträge zu erfüllen. Erhielte der Vertragspartner nicht volle Befriedigung und könnte der Verwalter nicht festlegen, dass der Vertrag erfüllt werden muss (ohne Geltung des § 103 InsO) so müsste der Vertragspartner gem. § 320 BGB auch nicht die gesamte Gegenleistung erbringen. Durch § 103 Abs. 1 InsO wird jedoch sichergestellt, dass die Masse die gesamte Gegenleistung erhält. Die Norm entbindet den Verwalter jedoch nicht davor, genau zu prüfen, welche Vertragsverhältnisse für die Masse nützlich sind. Der Nutzen muss nämlich, wie es dem vertraglichen Äquivalenz-

---

465 Vgl. *Foerste* Insolvenzrecht Rdnr. 209; *Wegener* in: FK-InsO § 103 Rdnr. 1. Schon zu § 17 Abs. 1 KO, § 50 Abs. 1 VglO *Plander* JZ 1973, 45 (47); *Musielak* AcP 179 (1979), 189 (199). Aus der früheren Rechtsprechung gleichsam *BGHZ* 58, 246 (249) – Urteil vom 17. März 1972.

verhältnis entspricht, an (ganzer) Leistung und (ganzer) Gegenleistung bemessen werden.

Im Übrigen bleibt der Vertrag sowohl durch die Verfahrenseröffnung als auch durch das Wahlrecht des Verwalters unberührt.[466]

(4) Rechtliche Würdigung des eigenen Standpunktes

Zur Überprüfung des hier formulierten Verständnisses zu den §§ 103 ff. InsO soll noch geklärt werden, ob sich die „klassischen" Problemfälle bei Zugrundelegung dieses Verständnisses in angemessener Weise lösen lassen. Zu den in Frage stehenden Problemfällen gehören vornehmlich Aufrechnungs- und Zessionsfälle.[467]

Die Gründe für die oben dargelegte h.M. zum Wahlrecht des Insolvenzverwalters (Spaltung des Vertrages) bestehen darin, die Insolvenzmasse vor Zessionen und Aufrechnungen zu schützen.[468] In der Praxis ergab sich nämlich, dass die Masse bei Erfüllungswahl nach dem zu früherer Zeit vorherrschenden Verständnis nicht ausreichend geschützt war. Man nahm an, dass bei Erfüllungswahl die Erfüllungsansprüche erhalten bleiben, die Verfahrenseröffnung demnach keine Auswirkungen auf den Bestand des gegenseitigen Vertrages habe.[469] Hatte nun der Schuldner seinen Anspruch gegen den Vertragspartner vor Verfahrenseröffnung an einen Dritten abgetreten, so blieb auch die Zession von der Verfahrenseröffnung und der Erfüllungswahl unberührt. Das Ergebnis war jedoch unzureichend. Durch die Erfüllungswahl, die im Grunde der Masse zugute kommen sollte, schadete der Verwalter der Masse. Er hätte den Vertragspartner befriedigen müssen, dessen Gegenleistung jedoch nicht in Anspruch nehmen können.[470] Diese kam vielmehr dem Dritten zugute.[471] In derartigen Fällen hätte der Verwalter die Erfüllung nicht wählen dürfen.

---

466 *Häsemeyer* Insolvenzrecht Rdnr. 20.07.

467 Vgl. *Foerste* Insolvenzrecht Rdnrn. 210 ff.; 224.

468 Die Insolvenzordnung selbst zwingt nicht zu einer solchen Lösung. Kritisch hierzu *Bork* in: Festschrift für *Zeuner*, S. 297 (302 ff.); *Gerhardt* in: Gedächtnisschrift für *Knobbe-Keuk*, S. 169 (174).

469 *RGZ* 11, 49 (51); *BGHZ* 89, 189 (194 ff.); *BGH* NJW 1986, 2948 = JZ 1987, 355 (*Henckel*); *Berscheid* in: *Uhlenbruck* InsO § 103 Rdnr. 3; *Lent* in: *Jaeger* KO § 17 Rdnr. 41.

470 *Roth* in: Festschrift für *Rolland*, S. 305 (305); vgl. auch *Berscheid* in: *Uhlenbruck* § 103 Rdnrn. 82 ff.

471 Es wurde in der Folge ein Kondiktionsanspruch gegen den Zessionar konstruiert. Er sollte nach § 812 Abs. 1 S. 1 Var. 2 BGB verpflichtet sein, an die Masse herauszugeben, was er durch die Erfüllungswahl erlangte, nämlich die Befreiung von der Einrede des nicht erfüllten Vertrages, die ihm der Vertragspartner vor Erfüllungswahl gem.

Ähnlich verhielt es sich in den Aufrechnungsfällen, da durch die Erfüllungswahl feststand, dass die Forderung des Schuldners auch nach Verfahrenseröffnung noch bestehen bleibt und damit, dass sie auch vor Verfahrenseröffnung schon bestanden hat. Damit aber blieb dem Vertragspartner eine Aufrechnungslage erhalten. Gem. §§ 53 ff. KO konnte er so mit sonstigen gleichartigen Forderungen, die er bei Verfahrenseröffnung gegen den Schuldner hatte, gegen die Forderung des Schuldners aufrechnen. Auch in solchen Fällen nutzte die Erfüllungswahl der Masse nichts.

Der *BGH* hat daher in einer Reihe von Entscheidungen[472] die Wirkungen der Verfahrenseröffnung sowie des Wahlrechts des Insolvenzverwalters so ausgelegt, dass sich ein Schutz der Masse erreichen lässt. Auf den aktuellen Stand der Rechtsprechung wurde schon hingewiesen.[473]

Es fragt sich nunmehr, ob sich die erstrebten Ergebnisse auch mit dem hier aufgezeigten Verständnis des § 103 Abs. 1 InsO erreichen lassen. Sinn der Überlegungen ist es, überflüssige Konstruktionen zu vermeiden. Damit einhergehend kann also nicht davon ausgegangen werden, dass – anders als der *BGH* formuliert[474] – gegenseitige Verträge wegen der Nichterfüllungseinrede ihre Durchsetzbarkeit in der Insolvenz verlören und durch die Erfüllungswahl zu originären Masseforderungen aufgewertet werden.[475] Der Erfüllungswahl selbst kommt keine Gestaltungswirkung zu.[476] Es liegt damit also die Vermutung nahe, dass die erwünschten Ergebnisse sich nicht erreichen lassen. Jedoch ergibt sich eine andere Lösungsmöglichkeit, die ohne Konstruktionen auskommt und die der insbesondere von *Henckel*[477] zu § 17 KO vertretenen Lösung sehr nahe kommt.

Will die h.M. die Masse schützen, so muss sie ihr Augenmerk auch auf die Masse als solche richten und nicht auf das Vertragsverhältnis zwischen dem Schuld-

---

§§ 320, 322, 401 BGB entgegenhalten konnte. Der Anspruch sollte jedoch nur in der Höhe bestehen, in der die Erhöhung des Wertes der abgetretenen Forderung den Wert der Konkursquote übersteigt, hierzu *Jaeger/Henckel* KO § 17 Rdnr. 145; sowie *Henckel* in: Festschrift für *Lüke*, S. 237 (254 f.). Kritisch dazu *Roth* in: Festschrift für *Rolland*, S. 305.

472 *BGHZ* 106, 236; *BGHZ* 129, 336; *BGHZ* 150, 353.

473 Siehe oben S. 90 ff.

474 *BGHZ* 150, 353.

475 Insoweit ist immer von einem „Qualitätssprung" die Rede, siehe nur *Huber* in: *Gottwald* Insolvenzrechtshandbuch § 34 Rdnr. 49.

476 So früher die überwiegende Ansicht, vgl. *BGH* NJW 1987, 1702; *Baur* in: Festschrift für *Weber*, S. 41 (43 f.); *Lent* in: *Jaeger* KO § 17 Rdnr. 30 f., 40 f.

477 In: *Jaeger/Henckel* KO § 17 Rdnr. 145.

ner und seinem Vertragspartner.[478] Hat der Schuldner vor Verfahrenseröffnung den Anspruch gegen den Vertragspartner wirksam abgetreten, so muss es auch nach Verfahrenseröffnung und Erfüllungswahl durch den Insolvenzverwalter bei der Wirksamkeit der Abtretung verbleiben.[479] Ausnahmen hierzu können sich ggf. aus den Anfechtungsregeln der §§ 129 ff. InsO ergeben. Entscheidet sich der Verwalter für die Erfüllung des Vertrages mit dem Vertragspartner, so muss er die gesamte Leistung an diesen erbringen. In diesem Fall kann zwar der Zessionar als Forderungsinhaber die Gegenleistung verlangen. Hier muss aber gefragt werden, ob sie ihm im Verhältnis zur Masse zusteht. Die Forderung an sich steht ihm sicherlich auch der Masse gegenüber zu, da sie ihm ja auch schon dem Schuldner gegenüber zustand. Auch wird die Abtretung nicht durch die Verfahrenseröffnung[480] oder die Erfüllungswahl des Verwalters betroffen. Es ist nicht einzusehen, warum bspw. durch die Erfüllungswahl ungünstige Geschäfte des Schuldners für die Masse rückgängig gemacht werden sollen. Dies entspricht nicht dem Grundsatz, dass die Masse sich aus den Rechten des Schuldners zusammensetzt, so wie sie bei Verfahrenseröffnung bestanden haben.[481] Die Frage ist daher vielmehr, ob dem Zessionar auch die einredefreie Geltendmachung des Anspruchs im Verhältnis zur Masse zusteht[482], und zwar in gesamter Höhe. Schon in der Fragestellung wird der Unterschied zu der von *Henckel*[483] angebotenen Lösung deutlich. Die Betrachtung ist hier nicht auf den Betrag beschränkt, der den Wert der Konkursquote übersteigt. Rechnet man die Einredebelastung in den Wert der Forderung mit ein[484], so kann man auch fragen, ob dem Zessionar der volle Wert der Forderung im Verhältnis zur Masse zusteht. Aus wirtschaftlich praktischer Betrachtung heraus hat nämlich eine einredebehaftete Forderung keinen Wert.[485] Muss demnach nach Erfüllungswahl die Masse die gesamte Gegenleistung an den Vertragspartner erbringen, so entfällt damit die Einrede aus § 320 BGB. *Henckel*[486] formuliert: *„Mit jeder Teilleistung (die mit Massemitteln*

---

478 Auch *Roth* (in: Festschrift für *Rolland*, S. 305 ff.), der der hier vertretenen Lösung wohl nicht zustimmen würde, rechtfertigt letztlich seine Ansicht, dass dem Verwalter bei Abtretung des Anspruchs das Wahlrecht aus § 103 InsO nicht mehr zusteht, aus der Betrachtung der Verhältnisses zwischen Schuldner und Vertragspartner.

479 So auch *Kilger/K. Schmidt* § 17 KO Nr. 4 b).

480 Vgl. *BGHZ* 103, 250; *BGHZ* 106, 236 (241 ff.); *BGHZ* 116, 156 (158 ff.); *BGHZ* 129, 336.

481 Zu diesem Grundsatz *BGHZ* 155, 87 (97); *BGH* ZIP 1988, 322 (324).

482 Vgl. *RGZ* 63, 361 (363 f.); *Gerhardt* in: Gedächtnisschrift für *Knobbe-Keuk*, S. 169 (173 ff.).

483 Fn. 477.

484 Vgl. auch zum geltenden Recht *Henckel* in: Festschrift für *H.-P. Kirchhof*, S. 191 (206).

485 Das ist unstreitig, *Roth* in: Festschrift für *Rolland*, S. 305 (309) m. w. Nachw.

486 A. a. O. (Fn. 484).

bewirkt wird[487]*) steigt der Wert der abgetretenen Forderung um den Betrag, den der Vertragspartner für die aus der Masse erbrachte Leistung zu zahlen hat*". Ein Recht auf die Leistung aus der Masse hat lediglich der Vertragspartner. Dieses Recht darf jedoch nicht reflexartig zu einer Besserstellung des Zessionars führen, indem der Zessionar desto mehr vom Vertragspartner fordern kann, je mehr die Masse an den Vertragspartner leistet. Denn er hat gegenüber der Masse kein Recht darauf, dass diese an den Vertragspartner leistet und sich dadurch der praktische Wert seiner Forderung erhöht.[488] Er muss die Rechte gegenüber dem Schuldner/der Masse geltend machen, die ihm aus dem Forderungserwerbsgeschäft selbst oder dem der Abtretung zugrunde liegenden Rechtsgeschäft u. U. zustehen.[489] Damit ist der Zessionar in voller Höhe um den gesteigerten Wert seiner Forderung ungerechtfertigt bereichert, weil er vom Verwalter nicht verlangen konnte, dass dieser Leistungen aus der Masse an den Vertragspartner erbringt und damit den Wert der abgetretenen Forderung erhöht. Diese Bereicherung erlangte er in sonstiger Weise. Der Masse steht daher ein Anspruch des Inahlts gegen den Zessionar aus § 812 Abs. 1 S. 1 Var. 2 BGB zu,[490] dass dieser den Wert der vom Vertragspartner zu erbringenden Leistung zur Masse gewähren muss. Ob der Zessionar etwa seinerseits gegen diesen Anspruch mit eigenen Rechten aufrechnen kann oder welche Rechte ihm seinerseits gegenüber der Masse zustehen, ist ausschließlich eine Frage, die aus dem Verhältnis Zessionar-Schuldner heraus zu beurteilen ist.

Roth[491] beurteilt die Höhe des Bereicherungsanspruchs hingegen anders. Seiner Ansicht nach erlangt der Zessionar die Einredefreiheit seines Anspruchs. Wegen der fehlenden Herausgabemöglichkeit komme als Wertersatz nach § 818 Abs. 2 BGB der objektive Wert der von der Insolvenzmasse durch den Verwalter erbrachten Aufwendung an den Vertragspartner in Frage. Dem Zessionar verblieben so jedoch der Geschäftsgewinn sowie der Wert der vor Verfahrenseröffnung durch den Insolvenzschuldner erbrachten Leistungen.[492]

Da die abgetretene Forderung für den Zessionar vor Erfüllungswahl völlig wertlos war – und dem stimmt auch *Roth* zu – erlangt der Zessionar aber letztlich auch den aus der Einziehung der Forderung erwirtschafteten Gewinn aus

---

487 In Klammern Eingefügtes steht nicht bei *Henckel*.

488 Siehe schon *RGZ* 63, 361 (363 f.).

489 Liegt der Abtretung z.B. ein Darlehensvertrag zugrunde (Abtretung daher nur sicherungshalber), muss er das Darlehen fällig stellen und Rückzahlung verlangen.

490 Für einen bereicherungsrechtlichen Ausgleich nach geltendem Recht ist auch *Tintelnot* in: *Kübler/Prütting* InsO § 103 Rdnr. 89; a. A. *Adam* DZWiR 1998, 227 (228 f.) mit einem Verweis auf das Insolvenzrisiko des Zessionars und den Schwächen der §§ 812 ff. BGB. Diese reine Zweckargumentation ist nicht überzeugend.

491 Siehe Fn. 470, S. 310.

492 Ähnlich auch *Tintelnot* in: *Kübler/Prütting* InsO § 103 Rdnr. 89.

Massemitteln.[493] Auch der Gewinn wird daher durch den Kondiktionsanspruch erfasst.

Dieses Ergebnis lässt sich aus dem Gesetz heraus begründen und führt, da die Lösung immer in dem rechtlichen Verhältnis gesucht wird, in dem die Probleme entstehen, zu gerechten Ergebnissen. Zur Kontrolle führe man sich etwa die praktische Abwicklung der unterschiedlichen Vertragsverhältnisse vor Augen: Durch die Erfüllungswahl muss aus Massemitteln die gesamte Gegenleistung an den Vertragspartner erbracht werden, auch wenn dieser schon teilweise vorgeleistet haben sollte. Die Gegenforderung ist an einen Zessionar abgetreten und besteht ohnehin nur in Höhe der noch ausgebliebenen Leistung des Vertragspartners, da sie durch die teilweise Vorleistung auch teilweise erloschen ist (§ 362 Abs. 1 BGB). Erbringt die Masse die geschuldete Gegenleistung, so muss auch der Vertragspartner an den Zessionar leisten. Da der Zessionar der Masse gegenüber in voller Höhe der (durch die Leistung der Masse einredefrei gewordenen) Forderung ungerechtfertigt bereichert ist, wird er sich bemühen, vom Vertragspartner die versprochene Gegenleistung zu erhalten, um sich zumindest schadlos zu halten. Als neuer Forderungsinhaber muss auch er sich künftig um die Einziehung der Forderung bemühen und trägt infolgedessen auch das Insolvenzrisiko. Leisten alle Parteien so, wie es ihren Verpflichtungen entspricht, ist die Masse in gleicher Weise geschützt, wie derzeit durch die Konstruktionen des *BGH*. Der einzige Unterschied liegt nur darin, dass die Masse auch für teilweise Vorleistungen des Vertragspartners aufkommen muss. Entscheidet sich der Verwalter aber für die Erfüllung des Vertrages, so macht er damit deutlich, dass der Vertrag (auch nur) im Ganzen für die Masse nützlich ist.[494] Mit der teilweise erhaltenen Vorleistung allein wird die Masse nichts anfangen können, obgleich sie – und das ist doch der Punkt – zu ihrem Vermögen gehört.[495] Die übertriebene Unterscheidung zwischen Schuldner und Masse, wenn es um erhaltene Vorleistungen vor Verfahrenseröffnung geht, ist überflüssig. Zwar hat der Schuldner die teilweise Vorleistung erhalten, nach Verfahrenseröffnung doch gleichwohl für (!) die Masse, da die Masse auch uneingeschränkt mit ihr wirtschaften kann.[496]

Nichts anderes gilt in den Fällen der Aufrechnung. Dies wird deutlich, wenn man auch hier wieder eine wirtschaftliche Betrachtung anstellt. Angenommen, der Vertragspartner hat eine Forderung gegen den Schuldner schon vor Verfahrenseröffnung, und auch der Schuldner kann in gleicher Weise vom Vertrags-

---

493 So ist wohl auch *Henckel* in: Festschrift für *H.-P. Kirchhof*, S. 191 (207) zu verstehen.

494 Vgl. *Tintelnot* in: *Kübler/Prütting* InsO § 103 Rdnr. 67.

495 Vgl. *Henckel* KTS 2006, 487 (492).

496 *Henckel* KTS 2006, 487 (492).

partner aufgrund eines gegenseitigen Vertrages eine Leistung fordern. Die Aufrechnungslage wird dem Vertragspartner in konsequenter Weise nach Erfüllungswahl gem. § 94 InsO erhalten bleiben.[497] Wirtschaftlich betrachtet, macht eine Aufrechnung für ihn jedoch nur dann Sinn, wenn er seine Leistung an den Schuldner bzw. die Masse erbringen *muss*. Denn aus welchen sonstigen Gründen sollte er sonst durch die Aufrechnungserklärung die bestehende Forderung zum Erlöschen bringen. Gem. § 320 BGB muss er aber erst leisten, wenn auch die Masse an den Vertragspartner leistet. Mit anderen Worten erhöht sich also auch in dieser Fallkonstellation durch die Leistung der Masse der wirtschaftliche Wert des Aufrechnungsrechts. Auf diese Wertsteigerung hat der Vertragspartner der Masse gegenüber jedoch kein Recht, da gem. § 103 Abs. 1 InsO das Wahlrecht bezüglich der Vertragserfüllung allein beim Insolvenzverwalter liegt.[498] Der Vertragspartner kann nicht die Erfüllung des Vertrages (einhergehend mit der Wertsteigerung des Aufrechnungsrechts) verlangen. Er ist daher auch in diesem Fall ungerechtfertigt bereichert und muss den Preis für die von ihm geschuldete Leistung ungeschmälert an die Masse erbringen, ohne gegen diesen Anspruch aufrechnen zu können.

cc) Bedeutung des funktionellen Synallagmas für den Teilbarkeitsbegriff

Die Untersuchungen haben deutlich gemacht, dass das Prinzip des funktionellen Synallagmas auch in der Insolvenz im Rahmen der Abwicklung gegenseitiger Verträge ohne Einschränkungen gilt.[499] Dies hat eine große Bedeutung für den insolvenzrechtlichen Teilbarkeitsbegriff, der die Abwicklung gegenseitiger Verträge im Falle der Teilbarkeit der Leistungen entgegen § 103 InsO modifiziert.[500] Es ließe sich daher anführen, dass allein der Ausnahmecharakter der Norm eine restriktive Auslegung des Teilbarkeitsbegriffs gebiete. Da durch die Rechtsfolge der Norm der Vertragspartner seine Gegenforderung teilweise nur als Insolvenzgläubiger geltend machen kann, obwohl er seinerseits die gesamte Leistung erbringt, wird ihm der Schutz, der ihm durch das funktionelle Synallagma gewährt wird, genommen oder zumindest eingeschränkt. Von sich aus

---

497 Nach überzeugender Auffassung (vgl. nur *Eickmann* in: HK-InsO § 96 Rdnr. 5) ist § 96 Abs. 1 Nr. 1 InsO in derartigen Fällen teleologisch zu reduzieren, um nicht den von § 94 InsO beabsichtigten Schutz zu auszuhöhlen.

498 Siehe oben S. 97 f.

499 *Jaeger/Henckel* InsO § 51 Rdnr. 54.

500 § 105 InsO ist daher als Ausnahmevorschrift gegenüber § 103 InsO zu verstehen; so auch *Tintelnot* in: *Kübler/Prütting* InsO § 105 Rdnr. 2; *Wegener* in: FK-InsO § 105 Rdnr. 3. – A. A. *Kreft* in: MünchKomm-InsO § 105 Rdnr. 1 sowie § 103 Rdnr. 47 („*die Normen stimmen bruchlos überein*"); *Linder* S. 83, *Scherer* NZI 2004, 113 (116).

gebietet das Prinzip daher, den Teilbarkeitsbegriff in § 105 InsO restriktiv auszulegen.

Daher stellt sich die Frage, in welchen Fällen „die geschuldeten Leistungen" als „teilbar" qualifiziert werden sollen. Angesichts der teilweise ausführlichen Kommentarliteratur[501] und den bisher erschienenen Monographien[502], scheint es, als gebe es nur noch wenig Klärungsbedarf. Kritisch ist jedoch anzumerken, dass alle Erklärungsversuche zum Begriff wenig auf ihre Bedeutung für die jeweils einschlägigen Rechtsprinzipien wie dem Gläubigergleichbehandlungsgrundsatz und dem Prinzip des funktionellen Synallagmas untersucht wurden und die Bedeutung nicht aus diesen Prinzipien heraus entwickelt wird. Häufig beziehen sich die Erklärungsversuche auch nur auf Einzelfälle oder nur auf bestimmte Fallgestaltungen, so dass die oftmals von der Rechtsprechung gefundenen Ergebnisse auf andere Fallgestaltungen kaum zu übertragen geeignet sind.[503]

Herausgebildet hat sich inzwischen überwiegend ein wohl recht weites Verständnis zum Teilbarkeitsbegriff. Unter der Annahme, dass § 105 InsO alle Arten von gegenseitigen Verträgen erfasse (bei denen die beiderseits geschuldeten Leistungen teilbar sind[504]) sollen die geschuldeten Leistung immer dann teilbar sein, wenn sich die erbrachten Teilleistungen feststellen und berechnen lassen.[505] Unteilbarkeit solle nur dann vorliegen, wenn es sich bei den zu erbringenden Leistungen um höchstpersönliche Leistungen handelt.[506] Unter diesen Voraussetzungen ist grundsätzlich jede Leistung teilbar.[507]

Dies führt jedoch dazu, dass dem Prinzip des funktionellen Synallagmas grundsätzlich seine Wirkung versagt wird. Vielmehr müssen die Gründe, in denen dies der Fall sein soll, und auch vor dem Hintergrund, dass § 105 InsO eine Sondernorm darstellt, ausdrücklich belegt werden. Entgegen der herrschenden Meinung muss es einen bestimmten Grund geben, nach dem man eine Leistung

501 *Berscheid* in: *Uhlenbruck* InsO § 105 Rdnrn. 5 ff.; *Kreft* in: MünchKomm-InsO § 105 Rdnrn. 8 ff.

502 *Linder* S. 120 ff.; *Wiegmann* S. 77 ff.; *Rendtorff* S. 176 ff.

503 So auch *Linder* S. 121 m. Nachw.

504 Vgl. *BGH* LM § 6 VglO Nr. 6 (*Girisch*); *Kreft* in: Festschrift für *Uhlenbruck*, S. 387 (392); *Wegener* in: FK-InsO § 105 Rdnr. 5.

505 *Kreft* in: Festschrift für *Uhlenbruck*, S. 387 (396); *BGHZ* 150, 353 = NZI 2002, 375 = DB 2002, 1499 (*Bremkamp*) = ZInsO 2002, 577 = ZIP 2002, 375.

506 Insb. *Kreft* in: MünchKomm-InsO § 105 Rdnr. 22.

507 Dies wird zum Teil entschieden kritisiert, weil der Teilbarkeitsbegriff dadurch im Grunde völlig obsolet würde, vgl. etwa *Kesseler* ZIP 2005, 2046 ff.; zweifelnd, ob § 105 S. 1 InsO den Regelfall darstellt *Ahrendt* in: Hamburger Kommentar zum InsR § 105 Rdnr. 3.

als teilbar im Sinne des § 105 InsO qualifiziert.[508] Vor dem Hintergrund der Entstehungsgeschichte der Norm ist der Zweck des Begriffs des Wiederkehrschuldverhältnisses zu beachten. Das funktionelle Synallagma gebietet es daher, eine Leistung nur dann als teilbar anzusehen, wenn ein Verzicht auf die die Leistungen sichernde Einrede des nicht erfüllten Vertrages dem Vertragspartner zugemutet werden kann.[509] Dies ist freilich nur dann der Fall, wenn sich ein besonderer sachlicher Grund für die Rechtsverkürzung anführen lässt.

Entgegen der verbreiteten Ansicht oder sonstigen Erklärungsversuchen zum Teilbarkeitsbegriff[510] kommt es bei der Beurteilung der Teilbarkeit einer Leistung also weniger auf eine körperliche oder quantifizierbare Teilbarkeit an, sondern vielmehr darauf, welche rechtlichen Gründe sich für die Zuordnung einer Leistung als teilbar anführen lassen. Dies mag von Fall zu Fall unterschiedlich sein und führt demnach auch bei den Betrachtungen des funktionellen Synallagmas zu einem eher flexiblen Teilbarkeitsbegriff.

dd) Funktionelles Synallagma und Gläubigergleichbehandlungsgrundsatz

Schon mehrfach wurde darauf hingewiesen, dass für den weiten Teilbarkeitsbegriff vorgetragen wird, nur so könne dem Gebot der Gläubigergleichbehandlung entsprochen werden.[511] Soweit der Vertragspartner nämlich vor Verfahreneröffnung teilweise Vorleistungen an den Schuldner erbracht hat, sei er in Höhe dieser Vorleistung ebenso ein Ausfallrisiko eingegangen wie der Vertragspartner, der vollständig vorgeleistet habe.[512] Lasse sich also der Wert der Vorleistung und damit das übernommene Ausfallrisiko ermitteln, dann gebiete das Gebot der Gläubigergleichbehandlung, den teilweise leistenden Vertragspartner in Höhe des übernommenen Ausfallrisikos ebenso zu behandeln wie die übrigen Insolvenzgläubiger.[513]

Mit dieser Begründung wird der Gläubigergleichbehandlungsgrundsatz rechtfertigend herangezogen. Zwar handelt es sich bei diesem Grundsatz um ein speziel-

508 So wohl auch *Pilgram* Ökonomische Analyse S. 137.

509 Ähnlich auch *Henckel* in: Festschrift für *H.-P. Kirchhof*, S. 204.

510 Teilbarkeit nur bei Gleichartigkeit der Leistungen (vgl. *Tintelnot* in: *Kübler/Prütting* InsO § 105 Rdnr. 15; *Scheffler* ZIP 2001, 1182 [1186]); Teilbarkeit nur, wenn ein beliebiger Leistungsteil seinem Wesen und Wert nach verhältnismäßig der Gesamtleistung entspricht (*RGZ* 155, 306 [313]; *Krull* NZI 1998, 66 [67]); Teilbarkeit, wenn der bereits erbrachten Vorleistung ein entsprechender Gegenleistungsteil zugeordnet werden kann (*Wiegmann* S. 83 f.).

511 Vgl. *BGH* ZIP 2000, 364 (365); *BGH* NJW 2001, 3704; *Wegener* in: FK-InsO § 105 Rdnr. 1; *Tintelnot* ZIP 1995, 616 (619).

512 *Meyer* NZI 2001, 294 (295).

513 Näher siehe *Berscheid* in: *Uhlenbruck* InsO § 105 Rdnr. 2 m. w. Nachw.

les insolvenzrechtliches Gebot[514], das Verhältnis der Gläubiger zueinander muss jedoch innerhalb jeder insolvenzrechtlichen Norm zum Ausdruck kommen. *Häsemeyer*[515] bestreitet dies für § 105 InsO und schreibt der Norm nur die Bedeutung zu, dass die Regelung zu einer bloßen Masseanreicherung führe. Daraus muss man schließen, dass der Gläubigergleichbehandlungsgrundsatz nicht für die insolvenzrechtliche Begriffsbestimmung herangezogen werden kann und dass er zudem keine Beschränkung des Synallagmas rechtfertigen kann. Wie oben bereits ausgeführt, ist der Gläubigergleichbehandlungsgrundsatz aber sehr wohl nach dem gesetzgeberischen Willen in § 105 InsO angelegt. Die Norm bezieht sich dabei jedoch nur auf diejenigen Vertragspartner, deren Leistungen für die Fortführung des Unternehmens von Bedeutung sind.[516] Soweit dies der Fall ist, kann hierin zugleich ein sachlicher Grund für die Einschränkung des funktionellen Synallagmas gesehen werden.

Bei der Abwicklung gegenseitiger Verträge kann man dem Vertragspartner nämlich zumuten, auf die Einrede des nicht erfüllten Vertrages zu verzichten, wenn er der Masse für die Betriebsfortführung notwendige Leistungen schuldet. Grund dafür ist, dass der einzelne Vertragspartner, soweit er Leistungen zu erbringen vermag, die letztlich allen Insolvenzgläubigern durch die Fortführung des schuldnerischen Betriebs zugute kommen, hinter den Interessen der Gläubigergesamtheit zurückstehen muss, also nicht schutzbedürftiger ist. Hierbei handelt es sich aber vielmehr um eine Interessenabwägung zwischen der Gläubigergesamtheit und dem einzelnen Vertragspartner. Nach wertender Betrachtung, die am Zweck des Insolvenzverfahrens ausgerichtet ist, fällt die Abwägung daher zugunsten der Gläubigergesamtheit aus. Auf diese Weise wird es dem Verwalter erleichtert, das Unternehmen überhaupt noch fortzuführen, was dem Interesse aller Gläubiger entspricht, die so eine bessere Chance erhalten, mehr aus der Insolvenzmasse zu erhalten.

§ 105 InsO darf jedoch nicht dazu herangezogen werden, jede beliebige Vertragsleistung als teilbar zu qualifizieren[517], nur damit die Masse angereichert wird. Eine solche massefreundliche Anwendung der Norm lässt sich in vielen

---

514 Siehe nur *Stürner* in: MünchKomm-InsO Einleitung Rdnr. 62 f.; *Häsemeyer* Insolvenzrecht Rdnr. 16.20.

515 *Häsemeyer* Insolvenzrecht Rdnr. 20.27.

516 Auch in diese Richtung lassen sich die Ausführungen in den Gesetzesbegründungen zu § 119 RegE („Bei Verträgen über teilbare Leistungen, *insbesondere…*") deuten. Gleichwohl werden sie dazu herangezogen, um zu belegen, dass jeder gegenseitige Vertrag auf teilbare Leistungen gerichtet sein kann, siehe nur *Berscheid* in: *Uhlenbruck* InsO § 105 Rdnr. 6.

517 So *Kreft* in: Festschrift für *Uhlenbruck*, S. 387 (392); *Berscheid* in: *Uhlenbruck* InsO § 105 Rdnr. 6; *Tintelnot* in: *Kübler/Prütting* InsO § 105 Rdnrn. 4 ff.; *Kreft* in: MüchKomm-InsO § 105 Rdnr. 12.

Fällen nicht rechtfertigen, zumindest nicht aus dem Gedanken der Gläubigergleichheit heraus.[518]

Gleichwohl wird der Gedanke der Masseanreicherung bisweilen zur wohl einzig relevanten Abwägungsdirektive erhoben.[519] Aus dieser Perspektive heraus ist es nicht verwunderlich, dass der Teilbarkeitsbegriff weit zu verstehen sein und dem Vertragspartner bei Erfüllungswahl wegen des auf die bereits erbrachten Leistungen entfallenden Erfüllungsanspruchs ein Zurückbehaltungsrecht nicht zustehen soll.[520]

Die Argumente der h. M. sind sicherlich nicht als falsch oder wenig überzeugend zu bezeichnen. Sie basieren jedoch auf einem abweichenden Verständnis zum Gläubigergleichbehandlungsgrundsatz speziell innerhalb des § 105 InsO. Daraus wird zunächst einmal zu pauschal der Schluss gezogen, dass alles, was der Masse keinen Vorteil bringt, das Gebot der Gläubigergleichbehandlung verletze. Gläubigergleichbehandlung und Massenutzen können jedoch nicht gleichgestellt werden. Richtig ist zwar, dass die Masse der Befriedigung aller Gläubiger dient. Erhält die Masse weniger, so wirkt sich dies zwangsläufig auch auf die Befriedigung der einzelnen Gläubiger aus, die dann auch weniger erhalten. Man kann wohl sagen, dass alles, was der Masse keinen Nutzen bringt, dem Interesse jeden einzelnen Gläubigers entgegensteht und damit letztlich auch dem Interesse des Kollektivs der Gläubiger. Da der Gleichbehandlungsgrundsatz jedoch formale Gleichheit mit Differenzierungsgeboten beinhaltet[521], wäre es ein Widerspruch, den Grundsatz immer dann als verletzt anzusehen, wenn ein Gläubiger im Vergleich zu anderen mehr aus der Masse erhält. Differenzierungsmaßstäbe erlangen daher eine entscheidende Bedeutung. Da im Rahmen von § 105 InsO ohnehin nur solche Gläubiger voneinander zu differenzieren sind, die jeweils für die Fortführung des Unternehmens notwendige Leistungen anzubieten haben, ist der Gläubigergleichbehandlungsgrundsatz im Ergebnis nicht verletzt, wenn allen Gläubigern der Verzicht auf die Einrede des nicht erfüllten Vertrages zugemutet werden kann und sie ihre Gegenansprüche aus Leistungen vor Verfahrenseröffnung als Insolvenzgläubiger geltend machen können. Vertragspartner, die keine in diesem Sinne notwendige Leistungen erbringen, können ihre Gegenleistung in voller Höhe geltend machen. Dadurch schmälert sich zwar die

---

518 Vgl. *Prahl* VersR 2006, 884 ff. (gegen die Qualifizierung des Prämienanspruchs des Lebensversicherers als teilbar, da dies über den Gedanken des Masseschutzes hinausgehe).

519 Siehe *Kreft* in: MünchKomm-InsO § 103 Rdnr. 47; *Pawlowski* DZWiR 2001, 45 (49); *Adam* DZWiR 1998, 227 (228).

520 *Kreft* in: MünchKomm-InsO § 103 Rdnr. 47 m. w. Nachw.

521 *Stürner* in: MünchKomm-InsO Einleitung Rdnr. 62; *Bruns* ZZP 110 (1997), 305 (307); *Meyer/Rein* NZI 2004, 367 (369).

Masse. Der Gläubigergleichbehandlungsgrundsatz wird damit aber nicht verletzt. Vielmehr muss der Verwalter entscheiden, ob er die Leistung für die Masse in Anspruch nehmen will, etwa weil sich dadurch ein Gewinn erwirtschaften lässt[522], und daher die Erfüllung des Vertrages wählt, oder ob er die Erfüllung ablehnt, weil die Leistung der Masse nichts nützt.

Mit der hier angebotenen Lösung wird auch das Argument entkräftet, der Verwalter müsse bei der Abwicklung gegenseitiger Verträge geschützt werden.[523] Es wird ein Leichtes für ihn sein, bei der Übernahme der Geschäfte zunächst einmal nur die Verträge zu erfüllen, aus denen Leistungen fließen, auf die er notwendig angewiesen ist. Derentwegen braucht er sich keine Gedanken darüber zu machen, dass die Masse für Altverbindlichkeiten aufkommen muss, die aus vorinsolvenzlichen Leistungen resultieren. Gem. § 105 S. 1 InsO sind diese Verbindlichkeiten als Insolvenzforderungen anzumelden. In allen übrigen Fällen jedoch, muss man vom Verwalter erwarten dürfen, dass er den Nutzen einer Vertragsabwicklung nachprüft. Verlangt er Erfüllung, so muss die Masse getreu dem Prinzip des funktionellen Synallagmas die gesamte Gegenleistung erbringen. Sollte sich die Erfüllungswahl letztlich als schädlich herausstellen, so ist dies kein Grund, sowohl den Vertragspartner, der auf den dauerhaften Erhalt der empfangenen Leistung vertraut, zu enttäuschen als auch die Dogmatik zur Behandlung gegenseitiger Verträge in der Insolvenz nach Belieben umzukonstruieren. Bei einer irrtümlichen Erfüllungswahl stehen sich das Interesse der Masse und der Vertrauensschutz des Vertragspartners gegenüber. Allein in diesem Verhältnis ist eine Lösungsmöglichkeit zu entwickeln, die beide Positionen hinreichend berücksichtigt.[524]

---

522 So gesehen „schmälert" die Erfüllungswahl die Masse nicht einmal.

523 Siehe dazu *Kesseler* ZIP 2005, 2046 (2048 f.); *Henckel* in: Festschrift für *H.-P. Kirchhof*, S. 191 (205).

524 Zu denken ist ggf. an ein Anfechtungsrecht des Verwalters verbunden mit der Pflicht zum Ersatz des Vertrauensschadens beim Vertragspartner (so auch *Henckel* in: Festschrift für *H.-P. Kirchhof*, S. 191 [206]). Das Anfechtungsrecht beurteilt sich dann nach den §§ 119 ff. BGB (*Marotzke* in: HK-InsO § 103 Rdnr. 51). Irrt der Verwalter über den konkreten Nutzen der Erfüllungswahl eines bestimmten Vertrages, so liegt darin im Ausgangspunkt jedoch nur ein unbeachtlicher Motivirrtum, vgl. *Häsemeyer* Insolvenzrecht Rdnr. 20.17. Zu erwägen wäre jedoch eine extensive Anwendung des § 119 Abs. 2 BGB unter dem Gesichtspunkt, dass der Verwalter über die objektive Eigenschaft des zu erfüllenden Vertrages irrt. Rechtfertigen ließe sich dies über den Gedanken, dass *offenkundig verfahrenszweckwidrige* Handlungen des Verwalters ohnehin für unwirksam gehalten werden, vgl. *Häsemeyer* Insolvenzrecht, 3. Aufl. 2003, Rdnr. 20.20 m. w. Nachw. und 14.09; *ders.* in: 50 Jahre Bundesgerichtshof, S. 725 (731 f.); *Jauernig* in: Festschrift für *Weber*, S. 307 ff.; *Preuß* NZI 2003, 625 (626). Siehe zu den teils schwierigen Abgrenzungsfragen bei der Anfechtung der Erfüllungserklärung *Jaeger/Henckel* KO § 17 Rdnrn. 120 ff.

Vor dem Hintergrund dieser Ausführungen lässt sich nicht einwenden, die Zug-um-Zug-Einrede stehe dem Vertragspartner nicht mit einer Insolvenzforderung zu, weil diese damit *de facto* zu einer Masseforderung werde.[525] Diese Ansicht stützt sich darauf, dass der Vertrag bei Erfüllungswahl gespalten werde. „Teilbar“ sei darüber hinaus jeder Vertrag. Bestimmt man den Teilbarkeitsbegriff jedoch wie hier geschehen, so trifft die Aussage nur dann zu, wenn der Vertragspartner notwendige Leistungen schuldet. In diesem Fall ist der Ansicht auch zuzustimmen. In allen anderen Fällen jedoch, liegt schon gar keine „teilbare“ Leistung vor. Masseschuld wird dann vielmehr der gesamte Gegenleistungsanspruch des Vertragspartners.

3. Privatautonomie und Parteiinteressen

Als weiterer und letzter Punkt soll der Einfluss der Privatautonomie, einem Rechtsprinzip, bei dem es sich um einen Grundpfeiler der Privatrechtsordnung handelt, auf die insolvenzrechtliche Begriffsbestimmung untersucht werden.

Unter Privatautonomie versteht man zunächst einmal die Vertragsfreiheit (Abschluss- und Inhaltsfreiheit) sowie die Vereinigungs-, Eigentums- und Testierfreiheit.[526] Ein geschäftsfähiges Rechtssubjekt[527], so lässt sich sagen, kann frei bestimmen, ob, mit wem[528] und mit welchem Inhalt es einen Vertrag schließen möchte.[529] Für den Bereich des Insolvenzrechts kommt es dabei jedoch nicht so sehr auf die Freiheit an, dass das Rechtsgeschäft überhaupt erst abgeschlossen werden kann. Vielmehr interessiert der Teil der Privatautonomie, nach dem auch der Bestand des Rechtsgeschäfts gewährleistet wird.[530]

Angesichts der Tatsache, dass für die Dauer des Insolvenzverfahrens die Befugnis, über das zur Masse gehörende Vermögen zu verfügen, auf einen Insolvenzverwalter übergeht (§ 80 InsO), steht fest, dass die Privatautonomie nicht volle Geltung in der InsO beanspruchen kann. Dies ergibt sich auch aus der Funktion des Insolvenzrechts, den sozialen Frieden zu sichern und alle Gläubi-

525 *Wiegmann* S. 53.

526 Insgesamt ist die Privatautonomie daher in den Art. 1, 2, 9 und 14 GG verankert, siehe hierzu *BVerfGE* 89, 214 (232); *BVerfGE* 72, 155 (170); *BVerfGE* 70, 115 (123); vgl. auch *Bork* Allgemeiner Teil des Bürgerlichen Gesetzbuchs Rdnr. 102 f.

527 Bei den Normen über die Geschäftsfähigkeit handelt es sich zugleich schon um Einschränkungen der Privatautonomie, siehe *Paulus/Zenker* JuS 2001, 1 ff. (2).

528 Das Allgemeine Gleichbehandlungsgesetz (Gesetz vom 14. August 2006, BGBl. I 1897) enthält weitere Einschränkungen, dazu *Leipold* BGB I, 4. Aufl. 2007, § 6 Rdnrn. 3 ff.

529 *Bork* Allgemeiner Teil des Bürgerlichen Gesetzbuchs Rdnr. 99 f.

530 Vgl. *Paulus/Zenker* JuS 2001, 1 (9).

gerinteressen zu einem gerechten Augleich zu bringen.[531] Die Bedeutung der Privatautonomie tritt jedoch gerade durch ihre Grenzen und Einschränkungen zu Tage.[532] Sie gilt es daher zu analysieren, um festmachen zu können, welche Bedeutung die Privatautonomie im Einzelnen für den insolvenzrechtlichen Teilbarkeitsbegriff haben kann.

a) Problemstellung

Die Privatautonomie kommt zum Ausdruck, wenn es um die rechtsgeschäftliche Anspruchsentstehung und -durchsetzung geht, obgleich sie nicht als seinsnotwendige Voraussetzung zu verstehen ist. Privatautonomes Handeln ist vielmehr ein Ideal der Rechtsordnung. Damit dieses nicht unangemessen beeinträchtigt wird, ist bei der Rechtsanwendung und -auslegung darauf zu achten, dass das Ergebnis möglichst den privatautonomen Zielvorstellungen der betroffenen Vertragsparteien entspricht.[533] Auch im Insolvenzverfahren kann sich dies an verschiedenen Stellen bemerkbar machen: Zum einen bei der Beurteilung, ob das Rechtsgeschäft der Parteien überhaupt zustande gekommen ist[534] und zum anderen ob es auch im Insolvenzverfahren Bestand hat und so, wie es die Parteien gewollt haben, abgewickelt werden kann.

Ob ein privatautonomes Rechtsgeschäft überhaupt zustande gekommen ist, muss auch im Insolvenzverfahren geprüft werden, weil dies darüber entscheidet, ob bei Verfahrenseröffnung gem. § 38 InsO eine Insolvenzforderung besteht oder nicht. Die Beurteilung dieser Frage richtet sich jedoch nach den allgemeinen zivilrechtlichen Regeln. Das Insolvenzrecht selbst hält keine speziellen Regelungen bereit, die das Zustandekommen vorinsolvenzlicher Forderungen betreffen.

Anders verhält es sich jedoch bei der Frage, ob eine Forderung auch im Insolvenzverfahren Bestand hat. Schon die Verfahrenseröffnung an sich wurde lange Zeit als ein Grund für das Erlöschen gegenseitiger Forderungen betrachtet.[535] Diese Rechtsprechung ist jedoch wieder aufgegeben worden, was aus Sicht der Privatautonomie zu begrüßen ist. Dennoch ist der Bestand privatautonomer Ent-

531 *Häsemeyer* in: 50 Jahre Bundesgerichtshof, S. 725 (725).

532 *Paulus/Zenker* JuS 2001, 1 (1) (in der Einleitung).

533 Siehe *Flume* Allgemeiner Teil des Bürgerlichen Rechts, Bd. 2, § 1, 3 e), S. 5.

534 Dem könnten relevante Willensmängel (§§ 119 ff. BGB) entgegenstehen, oder auch die mangelnde Geschäftsfähigkeit eines Vertragspartners (§§ 104 ff. BGB). Bei den §§ 119 ff. BGB handelt es sich nicht um Einschränkungen der Privatautonomie, weil bei Irrtümern in der Willensbildung oder -äußerung gar keine privatautonome Entscheidung zustande kommt. Die §§ 104 ff. BGB stellen jedoch Einschränkungen dar, siehe auch Fn. 527.

535 *BGHZ* 106, 236 (LS); *BGHZ* 129, 336 (338).

scheidungen im Insolvenzverfahren nicht sicher. Wie sich aus den §§ 129 ff. InsO ergibt, fallen unter die dort genannten „Rechtshandlungen" (§ 129 Abs. 1 InsO) auch Abschlüsse von Verträgen[536], die infolge spezieller Anfechtungstatbestände „beseitigt"[537] werden können. In ihnen offenbart sich jedoch zugleich der Grund für diese Einschränkung der Privatautonomie. Vom Vertragschluss zwischen Insolvenzschuldner und seinem Vertragspartner betroffen sind zugleich andere Gläubiger, die in der Folge des Vertrages benachteiligt werden sollen. Die Grenze der Privatautonomie wird hier also durch die Interessen anderer Gläubiger gezogen. Diese Wertung ist verallgemeinerungsfähig, was sich durch die Existenz des Anfechtungsgesetzes[538] (AnfG) belegen lässt. Nach dessen § 2 in Verbindung mit § 1 ist jeder Gläubiger, der einen vollstreckbaren Schuldtitel erlangt hat und dessen Forderung fällig ist, berechtigt, Rechtshandlungen des Schuldners anzufechten, wenn die Zwangsvollstreckung nicht zu einer vollständigen Befriedigung geführt hat oder führen wird. Nach überwiegender Auffassung ergibt sich aus § 11 AnfG dann das Recht, die Duldung der Zwangsvollstreckung von demjenigen zu verlangen, der durch die benachteiligende Rechtshandlung etwas aus dem Vermögen des Schuldners erlangt hat.[539]

Für das Insolvenzverfahren verwundert die Grenzziehung für die Privatautonomie durch entgegenstehende Gläubigerinteressen wenig. Von Bedeutung ist jedoch, dass schon der Fortbestand der privatautonomen Entscheidung davon beeinträchtigt wird. Nichts anderes kann dann auch für die Abwicklung des privatautonomen Rechtsgeschäfts gelten. Entscheidet sich der Verwalter dafür, den gegenseitigen Vertrag nicht zu erfüllen, so ist zugleich die Entscheidung darüber getroffen, dass das Rechtsgeschäft masseschädlich ist und damit, dass Gläubigerinteressen der Abwicklung des Vertrages entgegenstehen. Auch hier rechtfertigt ein entgegenstehendes Gläubigerinteresse die Nichtdurchführung des privatautonom begründeten Vertrages. Das möglicherweise seitens des Schuldners fortbestehende Interesse an der Vertragsdurchführung ist, wie § 80 InsO zeigt, völlig unbeachtlich. Die privatautonomen Entscheidungen des Schuldners haben die Insolvenz u. U. erst herbeigeführt. Ihr Versagen[540] belegt, dass sie nicht auch in der Insolvenz berücksichtigt werden können.

---

536 Siehe nur *Kirchhof* in: MünchKomm-InsO § 129 Rdnr. 11; *Hirte* in: *Uhlenbruck* InsO § 129 Rdnr. 62; *Keller* Insolvenzrecht Rdnr. 1440.

537 Gemeint ist, dass ein Anspruch darauf besteht, die *rechtlichen Wirkungen* der Rechtshandlung rückgängig machen zu können; genau genommen ergibt sich aus § 143 InsO also nicht, dass der Vertrag an sich angefochten wird, vgl. *BGH* ZIP 2006, 1217 (LS 1). Zu den Rechtsfolgen der Anfechtung ausführlich *Kirchhof* in: MünchKomm-InsO § 143 Rdnrn. 3 ff.; 20 ff.; 59 ff.; 100 ff.

538 Gesetz vom 01. Januar 1999 (BGBl. I 1994, 2911).

539 *Rosenberg/Gaul/Schilken* Zwangsvollstreckungsrecht § 35 II.

540 Vgl. *Häsemeyer* in: 50 Jahre Bundesgerichtshof, S. 725 (725).

Wie verhält es sich jedoch, wenn der Insolvenzverwalter die Erfüllung des Vertrages wählt? Hier muss ein Ausgleich gefunden werden zwischen der Privatautonomie und den Gläubigerinteressen.[541] Besonders deutlich zeigt sich dies bei nur teilweise erfüllten Verträgen. Nach dem bisher Gesagten führt die Erfüllungswahl grundsätzlich zur vollständigen Abwicklung des Vertrages und zwar so, wie es den privatautonomen Entscheidungen der Parteien entspricht. Gerade bei Annahme eines weiten Verständnisses zum Teilbarkeitsbegriff werden privatautonome Zusammenhänge jedoch fast vollständig zerstört.[542] Erachtet man nämlich grundsätzlich jeden Vertrag als teilbar, so sind Vorleistungen fast ausschließlich als Insolvenzforderungen geltend zu machen. Sicherlich entspricht dies den Interessen aller sonstigen Gläubiger, die so die Masse angereichert sehen und höhere Anteile auf ihre Quoten erwarten dürfen. Fest steht damit aber auch, dass die Abwicklung privatautonom eingegangener Verbindlichkeiten, die in der Insolvenz Bestand haben, gestört ist. Es fragt sich daher, unter welchen Voraussetzungen dies gerechtfertigt sein kann. Hier kollidieren die Interessen der Gläubiger und das Interesse des Vertragspartners an voller Befriedigung, wenn sich der Insolvenzverwalter für das Gesamtvollstreckungsverfahren verbindlich für die Abwicklung des Vertrags entschieden hat. Abstrakt scheint das Problem nicht lösbar zu sein, denn es bestehen sowohl gute Gründe dafür, den Vertragspartner hinsichtlich seiner Gegenforderung für schon erbrachte Teilleistungen auf die Insolvenzquote zu verweisen[543], als auch dafür, den Vertrag im Ganzen den ursprünglichen privatautonomen Vorstellungen entsprechend abzuwickeln, was eine vollständige Begleichung der Gegenforderung aus der Masse einschließt.[544] Beide Varianten sind vertretbar. Umso mehr muss die konkrete Fallgestaltung beachtet werden.[545] In gewisser Weise als Vorfrage zu klären ist, ob nach dem Zweck des Begriffs des Wiederkehrschuldverhältnisses die Rechtsfolge des § 105 S. 1 InsO zur Anwendung kommen soll. Nur in entsprechenden Fällen ist eine Durchbrechung der Privatautonomie in der Reichweite des § 105 S. 1 InsO wirklich gerechtfertigt. Im Übrigen hat die Privatautonomie vor dem Wunsch, die Masse so weit wie möglich anzureichern, Vorrang.

Im Zusammenhang mit § 105 S. 1 InsO und der zur Teilbarkeit von Leistungen ergangenen Rechtsprechung, insbesondere dem in der Rechtsprechung formulierten Grundsatz, dass die Masse nur für Leistungen aufkommen soll, für die sie

---

541 Vgl. *Bruns* ZZP 110 (1997), 305 (336).

542 Vgl. *Häsemeyer* Insolvenzrecht Rdnr. 20.07.

543 Ihn trifft das Ausfallrisiko in dieser Höhe, Stärkung der Masse etc.

544 Schutz der Vertragskalkulation, keine echte Notwendigkeit des Masseschutzes wegen Ablehnungsmöglichkeit (§ 103 Abs. 2 InsO) etc.

545 *Henckel* in: Festschrift für *H.-P. Kirchhof*, S. 191 (204 f.).

auch unmittelbar die Gegenleistung erhält[546], tritt das Problem, die Privatautonomie zu schützen, deutlich hervor. Immer dann, wenn der Vertragspartner einen Vorleistungsüberschuss erbracht hat und die Leistung des Schuldners aufgeteilt und der erhaltenen Vorleistung gegenübergesetzt, nicht aber in selbständige Teilleistungen zerlegt werden kann, muss der Vertragspartner nach Erfüllungswahl u. U. seine bereits erbrachte Leistung ein zweites Mal erbringen.[547] Der Wunsch danach, die Masse so weit wie möglich von Verbindlichkeiten zu befreien, beschert dem Vertragspartner eine Pflicht, der er sich privatautonom nicht unterworfen hat und für die ein Rechtsgrund nicht besteht.[548] Selbst wenn man darüber hinwegsieht, dass die Masse durch die doppelte Inanspruchnahme des Vertragspartners nicht geschützt, sondern angereichert wird, so kann immerhin nicht die Wertung, die Masse sei schützenswerter als der Vertragspartner, als Rechtsgrund für die Beschränkung der Privatautonomie herangezogen werden. Denn die Frage, wann und warum die Privatautonomie rechtlich eingeschränkt wird, ist so wesentlich, dass diese Einschränkung einer Grundlage im Gesetz bedarf (vgl. § 311 Abs. 1 BGB). Die bis hierher erörterten Fragen zum Gläubigergleichbehandlungsgrundsatz und zum funktionellen Synallagma nehmen damit mittelbar auch Einfluss auf die Beurteilung, ob de Grundsatz der Privatautonomie durch die jeweilige Anwendung des § 105 S. 1 InsO in verfassungskonformer Art und Weise eingeschränkt wird. Die Einschränkung der Privatautonomie geht hier so weit, dass den Vertragspartner u. U. eine zusätzliche Leistungspflicht zum Vorteil der Masse auferlegt wird.[549] Über einen Widerstand der Vertragspartner darf man sich hier nicht wundern.

b) Abgrenzung von den Fragestellungen zum funktionellen Synallagma

Die Betrachtung der Problematik über den Grundsatz der Privatautonomie unterscheidet sich von der über das funktionelle Synallagma in der Fragestellung. Dennoch haben beide Fragenkomplexe auch Gemeinsamkeiten. Stellt man auf den Schutz ab, den das Prinzip des funktionellen Synallagmas beiden Vertrags-

---

546 *BGHZ* 68, 379 (381); *BGHZ* 129, 336 (342); *BGHZ* 147, 28 (33); *BGHZ* 150, 353 (358 f.); *Kreft* in: MünchKomm-InsO § 103 Rdnrn. 3, 4, 47, 48; § 105 Rdnr. 14; *Huber* in: *Gottwald* Insolvenzrechtshandbuch § 35 Rdnr. 34; *Marotzke* in: HK-InsO § 105 Rdnr. 7.

547 Vgl. *Berscheid* in: *Uhlenbruck* InsO § 105 Rdnr. 23 (a. E.); *Kreft* in: Festschrift für *Uhlenbruck*, S. 387 (401) (z. B. im Rahmen der insolvenzrechtlichen Abwicklung von Bauverträgen).

548 Anders wohl *Scheffler* ZIP 2001, 1182 (1185): „*Es mag sein, dass hierbei das Prinzip der Privatautonomie eingeschränkt wird, da dem Vertragspartner ein von ihm nicht gewollter (Teil-)Vertrag aufgezwungen wird. Doch das ist den §§ 103 ff. InsO immanent*".

549 Vgl. die einleitend dargestellten Fälle, S. 7 ff.

parteien im gegenseitigen Vertrag gewährt und lässt diesen Schutz von der Verfahrenseröffnung unberührt, so ist dadurch letztlich auch die privatautonome Abwicklung des Vertrages sichergestellt.

Auf der anderen Seite beurteilt man bei der Frage nach einer privatautonomen Abwicklung eines Vertrages, ob und wie der Wille und die Interessen der Parteien in der Insolvenz fortgelten sollen. Beide Fragen ließen sich wohl dann nicht von einander trennen, wenn das funktionelle Synallagma Bestandteil der Willensbildung wäre.[550] Betrachtet man es jedoch als eigenständiges Gerechtigkeitsprinzip, so lässt sich auch die Frage nach einer Vertragsabwicklung entsprechend den privatautonomen Vorstellungen der Parteien eigenständig beantworten. Dass das Gesetz den Parteien die Schutzmechanismen des Synallagmas gewährt, wozu unter anderem die Einrede des nicht erfüllten Vertrages gehört (§§ 320 ff. BGB), ist eine gesetzliche Rechtsfolge, die aufgrund einer privatautonomen Entscheidung der Parteien eintritt.[551]

Bei der Betrachtung des funktionellen Synallagmas lautete die Frage also, *ob* die Parteien durch das Recht zur Einrede des nicht erfüllten Vertrages im Insolvenzverfahren gesichert sind, m. a. W. ob sie durch die Einrede ihre Vermögensinteressen schützen können (ob sie also als „aktives Recht" die Einrede aus § 320 BGB erheben können). Dabei steht letztlich die Frage im Vordergrund, welche Reichweite das Wahlrecht des Insolvenzverwalters hat und nach welchen Kriterien eigentlich eine „Spaltung" des einheitlichen Vertrages erfolgen soll. Bei der Frage nach der privatautonomen Abwicklung des Vertrages in der Insolvenz geht es hingegen um die Frage, ob § 105 S. 1 InsO die Privatautonomie der Parteien in verhältnismäßiger Weise einschränkt. Dass ein Vertragspartner die Einrede geltend machen kann oder nicht, sagt schließlich noch nichts darüber aus, wie hoch die Masseforderung ist, die er infolge der Erfüllungswahl des Insolvenzverwalters gewinnt. Hinsichtlich der Vermögensinteressen der Parteien ist eine Antwort hierauf entscheidend und damit in den Vordergrund der Überlegungen zu stellen. Unter Beachtung des Wahlrechts des Insolvenzverwalters ist dabei zu unterscheiden. Lehnt der Verwalter die Erfüllung des Vertrages ab, so kann der Vertragspartner erstens nicht auf weitere Erfüllung (im Insolvenzverfahren) bestehen und zweitens wird der Vertrag insolvenzrechtlich den sonstigen Insolvenzforderungen zugeschrieben, da der Vertragspartner einen Schadensersatzanspruch nur als Insolvenzforderung geltend machen kann. Dies lässt sich einfach damit begründen, dass der Vertrag im Grunde wie alle anderen vorinsolvenzlichen Forderungen einen (durch die Erbringung der Gegenleistung) bedingten Vermögensanspruch begründet, der durch die Verfahrenseröffnung oder die Erfüllungsablehnung zwingend als Insolvenzforderung behandelt werden muss. Wählt der Verwalter aber Erfüllung des Vertrages, beschränkt

550 Siehe oben S. 65 f.

551 Vgl. *Flume* Allgemeiner Teil des Bürgerlichen Rechts, Bd. 2, § 1, 3, S. 3 f.

§ 105 S. 1 InsO die privatautonome Abwicklung nur einseitig zulasten des Vertragspartners. Er kann seine Gegenforderung (für die teilweise erbrachte Vorleistung) in jedem Fall nur als Insolvenzforderung geltend machen. Zwar muss die Teilbarkeitsfrage letztlich unabhängig von der Erfüllungswahl beantwortet werden[552], warum aber § 105 S. 1 InsO – unabhängig von der Frage, ob man dem Vertragspartner die Einrede des nicht erfüllten Vertrages auch hinsichtlich der Vorleistung einräumen will – die privatautonome Abwicklung des gesamten Vertrages verhindert, ist zweifelhaft. Als einzig möglichen Grund kommen dabei ersichtlich nur die Interessen der sonstigen Insolvenzgläubiger in Betracht.[553]

c) Die Privatautonomie bei der Abwicklung gegenseitiger Verträge

Es fragt sich also, wie ein Ausgleich zwischen der Privatautonomie der Vertragsparteien und den Interessen der Gläubiger auszusehen hat. Man kommt nicht umher, den Gläubigerinteressen genauer nachzugehen. Wenn einzig entscheidend ist, dass eine abstrakte Beeinträchtigung der Gläubigerinteressen ausreicht, um die Privatautonomie zu beschränken, so hat eine privatautonome Abwicklung eines Vertrages mit Eröffnung des Insolvenzverfahrens *per se* keine Aussichten. Stellt man aber auf die Gläubigerinteressen im Einzelfall ab, so ist eine Fortgeltung der Privatautonomie nicht von vornherein ausgeschlossen.

Da es weder in den §§ 129 ff. InsO noch überhaupt im Insolvenzverfahren entscheidend sein kann, dass ein individueller Gläubiger benachteiligt wird, scheint die Frage sich nur dahingehend beantworten zu lassen, dass eine generelle Gefährdung der gleichmäßigen Gläubigerbefriedigung, also die abstrakte Möglichkeit, dass der Masse eigentlich zustehende Vermögenspositionen nicht der Gläubigergesamtheit zugute kommen, ausreicht, um die Privatautonomie einzuschränken. Nichts desto trotz lässt sich § 129 Abs. 1 InsO entnehmen, dass eine konkrete Benachteiligung der Gläubigergesamtheit gefordert werden muss. Diese ist sogar Voraussetzung für ein Anfechtungsrecht.[554] Dadurch ist die Schwelle für ein Anfechtungsrecht hoch angesetzt. Dies ist richtig, um zu vermeiden, dass die Masse ohne Rücksicht auf andere Rechtsprinzipien angereichert wird. Im Insolvenzverfahren und auch im Rahmen der Insolvenzanfechtung geht es jedoch nicht nur um Masseanreicherung, auch wenn dies dem Interesse der Gläubigergesamtheit entsprechen würde. Ein Blick auf § 143 InsO macht deutlich, dass die synallagmatische Verknüpfung der Leistungspflichten trotz Vorliegen

---

552 *Wegener* in: FK-InsO § 105 Rdnr. 14.

553 BT-Drucksache 12/2443, S. 157.

554 Einigkeit besteht darüber, dass eine konkrete Benachteiligung vorliegen muss. Es reicht jedoch, wenn sich diese mittelbar aus der Rechtshandlung ergibt. Zu den Einzelheiten siehe *Kirchhof* in: MünchKomm-InsO § 129 Rdnrn. 76 ff.

der Voraussetzungen der §§ 129 ff. InsO nicht völlig übergangen werden sollen. Privatautonomes Handeln der Parteien wird durch die Insolvenzanfechtung aber vollständig verdrängt.

Aus diesem Grunde wird man auch bei der Vertragsabwicklung im Rahmen der §§ 103 ff. InsO entsprechend eine konkrete Beeinträchtigung der Gläubigergesamtheit verlangen müssen, möchte man die Privatautonomie einschränken. Es muss also quasi *ex ante* beurteilt werden, ob durch die privatautonome Vertragsdurchführung die gleichmäßige Befriedigung aller Gläubiger beeinträchtigt wird. Der Gesetzgeber scheint davon auszugehen, dass wenn ein Vertragspartner vor Verfahrenseröffnung Teilleistungen erbracht hat und im Insolvenzverfahren Vergütung dieser Leistungen aus der Masse verlangen kann, typischerweise eine konkrete Gefährdung der Gläubigergesamtheit vorliegt. Für die vom Gesetzgeber beispielhaft genannten Verträge könnte dies in den meisten Fällen auch zutreffen. Verlangt ein Energielieferant Zahlung der Rückstände aus der Masse, bevor er das Schuldnerunternehmen weiter versorgt, so ist mit dem Unternehmen selbst, das befürchten muss, von den hohen Rückständen „aufgefressen“ zu werden, im gleichen Zug die Gläubigergesamtheit gefährdet; nicht nur weil zu besorgen steht, dass das Unternehmen nicht weiter wirtschaften und damit Gewinne für die Gläubigergesamtheit realisieren kann, sondern auch weil die Masse unmittelbar in voller Höhe (d.h. mit dem Wert aller Verbindlichkeiten) geschmälert wird und damit aktives Vermögen verloren geht. So gesehen ließe sich eine Einschränkung der Privatautonomie eines Einzelnen zum Vorteil der Gläubigergesamtheit rechtfertigen. Ein bedeutender Unterschied besteht aber dann, wenn das schuldnerische Unternehmen auf die Leistung des Vertragspartners nicht derart angewiesen ist. Damit gewinnt erneut der Zweck des Begriffs des Wiederkehrschuldverhältnisses an Bedeutung, aus dem sich ergibt, dass nur solche Vertragsleistungen § 105 InsO unterfallen sollten, auf die der Verwalter angewiesen ist. Verträge, die auch früher nicht zu den sog. Wiederkehrschuldverhältnissen gezählt wurden, und damit Verträge, auf deren Abwicklung der Verwalter nicht zwingend angewiesen ist, kann der Insolvenzverwalter ablehnen und dennoch weiterwirtschaften. Hier hat der Verwalter auch die nötige Freiheit, den Nutzen des Vertrages für die Masse zu beurteilen. Wählt er die Vertragserfüllung, so übt er sein Wahlrecht deswegen aus, weil es der Gläubigergesamtheit dient. Wenn jetzt die Masse auch die Rückstände begleichen muss, geht damit i. E. doch keine Gefährdung der Gläubigergesamtheit einher, sonst hätte ja der Verwalter die Erfüllung des Vertrages ablehnen können. Ist aber eine konkrete Gefährdung der Gläubigerinteressen nicht zu befürchten, besteht auch kein Grund, die privatautonome Abwicklung des Vertrages zu verhindern.

Es bleibt also dabei, dass, soweit Gläubiger für die Unternehmensfortführung notwendige Leistungen an die Masse zu erbringen vermögen, für eine privatautonome Abwicklung des Vertragsverhältnisses kein Raum ist. Andernfalls könnte jeder, der derartige Leistungen anbietet, bestimmen, ob das schuldnerische Unternehmen letztlich fortgeführt wird oder nicht.[555]

d) Verhältnismäßigkeit der Einschränkung privatautonomer Vertragsabwicklung durch § 105 S. 1 InsO

Die Privatautonomie als verfassungsrechtlich geschütztes Rechtsprinzip darf jedoch nur innerhalb der Grenzen des Verhältnismäßigkeitsgrundsatzes eingeschränkt werden.[556] § 105 S. 1 InsO verhindert jedoch nach geltendem Verständnis generell die privatautonome Abwicklung des Vertrages, unabhängig von der Bedeutung der Leistung für das Insolvenzverfahren. Es fragt sich daher, ob die in § 105 S. 1 InsO zu erblickende Einschränkung der Privatautonomie den Anforderungen des Verhältnismäßigkeitsgrundsatzes genügt und daher verfassungsmäßig ist. Diesbezüglich sind in der Literatur schon teilweise Zweifel erhoben worden.[557]

Insbesondere *Marotzke* trägt vor, § 105 S. 1 InsO führe zu grundsätzlichen Wertungswidersprüchen im Verhältnis zu den §§ 50, 51 Nr. 1, 166 ff. InsO[558] und sei gar nicht geeignet, das von der Norm erstrebte Ziel zu erreichen, da – so nimmt auch er an – der Vertragspartner gegenüber dem Verlangen auf Weiterbelieferung die ihm zustehende Zug-um-Zug-Einrede, die ihm die vollständige Bewirkung der gesamten Gegenleistung sichert, geltend machen könne. Weiter führt er aus, dass wenn man bezüglich der Frage nach der Insolvenzfestigkeit des Zurückbehaltungsrechts in der Insolvenz den gegenteiligen Standpunkt einnehmen würde[559], dies zu Wertungswidersprüchen führe, da andernfalls auch Pfandrechte, Sicherungseigentum sowie alle Erweiterungsformen des Eigen-

555 Vgl. die Ausführungen bei *Paulus/Zenker* JuS 2001, 1 (1 f.) über die grundsätzliche Erforderlichkeit rechtlicher Grenzen der Privatautonomie: „*Weitere faktische Beeinträchtigungen der Privatautonomie können sich aus der Marktstruktur ergeben, so insbesondere bei Vorliegen eines Angebots- oder Nachfragemonopols: Der alleinige Anbieter oder Nachfrager kann im Grundsatz selbst bestimmen, wer Zugang zu ‚seinem' Markt erhält und zu welchen Konditionen*". Ähnlich auch *Flume* Allgemeiner Teil des Bürgerlichen Rechts, Bd. 2, § 1, 7, S. 10.

556 *Larenz/Wolf* Allgemeiner Teil des Bürgerlichen Rechts § 34 Rdnr. 5.

557 Vgl. *Marotzke* Gegenseitige Verträge, 1. Aufl., S. 400, 450 (gegenstandslos), 454 (nichtig); *ders.* Gegenseitige Verträge, 3. Aufl., Rdnr. 4.164; *Häsemeyer* Insolvenzrecht Rdnr. 20.27; *Henckel* JZ 1998, 155 (158); *ders.* in: Festschrift für *H.-P. Kirchhof*, S. 191 (202 f.); *Meyer* NZI 2001, 294 (298).

558 *Marotzke* in: HK-InsO § 105 Rdnr. 5.

559 Siehe hierzu die Ausführungen oben auf S. 84 ff.

tumsvorbehalts insolvenzrechtlich unwirksam wären.[560] Im Ergebnis führt *Marotzke* aus, dass der Vertragspartner die weitere Erfüllung des Vertrages bis zur vollständigen Bewirkung der Gegenleistung verweigern darf; dies gilt seiner Ansicht nach selbst für Lieferanten, die eine marktbeherrschende Stellung innehaben.[561] Da der Vertragspartner seinen Preis in der Regel unter Berücksichtigung des gesamten Geschäftsumfangs berechnet haben wird, sei dieses Ergebnis *angemessener* als das von den Verfassern des § 105 S. 1 InsO beabsichtigten, nämlich die Beschränkung auf die Quote hinsichtlich der vorinsolvenzlich erbrachten Teilleistungen.[562]

In seiner Argumentation nimmt *Marotzke* Bezug auf die Privatautonomie, da auch er sie durch die Einrede des nicht erfüllten Vertrages gesichert sieht. Dies kommt auch dadurch zum Ausdruck, dass der Autor den privat autonom vereinbarten Inhalt des Vertrages (vereinbarter Preis unter Berücksichtigung des Geschäftsumfangs) in das Zentrum der Überlegungen stellt. Indem die Kritiker dieser Ansicht[563] sich zur Rechtfertigung ihrer gegenläufigen Ergebnisse auf die „Folgen des übernommenen Ausfallrisikos" berufen, wird deutlich, dass sie bei ihren Untersuchungen primär von massegünstigen Überlegungen ausgehen.

Der Vorwurf der Verfassungswidrigkeit des § 105 S. 1 InsO wird auf der anderen Seite z. T. entschieden zurückgewiesen[564], da die von der Norm gesetzte Rechtsfolge gemessen am Sinn und Zweck des dem Insolvenzverwalters bei gegenseitigen Verträgen zustehenden Wahlrechts zwingend und logisch sei.[565]

Der Frage nach der Verfassungsmäßigkeit des § 105 S. 1 InsO soll daher im Folgenden vor diesem Hintergrund nachgegangen werden. Bei gesetzlichen Einschränkungen verfassungsrechtlich geschützter Rechtspositionen muss die einschränkende Regelung ein legitimes Ziel verfolgen und zur Erreichung dieses

---

560 Ausführlich zum Ganzen siehe *Marotzke* Gegenseitige Verträge, 1. Aufl., S. 485 ff.; *ders.* JA 1988, 117 ff. sowie JA 1988, 176 ff.

561 *Marotzke* in: HK-InsO § 105 Rdnr. 5 (a. E.). Ausnahmen kann sich der Autor nur schwer in eng umgrenzten Fällen vorstellen, so etwa wenn der Vertragspartner eine marktbeherrschende Stellung innehat oder der Schuldner bzw. der Verwalter aus anderen Gründen keine Möglichkeit des zeitnahen Ausweichens auf einen „altforderungslosen" Dritten hat, siehe *Marotzke* in: HK-InsO § 105 Rdnr. 7 (a. E.).

562 *Marotzke* in: HK-InsO § 105 Rdnr. 5 sowie Rdnr. 4.

563 *Berscheid* in: *Uhlenbruck* InsO § 105 Rdnr. 3; *Balthasar* in: *Nerlich/Römermann* InsO § 105 Rdnr. 5.

564 Siehe nur *Kreft* in: MünchKomm-InsO § 103 Rdnr. 47 (a. E.); *Tintelnot* in: *Kübler/Prütting* InsO § 105 Rdnr. 2; *Keller* Insolvenzrecht Rdnr. 1254 (allerdings ohne Begründung).

565 Siehe zuletzt *Linder* S. 98.

Ziels geeignet und erforderlich sein. Sie darf ferner nicht über das erforderliche Maß hinausgehen.[566]

aa) Ziel der Regelung in § 105 S. 1 InsO

Wie sich der Begründung zu § 105 S. 1 InsO entnehmen lässt[567], verfolgt die Norm genau genommen zwei Ziele:

Zum einen soll die Fortführung des Unternehmens für den Insolvenzverwalter erleichtert werden, indem er Altverbindlichkeiten aus Verträgen, auf die er zur Fortführung des Unternehmens zwingend angewiesen ist, nicht bedienen muss. Ohne § 105 S. 1 InsO wäre er hierzu nämlich wegen der dem anderen Teil zustehenden Einrede des nicht erfüllten Vertrages verpflichtet. Zum anderen aber soll der Vertrag einschließlich der darin ursprünglich gewährten Sonderkonditionen erhalten bleiben.[568]

Die obigen Ausführungen zu der Begründung des § 119 RegE sollen hier nicht noch einmal wiederholt werden. Im Sinne des Verhältnismäßigkeitsgrundsatzes können sich die Ausführungen auf die Feststellung beschränken, dass zumindest die ins Auge gefassten Ziele verfassungsrechtlich legitim sind. Die wirtschaftliche Sanierung des schuldnerischen Unternehmens dient letztlich den Interessen aller Beteiligten. Es wäre nicht tragbar, wenn gerade diejenigen Vertragspartner, die die für eine Sanierung notwendigen Leistungen an das Unternehmen erbringen, über Wohl und Wehe der finanziellen Lage des Unternehmens oder des Schuldners entscheiden. Auch der Erhalt der Sonderkonditionen stellt ein legitimes Ziel dar. Auf diese Weise wird nicht nur der ursprüngliche Vertrag seinem Inhalte nach aufrechterhalten, sondern die wirtschaftliche Erholung wird deutlich, ebenfalls im Interesse der Gläubigermehrheit, erleichtert. Es ist kein Grund ersichtlich, warum man an der Legitimität dieser Ziele zweifeln sollte. Dennoch ist zu klären, ob sich diese Ziele mit der gesetzlichen Regelung erreichen lassen.

bb) Eignung der Regelung, die verfolgten Ziele zu erreichen

Marotzke spricht deutlich aus, dass § 105 S. 1 InsO seiner Meinung nach nicht geeignet sei, das erstrebte Ziel (Erleichterung der Unternehmensfortführung) zu

---

566 Zur Argumentationsstruktur des Verhältnismäßigkeitsgrundsatzes *Michael* JuS 2001, 148 ff.

567 Begründung zu § 119 RegE, BT-Drucksache 12/2443, S. 145 f., wiedergegeben oben auf S. 51 ff.

568 *Pape* in: Kölner Schrift zur InsO, S. 418; *Wegener* in: FK-InsO § 105 Rdnr. 2.

erreichen, da die Norm nicht regele, wie zu verfahren sei, wenn der Vertragspartner von seinem Zurückbehaltungsrecht Gebrauch macht.[569]

Zweifelhaft ist in der Tat, ob der Gesetzgeber zur Erreichung seiner Ziele grundsätzlich jeden Vertrag als teilbar qualifizieren wollte[570], oder ob zur Erreichung der Ziele, so wie hier angenommen wird, nur besondere Verträge, „insbesondere“ (so die Begründung zu § 119 RegE) Verträge über die fortlaufende Lieferung von Waren oder Energie, auf die der Insolvenzverwalter typischerweise immer angewiesen ist, als „teilbar“ zu qualifizieren sind. Die Unterscheidung ist bedeutsam, denn § 105 S. 1 InsO könnte insoweit über das Ziel „hinausschießen“, als auch Verträge über unbedeutsame Leistungen als „teilbar“ eingestuft werden. Diese Verträge auch den Rechtsfolgen der Norm zu unterwerfen, ist völlig unnötig[571] und dient allein der Masseanreicherung[572], so dass die Norm das eigentlich von ihr verfolgte Ziel, die Fortführung des Unternehmens zu erleichtern[573], dadurch nicht erreichen kann und daher insoweit ungeeignet ist.

Eigentlich ist das angesprochene Problem jedoch keine Frage der Geeignetheit, sondern vielmehr bei der Beurteilung der Angemessenheit der Regelung zu entscheiden. Es muss daher aus verfassungsrechtlicher Sicht ausreichen, dass es zumindest nicht völlig ungeeignet erscheint, dass der Gesetzgeber mit einer Norm, die vom Wortlaut her alle Verträge erfassen kann, das Ziel zu erreichen versucht. Insoweit steht dem Gesetzgeber eine Einschätzungsprärogative zu.

cc) Erforderlichkeit der Regelung

Auch an der gesetzgeberischen Beurteilung der Regelung als erforderlich wird man letztlich nichts aussetzen können. Genau genommen gilt es hier aber zu differenzieren: Wird § 105 InsO, streng gemessen am Gläubigergleichbehandlungsprinzip und den Vorstellungen des Gesetzgerbers, wie in der Gesetzesbegründung angeführt, der Sinn zugeschrieben, die Unternehmensfortführung zu erleichtern bzw. die finanzielle Erholungsmöglichkeit des Schuldners zu schaffen, schlicht und einfach indem der Verwalter für den Schuldner weiterwirtschaften kann, so bleibt es bei der eindeutigen Bejahung der Erforderlichkeit der Regelung. In diesem Fall nämlich schafft § 105 InsO erst die erforderliche ge-

---

569 *Marotzke* in: HK-InsO § 105 Rdnr. 5.

570 Siehe die in Fn. 504 und 516 Genannten.

571 *Henckel* in: Festschrift für *H.-P. Kirchhof*, S. 191 (204 ff.).

572 *Häsemeyer* Insolvenzrecht Rdnr. 20.27.

573 Vgl. dazu auch *Smid* InsO Einl. Rdnr. 5, § 1 Rdnrn. 8, 38 ff.; *ders.* Grundzüge des neuen Insolvenzrechts § 1 Rdnr. 24.

setzliche Ermächtigungsgrundlage für die Beschneidung der subjektiven Rechte der Vertragspartner.[574]

Die Regelung ist aber dann nicht erforderlich, wenn es ihrer gar nicht bedarf. In allen anderen Fällen nämlich, in denen die Vertragspartner für die Unternehmensfortführung nicht zwingend erforderliche Leistungen anbieten, kann der Verwalter die Erfüllung der entsprechenden Verträge schlicht und einfach ablehnen, § 103 InsO. Verlangt der Verwalter gleichwohl die Erfüllung dieser Verträge, und will man die Erforderlichkeit des § 105 S. 1 InsO dann gleichwohl bejahen, so kommt man nicht umher, festzustellen, dass damit im Grunde Ziele verfolgt werden, die der Gesetzgeber so nicht formuliert hat und die im Gesetz auch keinen Rückhalt finden[575], nämlich Masseanreicherung um jeden Preis.

Selbst wenn man also davon ausgeht, dass die Norm nur den Masseschutz gewährleisten will, so bedarf es dieses Schutzes bei einem Vorleistungsüberschuss des Vertragspartners nicht durch eine Regelung wie § 105 S. 1 InsO, der das Verständnis der vorherrschenden Meinung zugrunde liegt. Hierfür reicht allein das Wahlrecht aus § 103 InsO. Insbesondere das häufig anzutreffende Argument, der Vertragspartner begebe sich selbst des Schutzes des funktionellen Synallagmas[576] und sei nicht anders zu behandeln als jeder andere Vertragspartner, verkennt doch, dass bei Teilleistungen gerade nicht auf den Schutz des funktionellen Synallagmas verzichtet wird. Ein teilweise vorleistender Vertragspartner ist vorsichtig und vertraut auf den ihm zustehenden Schutz, anders als der vollständig vorleistende Vertragspartner. Darin liegt ein großer Unterschied, der auch eine andere rechtliche Beurteilung rechtfertigt.[577] Es ist daher nicht richtig, wenn gesagt wird, dass ein teilweise vorleistender Vertragspartner hinsichtlich seiner Vorleistung in gleicher Weise das Insolvenzrisiko tragen müsse, wie ein vollständig vorleistender.[578] Das Insolvenzrisiko trägt er nur dann, wenn der Verwalter die Erfüllung des Vertrages ablehnt.[579]

---

574 Aus diesem Grunde trifft es auch nicht zu, dass es der Regelung nicht bedurft habe, weil der *BGH* die Rechtslage durch seine Rechtsprechung seit *BGHZ* 135, 25 vorweggenommen habe; so aber z.B. *Huber* ZInsO 2005, 449 (452); vgl. auch *ders.* in: *Gottwald* Insolvenzrechtshandbuch § 35 Rdnr. 34, § 36 Rdnr. 1; *ders.* NZI 2002, 467 (468); ähnlich auch *Schmitz* ZIP 2001, 765 (769) (§ 105 S. 1 InsO habe neben dieser Rechtsprechung gar keine eigenständige Bedeutung).

575 *BGHZ* 147, 28 (32 f.); *BGH* NJW 2003, 2744 (2747/2748); *Henckel* KTS 2006, 487 (492).

576 *Linder* S. 80; *Kreft* in: Festschrift für *Uhlenbruck*, S. 387 (395); *Wiegmann* S. 37; *Balthasar* in: *Nerlich/Römermann* InsO § 105 Rdnr. 4.

577 Vgl. *Henckel* in: Festschrift für *H.-P. Kirchhof*, S. 206 bei Fn. 58.

578 So *BGH* ZInsO 2000, 153 (154); *BGH* NJW 2001, 1380 (1381); *Balthasar* in: *Nerlich/Römermann* InsO § 105 Rdnr. 2; *Krull* ZInsO 1998, 291 (292).

579 *Henckel* KTS 2006, 487 (493).

Schließlich sei noch angemerkt, dass die Erforderlichkeit der Regelung nicht allein deswegen in Frage steht, weil die Regelung in Anbetracht der Rechtsprechung des *BGH* durch die sog. „Sachsenmilchentscheidung“[580] vorweggenommen worden sei. Z.T. wird gesagt, es habe der Regelung eigentlich gar nicht bedurft.[581] Die typisierende und allgemeinverbindliche Gesetzgebung wird jedoch nicht überflüssig, wenn der *BGH* in Einzelfällen, und nur für die am Verfahren Beteiligten verbindlich, entsprechend den Vorstellungen des Gesetzgebers geurteilt hat. Grundsatzfragen müssen gerade vom legitimierten Gesetzgeber entschieden werden.

dd) Angemessenheit der Regelung

Ob die von § 105 S. 1 InsO gesetzten Rechtsfolgen die privatautonome Abwicklung der vom Schuldner mit seinen Vertragspartnern eingegangenen Verbindlichkeiten in angemessener Weise einschränkt, ist fraglich. Im Rahmen der Angemessenheit kommt es im hiesigen Zusammenhang darauf an, ob das Maß der den einzelnen Vertragspartner treffenden Belastung noch in einem vernünftigen Verhältnis zu den der Gläubigergesamtheit erwachsenden Vorteilen steht, die durch § 105 S. 1 InsO erzielt werden sollen. Es kommt demnach auf eine Abwägung der Parteiinteressen an. Es ist daher richtig, wenn *Marotzke* formuliert, das Ergebnis nach seiner rechtlichen Einschätzung sei *angemessener* als das von den Verfassern des § 105 S. 1 InsO beabsichtigte.[582]

Genau betrachtet, muss wieder differenziert werden: Zum einen geht es um eine rechtliche Bewertung der Fälle, in denen § 105 S. 1 InsO alle nur erdenklichen Verträge erfassen soll und damit die Ausnahme zur Regel macht, dass ein vorleistender Vertragspartner grundsätzlich im Insolvenzverfahren nicht länger von einer privatautonomen Abwicklung des Vertrages ausgehen kann, auch wenn der Verwalter die Erfüllung des Vertrages wählt. Zum anderen muss nach einer etwaigen unterschiedlichen rechtlichen Beurteilung gefragt werden, wenn man den Teilbarkeitsbegriff gemessen am Gläubigergleichbehandlungsprinzip grundsätzlich eng auslegt.

Zunächst begegnet der Einwand, der Vertragspartner sei ohne das Erfüllungsverlangen des Verwalters mit der auf seine Vorleistung entfallenden ungesicherten Forderung ebenfalls lediglich einfacher Insolvenzgläubiger geblieben.[583] Dies müsse auch gelten, wenn der Verwalter die Erfüllung wählt. Dieser Einwand

580 *BGHZ* 135, 25. Urteil vom 27. Februar 1997, dazu S. 148 ff.

581 Fn. 574.

582 *Marotzke* in: HK-InsO § 105 Rdnr. 5.

583 *Kreft* ZIP 1997, 865 (869); *BGH* ZIP 1997, 688 f.

greift jedoch nicht durch. Verlangt der Verwalter nicht die Erfüllung des Vertrages, sondern lehnt die Vertragserfüllung ab, so ergibt sich eine völlig andere Rechtslage, da in diesem Fall am Vertrag gerade im Insolvenzverfahren nicht festgehalten werden soll. Der Vertragspartner ist dann sowohl mit Erfüllungsansprüchen als auch mit etwaigen Schadensersatzansprüchen (§ 103 Abs. 2 InsO) auf die Quote verwiesen.

Diese Rechtslage kann jedoch nicht mit derjenigen verglichen werden, nach der der Verwalter die Vorteile des Vertrages nutzen will und dementsprechend Vertragserfüllung wählt. Dass der Vertragspartner auch hier in jdedem Fall nur auf die Quote verwiesen sein soll, ist nicht zwingend. Es reicht daher nicht aus, auf eine Rechtfolge zu verweisen, die sich bei einer völlig anderen Sachlage ergibt, um die Rechte des Vertragspartners in einer anderen Sachverhaltskonstellation zu verkürzen.[584]

Des Weiteren wird die Stellung jedes vorleistenden Vertragspartners mit dem Prinzip der Gläubigergleichbehandlung gerechtfertigt.[585] Systematisch richtig müsste man hier sagen, dass die Nachteile des teilweise vorleistenden Vertragspartners zwar nicht von der Hand zu weisen sind, diesen aber nicht unangemessen benachteiligen im Vergleich zu sonstigen vollständig vorleistenden oder anderen Insolvenzgläubigern, da der Vertragspartner immerhin für die Zeit von der Eröffnung des Verfahrens an die vereinbarte Gegenleistung voll aus der Masse erhält.[586] Aber auch dieses Argument schlägt nicht durch: Allein aus dem materiellen Recht ergibt sich ein Unterschied zwischen den „anderen Gläubigern" und den nur teilweise vorleistenden Vertragspartnern. Letztere berauben sich des Schutzes aus dem funktionellen Synallagma gerade nicht, auch nicht nur teilweise, weil auch ein teilweise Vorleistender die restliche Gegenleistung solange zurückbehalten darf, bis er seinerseits vollständig befriedigt wird.[587] Ganz im Gegensatz zu den anderen Gläubigern, die ihre Forderung unzweifelhaft als Insolvenzgläubiger geltend machen müssen (§ 38 InsO). Im Verhältnis der Gläubiger zueinander ist daher schon materiell-rechtlich ein Unterschied angelegt. Der nur teilweise vorleistende Vertragspartner übt auch nur anteiligen Einfluss auf das Schuldnervermögen aus und ist getreu dem Verantwortungsprinzip für die Insolvenz allenfalls anteilig verantwortlich. Nach dieser Einschätzung ist es durchaus vertretbar, ihn anteilig als Insolvenzgläubiger einzustufen, so dass die Regelung nach § 105 S. 1 InsO bei dieser Betrachtungsweise verfassungsrechtlich angemessen ist.

Im Grunde ist aber schon die anteilige Verantwortlichkeit derjenigen Gläubiger zu bezweifeln, die Leistungen erbringen, die für das Wirtschaften des

---

584 Kritisch auch *Wiegmann* S. 47.

585 Siehe nur *Tintelnot* ZIP 1995, 616 (619); *Pape* in: Kölner Schrift zur InsO, S. 531.

586 So ausdrücklich BT-Drucksache 12/2443, S. 145 f.

587 *Grüneberg* in: Palandt § 320 Rdnr. 8 mit Verweis auf *BGHZ* 54, 249.

Schuldners *nicht notwendig* sind. Wenn der Vertragspartner notwendige Leistungen erbringt, so ist es nicht widersprüchlich, wenn man ihn wegen seines aus einer Vorleistung resultierenden Gegenleistungsanspruchs gegen den Schuldner für die Insolvenz verantwortlich macht. Gerade durch seinen Gegenleistungsanspruch kann der Vertragspartner Einfluss auf die Wirtschaftlichkeit des Schuldners ausüben. Wenn dies aber so ist, so darf im Umkehrschluss jeder andere Vertragspartner bei Erfüllungswahl nicht willkürlich schlechter gestellt werden, indem man für ihn die gleiche Rechtsfolge anwendet. Nicht für das Weiterwirtschaften notwendige Leistungen können der Masse entweder nützlich sein oder nicht. Im ersteren Falle muss die Gläubigergesamtheit den geringeren wirtschaftlichen Einfluss anerkennen und dem Vertragspartner die privatautonome Vertragsabwicklung zugestehen.[588] Nur dieses Ergebnis ergibt sich aus dem in § 105 InsO angelegten Gläubigergleichbehandlungsgrundsatz.

Demnach ist die Feststellung, § 105 InsO sei „grundsätzlich fragwürdig"[589] nicht einfach abzutun. In jedem Fall muss die Norm aus den genannten Gründen verfassungskonform ausgelegt werden.[590]

e) Ergebnis: auslegungsabhängige Verfassungskonformität des § 105 S. 1 InsO

Im Ergebnis lässt sich die Verfassungskonformität der Regelung festhalten.[591] Dies jedoch nur bedingt, unabhängig davon, ob man die privatautonome Abwicklung eines Vertragsverhältnisses bei Erfüllungswahl anerkennt oder diese nur unter Beschränkung der Gläubigerrechte zulassen will. Ohne Zweifel entspricht § 105 S. 1 InsO den verfassungsrechtlichen Vorgaben des Verhältnismäßigkeitsprinzips, wenn man die Rechte teilweise vorleistender Gläubiger grundsätzlich einschränkt. Dabei lässt sich die Beschränkung der Rechte jedoch nicht aus dem Gläubigergleichbehandlungsprinzip rechtfertigen, sondern muss ausschließlich mit dem Interesse an einem ausgedehnten Masseschutz belegt werden. Unter diesem Gesichtspunkt ist die Regelung des § 105 S. 1 InsO „frag-

588 *Rendtorff* S. 175 ist daher zu erwidern, dass hierin der Grund dafür liegt, warum nach *Marotzke* (in: HK-InsO § 105 Rdnr. 7) ein Vertragspartner weniger schutzwürdig ist, der hinsichtlich seiner Leistung eine Monopolstellung innehat. In diesem Fall überwiegen die Vorteile für die Gläubigergesamtheit die rechtlichen Nachteile, die der Vertragspartner hinnehmen muss. In allen anderen Fällen würde der Vertragspartner, obwohl er keinen Einfluss auf das Schuldnervermögen hat, mit diesen anderen Vertragspartnern gleichgestellt.

589 *Häsemeyer* Insolvenzrecht Rdnr. 20.27.

590 Dafür auch schon *Marotzke* in: HK-InsO § 105 Rdnr. 7; *ders.* Gegenseitige Verträge, 3. Aufl., Rdnr. 4.164.

591 So auch *Henckel* in: Festschrift für *H.-P. Kirchhof*, S. 191 (204).

würdig", da sich diese Wertung nicht aus den Gesetzesmaterialien oder dem Gesetz entnehmen lässt.[592]

§ 105 S. 1 InsO ist aber auch dann verfassungsrechtlich nicht zu beanstanden, wenn man die privatautonome Vertragsabwicklung grundsätzlich zulässt. Allerdings muss die Norm dann verfassungskonform dahingehend ausgelegt werden, dass nur Gläubiger, die für die Wirtschaftlichkeit des Schuldners notwendige Leistungen anzubieten haben, mit den Rechtsfolgen der Norm belastet werden. Alle anderen Gläubiger wären ohne sachlichen Grund, nur zur Anreicherung der Masse, willkürlich benachteiligt. Ihre rechtlichen Nachteile stehen dann nicht mehr in einem vernünftigen Verhältnis zum Maß der der Masse erwachsenden (rechtlichen) Vorteile.

592 *BGHZ* 147, 28 (32 f.); *BGH* NJW 2003, 2744 (2747/2748); *Henckel* KTS 2006, 487 (492).

§ 6 Zusammenfassung zum 2. Teil

Die Untersuchungen zum Gläubigergleichbehandlungsgrundsatz, dem Prinzip des funktionellen Synallagmas und der Privatautonomie haben folgende Erkenntnisse für den Teilbarkeitsbegriff gebracht:

Das Gläubigergleichbehandlungsprinzip dient als Fundamentalprinzip des Insolvenzverfahrens als Auslegungsdirektive insolvenzrechtlicher Normen. Bei der Anwendung dieses Grundsatzes kann es jedoch nicht darum gehen, alle anderen Rechtsprinzipien außer Acht zu lassen und unbesehen im Lichte des vermeintlich einschlägigen Gleichbehandlungsgrundsatzes den Inhalt einer insolvenzrechtlichen Norm zu konkretisieren. Vielmehr kann der Gleichbehandlungsgrundsatz nur dort Einfluss nehmen, wo er begründet und belegt werden kann. Der Gleichbehandlungsgrundsatz muss demnach stets in einer insolvenzrechtlichen Norm angelegt sein.

Die gesetzgeberische Entwicklung des § 105 InsO zeigt, dass der Gläubigergleichbehandlungsgrundsatz innerhalb der Norm nur insoweit angelegt ist, als von den Rechtsfolgen der Norm Gläubiger betroffen sind, deren Leistungen notwendig für die Fortführung des schuldnerischen Unternehmens sind, bzw. das Weiterwirtschaften des Schuldners ermöglichen. Es ist daher denkbar, dass ein Gläubiger die gleichen Leistungen an mehrere Schuldner erbringt, diese für die wirtschaftlichen Verhältnisse der einzelnen Schuldner aber unterschiedliche Bedeutung haben. Die Umschreibung „sind die geschuldeten Leistungen teilbar“ ist daher so zu verstehen, dass die Vertragspartner, auf deren Leistungen der Schuldner bzw. der Verwalter notwendigerweise angewiesen ist, die „Teilung“ ihrer Gesamtforderung hinnehmen und die Rechtsfolge des § 105 S. 1 InsO akzeptieren müssen. § 105 S. 1 InsO zwingt daher nur zur Prüfung der Bedeutsamkeit der Leistung für die Fortführung des schuldnerischen Betriebs. Ist nämlich dem Vertragspartner aufgrund der Bedeutung der von ihm angebotenen Leistung die Teilung seiner Gesamtforderung zum Vorteil der Gläubigergesamtheit zuzumuten, so ist der Anwendungsbereich des § 105 S. 1 InsO eröffnet. Nach welcher Formel man den insolvenzmäßigen Ausfäll des Vertragspartners bestimmt, ist damit noch nicht entschieden.[593]

Das Prinzip des funktionellen Synallagmas stellt ein allgemeines Rechtsprinzip dar und gilt ohne Einschränkungen auch in der Insolvenz. Es bezieht sich auch nach der Verfahrenseröffnung weiterhin auf den gesamten vorinsolvenzlich geschlossenen Vertrag. Aus diesem Grunde kann der Vertragspartner bei vorinsolvenzlichen Teilleistungen grundsätzlich gegenüber dem Erfüllungsverlangen des

593 Dazu siehe S. 173 f.; vgl. u. a. auch S. 56; 193 f.; Ausführungen nach Fn. 791.

Insolvenzverwalters einwenden, nur gegen Erhalt der vollständigen Gegenleistung weitere Leistungen zu erbringen.

Für den Teilbarkeitsbegriff des § 105 S. 1 InsO ergibt sich daraus grundsätzlich eine restriktive Auslegung. Zu beachten ist jedoch, dass das Prinzip des funktionellen Synallagmas neben dem Gläubigergleichbehandlungsprinzip steht und daher mit diesem in Einklang zu bringen ist. Gläubigern, die notwendige Leistungen anbieten, ist daher die Einrede des nicht erfüllten Vertrages verwehrt. In diesen Fällen nämlich kann den Vertragspartnern der Verzicht auf die Einrede aus insolvenzspezifischen Gründen zugemutet werden, was zugleich eine angemessene Einschränkung des Synallagmaprinzips bedeutet.

Die Privatautonomie schließlich gewährleistet als Fundamentalprinzip der gesamten Privatrechtsordnung nicht nur die privatautonome Eingehung eines Vertrages sondern auch dessen Abwicklung entsprechend den Parteivorstellungen. Die Bedeutung der Privatautonomie zeigt sich immer erst in den sie einschränkenden Gesetzen, da der Einzelne seine Rechtsverhältnisse nur dort nicht privatautonom gestalten kann, wo die Rechtsordnung dem Grenzen setzt. In der Insolvenz kann die weitere privatautonome Abwicklung des privatautonom eingegangenen Vertrages nicht weiter gewährleistet werden. Es fragt sich aber, was die Insolvenz des Einen für den teilweise bereits privatautonom abgewickelten Vertragsteil des Anderen bedeutet. Entscheidet sich der Verwalter für die weitere Erfüllung des Vertrages, so muss der Vertrag im Ganzen den privatautonomen Vorstellungen der Parteien entsprechend abgewickelt werden.

Die insoweit bestehende Einschränkung der Privatautonomie durch § 105 S. 1 InsO muss den Anforderungen des verfassungsrechtlichen Verhältnismäßigkeitsgebotes entsprechen. § 105 S. 1 InsO ist demnach nur bedingt verfassungskonform: Geht man mit der wohl herrschenden Meinung davon aus, dass die Norm jeden beliebigen Vertrag zu erfassen geeignet ist, so muss man das Ziel legitimieren, die Masse um jeden Preis anzureichern. Geht man andererseits davon aus, dass die privatautonome Abwicklung eines Vertrages bei Erfüllungswahl im Insolvenzverfahren möglich sein sollte, so muss man § 105 S. 1 InsO dahingehend auslegen, dass die Norm nur Gläubiger erfasst, die notwendige Leistungen an den Schuldner erbringen. Alle anderen Gläubiger würden ansonsten ohne sachlichen Grund schlechter gestellt.

3. Teil. Der Begriff der „teilbaren Leistungen“ nach § 105 S. 1 InsO – Historische, begriffliche und systematische Lösungen des Teilbarkeitsproblems

Die folgenden Untersuchungen widmen sich der rechtlichen Würdigung der in Rechtsprechung und Literatur bislang formulierten Kriterien zur Bestimmung der Teilbarkeit einer Leistung.[594] Dabei geht es nicht darum, die größtenteils schon vorgebrachten Argumente für und wider eines bestimmten Verständnisses noch einmal zu wiederholen. Vielmehr sollen die Definitionen, die die Rechtswissenschaft hervorgebracht hat, mit dem dargelegten Begriffsinhalt verglichen und rechtlich überprüft werden. Damit einher geht nicht nur eine Tauglichkeitskontrolle der einzelnen Definitionen, sondern auch eine nochmalige rechtliche Überprüfung des eigenen Standpunktes.

§ 7 Das Begriffsverständnis in der Rechtsprechung unter rechtlicher Würdigung

Sowohl das *RG* als auch der *BGH* hat sich zu der Frage, wann Leistungen „teilbar“ sein sollen, in der Vergangenheit geäußert. Die bis dato erschienenen höchstrichterlichen Urteile, in denen diese Frage überhaupt einmal angesprochen wurde, sind insgesamt recht überschaubar.[595] Diejenigen Urteile, in denen die Frage darüber hinaus entscheidungserheblich war, beschränken sich auf eine geringe Zahl.[596] Die Auswahl wird letztlich noch weiter eingeschränkt, wenn man nach der für § 105 InsO relevanten Abwicklungslage danach differenziert, ob der Schuldner oder dessen Vertragspartner vor Verfahrenseröffnung teilweise vorgeleistet hat.[597]

---

594 Dazu auch *Linder* S. 120 ff.

595 *RGZ* 155, 306 (Urteil vom 18. August 1937); *BGH* WM 1960, 1410 (Urteil vom 19. Oktober 1960); *BGH* NJW 1972, 827 (Urteil vom 23. Februar 1972); *BGHZ* 67, 242 (Urteil vom 21. Oktober 1976); *BGHZ* 68, 379 (Urteil vom 05. Mai 1977); *BGHZ* 83, 359 (Urteil vom 21. April 1982); *BGHZ* 125, 270 (Urteil vom 10. März 1994); *BGHZ* 129, 336 (Urteil vom 04. Mai 1995); *BGHZ* 135, 25 (Urteil vom 27. Februar 1997); *BGHZ* 147, 28 (Urteil vom 22. Februar 2001); *BGH* NZI 2002, 95 (Urteil vom 18. Oktober 2001); *BGHZ* 149, 326 (Urteil vom 20. Dezember 2001); *BGHZ* 150, 353 (Urteil vom 25. April 2002).

596 Aus Fn. 595: *RGZ* 155, 306; *BGHZ* 67, 242; *BGHZ* 125, 270; *BGHZ* 147, 28; *BGHZ* 150, 353.

597 Teilweise Vorleistungen des Vertragspartners in: *RGZ* 155, 306; *BGH* WM 1960, 1410; *BGHZ* 67, 242; *BGHZ* 83, 359; *BGHZ* 125, 270; *BGHZ* 135, 25; *BGHZ* 147,

In den nachfolgenden Betrachtungen wird auf die genaueren Sachverhaltskonstellationen besonders hingewiesen. Von Relevanz sind aber jeweils die Ausführungen der obersten Gerichte zum Begriff der teilbaren Leistungen. In Anbetracht der Forderung nach einem ohnehin für die gesamte InsO geltenden Teilbarkeitsbegriff[598], sollen auch die Definitionen für § 105 S. 1 InsO überprüft werden, die aus anderen zugrunde liegenden Sachverhaltskonstellationen erwachsen sind.

I. Entscheidung des *RG* vom 18. August 1937, *RGZ* 155, 306

Erstmalig hatte sich das *Reichsgericht* in seiner Entscheidung vom 18. August 1937 zu der Frage der Teilbarkeit eines Lizenzvertrages nach § 36 Abs. 2 VglO vom 26. Februar 1935[599] zu befassen. Der Entscheidung lag folgender Sachverhalt zugrunde:

Die Klägerin schloss mit dem Verband der Funkindustrie einen sog. Mantelvertrag ab. Dieser bezog sich u. a. auf den Abschluss von Bauerlaubnisverträgen mit den Mitgliedern des Funkverbandes, die dadurch für eine gewisse Zeit Lizenzen an Schutzrechten der Klägerin auf dem Gebiete der Rundfunkempfangsgeräte erhalten sollten. Einen solchen Bauerlaubnisvertrag hat die Klägerin dann auch mit einer Mitgliedsgesellschaft (Beklagte) abgeschlossen. Nach diesem Vertrag ist die Beklagte verpflichtet, monatlich abzurechnende Stücklizenzen von jedem während der Vertragsdauer unter Benutzung der klägerischen Schutzrechte hergestellten und auf den Markt gebrachten Gerät zu bezahlen.[600] Sie ist weiterhin verpflichtet, die von ihr für den Bau der Geräte benötigten „Röhren" nur von der Klägerin oder einer von dieser bezeichneten Firma zu beziehen, über den Vertrieb Kontrollbücher zu führen und der Klägerin Einsicht in die Fabrikationsstätten und Bücher zu gewähren.[601] Die Beklagte stellte Anfang November 1935 ihre Zahlungen ein und beantragte die Eröffnung des Vergleichsverfahrens, welches im Februar 1936 eröffnet und im März 1936 nach Bestätigung eines Quotenvergleichs wieder aufgehoben wurde. Der Bauerlaubnisvertrag sollte weiter bestehen bleiben. Aus der Zeit von September bis Oktober 1935 bestanden noch Rückstände aus der Lizenzgebühr, die die Klägerin geltend gemacht hat. Die Beklagte wendet ein, dass die von der Klägerin erhaltenen

28. – Teilweise Vorleistungen des Schuldners dagegen in: *BGHZ* 68, 379; *BGHZ* 129, 336; *BGHZ* 149, 326; *BGHZ* 150, 353.

598 *Scherer* NZI 2004, 113 (117); *Linder* S. 149.

599 RGBl. I S. 321.

600 Siehe *RGZ* 155, 306 (309).

601 *RGZ* 155, 306 (309).

Leistungen teilbar wären und sie deshalb auf den noch ausstehenden Betrag nur die Quote zahlen müsse.

Um die Frage der Teilbarkeit zu klären, beschränkt das *RG* seine Betrachtungen auf § 36 Abs. 2 VglO, indem es sagt, dass die Entscheidung unmittelbar aus § 36 VglO selbst gefunden werden müsse.[602] Schränkt es seine Betrachtungen von vornherein auf den Sachbereich dieses Gesetzes ein, hätte es doch überprüfen müssen, ob die Regelung des § 36 VglO auch mit den über das Gesetz hinausgehenden Prinzipien vereinbar ist. Nicht zu beanstanden ist jedoch, dass das Gericht schon im Ansatz von der konkreten Problematik ausgeht, die überhaupt erst zur Einführung des § 36 Abs. 2 VglO geführt hat. Demnach legt es die Rechtslage nach § 4 der VglO vom 5. Juli 1927 dar und geht auf die Konstruktion der Wiederkehrschuldverhältnisse ein.[603] Zutreffend bemerkt das *RG* dann, dass *„hier [...] die Neuregelung des § 36 Abs. 2 VglO einsetzt"*. Im Folgenden glaubt das Gericht, dem Gesetz entnehmen zu können, dass alle Gläubiger aus Dauerrechtsverhältnissen, deren zeitlich ablaufende Leistungen sich ihrem wirtschaftlichen Werte nach teilen lassen, am Vergleich des Schuldners teilnehmen sollen.[604] Das gebiete eine weite Auslegung des Teilbarkeitsbegriffs: *„Als teilbar bezeichnet die Rechtsprechung des Reichsgerichts, die hauptsächlich zu § 266 und § 425 BGB ergangen ist, eine Leistung dann, wenn ein beliebiger Leistungsteil seinem Wesen und Werte nach verhältnismäßig (anteilig) der Gesamtleistung entspricht, d.h. sich nur der Größe nicht der Beschaffenheit nach von ihr unterscheidet"*.[605] Entscheidend kommt es damit auf die Gleichartigkeit der Leistungsteile an. Diese Begriffsbestimmung könne für § 36 VglO übernommen werden, falls dabei nur im Einzelfall die durch den Gesetzeszweck gebotene weite Auslegung beachtet werde.

Im Ergebnis will das Gericht auf einen nach seinem Verständnis weiten Teilbarkeitsbegriff hinaus, der sich am Gesetzeszweck zu orientieren habe. Die Leistungen aus dem Lizenzvertrag hat das *RG* letztlich als teilbar qualifiziert, was zur Abweisung der Revision führte. Es fällt jedoch auf, dass der Teilbarkeitsbegriff gerade mit der vom *RG* angebotenen Definition eher restriktiv gehandhabt wird. Der praktisch wichtigste Fall, die Teilbarkeit Werkleistungen, wird damit z.B. nicht erfasst.[606] Im Übrigen werden auch gerade ungleichartige Leis-

602 *RGZ* 155, 306 (310).
603 *RGZ* 155, 306 (311 f.).
604 *RGZ* 155, 306 (312 f.).
605 *RGZ* 155, 306 (313), so nach wie vor auch *Wegener* in: FK-InsO § 105 Rdnr. 7.
606 *Scheffler* ZIP 2001, 1182 (1183). – Im gleichen Urteil formuliert das Gericht noch, dass nach seiner Vorstellung Leistungen aus einem Werkvertrag unzweifelhaft unteilbare Leistungen darstellen, *RGZ* 155, 306 (316).

tungen von dieser Definition nicht erfasst werden.[607] Im Ganzen stellt das *RG* mit seiner Definition eher auf eine wirtschaftliche und tatsächliche Zerlegbarkeit ab.

Für den konkreten Fall schadet dies im Ergebnis nicht. Den Lizenzvertrag[608] als teilbar zu qualifizieren, war richtig. Die Teilbarkeit begründet sich tatsächlich aber gerade aus einem Gesichtspunkt, den das Gericht selbst noch als Argument gegen die Teilbarkeit vermuten könnte[609], nämlich dass der Lizenznehmer seinen Betrieb auf der Voraussetzung aufbauen muss, er werde die Schutzrechte während der gesamten Vertragsdauer ausnutzen können. Durch die Umstellung seines Betriebes, die sich insbesondere darin zeigt, dass die produzierten Geräte allesamt mit von der Klägerin gelieferten „Röhren" gebaut werden, ist der Lizenznehmer wirtschaftlich abhängig von der Klägerin. Er benötigte auch die durch die Lizenz geschützten technischen Lehren, um den Betrieb fortführen zu können. Da sich die Parteien für die Fortführung des Vertrages entschieden, bestand angesichts der aufgestauten Rückstände von ca. 76.500 Reichsmark eine Situation, die vor dem dargelegten Hintergrund der Konstruktion der Wiederkehrschuldverhältnisse ja erst die Einführung des § 36 Abs. 2 VglO bewirkte.

Obwohl dem *RG* im Ergebnis hinsichtlich der Frage der Teilbarkeit des Lizenzvertrages zuzustimmen ist, sollte das Urteil doch keine grundsätzliche Bedeutung über den konkreten Fall hinaus erlangen. Die Definition ist nämlich nicht dazu geeignet, grundsätzlich gerechte Ergebnisse herbeizuführen. Wie schon erwähnt, wird nämlich generell nur auf eine tatsächliche und wirtschaftliche Zerlegbarkeit des Leistungsgegenstandes, mithin auf die Gleichartigkeit der Leistungsteile abgestellt. Dadurch ist aber weder dem Schuldner noch der Gläubigergesamtheit gedient. Welche Leistungen teilbar sind, erweist sich somit letztlich als willkürlich. Zur Verdeutlichung stelle man sich folgende Beispiele in Gegenüberstellung vor: (1) V verkauft an B zehn Flaschen Wein der gleichen Sorte zum Preis von 100 EUR und liefert im März schon drei Flaschen an. Im Mai wird das Insolvenzverfahren über das Vermögen des B eröffnet. Der Verwalter entscheidet sich für die Abwicklung des Vertrages und möchte wissen, welchen Betrag er an V zu zahlen hat. (2) V verkauft an B zehn unterschiedliche Flaschen Wein für 100 EUR und liefert vor Verfahrenseröffnung erneut drei

607 Viel zitiert ist das von *Henckel* JZ 1998, 155 (157 f.) beschriebene Porzellanbeispiel: Ein Käufer (Gläubiger) kauft ein Tafelservice im Porzellanladen (Schuldner) und leistet bei Bestellung die übliche Anzahlung.

608 Zu den urheberrechtlichen Lizenzen in der Insolvenz des Lizenzgebers siehe aus neuerer Zeit *Smid/Lieder* DZWiR 2005, 7 ff.

609 *RGZ* 155, 306 (314).

Flaschen an B. Nach Erfüllungswahl möchte der Verwalter wieder wissen, was er V schuldet.

Die Antwort hängt davon ab, ob man die von V geschuldete Leistung als teilbar ansieht oder nicht. Nach der Definition des *RG* ist im ersten Fall eine Teilbarkeit wegen der Gleichartigkeit der einzelnen Leistungsteile zu bejahen, da die drei Flaschen ihrem Wesen und Wert nach anteilig der Gesamtleistung entsprechen. Auch der Gesamtwert (1.000 EUR) kann auf die drei Flaschen aufgeteilt werden. Demnach müsste V seinen Zahlungsanspruch hinsichtlich der drei schon gelieferten Flaschen gem. § 105 S. 1 InsO als Insolvenzforderung geltend machen. Der Verwalter müsste nur noch 700 EUR an V zahlen. Im zweiten Fall sieht dies, ohne dass sich die Parteiinteressen unterscheiden oder der Grundsatz der Gläubigergleichbehandlung dies verlangen würde, anders aus. Die gelieferten Flaschen entsprechen nicht ihrem Wesen und Wert nach anteilig der Gesamtleistung. Daher muss man hier von einer Unteilbarkeit der Gesamtleistung ausgehen, so dass V nicht nach § 105 S. 1 InsO wegen der schon gelieferten Flaschen auf eine Insolvenzforderung verwiesen wäre. Es ist jedoch kein sachlicher Grund dafür ersichtlich ist, beide Fälle unterschiedlich zu behandeln, wenn auch noch der reine Wert der einzelnen Leistungen benannt werden kann. Qualifiziert man die Leistungen als unteilbar, so muss der Verwalter nach Erfüllungswahl die gesamte Gegenleistung an V erbringen, mithin 100 EUR zahlen, kann im Gegenzug aber auch die Lieferung der restlichen Flaschen verlangen. Die Ungleichbehandlung beider Gläubiger ist willkürlich und rechtswidrig. Dass das *RG* sich mit derartigen Erwägungen nicht auseinandersetzt, könnte daran liegen, dass es die besagte Definition zunächst nur für Dauerrechtsverhältnisse entwickelt hat.[610] Aus heutiger Sicht ist die Definition aber für § 105 S. 1 InsO abzulehnen.[611]

II. Entscheidung des *BGH* vom 21. Oktober 1976, *BGHZ* 67, 242[612]

Nachdem der *BGH* sich in *BGHZ* 51, 350 (355)[613] in einem *obiter dictum* zur Teilbarkeit einer Lieferung von Warenmengen unter Eigentumsvorbehalt geäußert hatte und in *BGH* NJW 1972, 827[614] die Frage zur Teilbarkeit der Leistun-

---

610 Vgl. *RGZ* 155, 306 (312 f.).

611 Vgl. *Kreft* in: MünchKomm-InsO § 105 Rdnr. 10; anders *Wegener* in: FK-InsO § 105 Rdnr. 7.

612 NJW 1977, 50 = JZ 77, 101 = MDR 1977, 279 = JuS 1977, 265 = LM § 36 VglO Nr. 6 (*Girisch*).

613 Urteil vom 24. Februar 1969 = WM 1969, 1077.

614 Urteil vom 23. Februar 1972 = MDR 1972, 511 = LM § 36 VglO Nr. 4.

gen noch offen ließ, nahm er in seiner Entscheidung vom 21. Oktober 1976 im Anschluss an *RGZ* 155, 306 ausführlicher Stellung zum Teilbarkeitsbegriff nach § 36 Abs. 2 VglO. Die Ausführungen des *BGH* werden auch nach 30 Jahren von der Literatur zur Begründung unterschiedlicher, sogar gegenteiliger Auffassungen zur Teilbarkeitsfrage für sich in Anspruch genommen.[615] Eine genauere Untersuchung des Urteils ist daher angezeigt.

Dem Urteil lag im Wesentlichen folgender Sachverhalt zugrunde: Der beklagte Generalunternehmer hatte sich verpflichtet, 120 Eigentumswohnungen in drei Häusern zu erstellen. Die Ausführungen der Arbeiten hat er vertraglich der Klägerin zu einem Pauschalpreis von ca. 6 Mio. DM übertragen. Die Vergütung sollte nach einem besonderen Zahlungsplan je nach Baufortschritt in 17 Raten, aufgegliedert nach den einzelnen Häusern, entrichtet werden. In der Folgezeit begann die Klägerin mit den Arbeiten und machte am 15. Oktober 1973 eine Teilwerklohnforderung von 456.000 DM geltend, die zunächst jedoch nicht beglichen wurde.[616] Die Bauarbeiten wurden am 07. Dezember 1973 eingestellt. Ebenfalls am 07. Dezember 1973 stellte der Beklagte einen Antrag auf Eröffnung des Vergleichsverfahrens, welches am 16. April 1974 schließlich eröffnet wurde. Die Klägerin meint, sie sei mit ihrer Werklohnforderung nicht am Vergleichsverfahren beteiligt und verlangt Zahlung von 456.000 DM. Die Vorinstanzen hatten der Klage stattgegeben.

Im Ergebnis hat auch der *BGH* die Teilbarkeit der Leistungen verneint, obwohl er doch den Begriff nach *RGZ* 155, 306 ausweitet.[617] Für das *RG* noch undenkbar[618], sagt der *BGH*, dass auch Leistungen aus einem Werkvertrag teilbar sein können.[619] Das Urteil des *RG* sei insoweit zu eng. *Teilbar soll eine Leistung dann sein, wenn man sie in hinreichend verselbständigte Teile aufspalten kann und sich die Gegenleistung auf diese Teilleistung beziehen lässt.*[620] Zugleich macht der *BGH* aber deutlich, dass sich auch noch eine „weitere" Definition denken lässt, indem er die Teilbarkeitsformel der Revision ablehnt. Ihr zufolge sollte es für die Teilbarkeit ausreichen, *wenn sich der Umfang und die Art der Teilleistung zu einem bestimmten Stichtag tatsächlich feststellen und auch berechnen lasse, was insbesondere dann der Fall sei, wenn der Leistende ausge-*

615 Vgl. etwa *Kreft* in: MünchKomm-InsO § 105 Rdnr. 12; im Gegensatz zu *Kesseler* ZIP 2005, 2046 ff.

616 Für die Teilbarkeitsfrage irrelevant ist, dass der Beklagte zunächst einen von der Klägerin ausgestellten Wechsel erfüllungshalber (§ 364 Abs. 2 BGB) annahm, ihn aber bei Fälligkeit nicht einlöste. Diesbezüglich machte die Klägerin einen separaten Schadensersatzanspruch geltend.

617 *BGHZ* 67, 242 (246).

618 *RGZ* 155, 306 (316).

619 *BGHZ* 67, 242 (247/248).

620 *BGHZ* 67, 242 (249).

tauscht werden könne.[621] Der *BGH* sagt, dass ein solches Begriffsverständnis zu weit gehen würde und quasi über das Ziel der Norm hinausschießt.[622]

In bestimmter Weise ist dem Urteil doch eine gewisse Inkonsequenz vorzuwerfen. Dies zeigt sich an unterschiedlichen Stellen:

Zunächst nähert sich das Gericht dem Teilbarkeitsbegriff über den Sinn und Zweck der Norm.[623] Dagegen kann man natürlich nichts einwenden. Es wird dargelegt, dass § 36 Abs. 1 VglO bei gegenseitigen Verträgen in erster Linie und möglichst lange den Vertragspartner des Schuldners schützen will, gem. § 36 Abs. 2 VglO aber verhindert werden solle, dass die für die Erfüllung eines Vergleichs verfügbaren Mittel geschmälert werden und dadurch das Zustandekommen eines Vergleichs erschwert wird.[624] Der *BGH* geht diesem Gedanken dann aber nicht weiter nach. Im Grunde erweckt das soeben Gesagte den Anschein, als dürfte sich der Vertragspartner „freuen", dass ihm durch § 36 Abs. 1 VglO Schutz gewährt wird. Die Norm ist dabei eigentlich nur konsequent, weil die vor Eröffnung des Vergleichsverfahrens gestaltete Rechtslage möglichst nicht verändert wird. Damit einher geht zugleich die Anerkennung und Achtung der allgemeingültigen Rechtsprinzipien, insbesondere des Prinzips der Privatautonomie und der Schutz des zwischen den Parteien geschlossenen Vertrages. Dies sollte jedoch der Normalfall sein und nicht ein besonderes gesetzliches „Geschenk". Dementsprechend lässt sich der Zweck des § 36 Abs. 2 VglO nur dort erreichen, wo die hinter all dem stehenden Rechtsprinzipien in noch verfassungskonformer Art und Weise eingeschränkt werden können. Das Gericht müsste daher an der verfassungskonformen Anwendung des Gesetzes zweifeln, wenn es meint, jede vertragliche Leistung könne als teilbar angesehen werden.[625] In einem solchen Fall liegt auf der Hand, dass der im Allgemeinen hinter § 36 Abs. 2 VglO stehende und auch anerkennenswerte Zweck nicht als sachlicher Grund für die Qualifizierung eines Vertrages als teilbar im Einzelfall herangezogen werden kann. Letztlich verliert der Begriff selbst durch einen zu weiten Anwendungsbereich seine Bedeutung und würde sich so selbst überflüssig machen.

---

621 Vgl. *BGHZ* 67, 242 (248).

622 Vgl. *BGHZ* 67, 242 (248). – Aus Sinn und Zweck des § 36 VglO folgert der *BGH*: *„Wenn solche Gläubiger vorgeleistet haben, zur vollständigen Erfüllung verpflichtet bleiben und dazu auch weiter bereit sind, sollen sie grundsätzlich ihren vollen Anspruch auf die Gegenleistung behalten und nicht auf die anteilige Befriedigung für ihre bisher erbrachten Leistungen angewiesen sein*".

623 *BGHZ* 67, 242 (246/247).

624 *BGHZ* 67, 242 (246/247).

625 Vgl. *BGHZ* 67, 242 (247) dort unter c).

Gerade was die Einzelfallgerechtigkeit anbelangt, fällt noch eine weitere Inkonsequenz auf. Zustimmungswürdig spricht der *BGH*, nachdem er Bezug auf die mit der Konstruktion der Wiederkehrschuldverhältnisse zu lösenden Fälle der Gas-, Wasser- oder Energielieferungsverträge genommen hat[626], an, dass die Interessenlage auch bei anderen gegenseitigen Verträgen ähnlich sein kann.[627] Das Gericht kommt dann zu dem Schluss, dass aus dem Gesetzeszweck heraus dabei eine weite Auslegung des Begriffs der Teilbarkeit geboten sei. Bei der Beurteilung eines bestimmten gegenseitigen Vertrages hätte man doch erwartet, dass der *BGH* nach den bisherigen Ausführungen dann auch auf die Interessenlage in der konkreten Einzelfallkonstellation abstellt. Nicht überzeugend erscheint es, Vertragstypengruppen zu bilden, wonach Verträge entweder teilbar oder unteilbar sein sollen (etwa: Kaufverträge = teilbar, Werkverträge aber = unteilbar).[628] Doch genau in diese Richtung tendiert der *BGH*, wenn er nach Hervorhebung der Bedeutung der Interessenlage in jedem Einzelfall sagt, dass auch Werkleistungen im Sinne der Norm teilbar sind.[629] Damit lässt er die Einzelfallbetrachtung aber vorübergehend außen vor und pauschaliert, um erstaunlicherweise am Ende seiner Ausführungen wieder auf die Einzelfallbedeutung hinzuweisen.[630]

Die Einzelfallbedeutung steht außer Frage. Dieses Ergebnis haben schon die bisherigen Betrachtungen über die normativen Vorgaben des Teilbarkeitsbegriffs hervorgebracht. Um dem auch mit einer Begriffsdefinition gerecht werden zu können, sollte die Definition einzelfallbezogene Parameter enthalten. Daran fehlt es aber in der vom *BGH* angebotenen Begriffsbestimmung. Eine Einschränkung lässt die „Formel der Aufspaltbarkeit" nur schwer erkennen. Dabei ist sie gar nicht so weit davon entfernt, in den meisten Fällen gerechte Ergebnisse zu erzielen. Auch die konkrete Entscheidung zum Fall ist richtig. Zwar konnte die Gesamtleistung abstrakt (Errichtung der Wohnungen) in hinreichend verselbständigte Teile aufgespalten werden, die einzelnen Teilleistungen ließen sich aber keiner entsprechenden Gegenleistung zuordnen und waren dementsprechend nicht hinreichedn verselbständigt.[631] Den Ausführungen des Gerichts zu-

---

626 *BGHZ* 67, 242 (247) dort unter b).

627 *BGHZ* 67, 242 (247) dort unter c).

628 Eine Steigerung ergibt sich letztlich dann, wenn man auf die einzelnen Ansprüche abstellt; unteilbar seien etwa Urlaubsabgeltungsansprüche (*LAG BW*, Urteil vom 16. November 2005 – 10 Sa 56/05) und Kostenerstattungsansprüche (Hanseatisches *OLG* Bremen ZInsO 2005, 1219).

629 *BGHZ* 67, 242 (247/248).

630 *BGHZ* 67, 242 (251) unter Punkt 4.

631 Siehe *BGHZ* 67, 242 (249 ff.) (dazu reichten weder die Ausschreibungsunterlagen, noch der zum Vertragsinhalt gemachte Zahlungsplan, noch die Aufgliederung der Schlusssummen im Zahlungsplan, vgl. auch *Krull* ZInsO 1998, 291 [293]).

folge kommt es auf einen entsprechenden rechtlichen Teilerfolg an, um von Zerlegbarkeit sprechen zu können. Diesem Teilerfolg muss eine entsprechende Teilgegenleistung gegenüber gestellt werden können. Anders als noch das *RG* fordert der *BGH*, dass nicht nur die vom Vertragspartner geschuldete Leistung, sondern auch die des Schuldners teilbar ist. Entscheidend kommt es dabei auf das Aufeinanderbezogensein von Leistung und Gegenleistung an.[632] Betrachtet man jedoch nur den rechtlichen Zusammenhang von Leistung und Gegenleistung, so lässt sich nicht rechtfertigen, warum der Gläubiger auf das Schuldnervermögen Einfluss haben soll. Seine Leistung, die das Vermögen des Schuldners rechtlich anreichert, wirtschaftlich möglicherweise aber nutzlos ist, hat für das Schuldnervermögen keinen nutzbaren Wert. Die entsprechenden Restleistungen könnte sich der Verwalter auch von dritten Personen besorgen. Dass ein Pauschalpreis/Sonderkonditionen vereinbart wurde/n, spielt ebenso wenig eine Rolle, wie dass der Vertragspartner die restlichen Arbeiten von Dritten auch günstiger bekommen könnte. Mangels Einflussmöglichkeit auf das Schuldnervermögen geht die Formel der Rechtsprechung daher nicht weit genug. Wenn aber der Vertragspartner durch seine Leistung keinen Einfluss auf das Vermögen des Schuldners nehmen kann, entfällt der Gläubigergleichbehandlungsgrundsatz als Rechtfertigung für die Beschränkung des funktionellen Synallagmas. Angemessener ist es daher, vor dem Hintergrund der Norm darauf abzustellen, ob der Vertragspartner durch seinen Vertrag mit dem Schuldner einen derart beherrschenden Einfluss auf das künftige Schuldnervermögen ausübt, dass eine Einschränkung der Vertragsfreiheit geboten ist.

Ist diese Vorfrage aber erst einmal geklärt, so fragt sich, ob der *BGH* die Ansicht der Revision über das Kriterium der Teilbarkeit zu Recht verworfen hat. Der tragende Einwand des Gerichts ergibt sich aus dem Gedanken, dass auch § 36 Abs. 2 VglO den Schutz des Vertragspartners, der zur vollständigen Erfüllung verpflichtet bleibt und dazu auch weiterhin bereit ist, nicht aufheben will. Geboten sei eine weite aber doch interessengerechte Auslegung der Teilbarkeit.[633] Diese könne nicht dazu führen, eine Leistung schon immer dann als teilbar anzusehen, wenn sich die erbrachte Teilleistung feststellen und bewerten lässt. Z. T. wird bestritten, dass diese Annahme nach der Einführung des § 105 S. 1 InsO noch weiter aufrechterhalten werden kann[634], wobei das Argument „Masseschutz“ allein nicht überzeugt. Das Ergebnis lässt sich hingegen aus den Ausführungen des *BGH* selbst erzielen. Der vom Gericht angesprochenen interessengerechten Auslegung wird man dann gerecht, wenn die Interessen im Ein-

632 *Scheffler* ZIP 2001, 1182 (1183) unter Hinweis auf *Zahn* DB 1995, 1597 (1599) (darauf, dass eine Leistung teils vor, teils nach Verfahrenseröffnung erbracht werden kann, kommt es nicht an).

633 *BGHZ* 67, 242 (248 f.).

634 *Kreft* in: MünchKomm-InsO § 105 Rdnr. 14.

zelfall vorrangig berücksichtigt werden, ohne dass man den Teilbarkeitsbegriff von Urteil zu Urteil mit vielen unterschiedlichen Interessen abstrakt anreichert. Stellt man auch hier zunächst einmal auf den Zweck des § 36 Abs. 2 VglO zugrunde liegenden Begriffs des Wiederkehrschuldverhältnisses ab, so scheidet die Teilbarkeit von vornherein dann aus, wenn die Leistung wie soeben beschrieben für den Schuldner keine notwendige Bedeutung hat. Das Ergebnis (der Vertragspartner wird vom Vergleichsverfahren nicht betroffen) muss nicht durch eine abstrakte Formel gewonnen werden. Wenn aber nach dem Sinn des § 36 Abs. 2 VglO die Leistungen als teilbar qualifiziert werden sollen, so stellt die Formel von der Feststellbarkeit und Bewertbarkeit der Leistungen doch den einfachsten Weg dar, das Ausfallrisiko des Vertragspartners zu ermitteln.

Zwar können sich in der Praxis durchaus Probleme bei der Feststellung und Bewertung der Leistungen ergeben, insbesondere dann, wenn (anders als im Fall, wo eine Sachleistung bereits teilweise erbracht wurde) einer bestimmten Anzahlung ein entsprechender Gegenleistungsteil zuzuordnen ist. Die Bewertung hat jedoch auf Grundlage des Vertrages und nach objektiven Gesichtspunkten zu erfolgen. Im Zweifel muss das Ausfallrisiko des Vertragspartners nach § 45 InsO geschätzt werden.[635] Der Praxis dürfte die Feststellung und Bewertung einer Leistung letztlich jedoch keine großen Schwierigkeiten bereiten.[636]

Zum gleichen Ergebnis dürfte man aber auch dann kommen, wenn man weiterhin an der Formel der Aufspaltbarkeit festhalten will und die Zuordnung von Leistung und Gegenleistung wahlweise nach objektiv[637] wirtschaftlichen oder sonstigen plausiblen Gesichtspunkten zulässt.[638] Stellt man derart die Interessen der Parteien in den Vordergrund – so wie vom *BGH* beabsichtigt – wäre es nicht notwendig gewesen, die Formel abzulehnen, nach der eine Leistung schon dann teilbar ist, wenn sich Umfang und Art der Teilleistung zu einem bestimmten Stichtag tatsächlich feststellen und berechnen lassen.[639] Die Unterscheidung zwischen teilbaren und unteilbaren Leistungen behält so durchaus eine Bedeutung. Es ist nicht „fast immer so"[640], dass alle Leistungen ansonsten immer teilbar sind.

Abschließend wird noch darauf hingewiesen, dass auch die Unteilbarkeit einer Leistung nicht zwangsläufig den Bedürfnissen nach einem Vergleich entgegensteht, weil der Schuldner – bereits nach damaliger Rechtslage – im Falle, dass

---

635 A. A. *Krull* ZInsO 1998, 291 (293).

636 *Linder* S. 131 unter Hinweis auf *Scherer* NZI 2004, 113 (117).

637 *Linder* S. 130.

638 *Krull* ZInsO 1998, 291 (293); *Langhein* ZIP 1985, 385 (390); *Tintelnot* in: *Kübler/Prütting* InsO § 105 Rdnr. 4.

639 *BGHZ* 67, 242 (248).

640 *BGHZ* 67, 242 (248 f.).

der Vertrag für das Zustandekommen eines Vergleichs ungünstig ist, den Vertrag nach § 50 VglO ablehnen konnte, mit der Folge, dass der Gläubiger mit seiner Forderung doch am Vergleichsverfahren teilnimmt, § 52 VglO. Dies erachtet der *BGH* ausdrücklich als „angemessene Regelung".[641] Nichts anderes gilt aber nach geltendem Recht für die §§ 103 ff. InsO und nach dem, was im Rahmen dieser Arbeit gesagt wurde. Ist für den Verwalter der Vertrag ungünstig, weil er, würde er Erfüllung verlangen, bei Unteilbarkeit der Leistung auch die Rückstände begleichen müsste, so muss er die Erfüllung ablehnen, mit der Folge, dass der Vertragspartner gem. § 103 Abs. 2 InsO mit einem Schadensersatzanspruch an der Insolvenz teilnehmen kann.

III. Entscheidung des *BGH* vom 05. Mai 1977, *BGHZ* 68, 379[642]

In diesem vom *BGH* entschiedenen Fall ging es nicht um den Begriff der Teilbarkeit. Insgesamt darf bezweifelt werden, ob die Entscheidung überhaupt Einfluss auf den Teilbarkeitsbegriff nehmen kann, da nach dem Sachverhalt der Schuldner teilweise Vorleistungen an den Vertragspartner erbracht hatte.[643] Dennoch sind die Ausführungen des *BGH* aufschlussreich.

Das Gericht verneint einen Zahlungsanspruch des Konkursverwalters für vor Verfahrenseröffnung teilweise erbrachte Leistungen des Schuldners, da der Vertragspartner hiergegen mit einem Schadensersatzanspruch aus einem Deckungsgeschäft aufrechnen könne.[644] Bezüglich der erbrachten Teilleistungen führt der *BGH* aus, dass sich der Vertrag durch die Ablehnungsentscheidung des Verwalters umgestalte. An die Stelle des gegenseitigen Schuldverhältnisses trete der einseitige Anspruch des Vertragsgegners auf Schadensersatz wegen Nichterfüllung.[645] Innerhalb des an die Stelle des Vertrags getretenen Abrechnungsverhältnisses seien die vom Gemeinschuldner vor Eröffnung des Verfahrens erbrachten Teilleistungen nur Rechnungsposten bei der Ermittlung des dem Vertragspartner entstandenen Schadens. Übersteige der Wert der Teilleistung den dem Vertragspartner durch die Erfüllungsverweigerung entstandenen Schaden nicht, so könne der Konkursverwalter nichts zur Masse verlangen. Das könne er

---

641 *BGHZ* 67, 242 (252).

642 NJW 1977, 1345 = MDR 1977, 832 = JR 1977, 465 = LM § 17 KO Nr. 9.

643 Der Fall ist unkompliziert: Der Schuldner erbrachte Handwerksleistungen an den Vertragspartner. Später fiel er in Konkurs. Der Verwalter verlangt Bezahlung der Teilleistungen zur Masse, wogegen der Vertragspartner mit einem Schadensersatzanspruch aus anderweitiger Leistungsbeziehung aufrechnet. Hierüber kommt es zum Streit.

644 Siehe auch *BGH* ZIP 1995, 926; *OLG* Celle WM 1993, 1653.

645 Vgl. schon z.B. *BGH* NJW 1962, 153 (155); *BGH* NJW 1962, 2296 (2297); *BGH* NJW 1963, 1869 (1870).

nur, wenn dem Vertragspartner durch die Ablehnung der Erfüllung kein Schaden entstanden sei oder dessen Schaden niedriger sei als der Wert der Teilleistung des Gemeinschuldners.[646] Eine solche „Aufspaltung" eines Vertragsverhältnisses in einen nicht erfüllten und einen erfüllten Teil sei dem bürgerlichen Recht nicht fremd.[647]

Aufschlussreich ist, wie der *BGH* das Ergebnis rechtfertigt. Er sieht den Sinn des § 17 KO darin, den Vertragspartner bei einem gegenseitigen Vertrag zu schützen.[648] Daraus erklärt sich auch, warum die Aufrechnung im Konkurs zugelassen wird. Der Schadensersatzanspruch bestehe schon aufschiebend bedingt vor Verfahrenseröffnung.[649] Der *BGH* will eine unkomplizierte und klare Abwicklung des Geschäfts im Konkursfall. Zur Spaltung des Vertrages soll dabei offensichtlich ausreichen, dass der Wert der vom Schuldner erbrachten Teilleistung berechnet werden kann. Für den umgekehrten Fall, also bei Vorleistungen des Vertragspartners, hat das Gericht dies gerade nicht ausreichen lassen.[650]

Die Aufspaltung eines einheitlichen Vertragsverhältnisses in Fällen, in denen der Schuldner Leistungen vor Verfahrenseröffnung teilweise erbracht hat, ist aus Sicht des Insolvenzrechts konsequent. Ziel des Verfahrens ist es nämlich, das vorhandene Vermögen des Schuldners zu verwerten. Aus diesem Grunde muss auch der bei Verfahrenseröffnung aktuelle Bestand der Masse festgelegt werden können. Hat der Schuldner demnach seine Leistung bereits teilweise erbracht, so steht ihm (und damit der Masse, § 35 InsO) bei Teilbarkeit von Leitung und Gegenleistung auch die Gegenleistung zumindest teilweise (einredefrei) zu. Der *BGH* erwähnt, dass eine derartige Aufspaltung dem bürgerlichen Recht nicht fremd sei und nimmt dabei Bezug auf sein Urteil vom 01. Februar 1962[651], bei dem nach dem Sachverhalt der Gläubiger eine teilweise bewirkte Leistung angenommen und gegenüber dem Werklohnanspruch des Schuldners mit dem Schadensersatzanspruch hinsichtlich des nicht erbrachten Vertragsteils aufgerechnet hat. Diese Aufrechnung war zulässig, weil der Schuldner vertraglich dazu verpflichtet war, Baggerarbeiten mit zwei unterschiedlichen Baggern durchzuführen, dabei aber nur den O. und K.-Bagger eingesetzt und die mit dem Dewag-Bagger zu leistende Arbeit nicht erbracht hatte.[652] Die geschuldete Leistung war demnach teilbar. Die Teilbarkeit gründet sich hierbei aber allein darauf,

646 *BGHZ* 68, 379 (380).
647 *BGHZ* 36, 316 (318).
648 *BGHZ* 68, 379 (381).
649 *BGHZ* 68, 379 (381).
650 *BGHZ* 67, 242 (248 f.); siehe bei *Kreft* in: MünchKomm-InsO § 105 Rdnr. 11.
651 VII ZR 213/60, *BGHZ* 36, 316 = WM 1962, 484.
652 *BGHZ* 36, 316 (318).

dass zwei Bagger einzusetzen waren und ein Schaden für den ausgebliebenen Leistungsteil genau benannt werden konnte.[653]

Die Teilbarkeit zu bejahen war richtig, um die Reichweite des Aufrechnungsrechts zu bestimmen. Diesen Aspekt auf das Insolvenzrecht (§ 103 InsO) zu übertragen, war konsequent. Dabei sollte zugleich der Unterschied zu den Fällen beachtet werden, in denen der Vertragspartner teilweise vorgeleistet hat. Hier hat der Schuldner etwas erhalten, was mit Verfahrenseröffnung in die Masse fließt. Verneint man grundsätzlich eine Pflicht des Verwalters, aus Massemitteln diese Vorleistung zu vergüten, so wird deutlich, dass es dabei nicht um Masse„schutz"[654], sondern um eine Verkürzung der Rechte des Vertragspartners geht.[655]

Das Urteil kann damit letztlich für die Teilbarkeitsfrage in § 105 S. 1 InsO nicht maßgeblich sein. Es ist aber ein Beleg dafür, dass der *BGH* im Grundsatz davon ausgeht, dass der gegenseitige Vertrag auch im Konkurs geschützt werden muss.

IV. Entscheidung des *BGH* vom 10. März 1994, *BGHZ* 125, 270[656]

Zeitlich vor der Entscheidung vom 10. März 1994 erging das Urteil des *BGH* vom 21. April 1982[657], in dem die Teilbarkeitsfrage zwar angesprochen, nicht aber entscheidungserheblich gewesen ist. Hier bezog die Schuldnerin Strom von einem Energieversorgungsunternehmen zum Normaltarif. Als das Vergleichsverfahren beantragt wurde, brachte der vorläufige Vergleichsverwalter gegenüber dem Stromlieferanten zum Ausdruck, dass er den Verbrauch bis zur Beantragung des Verfahrens als Vergleichsforderung betrachten, den Verbrauch ab diesem Zeitpunkt aber aus Massemitteln bewirken wolle. Später wurde der Anschlusskonkurs eröffnet. Das Versorgungsunternehmen als Kläger will die Stromrechnung für den Zeitraum zwischen Stellung des Antrags auf Eröffnung des Vergleichsverfahrens und Eröffnung des Konkursverfahrens als Masseforderung betrachtet sehen.

Hauptsächliche Bedeutung für dieses Urteil hatte die Frage, ob in dem Verhalten des Vergleichsverwalters die Erfüllungswahl hinsichtlich des Vertrages gesehen werden kann.[658] Die Frage, ob die gegenseitigen Leistungen teilbar wa-

653 *BGHZ* 36, 316 (318) (oben).
654 Schutz bedarf es nur vor *ungerechtfertigter* Inanspruchnahme.
655 Vgl. *Wegener* in: FK-InsO § 103 Rdnrn. 65 ff.; *Marotzke* in: HK-InsO § 103 Rdnr. 46.
656 NJW 1994, 1858 = MDR 1994, 794 = LM § 556 BGB Nr. 16 = KTS 1994, 391 = WiB 1994, 741 (m. Anm. *Waldner*) = EWiR 1994, 717 (m. Anm. *Mohrbutter*).
657 *BGHZ* 83, 359, in Ergänzung des Urteils des *BGH* vom 01. Juli 1981, *BGHZ* 81, 90.
658 Vgl. *Wegener* in: FK-InsO § 103 Rdnrn. 50 ff.

ren, hat der *BGH* ausdrücklich nicht für entscheidungserheblich erachtet[659] und daher offen gelassen.[660]

Auch die Entscheidung in *BGHZ* 125, 270 enthält keine neuen oder für ein besseres Verständnis sorgenden Ausführungen zur Teilbarkeitsfrage. Vordergründig geht es vielmehr um die konkrete Subsumtion eines Sachverhalts unter § 36 Abs. 2 VglO. Im Wesentlichen liegt dem Urteil folgender Sachverhalt zugrunde: Ein Verpächter (späterer Kläger) verpachtete ein Grundstück an die spätere Vergleichsschuldnerin. Nach dem Vertrag zwischen den Parteien verpflichtete sich die Pächterin zusätzlich dazu, bei Ablauf des Vertrages die von ihr errichteten Gebäude zu beseitigen und das Grundstück in den ursprünglichen Zustand zu versetzen. Am 30. Juni 1983 wurde das Vergleichsverfahren eröffnet. Der Vergleichsverwalter vermietete das Grundstück anderweitig. Am 03. September 1990 kündigte der Verwalter das Pachtverhältnis. Der Kläger verlangt, dass der Verwalter die Gebäude beseitigt und dass das Grundstück in den ursprünglichen Zustand versetzt wird.

Obwohl es nicht um den Teilbarkeitsbegriff als solchen geht, lohnt eine nähere Betrachtung des Urteils. Das Gericht versucht nämlich, die Teilbarkeit des Wiederherstellungsanspruchs zu begründen. Diese auf den ersten Blick etwas fern liegende Prüfung ließ eine zunehmend „massefreundlichere“ Rechtsprechung des *BGH* vermuten, die sich in der Folgezeit auch tatsächlich eingestellt hat.[661]

Der *BGH* nimmt zunächst an, dass der Wiederherstellungsanspruch in einem Austauschverhältnis zur Gebrauchsgewährung stehe, da die Erfüllung mit erheblichen Kosten verbunden sei.[662] Aus diesem Grunde werde der Anspruch grundsätzlich von § 36 VglO erfasst, wobei das Gericht offen lässt, ob der Anspruch im synallagmatischen Zusammenhang steht oder nur generell auf einem gegenseitigen Vertrag beruhen muss.[663] Sodann prüft das Gericht die Teilbarkeit die-

---

659 *BGHZ* 83, 359 (362 a. E.).

660 Im Ergebnis lehnt das Gericht es ab, in dem Verhalten des Verwalters eine Erfüllungswahl zu erblicken. Allein aus dem Weiterbezug der Energie könne man nicht auf einen solchen Willen schließen. Dies gelte zumindest, wenn der Vertrag, wie hier, zum Normaltarif geschlossen ist. Bei Sonderabnehmerverträgen gelte dies nicht, vgl. *BGHZ* 83, 359 (363). Infolgedessen nimmt der *BGH* an, die weitere Vertragserfüllung sei abgelehnt worden, das Energieversorgungsunternehmen habe aber entsprechend dem Kontrahierungszwang aus § 6 EWG einen neuen Vertrag geschlossen, *BGHZ* 83, 359 (364).

661 Hierzu auch *Scheffler* ZIP 2001, 1182 (1183 f.); vgl. auch *Kesseler* RNotZ 2004, 176 (204).

662 Siehe dazu die Anmerkung von *Mohrbutter* EWiR 1994, 717 f.

663 *BGHZ* 125, 270 (273/274).

ses Anspruchs nach § 36 Abs. 2 VglO. Hierbei bestätigt der *BGH* im Grunde nur seine Rechtsprechung nach *BGHZ* 67, 242. *Teilbarkeit liege demnach dann vor, wenn sich eine Leistung in hinreichend verselbständigte Teile aufspalten lässt.*[664] Deutlich wird noch einmal betont, dass es nicht ausreicht, wenn sich der Umfang und die Art einer erbrachten Teilleistung zu einem bestimmten Stichtag tatsächlich feststellen und berechnen lassen. Andernfalls würde § 36 Abs. 1 VglO leer laufen, weil eine derartige Feststellung und Berechnung praktisch immer möglich seien.[665]

Nach diesen Grundsätzen versucht der *BGH*, den Wiederherstellungsanspruch unter § 36 Abs. 2 VglO zu subsumieren: *„Die dem Mieter oder Pächter vereinbarungsgemäß als Hauptpflicht obliegende Wiederherstellung ist der Gebrauchsgewährung zugeordnet. [...] Sobald eine – von mehreren – Veränderungen vorgenommen ist, steht der dadurch ausgelöste Teil des Wiederherstellungsanspruchs in einer Wechselbeziehung zu dem bis dahin gewährten Gebrauch. Wurde dieser Tatbestand vor der Eröffnung des Vergleichsverfahrens verwirklicht, ist es gerechtfertigt, den entsprechenden Teil des Wiederherstellungsanspruchs – ungeachtet der Fortsetzung des Vertrages – als Vergleichsforderung einzustufen, so wie auch der Anspruch auf bis dahin geschuldeten Miet- oder Pachtzins Vergleichsforderung bleibt".*[666]

Ob man dem *BGH* nun zustimmen[667] soll oder nicht[668], kann dahingestellt bleiben. Aus dem Urteil kann man aber eine wichtige Erkenntnis ziehen: Der IX. Zivilsenat leitet eine massefreundliche Rechtsprechung ein, die von Anfang an durch Konstruktivismen geleitet ist. Diese sind notwendig, um die vom Gericht gewünschten Ergebnisse zu erzielen. Richtigerweise kann man nicht annehmen, dass der Wiederherstellungsanspruch überhaupt in einem synallagmatischen Verhältnis zur Gebrauchsüberlassung steht.[669] Der Verpächter überlässt dem Pächter die Sache nicht, *damit* dieser bei Beendigung den ursprünglichen Zustand wieder herstellt, sondern weil er sich überhaupt erst dazu bereit erklärt hat. Die Wiederherstellungspflicht ist nur eine „Bedingung" für die Gebrauchsüberlassung. Nach geltendem Recht wäre es verfehlt, das Wahlrecht des Insolvenzverwalters auch auf die Wiederherstellungspflicht zu erstrecken. Gleichgültig ob man die nach dem Pachtvertrag geschuldeten Leistungen als teilbar qualifiziert, kommt eine Subsumtion des Wiederherstellungsanspruchs unter das Merkmal

---

664 *BGHZ* 125, 270 (274).
665 *BGHZ* 125, 270 (275).
666 *BGHZ* 125, 270 (276).
667 Zustimmend *Mohrbutter* EWiR 1994, 717; *Jendrek* WuB VI A § 36 VglO 1.94.
668 Gegen die Qualifizierung des Wiederherstellungsanspruchs als teilbar *Waldner* WiB 1994, 741.
669 Vgl. für § 103 InsO *Keller* Insolvenzrecht Rdnr. 1087.

„teilbare Leistung“ gar nicht erst in Betracht. Führt der Verwalter den Vertrag fort, muss er bei Beendigung des Pachtverhältnisses auch der Wiederherstellungspflicht nachkommen. Lehnt er die Fortführung ab, bleiben dem Vertragspartner nur die Rechte aus § 103 Abs. 2 InsO. In die Berechnung des Schadensersatzes fließt auch der vereitelte Wiederherstellungsanspruch ein.

In den *BGHZ* 125, 270 vorangegangenen Entscheidungen hatte der *BGH* stets die hinter der Rechtsnorm stehenden Wertungen herangezogen, um eine Leistung als teilbar zu qualifizieren. Erstmalig verzichtet das Gericht hierauf und scheint sich ausschließlich von einem möglichst effektiven Masseschutz leiten zu lassen. Besinnt man sich auf den rechtspolitischen Hintergrund des § 36 Abs. 2 VglO, so ist die Qualifizierung des Wiederherstellungsanspruchs als teilbar verfehlt. Es bestand aus Gründen, dem Schuldner das Weiterwirtschaften mit Mitteln des Vertragspartners zu ermöglichen, gar nicht die Notwendigkeit, dem Verpächter den Wiederherstellungsanspruch quasi zu entziehen. Dies zeigt sich darin, dass der Verwalter die auf dem Grundstück errichtete Tankstelle ohnehin nicht weiterbetrieben hat.[670] Aus diesem Grunde hätte der Verwalter die Fortführung des Pachtvertrages auch gleich ablehnen können. Stattdessen vermietete er das Grundstück nacheinander an Unternehmen der Kfz-Reparatur- und Tankreinigungsbranche. Bejaht man dann die Teilbarkeit des Wiederherstellungsanspruchs, so geht es im Grunde nur noch darum, auf Kosten des Vertragspartners der Masse den ihr in der Weise nicht zustehenden größtmöglichen Nutzen zuzusprechen. Der Verpächter hat im Übrigen durch den Wiederherstellungsanspruch auch keinen besonderen Einfluss auf das Schuldnervermögen genommen. Seine Einflussmöglichkeit beschränkt sich auf die Geltendmachung der Pachtforderungen.[671]

V. Entscheidung des *BGH* vom 04. Mai 1995, *BGHZ* 129, 336[672]

Das folgende Urteil erging zu § 17 KO. Der zu entscheidende Sachverhalt hatte nichts mit dem Teilbarkeitsbegriff des § 36 Abs. 2 VglO zu tun und würde auch nach geltendem Recht nicht die Problematik der Teilbarkeit von Leistungen nach § 105 S. 1 InsO betreffen, da erneut die Beurteilung von teilweisen Vor-

---

670 *BGHZ* 125, 270 (271).

671 Siehe auch die ablehnende Anmerkung von *Waldner* WiB 1994, 741 f. – A. A. wohl *Tintelnot* in: *Kübler/Prütting* InsO § 105 Rdnr. 10 (a. E.).

672 NJW 1995, 1966 = MDR 1996, 161 = JZ 1996, 49 (m. Anm. *Bork*) = LM § 17 KO Nr. 31 (m. Anm. *Marotzke*) = DB 1995, 1597 (m. Anm. *Zahn*) = EWiR 1995, 691 (m. Anm. *Uhlenbruck*) = JuS 1995, 839 (m. Anm. *K. Schmidt*).

leistungen des Schuldners im Raum steht.[673] Dennoch kommt es in diesem Fall auf die Teilbarkeit der bereits erbrachten Leistungen an, und zwar weil sich fragt, ob der Vertragspartner mit anderweitigen vorkonkurslichen Forderungen gegen den teilweisen Gegenanspruch des Schuldners, der aus der teilweisen Vorleistung resultiert, aufrechnen können oder ob etwa eine Vorausabtretung des Schuldners in Höhe der Gegenleistung für die Teilleistung wirksam sein soll.[674]

Zum Sachverhalt: Im Grunde gestaltet sich der Sachverhalt ganz banal. Die Bundesrepublik Deutschland (BRD) beauftragte die spätere Gemeinschuldnerin mit der Durchführung von Rohbauarbeiten. Am 31. Oktober 1987 kam es zur Eröffnung des Konkursverfahrens. Der Konkursverwalter verklagte die BRD auf Zahlung des Werklohns für die bis zur Eröffnung erbrachten Leistungen. Die BRD rechnete jedoch mit vorkonkurslichen Steuerforderungen auf.

Der *BGH* bejahte die Aufrechnungsmöglichkeit der BRD und verneinte infolgedessen den Anspruch des Konkursverwalters auf die Werklohnzahlung. Das Gericht geht davon aus, dass der Zweck des § 17 KO, der in dem Schutz der Masse liege, nur verlange, die Aufrechnung gegen die Forderung des Schuldners aus dem von ihm bei Verfahrenseröffnung noch unerfüllten Vertragsteil für unzulässig zu erachten. Denn nur insoweit habe die Masse noch Aufwendungen zu erbringen und nur insoweit würde der Sinn des § 17 KO in sein Gegenteil verkehrt.[675] Gleiches gelte für eine Vorausabtretung.

Auffällig ist, dass in der Entscheidung wenig von dem in vorangegangenen Entscheidungen[676] noch hervorgehobenen den Vertragspartner schützenden Zweck des § 17 KO übrig bleibt. Das Gericht argumentiert ausschließlich mit dem Zweck des § 17 KO, die Masse zu schützen.[677] Gerade an dieser Stelle lässt sich aber Kritik anbringen: Richtig ist, dass die Masse der gleichmäßigen Befriedigung aller Gläubiger dient. Ob eine konkrete Forderung aber Bestandteil der Masse ist, kann nicht mit dem Interesse der Gläubigergesamtheit begründet werden[678], sondern hängt von den sachlichen Differenzierungskriterien ab, die sich aus dem Verhältnis der einzelnen Gläubiger zueinander ergeben müssen – und zwar immer unter Betrachtung des Verhältnisses zwischen dem Gläubiger, gegen den sich die etwaige Masseforderung richtet und den übrigen Insolvenz-

---

673 *Krull* InVo 1998, 180 übersieht dies und analysiert infolgedessen das Urteil hinsichtlich des in § 105 InsO geltenden Teilbarkeitsbegriffs, *Krull* InVO 1998, 183.

674 Vgl. *BGHZ* 129, 336 (339).

675 *BGHZ* 129, 336 (340).

676 Siehe etwa *BGHZ* 58, 246 (249); *BGHZ* 68, 379 (383); auch *Lichtenberger* NJW 1977, 519 (520).

677 Siehe insbesondere *BGHZ* 129, 336 (340).

678 Siehe aber *BGHZ* 129, 336 (339).

gläubigern. Weiterhin ist dann noch danach zu fragen, wie sich der Masseschutz gestaltet. Dabei ist es nicht unbedingt erforderlich, dass der Anspruch gegen einen konkreten Vertragspartner in die Masse eingestellt wird. Dem Masseschutz wird auch dann Rechnung getragen, wenn die Masse, für den Fall dass Aufrechnung oder Abtretung als wirksam betrachtet werden, um einen Regressanspruch angereichert wird.[679] Rechtfertigen ließe sich diese Folge über den Surrogationsgedanken.[680] Wenn der Masse die Gegenleistung für die von ihr zu erbringenden Leistungen zusteht, muss ihr ein Ausgleichsanspruch auch für den Fall zustehen, dass Dritte Leistungen erhalten, die ihnen im Verhältnis der Gläubiger zueinander nicht zustehen. Dies ist bei teilweise erfüllten Verträgen der Teil der Gegenleistung, welcher den Teilleistungen entspricht, die aus der Masse erbracht worden sind.[681] Da dieser Teil allein der Masse zustehen soll, ergibt sich ein Regressanspruch aus ungerechtfertigter Bereicherung.[682]

In den Ausführungen des Urteils findet sich auch keine Antwort auf die Frage, wann die gegenseitigen Leistungen bei teilweiser Vorleistung des Schuldners teilbar sein sollen. Stattdessen betont der *BGH* erneut, dass die Aufspaltung eines einheitlichen Vertragsverhältnisses dem geltenden Recht nicht fremd sei[683] und verweist auf die Rechtslage zu § 36 Abs. 2 VglO[684], die indes eine andere Sachverhaltskonstellation zur Voraussetzung hat. Die Frage, wie sich die Rechtslage gar im Fall einer unteilbaren Gegenleistung darstellt, lässt das Gericht ausdrücklich offen.[685]

Bei der dem Urteil zugrunde liegenden Sachverhaltskonstellation konnte der *BGH* auf eine Formel zur Teilbarkeit verzichten, weil der Vertragspartner die Leistungen des Schuldners in Geld zu vergüten hatte. Es reicht offensichtlich aus, dass die Leistung des Schuldners irgendwie bewertet werden kann, um zu sagen, in welcher Höhe eine Aufrechnungslage besteht. Auch zu § 105 S. 1 InsO könnte man vertreten, die Norm verlange schon tatbestandsmäßig, dass der Vertragspartner gegen den Schuldner immer einen Geldzahlungsanspruch hat, den es zu „teilen" gilt.[686] Darauf kommt es hier aber nicht an. Das Gericht brauchte im Ergebnis auch keine Teilbarkeitsformel zu finden, da die Höhe der Werk-

679 Siehe schon *Henckel* in: Festschrift für *H.-P. Kirchhof*, S. 191 (205 f.).
680 Dazu *Kepplinger* S. 275 ff.
681 *Henckel* in: Festschrift für *H.-P. Kirchhof*, S. 191 (207).
682 Ausführlich *Jaeger/Henckel* KO § 17 Rdnr. 145; *Wieser* JZ 2003, 231 ff.
683 Siehe schon *BGHZ* 36, 316 (318); *BGHZ* 68, 379 = NJW 1977, 1345 (1346).
684 *BGHZ* 129, 336 (342).
685 *BGHZ* 129, 336 (343).
686 Dies könnte sich aus der Formulierung *„so ist er mit der Teilleistung entsprechenden* Betrag *seines Anspruchs auf die Gegenleistung…"* ergeben, vgl. *Marotzke* in: HK-InsO § 105 Rdnr. 17 m. w. Nachw.

lohnforderung zwischen den Parteien unstreitig war.[687] Die Anmerkungen können sich daher auf die Frage beschränken, ob das Ergebnis der Zustimmung verdient oder nicht. Das Urteil wäre nur dann zustimmungswürdig, wenn es vornehmlich mit dem Gebot der Gläubigergleichbehandlung gerechtfertigt werden kann, wovon der *BGH* selbst ausgeht.

Bei genauer Betrachtung kann der Gläubigergleichbehandlungsgrundsatz bei teilweisen Vorleistungen des Schuldners allerdings nur mittelbar als Beurteilungsmaßstab herangezogen werden. Der Blick wird etwas dadurch verstellt, dass gerade in den vom *BGH* mit ins Auge gefassten Fällen der Vorausabtretungen durch den Schuldner[688] die vertraglichen Verhältnisse zu Dritten mitbeurteilt werden müssen. Rechnet der Vertragspartner selbst dagegen auf, so kommt auch in dieser Variante eine weitere schuldrechtliche Beziehung ins Spiel. Macht man sich klar, was der Gläubigergleichbehandlungsgrundsatz aussagt, so wird auch der Unterschied, der sich zwischen teilweisen Vorleistungen des Vertragspartners und teilweisen Vorleistungen des Schuldners ergibt, deutlich. Der Gleichbehandlungsgrundsatz verlangt, dass alle Gläubiger in Bezug auf die Masse gleichermaßen (anteilig) ihre Rechte geltend machen können, bzw. dass die Masse zur Befriedigung aller Gläubiger gleichermaßen verwendet wird (§ 1 InsO). Alle Gläubiger, die einen Vermögensanspruch gegen den Schuldner haben, erhalten bei Verfahrenseröffnung nur noch die Quote aus der Masse (§ 38 InsO). Demnach ist es nicht ganz richtig, zu formulieren, § 17 KO diene dem Zweck, die Masse zu schützen. Um die Masse geht es nicht. Nur bei den Vorschriften über die Insolvenzanfechtung steht der Zweck des Masseschutzes durch Masseanreicherung im Vordergrund.[689] Bei § 17 KO – gleichermaßen wie bei § 103 InsO – geht es um die Frage, ob der Verwalter einen gegenseitigen Vertrag zum Vorteil der Gläubigergesamtheit – weil die Masse angereichert werden könnte – erfüllt oder nicht. Richtig ist daher, dass der Konkursverwalter das durch § 17 KO eröffnete Wahlrecht zum Vorteil der Gesamtheit der Gläubiger ausüben soll.[690] Nun mag man einwenden, der Schutz der Masse korreliere mit dem Vorteil der Gläubigergesamtheit. Der Unterschied ist aber, dass die Betrachtung der Gläubigergesamtheit im Kontext des Gläubigergleichbehandlungsgrundsatzes eine differenzierte Betrachtungsweise zulässt, die sich aus dem Verhältnis des einzelnen Gläubigers zur Masse allein nicht ergibt. Im ersteren Fall kann man

---

687 *BGHZ* 129, 336 (337).

688 *BGHZ* 129, 336 (339).

689 *Pilgram* Ökonomische Analyse S. 194/195; *Adam* (DZWiR 1998, 227 [228]) ist hingegen der Meinung, auch § 103 InsO diene der Massemehrung.

690 *BGHZ* 106, 236 (244) = EWiR 1989, 283 (m. Anm. *Pape*); *BGHZ* 116, 156 (159) = LM § 17 KO, Nr. 30 Bl. 1 (m. Anm. *Stürner*) = EWiR 1992, 71 (m. Anm. *Marotzke*) = EWiR 1993, 697 (m. Anm. *Paulus*); *BGHZ* 129, 336 (340); *Bruns* ZZP 110 (1997), 305 (308).

immer danach fragen, ob der einzelne Gläubiger wirklich im Verhältnis zu allen anderen Gläubigern gleichbehandelt werden muss oder ob sachliche Kriterien für eine Ungleichbehandlung zu finden sind. Mit Blick auf die Masse kann die Frage dann aber nur lauten, ob der einzelne Gläubiger einen Anspruch gegen die Masse haben soll oder nicht. Dies kommt nur in Betracht, wenn er im Verhältnis zu den anderen Gläubigern zu privilegieren ist. Besser ist es daher von vornherein auf das Verhältnis der einzelnen Gläubiger zueinander abzustellen.

Diese Betrachtung zeigt den Unterschied zwischen § 105 S. 1 InsO und den Fällen, in denen der Schuldner teilweise Vorleistungen erbringt. Im ersten Fall geht es um die Frage, ob der Vertragspartner einen Anspruch gegen die Masse haben soll und in welcher Höhe dieser Anspruch besteht. Im letzten Fall hingegen geht es darum, den Massebestand festzulegen.[691] Dass der Verwalter einen Vertrag nach § 103 InsO erfüllen möchte, sagt nichts darüber aus, welche Rechte der Vertragspartner auf der anderen Seite gegenüber der Masse geltend machen kann. Ob der Vertragspartner mit einer anderweitigen vorinsolvenzlichen Forderung aufrechnen können soll, hängt nach § 94 InsO davon ab, ob die Masse im Zeitpunkt der Verfahrenseröffnung schon einen (teilweisen) Anspruch gegen den Vertragspartner erlangt hatte oder nicht.

Gleiches gilt auch für eine Vorausabtretung. Hier offenbart sich, dass es nicht um die Frage geht, wer gegen die Masse einen Anspruch hat, sondern darum, ob ein gewisser Anspruch noch in die Masse fällt. Damit aber steht der Gläubigergleichbehandlungsgrundsatz nicht unmittelbar in Frage. Im Vordergrund steht vielmehr das schuldrechtliche Verhältnis zwischen Gläubiger und Schuldner. Aus ihm heraus ist zu fragen, ob eine teilweise Aufrechnung bzw. Abtretung in Betracht kommt oder nicht.

Im vom *BGH* entschiedenen Fall stand dem nach dem Sachverhalt nichts entgegen. Im Ergebnis ist das Urteil daher, trotz Kritik an der Argumentation, richtig.[692]

Dem *BGH* ist aber schon von Anfang an in seiner Argumentation zu widersprechen, die sich auch in anderen Urteilen noch finden lässt.

---

691 Vgl. *Kesseler* RNotZ 2004, 176 (205) (Betrachtungen zur Insolvenz des Bauträgers, der Vorleistungen erbracht hat. Nicht deutlich wird hier aber, ob die Kritik des Autors sich auf die Teilbarkeit innerhalb § 105 InsO bezieht oder ob Kritik geübt wird, weil Vorleistungen des Schuldners zu bewerten sind).

692 A. A. *Krull* InVO 1998, 180 (183).

VI. Entscheidung des *BGH* vom 27. Februar 1997, *BGHZ* 135, 25[693]

Die vom *BGH* am 27. Februar 1997 getroffene Entscheidung wird heute gemeinhin mit „Sachsenmilch"-Entscheidung umschrieben: Aufgrund eines „Milchzulieferungsvertrages" belieferte die Klägerin die spätere Gemeinschuldnerin (S.milch AG) mit Milch. Später wurde die Gesamtvollstreckung über das Vermögen der Schuldnerin eröffnet. Der Verwalter wollte für die Zukunft am Milchzulieferungsvertrag festhalten, rückwirkend jedoch nicht die sich bis zur Verfahrenseröffnung aufgestauten Rückstände für schon gelieferte Milchmengen (ca. 157.000,- DM) bezahlen, auf die die Klägerin den beklagten Insolvenzverwalter in Anspruch nahm.

Obwohl das Urteil keine neue Teilbarkeitsformel enthält, verdient es doch Beachtung, die es in der Folgezeit auch erfahren hat: Der *BGH* entschied für § 17 KO in aller Deutlichkeit, dass auch bei einer Erfüllungswahl des Verwalters der Vertragspartner, wenn die ihm obliegende Leistung teilbar ist und er bei Eröffnung des Konkursverfahrens die Leistung bereits teilweise erbracht hatte, mit dem der Teilleistung entsprechenden Anspruch auf die Gegenleistung Konkursgläubiger bleibt.[694] Damit soll die Rechtsprechung die Regelung des § 105 S. 1 InsO vorweggenommen haben.[695]

Von Interesse sind an dieser Stelle lediglich die Ausführungen des Gerichts zur Zumutbarkeit des Ergebnisses für den Vertragspartner. Da das Gericht Leistungen aus Sukzessivlieferungsverträgen grundsätzlich als teilbar ansieht[696] und ein solcher Vertragstyp hier vorliegt, wurde die Frage, ob die Leistungen überhaupt teilbar sind, nicht diskutiert. Vielmehr wurde die Teilbarkeit vorausgesetzt. Wie aus anderen Urteilen bekannt, rechtfertigt das Gericht das Ergebnis mit *„einer gegenüber der bisherigen Praxis konsequenteren Anwendung der § 17 KO zugrunde liegenden Gedanken des Masseschutzes und der Gleichbehandlung der Konkursgläubiger"*.[697] Weiter wird ausgeführt, dass eine Anwendung dieses Rechtsgedankens auf einen Fall, in dem nicht der Gemeinschuldner,

---

693 NJW 1997, 2184 = MDR 1997, 671 = ZIP 1997, 688 = JZ 1998, 154 (m. Anm. *Henckel*) = KTS 1997, 488 = LM GesO Nr. 24 (6/1997) (m. Anm. *Marotzke)* = DZWiR 1998, 64 (m. Anm. *Oetker*) = InVO 1997, 150 = WiB 1997, 991 (m. Anm. *Rief*) = EWiR 1997, 517 (m. Anm. *Huber*).

694 *BGHZ* 135, 25 (LS).

695 Vgl. *Scheffler* ZIP 2001, 1182 (1184, 1185); *Huber* in: *Gottwald* Insolvenzrechtshandbuch § 35 Rdnr. 40 (a. E.); *ders.* NZI 2002, 467 (468). – Nach *Huber* ZInsO 2005, 449 (452) habe es der Regelung des § 105 InsO deshalb gar nicht erst bedurft; kritisch dazu *Henckel* JZ 1998, 155 f.

696 *BGHZ* 135, 25 (27).

697 *BGHZ* 135, 25 (27).

sondern der Vertragspartner vor Konkurseröffnung ihm obliegende teilbare Leistungen zum Teil erbracht hat, zur notwendigen Folge habe, dass die Masse für die entsprechende Gegenleistung nicht aufzukommen habe. Andernfalls hätte sie Aufwendungen für Leistungen zu erbringen, die lediglich dem Gemeinschuldner, nicht aber ihr zugeflossen sind.[698] Ausdrücklich unbeantwortet lässt das Gericht, wie zu verfahren ist, wenn die Leistungen „nicht ohne weiteres teilbar sind".[699]

Kritikwürdig ist an dem Urteil Verschiedenes: Zunächst vernachlässigt das Gericht erneut eine einzelfallbezogene Betrachtung, indem es den dem Urteil zugrunde liegenden Vertrag, da dem Typus des Sukzessivlieferungsvertrages zuzuordnen, als „grundsätzlich" teilbar ansieht. Das Gericht sagt auf den Einzelfall bezogen jedoch *„Anhaltspunkte, die vorliegend (!)*[700] *etwas anderes nahe legen könnten, bestehen nicht"*.[701] Zugegebenermaßen sucht das Gericht ein bestimmtes Ergebnis durch einen Dogmatisches Konstrukt zu erreichen.[702] Eine Rechtsfolgenbetrachtung fehlt jedoch. Wenn im Vordergrund die Einzelfallbetrachtung steht und das Ergebnis wertend betrachtet gerechtfertigt werden soll, so muss gerade die so strittige und unklare Teilbarkeitsfrage geklärt werden. Es kann keinen Sinn machen, die Frage für jeden Vertragstyp erneut aufzuwerfen und zu beantworten, ohne vorweg konkrete Einordnungskriterien zu entwickeln. Das Gericht verwendet so zu viel Aufwand damit, eine vermeintlich richtige Lösung zu suchen, die nach seiner Vorstellung irgendwo vorhanden sein muss. Begreift man die Teilbarkeitsfrage aber als „Vorfrage" für die rechtliche Lösung eines Falles mit Vorleistungsüberschuss des Vertragspartners, so lassen sich in jedem Einzelfall gerechte Ergebnisse erzielen.

Richtigerweise prüft das Gericht die Zumutbarkeit des von ihm gefundenen Ergebnisses für die Rechtstellung des Vertragspartners.[703] Ohne die Erfüllungswahl, so das Gericht, wäre die der Vorleistung entsprechende Forderung ebenfalls Konkursforderung geblieben und auch ein Schadensersatzanspruch wegen Nichterfüllung hätte der Vertragspartner nur als Konkursforderung geltend machen können. Dies erscheine angesichts der von jedem ungesicherten Gläubiger hinzunehmenden Folgen eines Konkurses im Grundsatz nicht unangemessen.[704]

Die Ausführungen mögen entsprechend der Ansicht des Gerichts konsequent sein. Sie sind aber einseitig, denn es geht bei der rechtlichen Beurteilung um ei-

698 *BGHZ* 135, 25 (27).
699 *BGHZ* 135, 25 (27).
700 Betonung nicht im Original.
701 *BGHZ* 135, 25 (27) (a. E.).
702 Vgl. auch *Henckel* JZ 1998, 155 (157).
703 *BGHZ* 135, 25 (28).
704 *BGHZ* 135, 25 (28).

nen gegenseitigen Vertrag. Ohne die Erfüllungswahl hätte auch der Verwalter vom Vertragspartner nichts mehr verlangen können. Das Dilemma besteht aber gerade darin, dass die Teilbarkeitsfrage in § 105 S. 1 InsO losgelöst von der Erfüllungswahl des Verwalters zu beantworten ist, mit anderen Worten: auf sie kommt es im Rahmen von § 105 S. 1 InsO gar nicht an.[705] Versucht man nun für jeden Vertragstyp einzeln festzulegen, ob die aufgrund des Vertrages geschuldeten Leistungen teilbar sind, um die von der Norm vorgesehene Rechtsfolge herbeizuführen, so muss man, um das eigentliche Ergebnis – eine wertungsgerechte Lösung im Einzelfall – zu finden, den gesetzlich doch abstrakten Teilbarkeitsbegriff mit einer Vielzahl von Abwägungen anreichern. Dies kann im Ergebnis nicht zu einem einheitlichen Teilbarkeitsbegriff führen. Darüber hinaus bleibt für den Rechtsunterworfenen bis zur letzten Instanz immer unklar, ob für ihn die Rechtsfolge des § 105 S. 1 InsO nun gilt oder nicht. Wie man sich letztlich aber auch entscheidet, der Teilbarkeitsbegriff wird auf diese Weise die grundsätzlichen Rechtsprinzipien nie in angemessener Weise gegeneinander abwägen können, da der Begriff mit zu viel „Einzelfallgerechtigkeit" angereichert ist.

Will man daher die Teilbarkeitsfrage abschließend klären, so bleibt nur, die im Einzelfall relevanten Wertungsfragen auszuklammern. Der Rechtsbegriff „Teilbarkeit" muss die grundsätzlichen rechtlichen Fragen „vorab" festlegen und klären. Dabei ist es natürlich zulässig, den Begriff anhand der Rechtsfolgen im Einzelfall zu erproben. Auf diese Weise ist bis hierhin hinreichend deutlich geworden, wo sich das Spannungsfeld für die Prinzipien Gläubigergleichbehandlung, Schutz des vertraglichen Synallagmas und Privatautonomie befindet. Der Begriff muss die Spannung „vorab" auflösen, bevor Einzelfallerwägungen angestellt werden. Diese ordnen sich dem Teilbarkeitsbegriff dann unter. An dieser Stelle ist das Gericht frei, die Umstände des Einzelfalls zu würdigen. Steht demnach fest, dass das Spannungsverhältnis nur dann gelöst werden kann, wenn im Einzelfall ein Verzicht auf die Einrede des nicht erfüllten Vertrages für den Vertragspartner zumutbar ist, so muss für die Anwendbarkeit des § 105 S. 1 InsO stets nur das vertragliche Verhältnis Schuldner – Gläubiger geprüft werden.

Obwohl das Gericht letztlich nur den Masseschutz in den Vordergrund stellt[706] und § 17 KO fortan nicht mehr den Schutz des Vertragspartners bezwecken soll, muss das Ergebnis nicht falsch sein. Die Umstände des Einzelfalls können es zulassen, dass der Vertragspartner die Forderung für bereits gelieferte Milchmengen nur als Konkursforderung geltend machen soll. Die genauen Umstände

705 *Wegener* in: FK-InsO § 105 Rdnr. 14.
706 Vgl. *BGHZ* 135, 25 (27).

des Einzelfalls hätten aber geprüft werden müssen. Aus den im Urteil angegebenen Sachverhaltsangaben ergibt sich dies nicht.[707]

Ein Letztes sei noch angemerkt. Wenn das Gericht betont, dass die Masse keinesfalls für Leistungen aufkommen soll, die lediglich dem Gemeinschuldner, nicht aber ihr zugeflossen[708] sind, so ist dies nicht ganz überzeugend. Es sollte nicht verkannt werden, dass das, was der Vertragspartner an den Gemeinschuldner vorgeleistet hat, schließlich in das Vermögen des Gemeinschuldners gelangt ist und dort auch nach Verfahrenseröffnung noch als Teil der Masse vorhanden oder in andere Vermögenswerte umgesetzt ist.[709] Schließlich setzt sich die Masse aus dem gesamten (unpfändbaren) Vermögen des Schuldners zusammen (§§ 35, 36 InsO). Was demnach dem Schuldner zugeflossen ist, fließt letztlich auch der Masse zu, nicht mehr und nicht weniger. Der Grund, warum der *BGH* § 17 KO „neu" auslegt und mit Blick auf § 105 S. 1 InsO dem Willen des Gesetzgebers vorgreifen möchte[710], ist somit i. E. nicht ganz überzeugend.

VII. Entscheidung des *BGH* vom 22. Februar 2001, *BGHZ* 147, 28[711]

Auch im sog. „Schiffsbauwerkfall" lag nach der Sachverhaltskonstellation ein Vorleistungsüberschuss des Gemeinschuldners vor. Dieser sollte ein Segelschiff für den später beklagten Vertragspartner erbauen. Im Zeitpunkt der Verfahrenseröffnung waren die Bauarbeiten schon zu einem guten Teil vorangeschritten. Des Weiteren hatte der Beklagte aus einem weiteren Vertrag eine Forderung in Höhe von 1,3 Mio. DM gegen den Schuldner. Nach Verfahrenseröffnung wurde das Schiff fertig gestellt und dem Beklagten übergeben. Der klagende Konkursverwalter verlangt Zahlung des Werklohns, wogegen der Beklagte mit seiner Forderung aus dem anderen Vertrag aufrechnet. Der *BGH* bejahte ein teilweise bestehendes Aufrechnungsrecht.

Nach Ansicht des Gerichts lag zur Zeit der Verfahrenseröffnung ein vom Schuldner bereits teilweise erfüllter Vertrag vor. Aus diesem soll ihm ein Werk-

---

707 So auch *Henckel* JZ 1998, 155 (157).

708 *BGHZ* 135, 25 (27); *Balthasar* in: *Nerlich/Römermann* InsO § 105 Rdnr. 4; *Hess* InsO § 105 Rdnr. 14; *Schmitz* BauR 2001, 1583 (1584); *Meyer* NZI 2001, 294 (295); *Kreft* in: MünchKomm-InsO § 105 Rdnr. 14; *Marotzke* in: HK-InsO § 105 Rdnr. 7.

709 *Henckel* KTS 2006, 487 (492).

710 *BGHZ* 135, 25 (29); *Marotzke* Gegenseitige Verträge, 3. Aufl., Rdnr. 4.149.

711 NJW 2001, 3704 = ZIP 2001, 1380 = ZInsO 2001, 708 = NZI 2001, 537 = MDR 2001, 1076 = WM 2001, 1470 = KTS 2002, 583 = EWiR 2001, 1107 (m. Anm. *Tintelnot*) = BauR 2001, 1583 (m. Anm. *Schmitz*) = LM § 17 KO Nr. 35 (m. Anm. *Pape*) = WuB VI B § 17 KO 3.02 (m. Anm. *Pape*) auch „Segelboot"-Entscheidung genannt, *Wiegmann* S. 80 (dort jedoch falsch zitiert).

lohnanspruch teilweise zustehen. Da auch der Beklagte eine Forderung gegen den Schuldner schon vor Verfahrenseröffnung hatte, blieb ihm die Aufrechnungslage gem. § 53 KO (§ 94 InsO) auch im Konkurs erhalten. Der Aufrechnung stand folglich nicht § 55 S. 1 Nr. 1 KO (§ 96 Abs. 1 Nr. 1 InsO) entgegen. Obwohl es sich bei dem zwischen den Parteien geschlossenen Vertrag um einen Werklieferungsvertrag handelt, bei dem bis zur Ablieferung an den Besteller das Werk im Eigentum des Auftragnehmers verbleibt, sieht der *BGH* keinen Anlass, den Fall so zu werten als hätte ein reiner Werkvertrag vorgelegen, bei dem das Eigentum kontinuierlich infolge gesetzlichen Eigentumsübergang an den Auftraggeber übergeht.[712]

Dem Urteil wird teilweise grundsätzliche Bedeutung zugesprochen[713], was jedoch wegen des Hauptarguments des *BGH*, ein Werklieferungsvertrag über unvertretbare Sachen sei einem Werkvertrag gleichzustellen, mit Recht bezweifelt werden darf.[714] Das Argument des *BGH* trägt nach der Schuldrechtsmodernisierung ohnehin nicht mehr, wie § 651 BGB erkennen lässt. Danach findet auf einen Werklieferungsvertrag grundsätzlich Kaufrecht Anwendung. Werkvertragsrecht gilt für unvertretbare Sachen nur noch zum Teil.

Aus Sicht des Vertragspartners ist das Urteil zunächst positiv, da ihm ein Aufrechnungsrecht in bestimmter Höhe zugesprochen wird. Indem das Gericht deutlich macht, dass der Grundsatz der Meistbegünstigung der Masse unabhängig vom Erfüllungsverlangen des Konkursverwalters im Gesetz keinen Rückhalt findet[715], kommt die Frage auf, ob die berechtigten Interessen des Vertragspartners wieder mehr in den Vordergrund gestellt werden. Mit dem Teilbarkeitsbegriff des § 105 S. 1 InsO hat die Entscheidung jedoch nichts zu tun. Dennoch prüft das Gericht die Teilbarkeit der Leistungen ganz so als läge ein Vorleistungsüberschuss des Vertragspartners vor.[716] Zitiert werden selbst einschlägige Urteile aus der Vergangenheit.[717] Was die Teilbarkeit der Leistungen angeht, so soll der entscheidende Gesichtspunkt darin liegen, *dass feststellbar bleibt, welcher Teil des Gesamtwerklohns durch die Erfüllung (Teilleistung) mit Mitteln der Masse den Rang einer Masseforderung erhält.*[718]

In nicht überzeugender Weise werden hier unterschiedliche Sachverhaltskonstellationen zu Lasten eines einheitlichen Teilbarkeitsbegriffs miteinander ver-

---

712 *BGHZ* 147, 28 (32).

713 *Schmitz* BauR 2001, 1583 (1583).

714 Vgl. *Tintelnot* EWiR 2001, 1107 f., der in dem Urteil auch vielmehr eine Billigkeitsentscheidung als ein Grundsatzurteil sieht.

715 *BGHZ* 147, 28 (32/33); *BGHZ* 155, 87 (99).

716 *BGHZ* 147, 28 (33 f.).

717 So wird Bezug genommen auf *RGZ* 155, 306; *BGHZ* 67, 242.

718 *BGHZ* 147, 28 (34).

mischt.[719] Dem folgend kommt auch *Schmitz* zum nicht überzeugenden Ergebnis, durch das Urteil sei die Frage, wie § 105 S. 1 InsO auszulegen ist, entschieden[720], nämlich im Sinne einer weiten Grenzziehung.

Zu begrüßen ist aber, dass der *BGH* nüchtern und ohne übertriebene „Massefreundlichkeit" erkennt, dass die Masse die Wahl des Verwalters mit allen Vor- und Nachteilen gegen sich gelten lassen muss.[721] Einen Grundsatz der Meistbegünstigung der Masse kennt das Gesetz eben nicht.[722] In vergleichbaren Sachverhaltskonstellationen – also bei Vorleistungsüberschüssen des Schuldners – steht die Frage im Zentrum, welche Forderungen Teil der Masse werden. Insofern ist die vom Gericht angebotene Lösung über die Grundsätze der Teilunmöglichkeit[723] und der Minderung (§§ 323, 472 a. F. BGB) sehr praxistauglich.[724]

VIII. Entscheidung des *BGH* vom 25. April 2002, *BGHZ* 150, 353[725]

Die Entscheidung[726] des *BGH* vom 25. April 2002 wird im Allgemeinen als Grundsatzentscheidung aufgefasst. Dies kann aber nur insoweit gelten, als der *BGH* seine seit 1988 vertretene „Erlöschenstheorie"[727] aufgegeben hat. An ihre Stelle tritt eine „Theorie der mangelnden Durchsetzbarkeit".[728] Der dem Urteil zugrunde liegende Sachverhalt gestaltet sich zunächst etwas komplizierter. Im

719 Krit. Anm. zum Urteil auch *Tintelnot* EWiR 2001, 1107.
720 *Schmitz* BauR 2001, 1183 (1183, 1184).
721 *BGHZ* 147, 28 (32 a. E.).
722 Dennoch hält das Gericht ausdrücklich an dem Gedanken fest, dass der Masse auch jede Gegenleistung für solche Leistungen zustehen muss, die mit Mitteln der Masse erbracht werden, *BGHZ* 147, 28 (31 a. E.).
723 So ist auch *Schmitz* BauR 2001, 1183 (1185) zu verstehen, der von „Teilungsmöglichkeit" spricht.
724 Vgl. LS des Urteils, wonach der Teillohn Masseforderung wird, „*der sich aus dem Wertverhältnis ergibt, in welchem zur Zeit der Ablieferung das fertig gestellten Schiff zu dem Schiffsbauwerk nach seinem Bauzustand bei Konkurseröffnung steht*".
725 NJW 2002, 2783 = MDR 2002, 1270 = ZInsO 2002, 577 = NZI 2002, 375 = LM GesO Nr. 83/84 = JuS 2003, 96.
726 Von einer Darstellung des Urteils vom 18. Oktober 2001 – IX ZR 493/00, *BGH* NZI 2002, 95 (= ZIP 2001, 2142) kann abgesehen werden (Anm. von *Lettl* WuB VI B § 17 KO 1.02). Von Bedeutung ist lediglich, dass der *BGH* Verträge über die Wartung von Aufzugsanlagen als teilbar (i.S. des § 17 KO) angesehen hat, *BGH* NZI 2002, 95, 96. Genauere Vertragsmodalitäten sind bei der abgedruckten Entscheidung jedoch nicht angegeben.
727 Urteil vom 11. Februar 1988, *BGHZ* 103, 250 (252 ff.) = EWiR 1988, 285 (m. Anm. *Marotzke*).
728 Vgl. *Huber* NZI 2002, 467 (468).

Ergebnis ging es jedoch um die Frage, ob dem Kläger Rechte gegenüber der Masse zustehen, die aus einer vor Verfahrenseröffnung vereinbarten Sicherungsabtretung resultieren.[729] Inwieweit dies der Fall sein soll, hängt von den Rechten des Schuldners gegenüber seinem Vertragspartner ab (Vertragsverhältnis aus dem die zedierte Forderung stammt). Damit kommt es auf die Teilbarkeit der in diesem Verhältnis geschuldeten Leistungen an. Bei dieser Betrachtung zeigt sich aber, dass nach dem Sachverhalt ein Vorleistungsüberschuss des Schuldners vorliegt. Die vom *BGH* aufgestellte Teilbarkeitsformel[730] ist daher, wie aus den vorangehend erörterten Entscheidungen bekannt, konsequent und liefert insofern nichts Neues.

Neu ist seither hingegen nur die Ansicht zur Wirkung der Insolvenzverfahrenseröffnung auf gegenseitige Verträge. Die enge Verknüpfung zwischen der Teilbarkeitsfrage und der Wirkung der Verfahrenseröffnung müssen bei der rechtlichen Beurteilung genau auseinander gehalten werden. Dies macht im Ergebnis deutlich, dass der Vorschlag zum Verständnis des Begriffs „Teilbarkeit“ im Sinne des § 105 S. 1 InsO nicht im Widerspruch zur Ansicht des *BGH* hinsichtlich der Wirkung der Verfahrenseröffnung stehen muss.

Das Ziel des *BGH* ist klar. Die Vorzüge der „Erlöschenstheorie“ sollen erhalten bleiben, zugleich sollen aber auch ihre Schwächen umgangen werden.[731] Dies wird damit erreicht, dass die bei Verfahrenseröffnung zunächst nicht durchsetzbaren Ansprüche die Rechtsqualität von originären Forderungen der und gegen die Masse erhalten. Insofern besteht kein Unterschied zur ursprünglichen „Erlöschenstheorie“. Etwas anderes gilt für die unmittelbare Wirkung der Verfahrenseröffnung. Die gegenseitigen Erfüllungsansprüche erlöschen bei Verfahrenseröffnung nicht (mehr), sondern verlieren ihre Durchsetzbarkeit (soweit sie nicht auf die anteilige Gegenleistung für vor Verfahrenseröffnung erbrachte Leistungen gerichtet sind). Das Gericht geht nunmehr zutreffend davon aus, dass das „Erlöschen“ der gegenseitigen Ansprüche nicht notwendig ist, um die erstrebten Ziele zu erreichen. Eine mit der Erfüllungswahl einhergehende Novation der Ansprüche reicht hierfür völlig aus.[732] Die dogmatische Konstruktion vom Erlöschen der Ansprüche wird jedoch ersetzt durch die, dass die mangelnde

729 Vgl. schon die vereinfachte Sachverhaltsdarstellung unter Fn. 21.

730 *BGHZ* 150, 353 LS. 1.

731 Vgl. die Anm. zum Urteil von *Marotzke* ZZP 115 (2002), 507 (509). Zu den Vorzügen zählten, dass Verfügungen des Schuldners über seinen Erfüllungsanspruch im späteren Insolvenzverfahren gegenstandslos sind (*BGHZ* 106, 236 [241 ff.]) sowie dass vor Verfahrenseröffnung erworbene Aufrechnungsbefugnisse bei Verfahrenseröffnung an § 96 Abs. 1 Nr. 1 InsO scheitern können (*BGHZ* 103, 250 [252]). Zu Unsicherheiten führt die „Erlöschenstheorie“ jedoch u. a. bei akzessorischen Sicherheiten, Nachw. bei *Marotzke* (a. a. O.) dort Fn. 9; siehe auch *Gerhardt* in: Gedächtnisschrift für *Knobbe-Keuk*, S. 169 ff.

732 *Graf/Wunsch* ZIP 2002, 2117 (2120).

Durchsetzbarkeit bei Verfahrenseröffnung durch § 320 BGB bewirkt werde. Der vom Gericht ins Feld geführte § 320 BGB führt jedoch grundsätzlich auch außerhalb der Insolvenz dazu, dass beiderseitige Erfüllungsansprüche (einseitig) nicht durchsetzbar sind (ohne Erbringung der Gegenleistung).[733] Das Gericht schränkt das Recht aus § 320 BGB aber hinsichtlich nach Verfahrenseröffnung zu erbringender Leistungen künstlich ein.

Darüber mag man sich streiten.[734] Auf die Teilbarkeitsfrage wirkt sich der Streit unmittelbar jedoch nicht aus. Auf der anderen Seite entscheidet die Teilbarkeitsfrage jedoch darüber, inwieweit die Erfüllungsansprüche bei Verfahrenseröffnung durchsetzbar sind. Dies wird durch die Formulierung „soweit sie nicht auf die anteilig Gegenleistung für vor Verfahrenseröffnung erbrachte Leistungen gerichtet sind" deutlich. Denn nur soweit es Sinn macht, Leistung und Gegenleistung auf einander zu beziehen („anteilig"), ist der Vertragspartner mit Ansprüchen aus vor Verfahrenseröffnung erbrachten Teilleistungen Insolvenzgläubiger und stehen der Masse Ansprüche aus vor Verfahrenseröffnung erbrachten Teilleistungen zu. Und auch nur insoweit kann der Schuldner durch vorinsolvenzliche Verfügungen Dritten Ansprüche gegen seinen Vertragspartner verschaffen, die bei Verfahrenseröffnung nicht mehr der Masse zustehen und nur insoweit kann der Vertragspartner mit anderweitigen vorinsolvenzlichen Forderungen gegen den Anspruch des Schuldners aufrechnen.

Bei dieser Gesamtschau muss auch wieder danach differenziert werden, dass es, was die Teilbarkeit des schuldnerischen Anspruchs anbelangt i. E. vorrangig darum geht, festzustellen, welche Vermögenspositionen bei Verfahrenseröffnung in die Masse fallen, sprich welcher Anspruch der Masse zusteht. Hierfür ist die objektive (wirtschaftliche) Feststellbarkeit und Bewertungsmöglichkeit (der vom Schuldner erbrachten Leistung) der richtige Maßstab. Der erste Leitsatz des *BGH* muss sich aufgrund der Sachverhaltskonstellation darauf jedoch beschränken. Um an dieser Stelle weiterzudenken, kann an den an anderer Stelle formulierten „Surrogationsgedanken"[735] angeknüpft werden. Verfügt nämlich der Schuldner vor Verfahrenseröffnung über seinen Erfüllungsanspruch, so ist es eine Frage der Surrogation, was der Masse bei Verfahrenseröffnung noch zusteht.[736] Dies muss nicht der ursprüngliche Erfüllungsanspruch gegen den Vertragspartner sein, sondern kann auch ein Regressanspruch gegen einen Dritten

---

733 Vgl. *Marotzke* ZZP 115 (2002), 507 (511).

734 Kritisch *Mohrbutter/Mohrbutter* DZWiR 2003, 1 (3 f.); *Elfring* BB 2004, 617 (bezogen auf das Versicherungsvertragsrecht).

735 *Marotzke* ZZP 115 (2002), 507 (512/513) unter Hinweis auf *Harder* Insolvenzrechtliche Surrogation (2002), Rdnrn. 426 ff.; siehe auch *Kepplinger* S. 275 ff.

736 *Marotzke* ZZP 115 (2002), 507 (512/513).

sein, etwa einem Zessionar. Für akzessorische Sicherheiten z.B. ergeben sich auf diese Weise keine besonderen Schwierigkeiten.

Unabhängig vom Surrogationsgedanken ist zu begrüßen, dass der *BGH* nicht erneut den Gläubigergleichbehandlungsgrundsatz bemüht, um die Teilbarkeitsformel zu rechtfertigen.[737]

Was die Teilbarkeit des gegnerischen Anspruchs angeht, enthält das Urteil keine grundsätzlichen Vorgaben. Insbesondere für § 105 S. 1 InsO spielt es insofern keine Rolle.[738] Die Formulierung des ersten Leitsatzes[739] könnte zwar vermuten lassen, dass mit dem Urteil eine grundsätzliche, möglicherweise auch eine für die InsO einheitliche Teilbarkeitsformel aufgestellt werden sollte. Dem ist indes nicht so. Um es noch einmal zu wiederholen: Aufgrund der Sachverhaltskonstellation gab das Urteil keinen Anlass dazu, den Teilbarkeitsbegriff des § 105 S. 1 InsO zu klären. Anderslautende Stimmen[740] verkennen das Urteil.

---

737 Vgl. *BGHZ* 150, 353 (358 f.).

738 Siehe *Kesseler* ZIP 2005, 2046 (2047). – A. A. etwa *Huber* ZInsO 2005, 449 (452).

739 *BGHZ* 150, 353: „*Die aufgrund gegenseitiger Verträge geschuldeten Leistungen sind regelmäßig teilbar, wenn sich die vor und nach Eröffnung des Insolvenzverfahrens erbrachten Leistungen feststellen und bewerten lasen*".

740 Etwa *Huber* NZI 2002, 467 (469), *Mohrbutter/Mohrbutter* DZWiR 2003, 1 (5) (zugleich mit kritischer Anmerkung). – Klarer hingegen *Graf/Wunsch* ZIP 2002, 2117 (2121) (differenzieren danach, wer eine Teilleistung vor Verfahrenseröffnung erbracht hat). – Zutreffend *Kesseler* ZIP 2005, 2046 (2047).

§ 8 Das Begriffsverständnis in der Literatur

Nicht nur die Rechtsprechung, sondern auch die insolvenzrechtliche Literatur hat sich des Teilbarkeitsbegriffs häufig genug angenommen.[741] Überprüft werden soll hier, ob sich eine der Definitionen, die den Überlegungen des Schrifttums entstammen, eignet, um die vorgestellten Vorgaben zu erfüllen.

I. Der weite Teilbarkeitsbegriff

Am weitesten wird der Begriff dann gefasst, wenn man es genügen lässt, *dass sich der bereits erbrachten Leistung nach vernünftigen Gesichtspunkten ein entsprechender Gegenleistungsanteil zuordnen lässt.*[742] *Dafür genügt es, dass sich die erbrachten Leistungen zu einem bestimmten Stichtag feststellen und bewerten lassen.*[743]

Der Vorzug dieser Formel liegt in der so erzielten Einheitlichkeit des Begriffs bei der Abwicklung gegenseitiger Verträge. Ohne zu unterscheiden, ob der Schuldner oder sein Vertragspartner im Zeitpunkt der Verfahrenseröffnung Teilleistungen erbracht hat, sind alle gesamtvertraglich geschuldeten Leistungen stets dann teilbar, wenn der Wert einer Teilleistung im Zeitpunkt der Verfahrenseröffnung (objektiv) festgestellt werden kann. Die Beweislast für den Umfang der erbrachten Teilleistung hätte stets die Partei zu tragen, zu deren Vorteil entweder ein möglichst geringer oder ein möglichst hoher Wert ginge.[744]

Die grundsätzlichen Bedenken gegen einen möglichst weiten Teilbarkeitsbegriff in § 105 S. 1 InsO wurden schon geäußert. Der Schutz des vertraglichen Synallagmas wird auf diese Weise unterlaufen, was nicht in jedem Einzelfall mit dem insolvenzrechtlichen Gläubigergleichbehandlungsprinzip gerechtfertigt werden kann. Deutlich werden soll dies an einem spezifisch für das Bauvertragsrecht[745] bestehenden Problem.[746]

---

741 Zu den Argumenten im Einzelnen siehe oben S. 37 ff.

742 So *Linder* S. 120, 149; *Scherer* NZI 2004, 113 (117). – Der Teilbarkeitsbegriff sei so weit/großzügig wie (praktisch) möglich auszulegen.

743 *Scherer* NZI 2004, 113 (117). Zitiert werden können gleichsam alle Autoren, die die Entscheidung *BGHZ* 150, 353 begrüßen und den Teilbarkeitsbegriff des § 105 S. 1 InsO für geklärt erachten (*Kreft* in: MünchKomm-InsO § 105 Rdnrn. 12 ff.; *ders.* in: Festschrift für *Uhlenbruck*, S. 387 [396]; *Thode* ZfIR 2000, 165 [180 ff.]; *Tintelnot* in: *Kübler/Prütting* InsO § 105 Rdnr. 4).

744 *BGHZ* 150, 353 (LS 2).

745 Ausführlich hierzu *Kesseler* RNotZ 2004, 176 ff.; *Huber* NZBau 2005, 177 ff.; *ders.* NZBau 2005, 256 ff.

Problematisch ist die Rechtslage dann, wenn der Vertragspartner (Besteller) bereits Zahlungen auf die vom Schuldner auszuführenden Leistungen erbracht hat, diese jedoch Mängel aufweisen.[747] Deutlich wird das Problem aber auch, wenn man sich im Sinne des weiten Teilbarkeitsbegriffs nur vorstellt, dass die vom Vertragspartner geleisteten Vorauszahlungen bei einem Vertrag über die Errichtung eines dreistöckigen Wohnhauses dem Werte nach nur der Errichtung des Keller- und Erdgeschosses entsprechen.[748] Da die geschuldeten Leistungen festgestellt und bewertet werden können und sich Leistung und Gegenleistung demnach aufeinander beziehen lassen, liegen teilbare Leistungen nach § 105 S. 1 InsO vor. Fällt der Bauunternehmer in Insolvenz, so muss der Besteller in jedem Fall den der Vorleistung entsprechenden Gegenleistungsanspruch (Errichtung des Keller- und Erdgeschosses) als Insolvenzforderung geltend machen (§ 45 InsO). Geradezu absurd ist die Rechtslage dann, wenn die Abwicklung des Vertrages für den Bauunternehmer insgesamt günstig ist und der Insolvenzverwalter infolgedessen die Erfüllung des Vertrages wählt (§ 103 Abs. 1 InsO). Theoretisch müsste der Verwalter dann lediglich die oberen Stockwerke aus Massemitteln errichten. Dafür ist es aber notwendig, Keller- und Erdgeschoss mitzubauen. Das Dilemma ist nun, dass hierfür ebenfalls Massemittel verwendet werden müssten. Dies ist jedoch, gerade im Angesicht der *BGH*-Rechtsprechung, nicht konsequent, wenn die Gerichte und das Schrifttum postulieren, dass die Masse nur für solche Leistungen aufkommen müsse, für die ihr auch die entsprechende Gegenleistung zufließt.[749]

Will man mit diesem Grundsatz nicht brechen, bleibt einem nichts anderes übrig, als den Vertragspartner für die der Masse zusätzlich anfallenden Kosten (ein zweites Mal) heranzuziehen.[750]

Dagegen spricht jedoch zunächst, dass auf diese Weise grundsätzliche Widersprüche entstehen. Gerade im Falle der mangelhaften Leistungserbringung durch den Schuldner würde der Vertragspartner durch die objektive Feststellbarkeit und Berechenbarkeit der Leistung für die Mangelbeseitigung selbst aufkommen müssen. Das Risiko, für Schlechtleistungen aufkommen zu müssen, würde voll-

---

746 Vgl. *Huber* NZI 2002, 467 (469, 471); siehe auch schon Fn. 31.

747 Siehe hierzu das unter Fn. 31 beschriebene Beispiel von *Kesseler* ZIP 2005, 2046 (2051).

748 Vgl. *Kreft* in: Festschrift für *Uhlenbruck*, S. 387 (400); Beispiel auch genannt von *Wiegmann* S. 88; ähnlich auch *Gottwald/Steer* MittBayNot 2005, 278 (282).

749 *BGH* NZI 2001, 537; *BGH* NJW 2001, 367 (369); *BGHZ* 147, 28 = BauR 2001, 1580 (1581); *Balthasar* in: *Nerlich/Römermann* InsO § 105 Rdnr. 4; *Hess* InsO § 105 Rdnr. 14; *Kreft* in: MünchKomm-InsO § 105 Rdnr. 14; *Marotzke* in: HK-InsO § 105 Rdnr. 7.

750 So im Ergebnis *Berscheid* in: *Uhlenbruck* InsO § 105 Rdnr. 23; *Kreft* in: Festschrift für *Uhlenbruck*, S. 387 (401). Kritisch dazu *Kesseler* ZIP 2005, 2046 (2049 f.); *ders.* MittBayNot 2006, 17 ff.

ständig auf den Vertragspartner abgewälzt, wobei nicht bestritten werden kann, dass dieses im Grundsatz dem Schuldner obliegt (§ 635 Abs. 2 BGB). *Kesseler* wies bereits darauf hin, dass sich die Situation des Insolvenzverwalters, der anstelle des Schuldners den Vertrag erfüllt, kontinuierlich verbessert, je schlechter der Insolvenzschuldner seine Leistung erbringt.[751] Das Gesetz selbst sieht eine gerade diese Rechtsfolge herbeiführende Bestimmung nicht vor. Auch im Verhältnis des Vertragspartners zu den übrigen Insolvenzgläubigern kann dies nicht gerechtfertigt werden. Es ist nämlich kein Grund ersichtlich, warum die Schlechtleistung durch den Schuldner gerade den übrigen Insolvenzgläubigern auf Kosten des Vertragspartners zugute kommen sollte. Im Rahmen einer grundsätzlichen Klärung dieses Problems ist eine teleologische Reduktion des § 105 S. 1 InsO speziell nur für Bauverträge[752] allerdings verfehlt. Entsprechende Probleme können überall dort auftreten, wo nach der vertraglichen Verabredung eine bestimmte Leistung Sinn bringend nicht ohne eine andere Leistung erbracht werden kann[753] oder wo die zu erbringenden Leistungen in einem Funktionszusammenhang stehen.[754]

Dem Vertragspartner zusätzliche Verpflichtungen aufzuerlegen, verträgt sich dogmatisch nicht mit den Bestimmungen über die schuldbefreiende Erfüllung nach §§ 362 ff. BGB.[755] Der teilweise vorleistende Vertragspartner hat die gegen ihn gerichtete Verbindlichkeit entsprechend der Vorleistung teilweise erfüllt. Bei Zahlung auf die noch ausstehende Forderung an die Masse nach Verfahrenseröffnung und Erfüllungswahl durch den Verwalter tritt schließlich Vollerfüllung ein. Für eine Verpflichtung zur weiteren Zahlung enthält das Gesetz keine – dafür aber erforderliche – Anspruchsgrundlage.[756] *Kesseler* wies u. a. auch darauf hin, dass der Erfüllungsbegriff in der InsO, wie sich gerade anhand des § 103 InsO zeigt, mit dem des bürgerlichen Rechts übereinstimmt.[757] In der Tat ist nicht einzusehen, warum ein Vertragspartner, wenn er 99 % seiner vertraglich versprochenen Leistung schon erbracht hat, im schlimmsten Fall seine ganze versprochene Leistung noch einmal erbringen muss, während er, wenn er vollständig geleistet hätte, nicht mehr vom Verwalter behelligt werden könnte.[758] Es kann dafür nicht ins Feld geführt werden, dass der Vertragspartner im

---

751 *Kesseler* ZIP 2005, 2046 (2049).

752 So *Meyer* NZI 2001, 294 (298); *Heidland* in: Festschrift für *Uhlenbruck*, S. 423 (435 ff.).

753 Vgl. *Kesseler* RNotZ 2004, 176 (227).

754 Vgl. *Kreft* in: MünchKomm-InsO § 105 Rdnr. 23.

755 Gerade hierauf abstellend *Kesseler* ZIP 2005, 2046 (2048); *ders.* MittBayNot 2006, 17 ff.

756 *Tintelnot* in: *Kübler/Prütting* InsO § 105 Rdnr. 15 (in Bezug auf einen Beispielsfall aus dem Mietrecht).

757 Zum Ganzen auch *Kesseler* ZIP 2005, 2046 (2050).

758 *Kesseler* ZIP 2005, 2046 (2050).

Gegenzug dafür auch die (fast) ganze Gegenleistung aus der Masse erhält, während er ansonsten nichts erhalten würde und mit seiner Forderung bloß die Stellung eines einfachen Insolvenzgläubiger einnähme.[759] Dies macht wirtschaftlich überhaupt keinen Sinn.[760] Der Masse steht der sich daraus ergebende Vorteil nicht zu.[761]

Dogmatisch lässt sich schließlich auch einwenden, dass sich die den Vertragspartner zusätzlich treffenden Verpflichtungen nicht aus §§ 103 ff. InsO ergeben können. Hier ist nur die Rede von der Erfüllung bereits bestehender Verbindlichkeiten. Durch die Erfüllungswahl dem Vertragspartner zusätzliche Verpflichtungen aufzuerlegen, geht nicht nur über das Ziel des Insolvenzverfahrens, möglichst alle Insolvenzgläubiger gleichmäßig zu befriedigen (§ 1 InsO), hinaus, sondern verstößt auch in eklatanter Weise gegen den Grundsatz der Privatautonomie.[762]

Ohne genauere Betrachtung des Einzelfalls ist ein Bauvertrag damit entgegen der herrschenden Meinung als unteilbar einzustufen.[763] Bei der gesamten Diskussion soll im soeben beschriebenen Bauvertragsbeispiel nicht verkannt werden, dass der Vertragspartner Geldleistungsschuldner ist. Entgegen anderer Auffassung[764] entsteht dadurch jedoch kein besonderes Problem für die Teilbarkeitsfrage in § 105 S. 1 InsO. Es wird argumentiert, das Problem der Doppelinanspruchnahme resultiere aus der Stellung des Vertragspartners als Geldleistungsschuldner schlechthin und sei nicht zu umgehen.[765] Im Grunde ist in diesem Fall aber nur fraglich, wie die vom Vertragspartner zur Insolvenztabelle anzumeldende Forderung berechnet wird. Die teilweise Vorleistung eines Geldzahlungsschuldners ist ohne weiteres feststellbar und berechenbar. Ihr lässt sich daher im Grunde auch immer ein entsprechender Gegenleistungsteil zuordnen. Da § 105

759 Siehe die Nachweise bei *Wiegmann* S. 90 bei Fn. 317.

760 Nicht zugestimmt werden kann dem Argument von *Kreft* (in: Festschrift für *Uhlenbruck*, S. 387 [400]; *ders.* in: MünchKomm-InsO § 105 Rdnr. 18), der Vertragspartner hätte das Werk ohnehin meist zu höheren Kosten vollenden lassen müssen. Je mehr der Vertragspartner vorgeleistet hat, desto weniger stichhaltig ist dieses Argument. Berechtigt insoweit die Kritik von *Wiegmann* S. 90 (Störung des Äquivalenzverhältnisses, mögliches Interesse an einem nicht vollständig vollendeten Werk).

761 Kritisch auch *Linder* S. 129.

762 S. 109 ff.

763 *Krull* ZInsO 1998, 291 (293); *Reul/Heckschen/Wienberg* Kautelarpraxis, 2006, S. 195 f.

764 *Wiegmann* S. 89; vgl. auch *Scheffler* ZIP 2001, 1182 (1186 f.).

765 In analoger Anwendung des § 325 Abs. 1 S. 2 BGB a. F. solle der Vertragspartner Schadensersatz oder Rückzahlung der Vorleistung verlangen können, vgl. *Tintelnot* in: *Kübler/Prütting* InsO § 105 Rdnr. 15. – Andere nehmen einen Bereicherungsanspruch wegen Zweckverfehlung an, *Kreft* in: MünchKomm-InsO § 105 Rdnr. 18.

S. 1 InsO ohnehin von den beiderseitigen Leistungen der Vertragsparteien spricht, die in Bezug zu einander gesetzt werden müssen[766], ist das Problem nur ein Scheinproblem. Die doppelte Inanspruchnahme liegt nicht an der Stellung des Vertragspartners als Geldleistungsschuldner. Vielmehr kann für eine Doppelinanspruchnahme nur der Inhalt der vertraglichen Verabredung entscheidend sein. Nur wenn eine Leistung Sinn bringend nur im Ganzen erbracht werden kann, und die unterschiedlichen Leistungsteile von einander abhängen, wenn sie etwa in einem Funktionszusammenhang stehen, stellt sich das Problem.[767] Dies ist bei dem Bau eines dreistöckigen Wohnhauses z.B. der Fall, wenn die Vorleistung des Vertragspartners (Werklohn) dem Werte nach nur die Errichtung des Kellers umfasst. Ist das Haus aber schuldnerseits einmal komplett errichtet und leidet noch an Mängeln, die zur Beseitigung nicht den Abriss und Neubau des Hauses erfordern, gilt etwas anderes. Die Mängelbeseitigung ist nicht von anderen Leistungsteilen abhängig. Dann besteht aber auch nicht das oben erörterte Problem, obwohl der Vertragspartner Geldleistungsschuldner ist. Entscheidet sich in einem solchen Fall der Verwalter für die Durchführung des Vertrages, so muss er die Mängel auf Kosten der Masse beseitigen und kann dafür nur den restlichen Lohn vom Vertragspartner einfordern. Die von *Kreft* vertretenen Auffassung, nach der der Insolvenzverwalter grundsätzlich nur insoweit noch leisten müsse, als dies mit dem noch ausstehenden Werklohn korrespondiere,[768] ist abzulehnen, weil im Werkvertragsrecht eine nur teilweise Leistungserbringung keine Erfüllung bedeutet und der Insolvenzverwalter nach Erfüllungswahl vollständige Mängelbeseitigung schuldet. Dies hat aber gerade nicht zur notwendigen Konsequenz, dass der Insolvenzverwalter in einem solchen Fall für die mit Massemitteln bewirkte Erfüllung den gesamten vereinbarten Werklohn verlangen kann und der Vertragspartner in Höhe der Vorauszahlung zweimal zahlen muss.[769] Die Folgefrage, ob der Vertragspartner die vor Verfahrenseröffnung erbrachte Vorleistung im Insolvenzverfahren (als Insolvenzforderung) zurückverlangen kann, muss weder dann entschieden werden, wenn der Vertragspartner Geldzahlungsschuldner ist, noch wenn die vom Schuldner zu erbringenden Leistungen in einem Funktionszusammenhang stehen (z.B. Mängelbeseitigung durch Abriss und Neubau), da den Vertragspartner in jedem Fall der Erfüllungseinwand schützt und der (schlechtleistende) Schuldner die Kosten der Mängelbeseitigung zu tragen hat. Nicht anderes kann für die Masse gelten.

---

766 Vgl. *BGHZ* 67, 242 (246 ff.).

767 *Kesseler* RNotZ 2004, 176 (227).

768 *Kreft* in: Festschrift für *Uhlenbruck*, S. 387 (400); *ders.* in: MünchKomm-InsO § 105 Rdnr. 18.

769 Fn. 768.

Aus diesem Grunde ist es auch überflüssig, das Interesse des Vertragspartners, das die Vertreter des weiten Teilbarkeitsbegriffs ohnehin nur eingeschränkt berücksichtigen, plötzlich in den Mittelpunkt zu stellen und im Rahmen von § 105 S. 1 InsO zwischen gleichartigen und ungleichartigen Sachgesamtheiten auf Seiten des Schuldners zu unterscheiden.[770] Um das Problem der Doppelinanspruchnahme zu lösen, soll in den Fällen, in denen ungleichartige Sachgesamtheiten[771] geschuldet werden, dem Vertragspartner wegen Interessenfortfalls entsprechend § 323 Abs. 1 BGB ein Rücktrittsrecht oder entsprechend § 281 Abs. 1 S. 2 BGB ein Schadensersatzanspruch zustehen.[772]

Mit der hier vorgeschlagenen Lösungsmöglichkeit entfällt das Problem. Auf die Gleichartigkeit oder Ungleichartigkeit kommt es nicht an, wenn man auf die Bedeutung der vom Vertragspartner geschuldeten Leistung für die Masse abstellt. Pauschal lässt sich die Teilbarkeit einer Leistung nach § 105 S. 1 InsO nicht beurteilen. Freilich kann die Bedeutung einer Geldzahlungsschuld nicht bestimmt werden. Denkbar wäre aber im Einzelfall auf die konkrete Höhe der geschuldeten Zahlung abzustellen. Es soll nicht der Vorwurf aufkommen, dieser Lösungsansatz sei inkonsequent, da die Teilbarkeit dann selbst bei Geldzahlungsschulden rein willkürlich sei. Zwei ansonsten völlig identische Verträge, die sich z.B. nur in der Höhe der Geldschuld unterscheiden, müssten unterschiedlich behandelt werden, obwohl die Interessen der Parteien ansonsten die gleichen sind. Zu bedenken ist jedoch, dass es faktische Unterschiede zwischen den Verträgen geben kann. Es macht einen Unterschied, ob der Vertragspartner dem Schuldner/der Masse 1.000 EUR oder 1.000.000 EUR schuldet. Freilich wird der Insolvenzschuldner im letzteren Fall auch eine entsprechend bedeutendere Gegenleistung erbringen müssen. Entscheidend sind aber wieder die Umstände des Einzelfalls. Wenn der Insolvenzverwalter auf die Gegenleistung des Vertragspartners angewiesen ist, um die Fortführung des schuldnerischen Unternehmens zu gewährleisten, so ist die Geldzahlungsschuld von 1.000.000 EUR teilbar, während die Schuld von 1.000 EUR bei entsprechender Unwichtigkeit unteilbar wäre. In wirtschaftlicher Hinsicht hat der Satz „die Masse macht's“ durchaus Bedeutung. *Marotzke* geht sogar davon aus, dass § 105 S. 1 InsO von seinem Anwendungsbereich her von vornherein auf die Fälle beschränkt sein sollte, in denen der Gegenleistungsanspruch des Vertragspartners auf Geld gerichtet ist.[773] Ob dies aber in jeder Sachverhaltskonstellation gerechtfertigt ist, ist fraglich.

---

770 Vgl. *Wiegmann* S. 92.

771 Als Beispiel kann erneut das von *Henckel* JZ 1998, 155 (157) genannte Porzellanbeispiel herangezogen werden.

772 *Wiegmann* S. 92 m. w. Nachw.

773 *Marotzke* in: HK-InsO § 105 Rdnr. 17. Dies ergebe sich aus der Formulierung „... mit dem der Teilleistung entsprechenden *Betrag* seines Anspruchs...“. Siehe auch bei

Selbst wenn der Insolvenzschuldner ungleichartige Leistungen zu erbringen hat, kommt es wieder auf den Einzelfall an. Zuzugeben ist, dass das hier entwickelte Teilbarkeitskriterium für Geldleistungen Schwierigkeiten bereiten kann. Es soll aber nicht ohne Einzelfallprüfung ausgeschlossen werden, dass auch Sachverhaltskonstellationen denkbar sind, in denen der schuldnerische Betreib die Geldmittel des Vertragspartners benötigt, um (etwa durch Einkauf neuer Rohstoffe) überhaupt irgendwie weiterwirtschaften zu können. Benötigt der Verwalter die Geldleistungen des Vertragspartners *in concreto* nicht, so muss er ohnehin im Fall der Erfüllungswahl die gesamte Gegenleistung erbringen. Auf einen Interessenfortfall seitens des Vertragspartners kommt es nicht an. Sind die Leistungen aber im hier vertretenen Sinn teilbar, kommt es also nicht entscheidend darauf an, ob sich der Vorleistung des Vertragspartners eine individuell bestimmbare Gegenleistung gegenüberstellen lässt, sondern ist auf die Bedeutung der Gläubigerleistung abzustellen, so sollte die Frage, welche der Leistungen der Verwalter noch zu erbringen hat, nicht als spezifisch insolvenzrechtlich betrachtet werden. Zunächst steht es den Parteien frei, sich über die Pflicht des Verwalters zu einigen. Kommt eine Einigung nicht zustande, spricht vieles dafür, das Bestimmungsrecht, wie im allgemeinen Schuldrecht festgeschrieben (§ 366 BGB), beim Schuldner/Verwalter zu belassen.[774] Da es sich bei § 366 BGB ohnehin um eine bloße gesetzliche Vermutung bezüglich eines vernünftigen Parteiwillens[775] handelt, ist genügend Spielraum vorhanden, um die Parteiinteressen angemessen zu berücksichtigen. Macht es im Porzellanbeispiel[776] für den Verwalter keinen Unterschied, ob er drei Tassen oder zwei Eierbecher liefert, so kann das Interesse des Vertragspartners maßgeblich berücksichtigt werden. Ist auch ihm letztlich alles gleichgültig, so reicht es für den Insolvenzverwalter aus, wenn er irgendetwas im Werte der noch ausstehenden Schuld leistet, um seine Verbindlichkeit zu erfüllen.

Der weite Teilbarkeitsbegriff lässt sich nach alledem nicht nur kaum mit dem Gläubigergleichbehandlungsgrundsatz begründen sondern führt des Weiteren auch zu einer Reihe von dogmatischen Schwierigkeiten. Im Rahmen von § 105

Fn. 686. – Der Begriff „Betrag“ könnte insofern auch an § 45 InsO anknüpfen, nach dem ohnehin jeder Anspruch in Geld umzurechnen ist. Dies ist auch im Rahmen von § 105 InsO notwendig, damit der Vertragspartner seinen entsprechenden Anspruch zur Insolvenztabelle anmelden kann. – Vgl. *Tintelnot* in: *Kübler/Prütting* InsO § 105 Rdnr. 15; *Scheffler* ZIP 2001, 1182 (1186); wie hier auch *Wiegmann* S. 91; *Linder* S. 128.

774 Vgl. *Balthasar* in: *Nerlich/Römermann* InsO § 105 Rdnr. 10; *Berscheid* in: *Uhlenbruck* InsO § 105 Rdnr. 23. – A. A. *Wiegmann* S. 92.

775 *Heinrichs* in: Palandt § 366 Rdnr. 7.

776 Fn. 771.

S. 1 InsO ohne Einzelfallbetrachtung von der Feststellbarkeit und Berechenbarkeit der Leistungen auszugehen, ist daher verfehlt.[777]

II. Der enge Teilbarkeitsbegriff

Vertreter der Auffassung, der Teilbarkeitsbegriff sei eng zu fassen[778], sagen, *es komme entscheidend darauf an, ob bestimmte Teile der vereinbarten Leistung jeweils einzeln einen selbständigen wirtschaftlichen Zweck haben und ob sich die Gegenleistung auf diese Teilleistung beziehen lässt.*[779] *Bei der Subsumtion unter diese Formel seien die Interessen der Parteien zu berücksichtigen.*[780]

Positiv an der enger gefassten Formel des Teilbarkeitsbegriffs ist das damit verfolgte Ziel, das funktionelle Synallagma im gegenseitigen Vertrag zu schützen und eine mögliche Durchbrechung dieses Prinzips angemessen in die insolvenzrechtlichen Wertungen einzukleiden.[781]

Der enge Teilbarkeitsbegriff kommt damit dem hier favorisierten Ansatz sehr nahe. Die oben genannte Formel entspricht am ehesten dem Wortlaut des § 105 S. 1 InsO. Die Norm setzt durch ihre Formulierung bereits Leistung und Gegenleistung in ein Wechselverhältnis, und zwar nicht in ein rechtliches, sondern in ein wirtschaftliches. Dies kommt durch die Formulierung *„hat der andere Teil die Leistung teilweise erbracht, so ist er mit dem der Teilleistung entsprechenden Betrag seines Anspruchs auf die Gegenleistung Insolvenzgläubiger"* zum Ausdruck. Leistung und Gegenleistung müssen sich also wirtschaftlich aufeinander beziehen lassen. Eine bestimmte Leistung des einen muss derart an den anderen Teil erbracht werden, dass dieser in der Leistung einen wirtschaftlich messbaren Gewinn erhält. Dass sein Vermögen rechtlich betrachtet angereichert ist, reicht für das Wechselverhältnis von Leistung und Gegenleistung nicht aus. Der weite Teilbarkeitsbegriff also, der eine bloße Feststellbarkeit und Berechenbarkeit der einzelnen Leistungen ausreichen lässt, geht daher zu weit. Er berücksichtigt nicht, dass die Leistung des einen, einen wirtschaftlich messbaren Gewinn für den anderen bringen muss. In den Bauvertragsfällen sowie in den Fäl-

777 Hinsichtlich möglicher umsatzsteuerlicher Probleme des Teilbarkeitsbegriffs in § 105 S. 1 InsO siehe *FG* Düsseldorf (5 K 3280/04 U) *EFG* 2006, 1024, Entscheidung vom 30. November 2005 (der Insolvenzverwalter wollte die Umsatzsteuer nur für den nach Verfahrenseröffnung erbrachten Vertragsteil abführen); *Kroth* in: *Braun* InsO § 105 Rdnrn. 14 ff.

778 *Marotzke* in: HK-InsO § 105 Rdnr. 8; *Heidland* in: Festschrift für *Uhlenbruck*, S. 423 ff. (bezogen auf den Bauvertrag); *Kesseler* ZIP 2005, 2046 ff.

779 *Marotzke* in: HK-InsO § 105 Rdnr. 8 mit Verweis auf *BGHZ* 67, 242 (249).

780 *Marotzke* in: HK-InsO § 105 Rdnr. 8.

781 Vgl. *Scherer* NZI 2004, 113 (116).

len, in denen der Schuldner ungleichartige Sachgesamtheiten schuldet, ergeben sich deutliche Unterschiede. Der Bauvertrag, der von beiden Parteien nur teilweise erfüllt wurde[782], ist nach herrschender Meinung teilbar.[783] Ob dies aber wirtschaftlich betrachtet Sinn macht, ist für die Vertreter der herrschenden Meinung nicht entscheidend.

Tatsächlich hängt ein eigenständiger wirtschaftlicher Sinn von den Umständen des Einzelfalls ab. Ist beispielsweise beim einheitlichen Bauvertrag über ein Haus mit Lagerhalle das Lagerhaus im Zeitpunkt der Verfahrenseröffnung schon vollständig errichtet, so macht dies wirtschaftlich für den anderen Teil einen Sinn. Auf eine rechtliche Teilerfüllung soll dabei jedoch nicht abgestellt werden. Das Lagerhaus kann wirtschaftlich genutzt werden und führt daher zu einem wirtschaftlich messbaren Gewinn des anderen.

Schuldet der Vertragspartner ungleichartige Sachgesamtheiten, so wäre auch hier im Grunde jede einzelne Leistung feststellbar und berechenbar und könnte sich auch eine entsprechende Gegenleistung des Insolvenzschuldners zuordnen lassen[784], so dass nach herrschender Meinung eine teilbare Leistung vorliegen würde.[785] Gleiches gilt, wenn der Insolvenzschuldner ungleichartige Sachgesamtheiten schuldet.[786] Ein enger Teilbarkeitsbegriff stellt auch hier einzelfallbezogen wieder auf die wirtschaftliche Sinnhaltigkeit ab. Bei einem einheitlichen Tafelservice[787] macht die Lieferung einzelner Teile wirtschaftlich wohl keinen Sinn[788], so dass Unteilbarkeit der Leistungen anzunehmen wäre. Lassen sich einzelne Teile des Services aber auch einzeln vermarkten, so sieht dies anders aus. Wirtschaftlich führt dann die Lieferung dieser Teile zu einem Gewinn, auch wenn der einheitliche Vertrag nicht vollständig erfüllt wurde.

Im Rahmen von § 105 S. 1 InsO kommt es bei der Festlegung der Höhe der vom Vertragspartner anzumeldenden Insolvenzforderung aber nicht auf einen möglichen am Markt zu erzielenden Wert der Leistung an. Vielmehr muss der Wert der Leistung im Vertrag irgendwie angelegt sein, sei es beim Bauvertrag durch einen eigens aufgestellten Kostenplan[789] oder beim Tafelservice durch eine

---

782 Um im oben (S. 157 ff.) genannten Beispiel zu bleiben, stelle man sich vor, Keller- und Erdgeschoss des dreistöckigen Wohnhauses seien errichtet; die dafür erforderliche Anzahlung ist geleistet.

783 Die Konstellation, in der der Vertragspartner eine Anzahlung auf den vom Schuldner noch völlig unerfüllten Bauvertrag geleistet hat (S. 157 ff.) soll hier zunächst außer Betracht bleiben.

784 Vgl. *Kesseler* ZIP 2005, 2046 (2048).

785 A. A. *Scheffler* ZIP 2001, 1182 (1186 f.).

786 *Wiegmann* S. 91.

787 Siehe Fn. 771.

788 Vgl. *Kesseler* RNotZ 2004, 176 (205 dort Fn. 205).

789 Vgl. *BGHZ* 67, 242.

Preisliste für alle Einzelteile. Leistung und Gegenleistung müssen sich eben im Vertragsverhältnis aufeinander beziehen lassen.

Die enge Teilbarkeitsformel ist daher noch nicht restriktiv genug. Sie vermag nicht zu belegen, warum ein Vertragspartner, in grundsätzlicher Hinsicht, nur weil die im Vertrag geschuldeten Leistungen sich wirtschaftlich selbständig erbringen und sich aufeinander beziehen lassen, gegenüber dem Erfüllungsverlangen des Insolvenzverwalters nicht die Einrede des nicht erfüllten Vertrages geltend machen kann. Die Umstände, die nach der engen Teilbarkeitsformel zur Qualifizierung der Leistungen als teilbar führen, sind für den Vertragspartner willkürlich, da es immer auf die im Zeitpunkt der Verfahrenseröffnung konkrete Situation der Vertragsabwicklung ankommt, ohne dass sich die Interessenlage unterscheiden würde. Um im soeben genannten Beispielsfall zu bleiben: ist die Lagerhalle zufällig schon vollständig errichtet oder nicht? Gibt es für das Tafelservice zufällig eine detaillierte Preisliste?[790]

Bei Vertragsschluss ist für den Vertragspartner daher nicht abzusehen, ob er bei Verfahrenseröffnung bei teilweiser Vorleistung auf eine Insolvenzforderung beschränkt wird oder nicht. Für den Rechtsunterworfenen bedeutet dies eine große Ungewissheit und Unsicherheit.

Anders ist dies, wenn der Vertragspartner von vornherein anhand der von ihm angebotenen Leistung ausmachen kann, ob der Schuldner auf die Leistung notwendig angewiesen ist und welchen Einfluss er damit auf das Schuldnervermögen nimmt. Für den Vertragspartner ist damit freilich die Obliegenheit verbunden, sich vor Vertragsschluss möglichst genau über die Verhältnisse des Schuldners zu informieren. Dies jedoch dürfte ihm zuzumuten sein.[791]

Dass die Vertreter einer engen Teilbarkeitsformel die Interessen der Parteien berücksichtigen möchten, offenbart die Diskrepanz gegenüber dem weiten Teilbarkeitsbegriff. Erneut stehen sich mit beiden Ansätzen unterschiedliche Wertungen gegenüber. Hier die Masseanreicherung, dort der Schutz des Vertragspartners. Indem die enge Teilbarkeitsformel nach einem selbständigen wirtschaftlichen Zweck fragt, stellt auch sie in gewisser Wiese eine Vorfrage, nämlich ob die Anwendung des § 105 S. 1 InsO im konkreten Fall überhaupt gerechtfertigt ist. Mit anderen Worten: Soll § 105 S. 1 InsO überhaupt angewendet werden? Wie gezeigt, lässt sich eine stringente Antwort hierauf nicht allein mit

---

790 A. A. *Scheffler* ZIP 2001, 1182 (1186) (geht trotz Feststellbarkeit der Einzelpreise von einer unteilbaren Leistung aus).

791 In diese Richtung auch *Kesseler* RNotZ 2004, 176 (204). *Kesseler* (a. a. O.) geht auch davon aus, dass die Teilbarkeitsfrage grundsätzlich keine der Gewährung von Sondervorteilen ist. Da ein Vertragspartner aber bei entsprechender Auslegung des § 105 S. 1 InsO im eröffneten Insolvenzverfahren für seine Leistung die volle Gegenleistung erhält, kann dem nur bedingt zugestimmt werden.

einem selbständigen Zweck finden. Und überhaupt kann auch die enge Teilbarkeitsformel nicht auf die „Feststellbarkeit und Bewertbarkeit“ verzichten. Selbst wenn einzelne Leistungsteile einen selbständigen wirtschaftlichen Zweck haben, muss immer noch die vom Vertragspartner erbrachte Leistung festgestellt und bewertet werden bzw. die Gegenleistung sich auf die Teilleistung beziehen lassen, damit feststeht, in welcher Höhe der Vertragspartner einen Erfüllungsanspruch zur Tabelle anmelden kann. Gleiches gilt aber auch, wenn man die Vorfrage wie hier auf die Bedeutung der vom Vertragspartner zu erbringenden Leistung für die Masse ausrichtet.

§ 9 Eigene Begriffsbestimmung und Zusammenfassung

Nach der Auseinandersetzung mit den in Rechtsprechung und Literatur verwendeten Teilbarkeitsbegriffen, soll im Folgenden nun ein eigener Teilbarkeitsbegriff formuliert werden. Um die Tauglichkeit dieses Begriffs zu beweisen, werden sogleich zusammenfassend noch einmal die Anforderungen an den Begriff und die Lösungen zu den verschiedenen Problemen vor Augen geführt:

I. Zusammenfassende Betrachtung

§ 105 S. 1 InsO stellt eine Konditionalnorm dar, d.h. die Norm knüpft an einen Tatbestand eine bestimmte Rechtsfolge. Für diese kommt es entscheidend auf das Vorliegen von teilbaren Leistungen an. Wie gesehen, kommen für die nähere Konkretisierung dieses Begriffs mehrere denkbare Ansätze in Betracht, die allesamt für sich auf ein Ergebnis nach wertenden Gesichtspunkten abzielen. Weder Rechtsprechung noch Literatur lassen dabei einen Mangel an Stellungnahmen oder Anmerkungen erkennen. Gerade die hohe Zahl an derartigen Stellungnahmen belegt das für § 105 S. 1 InsO spezifische Problem, dass sich der Tatbestand nicht ohne gleichzeitige Betrachtung der Rechtsfolgen beurteilen lässt. Dies liegt eben daran, dass es sich bei den „teilbaren Leistungen" schon auf der Tatbestandsebene um einen Rechtsbegriff handelt. Typischerweise wird die Auslegung derartiger Rechtsbegriffe von einer Vielzahl von Faktoren und Abwägungsprozessen beeinflusst und kann nur schwer eindeutig ausfallen. Umso größere Bedeutung erlangt daher eine generelle Abwägung der einzelnen Rechtsprinzipien, die Einfluss auf den Teilbarkeitsbegriff ausüben. Auf diese Weise erlangt der Begriff eine gewisse Stabilität und ist offen für eine einzelfallbezogene Anwendung, bei der die Interessen der einzelnen Parteien besonders berücksichtigt werden können. Damit einher geht letztlich ein Gewinn an Rechtssicherheit.[792] Schließlich lassen sich derart sowohl dogmatische Widersprüche als auch Widersprüche in den jeweiligen Wertungsergebnissen vermeiden.

Die Betrachtungen haben gezeigt, dass im Wesentlichen drei Rechtsgrundsätze bei der Beurteilung gegenseitiger nicht vollständig erfüllter Verträge in der Insolvenz zu beachten und miteinander in Einklang zu bringen sind.

Zum einen ist dies der insolvenzrechtliche Gläubigergleichbehandlungsgrundsatz. Sobald ein gemeinsamer Schuldner mehrerer Gläubiger zahlungsunfähig

792 Vgl. *Krull* ZInsO 1998, 291 (293). Zur besonderen rechtlichen Unsicherheit im Insolvenzrecht *Smid* DZWiR 2004, 1 (1/2).

und insolvent wird, ist es geboten, jeden Gläubiger möglichst gleich zu behandeln und an der Verteilung des übrig gebliebenen Vermögens zu beteiligen. Bei dem Gläubigergleichbehandlungsgrundsatz handelt es sich um den im hiesigen Themenkomplex speziellsten Grundsatz. Umso wichtiger ist es daher, den Grundsatz genau zu untersuchen und zu erforschen, was er im Kern besagt und wo seine Grenzen liegen. Wie gesehen, haben gerade auch die Gerichte diesen insolvenzspezifischen Grundsatz schnell zur Hand, um ein bestimmtes Ergebnis zu rechtfertigen.

Zum zweiten spielt der Grundsatz des funktionellen Synallagmas für die Beurteilung gegenseitiger Verträge im Insolvenzverfahren eine gewichtige Rolle, wobei die wesentliche Streitfrage ist, ob der Grundsatz in einem eröffneten Insolvenzverfahren überhaupt volle Geltung für sich beanspruchen kann. Nicht gleichbedeutend mit dieser Fragestellung ist, ob und wie der Grundsatz möglicherweise durch den Gläubigergleichbehandlungsgrundsatz eingeschränkt wird. Vielmehr kommt es darauf an, ob das funktionelle Synallagma grundsätzlich auch im Rahmen von zur Erfüllung erklärten Verträgen nach § 103 InsO Anwendung findet. Wie gesehen, wird bereits diese Frage von einem großen Teil von Autoren verneinend beantwortet. Dem wird hier nicht gefolgt, so dass sich in einem weiteren Schritt die Frage stellt, wie sich die Einschränkung des funktionellen Synallagmas durch § 105 S. 1 InsO rechtfertigen lässt.

Schließlich betrifft die Abwicklung gegenseitiger nicht vollständig erfüllter Verträge im eröffneten Insolvenzverfahren den Grundsatz der Privatautonomie, der sowohl die privatautonome Eingehung als auch die privatautonome Abwicklung eines Vertrages gewährleistet. Beginnen die Parteien, den privatautonom eingegangenen Vertrag abzuwickeln und kommt es dann infolge der Insolvenz zur Störung dieser Abwicklung, so fragt sich, wie sich die Insolvenz des einen auf die gesamte Vertragsabwicklung auswirken soll. In Frage steht damit letztlich § 105 S. 1 InsO unter dem Gesichtspunkt einer verfassungskonformen Einschränkung der Privatautonomie.

II. Definition des Teilbarkeitsbegriffs in § 105 S. 1 InsO und Begründung

1. Der Begriff

Der Teilbarkeitsbegriff muss eine Antwort auf all die aufgeworfenen Fragen geben und eine Lösung für die damit einhergehenden Probleme anbieten können. Die bisherigen Ausführungen haben deutlich gemacht, dass eine pauschale Formel zur Bestimmung der Teilbarkeit viele Schwächen mit sich bringt. Diese lassen sich dann vermeiden, wenn man losgelöst von einem Teilbarkeitskriterium eine „Vorfrage" stellt, mit der man normativ hinterfragt, ob die Teilbarkeit der Leistung in einem konkreten Fall überhaupt gegeben sein *soll*. Bejaht man diese

Frage, kann man die Teilbarkeit anhand des Kriteriums bestimmen, das den Bedürfnissen des Insolvenzverfahrens am ehesten gerecht wird. Eine rein begriffliche Lösung des Problems führt allerdings nicht weiter.

Klar ist letztlich jedoch, dass der Teilbarkeitsbegriff des § 105 S. 1 InsO speziell auf den Anwendungsbereich dieser Norm beschränkt bleibt. Wie gesehen, gibt es allerdings durchaus auch einen Teilbarkeitsbegriff außerhalb des § 105 InsO (so bei einem Vorleistungsüberschuss des Schuldners bei Verfahrenseröffnung). Der in anderen Regelungen zu findende Teilbarkeitsbegriff knüpft seinerseits aber wieder an andere Interessen an und kann daher nach entsprechender Abwägung der Interessen nur gesondert beurteilt werden.

Der Teilbarkeitsbegriff für § 105 S. 1 InsO ist im Ergebnis nach einer Auseinandersetzung mit den für ihn wichtigen Prinzipien wie folgt zu verstehen. Als Vorfrage muss zunächst Folgendes berücksichtigt werden: *Teilbar sind die geschuldeten Leistungen dann, wenn dem Vertragspartner der Verzicht auf die Einrede des nicht erfüllten Vertrages zugemutet werden kann. Dies ist regelmäßig dann der Fall, wenn die Leistungen, die der Vertragspartner erbringt, für die etwaige Fortführung des schuldnerischen Unternehmens notwendig sind oder wenn der Vertragspartner durch ein etwaiges Zurückbehalten seiner Leistung nach Erfüllungswahl den wirtschaftlichen Handlungsspielraum des Schuldners in so hohem Maße einschränkt, dass sich die Leistung als für das Weiterwirtschaften notwendig darstellt. Unteilbar ist eine Leistung dann, wenn der Vertragspartner durch ein etwaiges Zurückbehalten seiner Leistung keinen wesentlichen Einfluss auf das Weiterwirtschaften des Schuldners nehmen kann oder könnte.*

2. Beachtung des Gläubigergleichbehandlungsgrundsatzes

Ein derartiges Begriffsverständnis kommt zunächst den Anforderungen des Gläubigergleichbehandlungsgrundsatzes nach. Ausgangspunkt der Überlegungen ist, dass es keinen Grundsatz der Meistbegünstigung der Masse gibt und der Gläubigergleichbehandlungsgrundsatz aus diesem Grunde nicht verlangt, bei der Auslegung des Rechtsbegriffes die massefreundlichste Alternative zu wählen. In einem eröffneten Insolvenzverfahren wird das im Vollstreckungsrecht geltende Prioritätsprinzip zu Gunsten des allgemeinen Gleichheitssatzes (Art. 3 Abs. 1 GG) außer Kraft gesetzt. Danach muss Gleiches gleich und Ungleiches ungleich behandelt werden. Eine Privilegierung bestimmter Gläubiger vor anderen ist nur aufgrund eines sachlichen Grundes zulässig. Gläubiger, die im Zeitpunkt der Verfahrenseröffnung gegen den Schuldner einen Vermögensanspruch haben, sind dementsprechend Insolvenzgläubiger (§ 38 InsO) und müssen gleichermaßen ihre Forderung zur Insolvenztabelle anmelden (§§ 87, 174 ff. InsO). Entsprechend der ihnen zugewiesenen Quoten erhalten sie dann entsprechend Gleiches aus der Masse. Privilegiert behandelt werden u. a. dinglich gesicherte

Gläubiger, die zur abgesonderten Befriedigung berechtigt sind (§§ 49 ff. InsO), denen im Gegenzug jedoch auch ein Teil der Verfahrenskosten auferlegt werden (§ 170 Abs. 1 InsO).

Nach diesen Grundsätzen werden auch Gläubiger behandelt, denen Forderungen aus einem gegenseitigen nicht vollständig erfüllten Vertrag zustehen. Haben diese Gläubiger vollständig vorgeleistet, ist dies unstreitig. Auch bei teilweisen Vorleistungen sollten die angesprochenen Grundsätze gelten. Dafür kommt es aber gerade auf die Teilbarkeit der Leistungen an, § 105 S. 1 InsO. Denn immerhin muss feststehen, in welcher Höhe der Vertragspartner seinen Anspruch zur Tabelle anmelden kann. Die Teilbarkeit der Leistung in einem gegenseitigen nicht vollständig erfüllten Vertrag kann aber nicht bestimmt werden, ohne die für gegenseitige Verträge geltenden Prinzipien hinreichend zu würdigen. Stellt man einzig und allein auf die Feststellbarkeit und Bewertbarkeit des entsprechenden Teils der Gegenleistung ab (ohne die Vorfrage zu beantworten), verhilft man dem Gläubigergleichbehandlungsprinzip zur vollen Geltung. Dies setzt aber zum einen voraus, dass der Gläubigergleichbehandlungsgrundsatz innerhalb des § 105 InsO auch volle Geltung beanspruchen kann und zum anderen, dass selbst bejahendenfalls die zurücktretenden Prinzipien in einer verfassungskonformen Art und Weise eingeschränkt werden.

Der Gläubigergleichbehandlungsgrundsatz beansprucht indes keine undifferenzierte Anwendung innerhalb des § 105 InsO. Dies kann man schon der Formulierung der Norm entnehmen („*sind die geschuldeten Leistungen teilbar*"). Danach muss es auch Fälle geben, in denen der Vertragspartner den entsprechenden Betrag seines Anspruchs auf die Gegenleistung benennen kann, ohne dass die Leistungen teilbar sind. Der Gesetzgeber zwingt durch die konkrete Formulierung des § 105 S. 1 InsO zu einer gesonderten Prüfung der Teilbarkeit. Vor dem Hintergrund der Entstehungsgeschichte der Norm und den Ausführungen in der Gesetzesbegründung soll der Gläubigergleichbehandlungsgrundsatz demnach nur dann vorrangiges Prinzip sein, wenn insbesondere Verträge, die die Fortführung eines Unternehmens im Insolvenzverfahren erleichtern, abgewickelt werden sollen.[793] Der Gesetzgeber nennt beispielsweise Verträge, die die Fortführung gar erst ermöglichen, ohne die der Betrieb also gar nicht mehr möglich wäre. Im gleichen Zug kann man jedoch davon ausgehen, dass auch Verträge, die die Fortführung des Unternehmens wesentlich erleichtern – nicht also zwingend für die Unternehmensfortführung sind – von der Regelung erfasst sein sollen. Dies mögen alle Verträge sein, die das Weiterwirtschaften des Schuldners/Verwalters am Markt wesentlich beeinflussen, sei es etwa dass der Verwalter durch die Erfüllung dieser Verträge weiter investieren, den Geldfluss mehren

793 Vgl. auch *Windel* Jura 2002, 230 (234) (§ 105 S. 1 InsO soll verhindern, dass der Verwalter die Weiterführung des Betriebes mit der vollen Begleichung von Rückständen erkaufen müsse).

oder die Kreditwürdigkeit wiedererlangen kann. In all diesen Fällen reicht es jedoch nicht aus, dass der Erhalt weiterer Leistungen vom Vertragspartner der Masse lediglich „unterm Strich" etwas nutzt. Vielmehr ist zu verlangen, dass der Vertragspartner durch ein etwaiges Zurückbehalten weiterer Leistungen einen so wesentlichen Einfluss ausübt, dass sich der Erhalt weiterer Leistungen für die Masse gleichsam als betriebsnotwendig darstellt. Da die Masse kein Recht darauf hat, willkürlich angereichert zu werden, ist in dem gesteigerten Einfluss des Vertragspartners auf die etwaige Unternehmensfortführung zugleich der sachliche Grund für die Verkürzung der Rechte des Vertragspartners zu sehen.

Führt der Schuldner im konkreten Fall kein Unternehmen, handelt es sich bei dem Schuldner also um eine Privatperson, so kommt es in entsprechender Weise zur Beurteilung der Teilbarkeitsfrage auf die Weiterwirtschaftungsmöglichkeit an. Danach sind die Leistungen dann teilbar, wenn der Vertragspartner durch ein Zurückbehalten seiner weiteren Leitungen dem Schuldner die wirtschaftliche Handlungsfreiheit nehmen würde (vgl. die Wertung in § 811 Abs. 1 Nr. 5 ZPO).

Schuldet der Vertragspartner Geld für Leistungen des Insolvenzschuldners[794], so kommt es darauf an, ob gerade die Erfüllung des konkreten Vertrages die Sanierung oder die wirtschaftliche Fortexistenz wesentlich beeinflussen kann. Soll das gesamte Vermögen des Schuldners verwertet werden (vgl. § 1 InsO), muss danach gefragt werden, ob der Vertragspartner hypothetisch im Falle der Fortführung des Unternehmens durch den Verwalter Einfluss auf das Weiterwirtschaften nehmen könnte.

Die Teilbarkeitsfrage hat sich daher an diesen Grundsätzen zu orientieren. Soweit der Gläubigergleichbehandlungsgrundsatz also in § 105 S. 1 InsO angelegt ist, wird er durch das oben formulierte Begriffsverständnis voll berücksichtigt.

3. Beachtung des funktionellen Synallagmas und der Privatautonomie der Parteien

Für die Grundsätze des funktionellen Synallagmas und der Privatautonomie gilt im Ergebnis nichts anderes. Beide Prinzipien müssen auch im Insolvenzverfahren berücksichtigt werden.[795] Im Bereich gegenseitiger nicht vollständig erfüllter Verträge im Insolvenzverfahren lässt sich aber eine Geltung dieser Prinzipien, wie § 105 InsO zeigt, nicht in jedem Fall realisieren. Die von der Norm gesetzte Rechtsfolge bedeutet dabei eine Einschränkung dieser Prinzipien. Zur Rechtfertigung kann dabei allein der Gläubigergleichbehandlungsgrundsatz herangezogen werden, was zugleich bedeutet, dass eine Beschneidung der Einrede des

794 § 105 InsO auch in diesem Fall für einschlägig haltend *Smid/Lieder* DZWiR 2005, 7 (14) (im Rahmen von Lizenzverträgen).

795 A. A. die unter Fn. 391 Genannten.

nicht erfüllten Vertrages nur dort zulässig ist, wo der Einzelne hinter den Interessen der Gläubigergesamtheit zurückstehen muss. In all diesen Fällen kann ihm der Verzicht auf die Einrede des nicht erfüllten Vertrages auch zugemutet werden. Der sachliche Grund liegt in der Möglichkeit der Einflussnahme des Gläubigers auf das schuldnerische Vermögen und damit in der potentiellen Beeinflussung der Befriedigungschancen anderer Gläubiger. Jedem Vertragspartner die ihn schützende Einrede zu entziehen, dient hingegen einzig dem Zweck, die Masse so weit wie möglich anzureichern. Gläubiger jedoch, die keinen Einfluss auf das Vermögen des Schuldners nehmen können, verdienen es nicht, die gleiche Stellung wie sonstige Insolvenzgläubiger einnehmen zu müssen.

Die Einflussnahme auf das Vermögen muss sich aber darin ausdrücken, dass der Vertragspartner durch ein etwaiges Zurückbehalten seiner Leistung (durch den Gebrauch von der Nichterfüllungseinrede) Einfluss auf das Weiterwirtschaften des Schuldners/Verwalters nehmen kann, sei es dass aufgrund dessen der Schuldner/Verwalter nicht weiter investieren, den Geldfluss nicht mehren oder die Kreditwürdigkeit nicht wiedererlangen kann.

Der Insolvenzverwalter muss aus diesem Grunde die Bedeutung des konkreten Vertrages genau überprüfen. Diese Prüfung muss sich dabei an der gesamten Vertragsabwicklung ausrichten und zwar so, wie die Parteien dies ursprünglich privatautonom entschieden haben. Er wird folglich von der Erfüllung all jener Verträge absehen, die nach Erfüllung keinen positiven Saldo hereinwirtschaften. Ergibt sich aber ein solcher und ist das Unternehmen zur Fortexistenz am Markt auf die Erfüllung des Vertrages nicht oder nicht wesentlich angewiesen, so besteht kein Grund, dem Vertragspartner die Nichterfüllungseinrede zu entziehen.

4. Das Teilbarkeitskriterium nach Beantwortung der „Vorfrage“

Ergibt sich nach normativen Gesichtspunkten, dass die Leistungen von Schuldner und Vertragspartner im Insolvenzverfahren als teilbar i. S. des § 105 S. 1 InsO zu qualifizieren sind, stellt sich noch die Frage, welches Kirterium man für die Zergliederung der Leistungen heranzieht. Wie die Analyse zum Begriffsverständnis in Rechtsprechung und Literatur herausstellte, wird mit den unterschiedlichen Positionen versucht, jeweils bestimmte Wertungen bei der Lösung entsprechender Fälle besonders hervorzuheben. Dem sehr extensiven Masseschutz steht auf der anderen Seite das Bedürfnis nach einem hinreichenden Schutz des Vertragspartners gegenüber. Da mit der Vorfrage auch die Antwort darauf gegeben wird, ob die Rechte des Vertragspartners durch die Anwendung des § 105 S. 1 InsO unangemessen verkürzt werden oder ob die Rechtsverkürzung zum Wohle der Gläubigergesamtheit angemessen ist, kann man sich bei der Wahl des Teilbarkeitskriteriums auf die größtmögliche Praxistauglichkeit beschränken. Gewählt werden muss damit ein Kriterium, mit dem sich das konkrete Insovlenzausfallrisiko des Vertragspartners möglichst genau bestimmen lässt. Hier bietet sich die Formel der Feststellbarkeit und Bewertbarkeit an. Sollen die Leistungen demnach teilbar sein, so sind sie es dann, wenn die Teilvorleistung des Vertragspartners festgestellt und bewertet werden kann. In dieser Höhe trägt er dann das Ausfallrisko, was sich darin äußert, dass er nach § 105 S. 1 InsO die Gegenleistung für die erbrachte Vorleistung nur als Insolvenzforderung anmelden kann.

5. Vereinbarkeit mit den Zielen der Insolvenzrechtsreform

Ziel des Gesetzgebers bei der Reformierung des Konkurs- und Vergleichsrechts hin zu einem einheitlichen Insolvenzrecht war, die Massearmut zu bekämpfen und die Zahl der durchzuführenden Insolvenzverfahren zu erhöhen.[796] Der hier formulierte Teilbarkeitsbegriff wird auch diesen Anforderungen gerecht bzw. steht der Verwirklichung dieses Zieles nicht entgegen.

Der Antrag auf Eröffnung eines Insolvenzverfahrens wird gemäß § 26 Abs. 1 InsO nur dann mangels Masse abgewiesen, wenn das Vermögen des Schuldners voraussichtlich nicht ausreichen wird, um die Verfahrenskosten zu decken. Zu diesen gehören gem. § 54 InsO die Gerichtskosten (§§ 35, 37 GKG in Verbindung mit KV Nr. 5110 ff.) sowie die Kosten für die Vergütung des Insolvenzverwalters. Ist der Schuldner eine natürliche Person, wird eine erfolgreiche Verfahrenseröffnung durch die Möglichkeit zur Kostenstundung nach § 4 a InsO erleichtert.[797] Für juristische Personen (Unternehmen) sieht das Gesetz keine derartige Regelung vor. In diesem Fall erlässt das Gericht bevor es zur Verfahrenseröffnung kommt, in der Regel für den Zeitraum, in dem es den Eröffnungsantrag zu prüfen hat, vorläufige Sicherungsmaßnahmen. So besteht die Möglichkeit, einen sog. „starken" vorläufigen Insolvenzverwalter zu berufen (§ 22 InsO), auf den die Befugnis, über das Schuldnervermögen zu verfügen, übertragen wird. Der vorläufige Verwalter hat dann z.B. gem. § 22 Abs. 1 S. 2 Nr. 2 InsO das Schuldnerunternehmen weiter zu betreiben. Dazu gehört auch die Erfüllung bereits bestehender Verträge. Die Vertragspartner sind zu diesem Zeitpunkt ohne Einschränkung durch das funktionelle Synallagma der gegenseitigen Verträge geschützt, so dass auch die Teilbarkeitsfrage nicht relevant wird. Sie wird es erst, wenn es zur Verfahrenseröffnung kommt (systematische Stellung

---

796 Vgl. *Balz* Die Ziele der Insolvenzordnung, in: Kölner Schrift zur InsO, S. 3 (13); *Braun/Uhlenbruck* Unternehmensinsolvenz, S. 167 ff. (170 ff.), sowie S. 268 f.; *Pape/Uhlenbruck* Insolvenzrecht Rdnr. 45; *Smid* Grundzüge des neuen Insolvenzrechts, § 1 Rdnr. 22.

797 Hierzu *Kirchhof* ZInsO 2001, 1 (13); *Pape* ZInsO 2001, 587 (588 f.). – Zum Entwurf eines Gesetzes zur Entschuldung völlig mittelloser Personen und zur Änderung des Verbraucherinsolvenzverfahrens *Hergenröder* DZWiR 2006, 265 (mit ausführlichen Nachw.).

der §§ 103 ff. InsO). Zu diesem Zeitpunkt muss jedoch bereits feststehen, dass die Masse zur Deckung der Verfahrenskosten ausreichen wird.

Das Gericht muss demnach bei der Prüfung des Insolvenzeröffnungsantrags eine Prognoseentscheidung treffen.[798] Bei Eigenantragstellung des Insolvenzschuldners kann es dabei im Rahmen der Amtsermittlung (§ 5 Abs. 1 S. 1 InsO) vom Antragsteller die Auskünfte und Unterlagen verlangen, die zur Entscheidung über den Antrag erforderlich sind.[799] Stellt ein Gläubiger den Antrag, muss dieser seine Forderung und den Insolvenzgrund glaubhaft machen (§ 14 Abs. 1 InsO). Zur Verfügung stehen ihm dabei präsente Beweismittel sowie die eidesstattliche Versicherung, § 294 Abs. 1 ZPO, § 4 InsO.[800]

Die Prognoseentscheidung bezieht sich auf die Kosten des Verfahrens und hat nichts mit der Beurteilung des Eröffnungsgrundes (§§ 17-19 InsO) zu tun. *Grundlage* der Prognoseentscheidung ist nur das verwertbare Vermögen des Schuldners. Entscheidend ist, welches Vermögen nach einer Eröffnung des Insolvenzverfahrens voraussichtlich zur Verwertung bereitgestellt werden kann.[801] Zur Entscheidungsgrundlage gehört damit die Frage, welches Vermögen gem. § 35 InsO in die Masse fällt. Um eine einigermaßen verlässliche Größe zu ermitteln, kann hier nur die Teilbarkeitsfrage innerhalb des § 103 InsO eine Rolle spielen.[802] Da es nicht darauf ankommt, welches Vermögen die Masse erhalten *könnte*, muss das Gericht zum Zwecke der Entscheidung über den Eröffnungsantrag nicht über die Teilbarkeitsfrage des § 105 InsO entscheiden.[803]

Die Teilbarkeitsfrage des § 105 InsO hat i. E. nur Auswirkungen auf die Bewertung der Einstellung des Verfahrens nach Verfahrenseröffnung (§ 207 InsO) oder bei der Bewertung der Masseunzulänglichkeit (§ 211 InsO).[804]

---

798 Vgl. *Keller* Insolvenzrecht Rdnrn. 556 ff.

799 *Sinz/Hefermehl* Unternehmensinsolvenz Rdnr. 144.

800 Zu den möglichen Indizien für das Vorliegen eines Eröffnungsgrundes siehe *Sinz/Hefermehl* Unternehmensinsolvenz Rdnrn. 157 ff.

801 *Kirchhof* in: HK-InsO § 26 Rdnr. 5.

802 Siehe *Kirchhof* in: HK-InsO § 26 Rdnr. 5 m. w. Nachw. (Forderungen des Schuldners sind mit ihrem mutmaßlichen Realisierungswert, Waren mit ihrem voraussichtlichen Erlös anzusetzen).

803 Begründet der Verwalter durch seine Erfüllungswahl Masseverbindlichkeiten und reicht die Masse infolgedessen nicht aus, um diese Verbindlichkeiten zu decken, führt dies lediglich zur Verteilung und Einstellung des Verfahrens wegen Masseunzulänglichkeit (§§ 211, 209 InsO), *Kirchhof* in: HK-InsO § 26 Rdnr. 12 m. w. Nachw.

804 Zur Abgrenzung und zur Rangfolge von „Neu- und Altmasseverbindlichkeiten" *Landfermann* in: HK-InsO § 209 Rdnrn. 6 ff.

6. Zessions- und Aufrechnungsfälle bei entsprechendem Begriffsverständnis

Auf die Beurteilung der seit jeher umstrittenen Fragen zu § 103 InsO, wie also beispielsweise mit Vorausabtretungen des Schuldners oder mit Aufrechnungen des Vertragspartners mit Konkursforderungen zu verfahren ist, hat die Teilbarkeitsformel keine grundlegenden Auswirkungen. Diese Fragen hängen mehr mit den Wirkungen der Verfahrenseröffnung und der Erfüllungswahl des Insolvenzverwalters im Rahmen der Behandlung gegenseitiger nicht vollständig erfüllter Verträge zusammen.[805] Von ihnen wird jedoch auch, wie gezeigt, die Teilbarkeitsformel beeinflusst. Ob also der Vertragspartner bei teilweiser Vorleistung seinen Anspruch gegen den Schuldner bei Verfahrenseröffnung noch durchsetzen kann, hängt zum einen davon ab, was grundsätzlich mit dem Vertrag bei Verfahrenseröffnung geschieht und zum zweiten, falls der Vertrag bestehen bleibt (was der Fall ist), in welcher Höhe der Vertragspartner seinen Anspruch geltend machen kann. Dies wiederum hängt von der Beurteilung der Teilbarkeitsfrage ab. Unter Vermeidung von Konstruktivismen ist diese Frage allein entscheidend, wenn der Vertragspartner auch gewillt ist, die Gegenleistung zu erbringen. Er muss nämlich wissen, in welcher Höhe er sie erbringen muss. Aufgrund der synallagmatischen Verknüpfung von Leistung und Gegenleistung ist damit wiederum fraglich, was der Schuldner auf der anderen Seite noch erbringen muss. Beide Parteien werden ihre Leistungen nicht eher erbringen, bis diese Fragen geklärt sind. Sie können aus diesem Grund ihre Leistung solange nach § 320 BGB zurückbehalten. Dies allein verdeutlicht, dass nicht *durch* die Verfahrenseröffnung die Ansprüche aus einem gegenseitigen Vertrag ihre Durchsetzbarkeit verlieren[806], sondern dass das Rechtsgeschäft nie durchsetzbar ist, wenn eine Partei ihre Leistung nicht erbringt. Lehnt man die Konstruktion des *BGH* von vornherein ab, geht damit auch eine Neuorientierung innerhalb anderer Fragenkomplexe einher, die hier aber nicht ausführlich behandelt werden können.[807]

Aufgrund der Eröffnung des Insolvenzverfahrens tritt eine Unsicherheit für die Vertragsparteien ein, mit der wohl zwangsläufig auch das Zurückbehalten der eigenen Leistung einhergeht. Der Leitsatz des *BGH*[808] ist von der Wirklich-

805 Ausführlich hierzu auch unter Einbeziehung des § 105 InsO *Rendtorff* S. 110 ff.

806 So aber *BGHZ* 150, 353 (LS 3). – Kritisch hierzu auch *Henckel* in: Festschrift für *H.-P. Kirchhof*, S. 191 (199 f.).

807 Die Judikatur des *BGH* birgt auch Probleme für Insolvenzpläne zur Sanierung eines Insolvenzschuldners; fraglich ist nämlich, ob der Erfüllungsanspruch durch den Insolvenzplan beeinträchtigt werden kann, vgl. *Smid/Lieder* DZWiR 2005, 7 (10). Siehe zu den erwähnten Problemen die Lösungsansätze auf S. 98 ff.

808 Fn. 806 („*die Eröffnung des Insolvenzverfahrens bewirkt kein Erlöschen der Erfüllungsansprüche aus gegenseitigen Verträgen im Sinne einer materiell-rechtlichen Umgestaltung. Vielmehr verlieren die noch offenen Ansprüche im Insolvenzverfahren ihre*

keit daher im Grunde gar nicht so weit entfernt. Würde der Insolvenzschuldner/Verwalter aber die versprochene Leistung voll erbringen (losgelöst von der Erfüllungswahl), wäre auch der Gegenanspruch voll durchsetzbar. Will er weniger erbringen als versprochen, geht dies nur innerhalb der Grenzen von § 105 S. 1 InsO, also wenn der Vertragspartner teilweise vorgeleistet hat und die Leistungen teilbar sind. Der Insolvenzverwalter muss im eröffneten Insolvenzverfahren prüfen, ob der gegenseitige Vertrag massegünstig ist oder nicht. Bei positiver Bewertung kann er den Vertrag erfüllen und muss die volle Gegenleistung aus Massemitteln erbringen. Will er weniger leisten, weil er etwa behauptet, die Leistungen seien teilbar, so trägt er für diesen Umstand die Beweislast. Im Prozess muss er den Vertragspartner daher auf Leistung verklagen und das Vorliegen teilbarer Leistungen beweisen. Der Beweis ist dann erbracht, wenn er Tatsachen beweist, aus denen sich ergibt, dass der Verwalter zur Erhaltung oder Wiedererlangung von Wirtschaftungsmöglichkeiten gerade auf die Erfüllung des konkreten Vertrages angewiesen ist.

Die Masse bekommt auf diese Weise in jedem Fall, was ihr zusteht. Sie wird nur nicht ungerechtfertigt angereichert.[809] In die Masse fällt gem. § 35 InsO bei Verfahrenseröffnung ohnehin das gesamte Vermögen des Schuldners. Zu diesem gehört auch die teilweise erhaltene Vorleistung des Vertragspartners. Das vertragliche Äquivalent der Gegenleistung für eine nach Erfüllungswahl durch den Verwalter zu erbringenden Leistung ist bei Verfahrenseröffnung also schon teilweise in der Masse/im Vermögen des Schuldners vorhanden. Nach Erfüllungswahl und Erbringung der Gegenleistung fließt der Masse auch das restliche Äquivalent zu. Die Rechte des Vertragspartners können nicht einfach dadurch beschnitten werden, dass mit Verfahrenseröffnung plötzlich streng zwischen Schuldner und Masse gleich verschiedener Rechtssubjekte unterschieden wird[810], so als habe der Vertragspartners vor Verfahrenseröffnung an einen Dritten ohne schuldbefreiende Wirkung geleistet.[811] Will man dies doch, so muss dies begründet werden. Aus dem Verhältnis zu anderen Insolvenzgläubigern lässt sich dies aber nur begründen, wenn die gemeinschaftliche Befriedigung durch die unbeschnittenen Rechte des Vertragspartners gefährdet wäre. Dies ist aber nur dann der Fall, wenn der Vertragspartner für die Unternehmensfortfüh-

---

Durchsetzbarkeit, soweit sie nicht auf die anteilige Gegenleistung für vor Verfahrenseröffnung erbrachte Leistungen gerichtet sind. Wählt der Verwalter Erfüllung, so erhalten die zunächst nicht durchsetzbaren Ansprüche die Rechtsqualität von originären Forderungen der und gegen die Masse.").

809 Vgl. auch *Kesseler* RNotZ 2004, 176 (204); *Henckel* in: Festschrift für *Wieacker*, S. 366 ff.

810 Vgl. auch *Henckel* KTS 2006, 487 (492).

811 Vgl. *Andres* in: *Nerlich/Römermann* InsO § 35 Rdnr. 7.

rung durch seinen Beitrag Einfluss auf das Schuldnervermögen nehmen kann oder könnte.

Zessions- und Aufrechnungsfälle lassen sich im Ergebnis genauso lösen, wie es bisher der Fall ist.[812] Da nach dem hier formulierten Teilbarkeitsbegriff die Teilbarkeit einer Leistung aber eher einen Ausnahmefall darstellt, wird der Vertragspartner in Zukunft nicht mehr so leicht gegen einen aus einem anderen Grund bestehenden Anspruch der Masse mit dem Teilanspruch aus der teilweisen Vorleistung aufrechnen können. Bei Annahme eines weiten Teilbarkeitsbegriffs nämlich sind die Voraussetzungen des § 94 InsO hinsichtlich des Gegenleistungsanspruchs für vom Vertragspartern vor Verfahrenseröffnung teilweise erbrachter Leistungen i. d. Regel erfüllt. Den Anspruch des Schuldners, der mit Verfahrenseröffnung in die Masse fällt, kann der Verwalter bei eher restriktiver Annahme einer Teilbarkeit i. d. Regel in voller Höhe und ungekürzt für die Masse realisieren. Relevante Zessionsfälle werden demgegenüber uneingeschränkt weiterhin so gelöst wie bisher. In welcher Höhe der Masse nämlich nach vorinsolvenzlicher Abtretung eines Anspruchs durch den Schuldner noch ein Anspruch gegen den Vertragspartner zusteht, ist Frage des Teilbarkeitsbegriffs bei der Anwendung des § 103 InsO. Bei der Bestimmung dieses Begriffs wird nicht auf die Bedeutung der Leistung für die Unternehmensfortführung abgestellt, sondern allein auf die wirtschaftliche Feststellbarkeit.

7. Keine Rückkehr zur Konstruktion der Wiederkehrschuldverhältnisse

Der eigene Standpunkt soll sich nicht der Kritik[813] ausgesetzt sehen, im Ergebnis zu der aufgegebenen Konstruktion der Wiederkehrschuldverhältnisse zurückzukehren.[814] Aus den Erfahrungen rund um die Unterscheidung zwischen Sukzessivlieferungsverträgen und Wiederkehrschuldverhältnissen wird hier lediglich der Gedanke aufgegriffen, dass es nicht richtig sein kann, wenn der Verwalter auf die Leistungen der Vertragspartner dringend angewiesen ist, er zum Erhalt dieser Leistungen aber auch alle Rückstände begleichen muss. Dies gilt aber nicht nur für die Verträge, die zu den sog. Wiederkehrschuldverhältnissen gezählt wurden, sondern kann sich aus jedem gegenseitigen Vertrag ergeben.

Insofern kann auch der herrschenden Meinung zugegeben werden, dass der Teilbarkeitsbegriff jeden denkbar möglichen Vertrag erfassen kann.[815]

---

812 Dazu *BGHZ* 135, 25 = EWiR 1997, 517 (*Huber*); *BGH* ZIP 2001, 242 = NJW 2001, 1136; *BGH* ZIP 1997, 1072 = NJW 1997, 3434 = EWiR 1997, 739 (*Voss*).

813 Siehe *Kesseler* RNotZ 2004, 176 (207).

814 Vgl. *Huber* NZI 1998, 97 (100); *Oetker* DZWiR 1998, 66 (68); *Linder* S. 124.

815 *Kreft* in: MünchKomm-InsO § 105 Rdnr. 12; *Tintelnot* ZIP 1995, 616 (619); *Wegener* in: FK-InsO § 105 Rdnr. 5.

8. Keine praktischen oder wirtschaftlichen Einwände

Fraglich ist, ob sich praktische oder wirtschaftliche Einwände gegen den Teilbarkeitsbegriff vorbringen lassen. Zum einen fragt sich, wie über die Frage nach der Teilbarkeit zu urteilen wäre, wenn der Vertragspartner als einziger Gläubiger mit dem Schuldner in Verbindung steht. Kann man hier etwa davon ausgehen, dass der Vertragspartner durch ein Zurückbehalten der weiteren Leistungen zwangsläufig die Unternehmensfortführung erschwert, so dass im Grunde keine andere Möglichkeit besteht, als die Leistungen als teilbar zu qualifizieren? Fraglich ist zum anderen auch, ob mit dem hier vorgeschlagenen Teilbarkeitsbegriff kleinere Betriebe im wirtschaftlichen Geschäftsverkehr benachteiligt werden, weil ein Vertragspartner befürchten muss, dass seine Leistung zu große Bedeutung für den schuldnerischen Betrieb erlangt und daher seine Leistung nur Zug-um-Zug gegen Erhalt der Gegenleistung erbringt, wohingegen er an größere Betriebe möglicherweise einen Vorschuss gezahlt hätte.

Ist der Vertragspartner der einzige, der mit dem Schuldner geschäftliche Beziehungen führt, so reicht dieser Umstand alleine nicht aus, um die Teilbarkeit der Leistungen zu beurteilen. Sicherlich könnte man sagen, dass eine Unternehmensfortführung von vornherein ausgeschlossen ist, wenn der Vertragspartner gegenüber dem Erfüllungsverlangen des Insolvenzverwalters die Einrede des nicht erfüllten Vertrages erhebt und weitere Leistungen nicht erbringt. Damit ist aber kein Urteil über die Bedeutung der Leistung für die weitere wirtschaftliche Betätigung des Schuldners gefällt. Stellt der schuldnerische Betrieb Maschinen her und hat der Vertragspartner eine Teilforderung aus einem Werkvertrag[816], so ist der Verwalter auf die Fertigstellung eines Werkes, das für den Betrieb keine Bedeutung hat, nicht angewiesen. Ihm steht es daher frei, die Erfüllung des Vertrages abzulehnen. Beliefert der Vertragspartner den Schuldner aber mit Rohmaterial für den Maschinenbau, so kommt eine Teilbarkeit der Leistungen in Betracht. Mithin muss immer auf die wirtschaftliche Bedeutung der vom Vertragspartner angebotenen Leistung *für* die Möglichkeit zum Weiterwirtschaften abgestellt werden.

Auch kleinere Betriebe werden durch den so verstandenen Teilbarkeitsbegriff nicht benachteiligt, weil sie Leistung nur Zug-um-Zug gegen Erbringen der Gegenleistung verlangen könnten. Im Gegenteil: für einen Vertragspartner ist bei kleineren Betrieben das wirtschaftliche Risiko überschaubarer, so dass gerade dies ihnen ermöglicht, das Vorleistungsrisiko genauer zu ermitteln, weil sie die Bedeutung ihrer Leistungen für einen kleineren Betrieb besser abschätzen kön-

816 Vgl. *BGHZ* 154, 190 = NJW 2003, 1865 = NZI 2003, 315 (m. Anm. *Leithaus*) = LMK 2003, 135 (*de Bra*); zum Urteil *Binder* KTS 2006, 1 ff.; *BGH* ZIP 2003, 855, dazu *Franke/Böhme* DZWiR 2003, 494.

nen als bei größeren Betrieben. Darüber hinaus ist es für einen Vertragspartner auch bei größeren Betrieben als Schuldnern ratsam, nur Leistung gegen Leistung zu erbringen, da das wirtschaftliche Risiko dieser Betriebe entsprechend höher ist. Im Übrigen ist zu bedenken, dass der Teilbarkeitsbegriff für den Insolvenzverwalter handhabbarer wird. Im täglichen Wirtschaftsverkehr kann man die genaue Bedeutung der eigenen Leistung für den anderen Vertragsteil nie sicher bestimmen. Der Verwalter hingegen kann, wenn es zur Insolvenz gekommen ist, anhand der Einsicht in die Bücher und durch die Inbesitznahme des schuldnerischen Vermögens genau beurteilen, auf welche Leistung er angewiesen ist oder – selbst wenn das Unternehmen nicht fortgeführt sondern zerschlagen werden soll – er hypothetisch angewiesen wäre, würde er den Betrieb fortführen.

9. Praktikabilität und Rechtsklarheit

Der vorgeschlagene Lösungsansatz hat freilich den Nachteil, dass er komplizierter ist als die herrschende Meinung und nicht mit einer Einheitsformel auskommt. Einem möglichen Vorwurf, es handele sich hier deshalb um einen Rückschritt, soll jedoch schon jetzt entgegengetreten werden. Ob allerdings auch das Argument der Rechtssicherheit wirklich entgegengehalten werden kann, ist fraglich angesichts der jahrzehntelangen Rechtspraxis, die auch bei teilweisen Vorleistungen des Vertragspartners nach Erfüllungswahl immer davon ausging, der gesamte Vertrag (d.h. auch etwaige Rückstände) müsse aus Insolvenzmitteln bewirkt werden. Die Theorie der Vertragsspaltung entstand, wie erwähnt, erst gegen Ende der 90er Jahre. Losgelöst davon sind „gerechtere“ Lösungen, die versuchen, gerade auch Fälle mit Besonderheiten einzubeziehen, komplizierter. Solche Lösungen rechtfertigen es aber, einfacherer Lösungen zu verlassen, um zu einem besseren, weil dem Sinn und Zweck des Gesetzes eher entsprechendem Ergebnis zu gelangen.

10. Vereinbarkeit mit Wortlaut und Zweck des Gesetzes

Wie bereits angesprochen, war es nicht Ziel des Gesetzgebers, mit einer Regelung über „teilbare Leistungen“ der Schuldnermasse bei der Abwicklung gegenseitiger Verträge im Insolvenzverfahren ein besonderes „Geschenk“ zu machen, indem ein Vertragspartner, der irgendwie *Teilleistungen* erbracht hat, hinsichtlich der Gegenforderung auf die Insolvenzquote verwiesen wird. Von einer *solchen* Stoßrichtung des § 105 S. 1 InsO ging die Rechtsprechung erst vor etwas mehr als 10 Jahren aus, als sie, quasi im Wege des (vermeintlich) vorauseilenden Gehorsams, mit der „Sachsenmilchentscheidung“ (*BGHZ* 135, 25) § 17 KO neu (im Sinne einer vermeintlich konsequenteren Verfolgung des Masseschutzgedankens) auslegte. Zweck des § 105 S. 1 InsO ist hingegen allein die *Ermöglichung* der Unternehmensfortführung (wenngleich der Gesetzgeber von „erleichtern“ spricht). Denn nur wenn eine Reorganisation durch Unterwerfung des konkreten Vertrages unter die Rechtfolgen der Norm ermöglicht werden *kann*, macht es Sinn, die Teilbarkeit der Leistungen (durch Feststellung und Berechnung) zu ermitteln. Alles andere würde die Rechte eines Vertragspartners über die Maße einschränken und man würde ihm den Schutz, der ihm zuvor jahrzehntelang zugebilligt wurde, nehmen.

11. Kein Widerspruch zur höchstrichterlichen Rechtsprechung

Schließlich lassen sich auch die bereits besprochenen Urteile des *BGH* in die hier favorisierte Richtung deuten, so dass dem Gebot der Rechtssicherheit Rechnung getragen werden kann.[817] Der Entscheidung in *BGHZ* 150, 353 darf zu diesem Zwecke keine Verbindlichkeit bei teilweiser Vorleistung des Vertragspartners zugesprochen werden. Da der Sachverhalt in der Entscheidung dies aber auch nicht vorgab, wäre es konsequent, die Teilbarkeitsformel nur bei Vorleistungen des Schuldners anzuwenden. Vor diesem Hintergrund kann das Urteil uneingeschränkte Gültigkeit beanspruchen.

Für die hier interessierende Fallgestaltung gelten damit weiterhin die Grundsätze, die der *BGH* in *BGHZ* 67, 242[818] aufgestellt hat.[819] Danach können zunächst auch andere vertragliche Leistungen (als die in den vom Gericht zuvor entschiedenen Fällen) als teilbar angesehen werden, wenn die Interessenlage dies zulässt.[820] So ist z.B. denkbar, dass auch nebeneinander geschuldete ungleichartige Leistungen teilbar sind. Es kommt auf die Umstände des Einzelfalls an und auf die Wechselbeziehung zwischen Leistung und Gegenleistung.[821] Eine Leistung ist nicht schon immer dann teilbar, wenn sich der Umfang und die Art der Teilleistung zu einem bestimmten Stichtag tatsächlich feststellen und berechnen lässt.[822]

Lediglich hinsichtlich der Teilbarkeitsformel[823] ist dem Gericht zu widersprechen. Das Erfordernis, die Leistung in hinreichend verselbständigte Teile aufspalten zu können, entspricht weder der Forderung nach einer möglichst gleichen Gläubigerbehandlung, noch dient es dem Schutz des Vertragspartners, den das Gericht durchaus im Auge hatte.[824] Anhand dieser Formel lässt sich aber gut

817 Zur Strukturierung des deutschen Insolvenzrechts in Bezug auf gegenseitigen Verträge durch den *BGH Smid* DZWiR 2004, 1 (16 ff.).

818 Dort S. 246 ff. (insbes. S. 248).

819 Wie hier auch *Kesseler* ZIP 2005, 2046 (2048).

820 *BGHZ* 67, 242 (247).

821 *BGHZ* 67, 242 (248).

822 *BGHZ* 67, 242 (248, 249); ähnlich auch *BGHZ* 125, 270 (274 f.).

823 Hierzu hatte der *BGH* entschieden: Teilbar ist eine Leistung nur dann, wenn man sie in hinreichend verselbständigte Teile aufspalten kann. – *BGHZ* 67, 242 (249). In diesem Sinne nach wie vor *Smid/Lieder* DZWiR 2005, 7 (11).

824 Vgl. *BGHZ* 67, 242 (248 a. E.).

nachvollziehen, dass auch die Leistung ungleichartiger Sachgesamtheiten teilbar sein kann, da hier zumindest die Gesamtleistung in einzelne selbständige Teile aufgespalten werden kann.[825] Eine (schuldbefreiende) Teilleistung bleibt möglich. Werklieferungsverträge würden derart jedoch nicht unter die Formel subsumiert werden können, obwohl die Interessenlage in Bezug auf die Masse – und damit der Gläubigergesamtheit – die gleiche sein kann. Es fehlt der massebezogene Einzelfallparameter.

Des Weiteren werden auch solche Vertragspartner nicht geschützt, die mit ihren Ansprüchen das wirtschaftliche Defizit des Schuldners, das zur Insolvenz führte, nicht beeinflussen konnten. Wenn solche Gläubiger vorgeleistet haben, zur vollständigen Erfüllung verpflichtet bleiben und dazu auch weiter bereit sind, sollen sie grundsätzlich ihren vollen Anspruch auf die Gegenleistung behalten und nicht auf die anteilige Befriedigung für ihre bisher erbrachten Leistungen angewiesen sein.[826]

In anderen Zusammenhängen, namentlich bei der Beurteilung der Anfechtbarkeit einer Abrede zur Tilgung von Altforderungen, wenn die Leistung des Vertragspartners eine zur Betriebsfortführung notwendige Leistung darstellt, hat sich der *BGH* zu einer möglichen Gläubigerbenachteiligung durch das Abhängigmachen der Leistung von der Zahlung von Altforderungen geäußert.[827] Der Vertragspartner sollte in einem der Fälle eine betriebsnotwendige Anlage der Schuldnerin in Betrieb nehmen und machte dies von der Begleichung einer Altforderung abhängig. Auch wenn es nach dem Sachverhalt nicht hauptsächlich um die Beurteilung der Teilbarkeit einer vertraglichen Leistung ging, so kann man den Ausführungen des Gerichts entnehmen, dass es, soweit man den Gläubigergleichbehandlungsgrundsatz als Wertungsdirektive heranzieht (hier um die Anfechtbarkeit der Tilgungsabrede zu beurteilen), auf einen Zusammenhang zwischen der vom Vertragspartner noch zu erbringenden Leistung und einem damit einhergehenden Vorteil für alle Insolvenzgläubiger geht.[828] Der Gläubigergleichbehandlungsgrundsatz gebiete demnach, dass alle Gläubiger an einem Vorteil, den der Schuldner (infolge der Rechtsverkürzung des Vertragspartners) erlangt, teilhaben können. Nur dann ist auch eine mit dem Vorteil des Schuldners verbundene Privilegierung des Vertragspartners hinnehmbar.

---

825 Vgl. *Balthasar* in: *Nerlich/Römermann* InsO § 105 Rdnr. 15.

826 Vgl. *BGHZ* 67, 242 (248 a. E.). – In ähnlicher Weise stellt *Kesseler* RNotZ 2004, 176 (227) auf die wirtschaftliche Nutzbarkeit im „Paket“ ab. (Die Betrachtungen beziehen sich auf die Insolvenz des Bauträgers).

827 *BGH* ZIP 2003, 855 = ZInsO 2003, 420 (Besprechung bei *Franke/Böhme* DZWiR 2003, 494); *BGH* NJW 2003, 1865.

828 *BGH* NJW 2003, 1865 (1867).

Führt man diesen Gedanken konsequent weiter, so kommt man zu folgendem Schluss: Wenn ein Vertragspartner, nicht im Rahmen der Insolvenzanfechtung, sondern im Rahmen der insolvenzrechtlichen Vertragsabwicklung, betriebsnotwendige Leistungen erbringen kann, so ergibt sich für den Schuldner aus der Qualifikation dieser Leistung als teilbar ein Vorteil, an dem auch alle anderen Gläubiger teilhaben. Dann ist es auch gerechtfertigt, den Gläubigergleichbehandlungsgrundsatz in Bezug auf die originär vertraglichen Rechte des Vertragspartners einschränkend heranzuziehen, um Sondervorteile des Vertragspartners auszuschließen. Bietet der Vertragspartner aber keine betriebsnotwendigen Leistungen an, so erlangt der Schuldner im Grunde auch keinen Vorteil aus der Qualifizierung dieser Leistung als teilbar. Denn die Stellung des Schuldners in dem Fall, in dem der Verwalter die weitere Erfüllung des Vertrages abgelehnt hätte, ist keine schlechtere. Ein Vorteil ist also mit der Erfüllungswahl nicht verbunden. Dann besteht aber auch kein Grund dafür, der Gesamtheit der Insolvenzgläubiger einen „Vorteil" dadurch zu verschaffen, dass einfach die Masse (ohne Rechtfertigung im Verhältnis zum Vertragspartner) angereichert wird.

12. Beweislast hinsichtlich des Teilbarkeitskriteriums

Es lässt sich denken, dass es bei der Beurteilung der Teilbarkeitsfrage zwischen dem Insolvenzverwalter und dem Gläubiger nicht selten zu Streit kommen wird. Insofern liegt es aber nahe, die Beurteilung dem Verwalter anheim zu stellen, der allerdings im Streitfall, aufgrund des Ausnahmecharakters des § 105 S. 1 InsO, das „Teilbarkeitserfordernis" zu beweisen hat. Soll ihm der Beweis gelingen, muss er eine begründete Prognoseentscheidung abgeben und dazu ggf. Tatsachen vortragen, aus denen sich die Bedeutung der Leistung für die Massewirtschaftlichkeit ergibt. Klar ist, dass der Verwalter nicht wird gänzlich beweisen können, dass die erleichterte Unternehmensfortführung gerade von der Teilbarkeit des in Frage stehenden Vertrages abhängt. Wirtschaftet das Unternehmen weiter, treffen den Verwalter auch weiterhin die allgemeinen wirtschaftlichen Risiken. Eine bloße Behauptung der Erleichterung wird aber letztlich nicht ausreichen können. Genauso wenig reicht es aus, wenn sich der Vertragspartner ohne nähere Begründung auf die Gegenposition beruft, wenn der Verwalter die Bedeutung der Teilbarkeit des konkreten Vertrages darlegen konnte. Auch er muss seiner Substantiierungspflicht nachkommen. Bei einem *non liquet* ist aber für den Vertragspartner zu entscheiden, da den Verwalter die subjektive Behauptungslast trifft.[829]

829 Es gelten damit die allgemeinen Regeln des Beweisrechts, in allen Einzelheiten dazu *Leipold* in: *Stein/Jonas* ZPO §§ 284 ff.

4. Teil. Die Teilbarkeit von Leistungen in anderen Regelungen der InsO

Die Teilbarkeitsfrage begegnet außerhalb des § 105 S. 1 InsO auch in anderen Regelungen der Insolvenzordnung. Auf die Teilbarkeit der Leistung kommt es nicht nur an, wenn der Vertragspartner vor Verfahrenseröffnung Teilleistungen an den Schuldner erbracht hat, sondern auch, dies ist bis hierher hinreichend deutlich geworden, wenn der Schuldner auf der anderen Seite vor Verfahrenseröffnung einen Vorleistungsüberschuss an den Vertragspartner erbrachte.[830]

Außer in diesen Fallgestaltungen ist die Teilbarkeitsfrage auch innerhalb des § 108 InsO bedeutsam. Die Überschrift der Norm verspricht zwar das Fortbestehen von Dauerschuldverhältnissen, geregelt sind hier allerdings nur Miet-, Pacht- und Dienstverhältnisse.[831] Da nach Absatz 2 der Norm Ansprüche für die Zeit vor der Eröffnung des Insolvenzverfahrens nur als Insolvenzforderungen geltend gemacht werden können, stellt sich auch hier die Frage, ob die Leistungen derart aufgeteilt werden können, dass Leistung und Gegenleistung sich stets – zumindest *pro rata temporis* wie für die in § 108 InsO geregelten Vertragsverhältnisse typisch – aufeinander beziehen lassen. Problematisch erscheinen hier insbesondere Leasingverträge mit Nebenleistungsverpflichtungen[832], die in den folgenden Ausführungen exemplarisch näher untersucht werden sollen. Bei einem Leasingvertrag, in dem der Leasinggeber neben der Überlassung des Leasingguts auch Nebenleistungen im Rahmen besonderer Serviceverträge verspricht[833], kann die stets konstant bleibende Leasingrate nach Verfahrenseröffnung (nach erster Einschätzung) nur schwer oder gar nicht einem Teil der noch zu erbringenden Nebenleistungsverpflichtung zugeordnet werden.[834] Hier ist primär von Interesse, unter welchen Voraussetzungen die Leistungen überhaupt teilbar bzw. unteilbar sind. Wann scheidet also eine Zuordnung von Leistung und Gegenleistung aus und welche Wertungen sind für das Ergebnis heranzuziehen?

---

830 Hiezu zusammenfassend sogleich auf S. 193.

831 *Wegener* in: FK-InsO § 108 Rdnr. 4; *Marotzke* in: HK-InsO § 108 Rdnr. 2.

832 Vgl. *Bien* ZIP 1998, 1017 (1020).

833 Im Bereich des Kfz-Leasing etwa die Übernahme von Inspektions- und Verschleißteilekosten oder bei Softwareverträgen die Erbringung besonderer Serviceleistungen (Schulungs- und Aktualisierungspflichten), vgl. *Sinz* in: *Uhlenbruck* InsO § 108 Rdnr. 118.

834 So *Bien* ZIP 1998, 1017 (1020). Für Unteilbarkeit der Leasinggeberleistung daher auch *Krull* ZInsO 1998, 291 (296).

Auch bei den sog. Finanzierungsleasingverträgen[835] erhält die Teilbarkeitsfrage bei Insolvenz des Leasingnehmers[836] eine besondere Bedeutung. Da die Leasingraten hier auch dem Zwecke dienen, die Finanzierungsleistungen refinanzierender Banken, auf die der Leasinggeber zurückgreift, zu vergüten, diese Finanzierungsleistung i. d. Regel aber schon vollständig vor Gebrauchsüberlassung erbracht wurde, stellt sich die Frage, was der Leasinggeber nach Verfahrenseröffnung noch aus der Masse verlangen kann.[837] Zwar handelt es sich, wenn der Leasingnehmer insolvent wird, nur dann um ein Problem des § 108 InsO, wenn eine Immobilie geleast wurde[838], die gleichen Fragen können sich indes auch innerhalb einzelner Verträge stellen, die nicht unter den Anwendungsbereich des § 108 InsO fallen, etwa bei sog. Handysubventionsverträgen. „Verkaufen" Telefonunternehmen Handys für 1 EUR, subventionieren sie den Preis der Geräte über die Finanzierungsleistung. In der monatlichen Rate ist der Preis dieser Finanzierung einkalkuliert.[839] Dennoch hat auch hier der Handyanbieter die Finanzierungsleistung bei späterer Insolvenz des Kunden vor Verfahrenseröffnung vollständig erbracht. Welche Ansprüche er hinsichtlich etwaiger sich aufgestauter Rückstände und nach Erfüllungswahl gegen die Masse hat, ist ebenso fraglich, wie in Fällen der Insolvenz eines (Finanzierungs-)Leasingnehmers.

Bei den Leasingverträgen kommt des Weiteren noch eine Besonderheit hinzu. Der Gesetzgeber hat sich für die Einführung des § 108 Abs. 1 S. 2 InsO entschieden, um die Möglichkeit, Leasingverträge durch Banken refinanzieren zu können, aufrechtzuerhalten.[840] Hintergrund der Regelung ist Folgendes: Gerade bankenunabhängige Leasingunternehmen treten zur Refinanzierung ihre Forderungen aus dem Leasingvertrag an Kreditinstitute ab. Wenn die Leasingverträge aber dem Wahlrecht des Verwalters unterfallen, so gebührten die Leasingraten nach der zur Zeit der Einführung der Regelung geltenden Rechtslage der Masse und nicht der refinanzierenden Bank, selbst wenn der Verwalter die Erfüllung des Vertrages wählte.[841] Auch nach heutigem Recht dürfte dies der Fall sein, da

---

835 Näher zum Begriff *Wegener* in: FK-InsO § 108 Rdnr. 10; *Jaeger/Henckel* KO § 19 Rdnr. 12 f. – Ausführlich zum Finanzierungsleasing auch *Jaeger/Henckel* KO § 19 Rdnrn. 14 ff.

836 § 108 InsO regelt zunächst nur das Fortbestehen von u. a. Miet- und Pachtverträgen über unbewegliche Sachen für und gegen die Insolvenzmasse. Gleiches gilt nach Abs. 1 S. 2 für Miet- und Pachtverhältnisse über bewegliche Sachen, wenn der Schuldner als Vermieter oder Verpächter auftritt und die Sache von einem Dritten finanziert und diesem die Sache zur Sicherung übertragen hat. Im Übrigen gelten die §§ 103 ff. InsO, vgl. dazu auch *Eckert* in: MünchKomm-InsO § 108 Rdnr. 132.

837 Siehe hierzu unten S. 188 ff.

838 Vgl. *Eckert* in: MünchKomm-InsO § 108 Rdnrn. 82 ff.

839 Hierzu siehe *Pottgießer/Velte* StuB 2006, 131 (131/132).

840 BT-Drucksache 13/4699 vom 22. Mai 1996, S. 1.

841 Vgl. BT-Drucksache 13/4699, S. 6.

die Vorzüge der „Erlöschenstheorie" mit der neueren Rechtsprechung zum Verwalterwahlrecht nicht aufgegeben werden sollten.[842] Im Ergebnis wird den Banken das Insolvenzrisiko aber genommen. Die darin liegende Privilegierung der Banken rechtfertigt sich aus dem Wunsch, dass die Leasingunternehmen die Möglichkeit der Refinanzierung nutzen sollen, um am Markt mit ihren Leistungen wirtschaften zu können.[843] Bevorzugt werden durch die Regelung daher eigentlich die Leasingunternehmen selbst, da die Banken ohne § 108 Abs. 1 S. 2 InsO regelmäßig auch ein Absonderungsrecht an dem zur Sicherheit übereigneten Leasinggut geltend machen könnten. Der gesetzgeberischen Wertung darf man aber entnehmen, dass das *Cashflow*-Prinzip hohen Stellenwert genießt.[844] Insgesamt wird die Kreditwirtschaft wegen des gesamtwirtschaftlichen Nutzens durchweg im Insolvenzverfahren bevorzugt.[845] Wenn für den Gläubigergleichbehandlungsgrundsatz, und daher stets auch immer als Argumentationsgrundlage für einen weiten Teilbarkeitsbegriff, der gleichmäßige Einfluss der Gläubiger auf das Schuldnervermögen behauptet wird[846], muss man bedenken, dass gerade die Kreditwirtschaft[847] hohen Einfluss auf die Zahlungsunfähigkeit ihrer Kunden ausübt.

Überträgt man die Überlegungen, die hinter der Regelung des § 108 Abs. 1 S. 2 InsO stehen, auf § 105 InsO, so kann man sagen, dass der gesamtwirtschaftliche Nutzen auch bei der Teilbarkeitsfrage des § 105 S. 1 InsO Berücksichtigung finden kann. Vorleistung ohne Gegenleistung ist im Grunde nichts anderes als ein Kredit.[848] Wegen § 320 BGB ist dieser bei Teilvorleistungen nicht einmal ungesichert. Dies ist insbesondere dann von großer Bedeutung, wenn dem Gläubiger keine besseren Sicherungsmittel zur Verfügung stehen. Wirklich abgesichert ist der Vertragspartner durch § 320 BGB aber nur dann, wenn der Schuldner auf die weitere Leistung angewiesen ist, so dass sich auch der Verwalter für die Erfüllung des Vertrages in der Insolvenz entscheiden muss. Wegen der gerade für diesen Fall bestehenden Sonderregelung des § 105 S. 1 InsO kann der Vertragspartner aber nicht zum Schutz vor weiterer Inanspruchnahme die Einre-

842 *Kesseler* RNotZ 2004, 177 (181); *Kreft* ZIP 1997, 865 ff.

843 Vgl. BT-Drucksache 13/4699, S. 6.

844 Krit. zu Wertung hinter § 108 Abs. 1 S. 2 InsO *Häsemeyer* Insolvenzrecht Rdnr. 20.56.

845 Krit. hierzu *Ehricke* ZIP 2003, 1065; *ders.* ZIP 2003, 2141; *Wimmer* ZIP 2003, 1563; *Hölzle* ZIP 2003, 2144; *Obermüller* ZIP 2003, 2336.

846 *Tintelnot* ZIP 1995, 616 (619).

847 Leicht erhältliche Kredite verursachen die steigende Anzahl der Insolvenzen zum erheblichen Teil mit, vgl. zur Überschuldungssituation bei Reformierung der InsO *Korczak/Pfefferkorn* S. 23.

848 Vgl. *BGHZ* 167, 190 = NJW 2006, 2701 (2704/2705). – Gerade das Bauhandwerk leidet sehr unter der schlechten Zahlungsmoral der Kunden (dazu *Liegmann* GewArch 2003, 274 ff.) und könnte ohne deren teilweise Vorleistungen den Konkurs (fast) nicht vermeiden.

de aus § 320 BGB erheben. Da dem Vertragspartner die Sicherung in der Insolvenz so gerade nichts bringt, könnte man den Zweck des § 105 S. 1 InsO in der Tat als rechtspolitisch fragwürdig bezeichnen.[849]

Leasingverträge sind daher insgesamt geeignet, die Teilbarkeitsfrage näher zu erörtern. Die Abwicklung von Leasingverträgen im Insolvenzverfahren wirft hinreichend rechtliche Fragen auf.

I. Die Teilbarkeit der Leistungen im Rahmen von § 108 InsO – Am Beispiel von Leasingverträgen mit Nebenleistungsverpflichtungen und Finanzierungsleasingverträgen

Um die Bedeutung der Teilbarkeitsfrage außerhalb des § 105 S. 1 InsO, namentlich hier für § 108 InsO, deutlich zu machen, sollen zunächst die relevanten Sachverhaltskonstellationen vorgestellt werden: Der Leasingvertrag ist ein atypischer Vertrag und kann auf unterschiedliche Weise näher ausgestaltet sein.[850] Eine der Hauptleistungspflichten des Leasinggebers ist die Gebrauchsüberlassung des Leasinggutes an den Leasingnehmer, die dieser mit nach zeitlichen Abschnitten bemessenen Raten vergütet. Wegen dieser Gebrauchsüberlassungsfunktion wird der Leasingvertrag zivilrechtlich überwiegend als atypischer Mietvertrag qualifiziert.[851] Dementsprechend wird der Leasingvertrag auch in der Insolvenz nach den Vorschriften über Mietverhältnisse behandelt.[852] Die InsO selbst stellt in Bezug auf Leasingverträge aber eine wichtige Unterscheidung auf. Leasingverträge über unbewegliche Gegenstände bestehen nach § 108 Abs. 1 S. 1 InsO mit Wirkung für die Insolvenzmasse fort, gleichgültig ob der Leasinggeber oder der Leasingnehmer insolvent wird. Beim Mobilien-Leasing hingegen wirkt der Vertrag nur bei Insolvenz des Leasinggebers fort und auch nur dann, wenn ein Dritter die Anschaffung der Leasingsache finanziert hat und dem Dritten die Leasingsache zur Sicherheit seiner Ansprüche übertragen wur-

849 *Häsemeyer* Insolvenzrecht Rdnr. 20.27. – Da die Sanierung eines Unternehmens ebenso erschwert würde, wenn dinglich gesicherte Gläubiger das Sicherungsgut einfach abziehen dürften, werden sie im Verfahren zumindest an den Kosten, die durch die Feststellung und Verwertung entstehen, beteiligt, vgl. *Landfermann* BB 1995, 1649 (1650) m. w. Nachw.

850 Näher zum Leasingvertrag etwa *Büschgen* Praxishandbuch Leasing, 1998; *Engel* Miete, Kauf, Leasing, 1997; *Tacke* Leasing, 3. Aufl. 1999.

851 *BGHZ* 71, 189 = LM § 19 KO Nr. 6; *Graf von Westphalen* BB 1988, 218 ff. – Der Unterschied zum Mietvertrag liegt beim Leasing darin, dass die Sach- und Preisgefahr auf den Leasingnehmer übertragen wird und der Leasinggeber sich vor Gewährleistungsansprüchen durch Abtretung seiner Ansprüche gegen den Lieferanten schützt.

852 *Eckert* ZIP 1996, 897; *Obermüller/Livonius* DB 1995, 27; *Zahn* DB 1995, 1597.

de, § 108 Abs. 1 S. 2 InsO. Liegen die Voraussetzungen des § 108 Abs. 1 InsO[853] nicht vor, also z.B. bei der Insolvenz des Mobilien-Leasingnehmers oder der Insolvenz des Mobilien-Leasinggebers, wenn das Finanzierungselement fehlt, gelten die allgemeinen Grundsätze nach §§ 103 ff. InsO. Nichts desto trotz werden die Fragen, die hier angesprochen werden, dann auch im Rahmen des § 105 S. 1 InsO relevant. In ähnlicher Weise wie § 105 S. 1 InsO ordnet § 108 Abs. 2 InsO an, dass Ansprüche für die Zeit vor Verfahrenseröffnung nur als Insolvenzforderungen geltend gemacht werden können. Tritt neben die soeben erwähnte Gebrauchsüberlassungsfunktion des Leasings auch eine Finanzierungsfunktion[854] oder übernimmt der Leasinggeber z.B. weitere Pflichten im Zusammenhang mit dem Leasingvertrag[855], die er sich gleichwohl durch entsprechende Kalkulation der Leasingraten vergüten lässt, so fragt sich in der Insolvenz des Immobilien-Leasingnehmers (Fall von § 108 InsO) in gleicher Weise wie in der Insolvenz des Mobilien-Leasingnehmers (Fall von §§ 103, 105 InsO), welche Ansprüche der Leasinggeber gegen die Masse geltend machen kann. Bei derartigen Finanzierungsleasingverträgen und Leasingverträgen mit Nebenleistungsverpflichtungen stellt sich konkret die Frage nach dem Schicksal des Leasingvertrages durch die Verfahrenseröffnung. Fraglich ist auch, welchen Einfluss der Insolvenzfall auf die Leasingraten hat.

1. Insolvenz des Leasingnehmers

Ein Teil des Schrifttums geht davon aus, dass der Insolvenzverwalter des insolvent gewordenen Leasingnehmers die bis zur Verfahrenseröffnung aufgelaufenen rückständigen Leasingraten als Masseschulden gem. § 55 Abs. 1 Nr. 2 InsO zu vergüten habe[856], weil mit den Leasingraten insgesamt auch Nebenleistungen, eben nicht nur die bloße Gebrauchsüberlassung, abgegolten werden. Daher stellten die aufgelaufenen Leasingraten nicht das Entgelt für bis zur Verfahrenseröffnung erbrachte Leistungen des Leasinggebers dar, die getrennt (geteilt) von den nach Verfahrenseröffnung aus der Masse zu erbringenden Leistungen für die ebenfalls nach Verfahrenseröffnung fällig werdenden Leasingraten betrachtet werden können.[857] Vielmehr würden mit den im eröffneten Verfahren fällig werdenden Raten auch die vor Verfahrenseröffnung erbrachten Nebenleistungen

---

853 Vgl. hinsichtlich der praktischen Probleme der Norm *Seifert* NZM 1998, 217 (218).

854 Vgl. *Engel* Beilage zu BB 1999, 1; *Canaris* NJW 1982, 305.

855 Vgl. *Sinz* in: *Uhlenbruck* InsO § 108 Rdnr. 118.

856 *Obermüller/Livonius* DB 1995, 27 (28); *Pape* in: Kölner Schrift zur InsO, S. 531 ff.; *Kuhn/Uhlenbruck* KO § 17 Rdnr. 23; *BGH* KTS 1961, 8 (9); *Obermüller* Insolvenzrecht in der Bankpraxis, Rdnr. 7.17; *ders.* in: *Gottwald* Insolvenzrechtshandbuch § 100 Rdnr. 4; *Schmid-Burgk* ZIP 1998, 1022 (1023); *Eckert* ZIP 1997, 2077 (2078).

857 *Zahn* DB 1995, 1597 (1599).

abgegolten.[858] Im Vordergrund dieser Leasingverträge mit Nebenleistungsverpflichtungen stehe nicht nur die zeitlich begrenzte Nutzungsüberlassung sondern auch die darüber hinausgehende Nebenleistung.[859]

Kurios an dieser Ansicht ist jedoch die unverkennbare Nähe des Vertragsverhältnisses, dessen Inhalt typischerweise so ausgerichtet ist, dass die Parteien vor dem Vertragsschluss eine genaue Kalkulationsgrundlage festlegen[860], zu dem Argument, das die herrschende Meinung nicht gegen einen weiten Teilbarkeitsbegriff gelten lassen will; nämlich dass die Kalkulationsgrundlage der Parteien durch einen weiten Teilbarkeitsbegriff zerstört würde.[861] § 108 Abs. 2 InsO bestimmt ebenso wie § 105 S. 1 InsO, dass Ansprüche aus der Zeit vor Verfahrenseröffnung nur als Insolvenzforderungen geltend gemacht werden können. Anders als in § 105 S. 1 InsO ist die Teilbarkeit hier aber nicht tatbestandsmäßige Voraussetzung. Es ist daher auch denkbar, die Ansprüche des Leasinggebers auf die rückständigen Raten als Insolvenzforderungen (§ 38 InsO) zu qualifizieren, zumal sie bei einem Leasingvertrag genau beziffert werden könnten.[862] Streitig bleibt aber selbst nach dieser Ansicht, ob die nach Verfahrenseröffnung fällig werdenden Raten *in voller Höhe* als Masseverbindlichkeiten zu begleichen sind[863] oder nur um den Wert der Vorfinanzierung gekürzt.[864]

Wiegmann führt kritisch aus, dass der Leasinggeber bei einem Finanzierungsleasingvertrag mit der Anschaffung, Finanzierung und Übergabe des Leasinggutes seine Verpflichtungen im Wesentlichen erfüllt habe, § 105 S. 1 InsO hier also gar nicht anwendbar ist, die Norm ohnehin aber so konzipiert sei, dass die Wirkung der Norm sich auf Ansprüche des Vertragspartners aus der Zeit vor Verfahrenseröffnung beschränke, nicht aber auf dessen Anspruch nach Erfüllungswahl, auch wenn der Vertragspartner die entsprechende Leistung bereits vor Verfahrenseröffnung erbracht habe.[865] Dies führt jedoch dazu, dass man hinsichtlich der Teilbarkeitsfrage allein auf die zeitliche Teilbarkeit abstellen würde

---

858 *Scheffler* ZIP 2001, 1182 (1183).

859 Siehe dazu *BGHZ* 109, 368 (Forfaitierung); *BGHZ* 111, 84 (Operating-Leasing); *BGHZ* 118, 282 (290) (Finanzierungsleasing).

860 Vgl. *Wiegmann* S. 119.

861 Vgl. nochmals *Henckel* JZ 1998, 155 (157); *Linder* S. 92 ff.

862 Vgl. auch *Eckert* ZIP 1997, 2077 (2079); *ders.* in: MünchKomm-InsO § 108 Rdnr. 96; *Sinz* in: Kölner Schrift zur InsO, S. 455 (461). – Im Ergebnis auch *Wiegmann* S. 122/123.

863 So *Sinz* in: *Uhlenbruck* InsO § 108 Rdnr. 86 mit Hinweis auf *Tintelnot* in: *Kübler/Prütting* InsO § 108 Rdnr. 18 und *Wegener* in: FK-InsO § 108 Rdnr. 29.

864 So *Eckert* ZIP 1997, 2077 (2079); *ders.* in: MünchKomm-InsO § 108 Rdnr. 96; *Scheffler* ZIP 2001, 1182 (1183).

865 *Wiegmann* S. 121 m. w. Nachw. – Zu bedenken ist aber, dass die Wirkung der Norm gerade unabhängig von der Erfüllungswahl eintritt!

und den Vertragspartner vollständig von seinem Vorleistungsrisiko entbinden würde. Dies ist nicht konsequent angesichts des von *Wiegmann* im Übrigen vertretenen weiten Teilbarkeitsbegriffs, für den er auch gerade mit dem Vorleistungsrisiko argumentiert.[866]

Richtig ist, dass beim Finanzierungsleasingvertrag die Nutzung und der Gebrauch der Sache im Vordergrund stehen und der Leasingnehmer diese anteilig mit den einzelnen Raten vergütet.[867] Die Leasingraten aber *per se* als teilbare Leistungen anzusehen, entspricht nicht den Interessen der Parteien. Gerade vor dem Hintergrund, dass beim Finanzierungsleasing eine Vielzahl von Leistungen erbracht und berechnet werden, sollte man grundsätzlich zunächst von der Unteilbarkeit der Leistungen ausgehen.[868] Dafür spricht z.B. auch, dass selbst mit den nach Verfahrenseröffnung geleisteten Leasingraten zwangsläufig immer noch die schon vor Verfahrenseröffnung geleistete Vorfinanzierung vergütet wird.[869] Diese Vorfinanzierung ist Teil der Leistung des Finanzierungsleasingvertrages und unterscheidet sich insofern von einem einfachen Mietvertrag.[870] Es wäre an sich auch inkonsequent, die nach Verfahrenseröffnung und Erfüllungswahl fällig werdenden Raten *per se* voll aus der Masse zu vergüten, weil selbst dann anteilig noch eine vom Leasinggeber vor Verfahrenseröffnung erbrachte Leistung vergütet würde.[871] Nimmt man Teilbarkeit an, muss der Wert der Vorfinanzierung von den aus der Masse zu zahlenden Raten abgezogen werden[872], soweit dies möglich ist. Ist dies aber nicht möglich, so muss man im Grunde eine doppelte Teilbarkeitsprüfung vornehmen. Zunächst werden die Raten nach Zeitabschnitten danach differenziert, ob sie vor oder nach Verfahrenseröffnung fällig werden. Rückständige Raten aus der Zeit vor Verfahrenseröffnung kann der Vertragspartner nur als Insolvenzforderungen geltend machen, wenn der Verwalter auf die fortwährende Gebrauchsüberlassung angewiesen ist, §§ 38, 105 S. 1 InsO. Ansonsten sollten auch diese Raten als Masseverbindlichkeiten zu begleichen sein. Sofern die Raten nach Verfahrenseröffnung fällig werden und die vor Verfahrenseröffnung erbrachte Finanzierungsleistung nicht

---

866 *Wiegmann* S. 48 f., 86 f.

867 Vgl. insofern auch *Kuhn/Uhlenbruck* KO § 19 Rdnr. 27; *Smid* InsO § 108 Rdnr. 16; *Fehl* DZWiR 1999, 89 (93); *Sinz* in: *Uhlenbruck* InsO § 108 Rdnr. 86; *Scheffler* ZIP 2001, 1182 (1183).

868 So auch *Obermüller* Insolvenzrecht in der Bankpraxis, Rdnr. 7.17; *Schmid-Burgk* ZIP 1998, 1022 (1023); *Scheffler* ZIP 2001, 1182 (1184).

869 *Zahn* DB 1995, 1597 (1599).

870 Anders *Wiegmann* S. 122, der annimmt, auch Mietzinsraten seien nicht deshalb schon unteilbar, weil der Vermieter die Mietsache vor Vertragsschluss vorfinanziert und instand gesetzt habe.

871 Ohne Zweifel *Obermüller* in: *Gottwald* Insolvenzrechtshandbuch § 100 Rdnr. 12.

872 *Eckert* in: MünchKomm-InsO § 108 Rdnr. 96; *Scheffler* ZIP 2001, 1182 (1183).

herausgerechnet werden kann, liegt ebenfalls eine (insofern) unteilbare Rate vor, die im Ganzen entrichtet werden muss. An dieser Beurteilung ändert sich nichts, wenn man auf die Bedeutung der weiteren Leistung für das Schuldnerunternehmen abstellt, da die Möglichkeit, einen Betrag als Insolvenzforderung benennen zu können, für die Annahme der Teilbarkeit immer gegeben sein muss. Durch die Möglichkeit, eine dem Grunde nach bestehende Forderung (hier: die Vergütung für die Finanzierungsleistung) nach § 45 InsO zu schätzen, sind die Fälle, in denen die Raten nicht entsprechend gekürzt werden können, gering.[873]

2. Insolvenz des Leasinggebers

Die Insolvenz des Leasinggebers[874] kann ebenfalls interessante Fragen aufwerfen. Gerade bei Leasingverträgen mit Nebenleistungsverpflichtungen fragt sich, ob die Kosten dieser Zusatzleistungen auch aus Massemitteln bestritten werden müssen. Dabei geht es jedoch mehr um die Frage, ob sich der Vertrag derart aufspalten lässt, dass der Überlassungsteil gem. § 108 Abs. 1 InsO mit Wirkung für die Masse fortbesteht, der die Zusatzpflichten betreffende Teil aber dem Wahlrecht des Verwalters nach § 103 InsO unterliegt. Da es sich hierbei nicht um ein spezifisches Problem der §§ 105, 108 InsO handelt, soll diesen Fragen hier nicht näher nachgegangen werden.[875]

3. Analyse der Rechtslage unter Beachtung der Teilbarkeitsfrage

Die Teilbarkeit von Leistungen hat in § 108 InsO ebenso wie in § 105 S. 1 InsO eine entscheidende Bedeutung. Wegen § 108 Abs. 2 InsO muss die Masse bei Insolvenz des Leasingnehmers nur vergüten, was der Leasinggeber nach Verfahrenseröffnung noch an sie leistet.[876] Sonstige Leistungen des Leasinggebers, seien es Finanzierungsleistungen oder andere Nebenleistungen, müssen aus der Masse nicht mehr vergütet werden. Dies setzt denknotwendig aber voraus, dass die Gesamtleistungen der Parteien teilbar sind. Die von § 108 Abs. 2 InsO angeordnete Zäsur macht bei einer insgesamt unteilbaren Leistung keinen Sinn.

Im Unterschied zu § 105 S. 1 InsO ist die Teilbarkeit der Leistungen in § 108 InsO als tatbestandsmäßige Voraussetzung, und damit als Anwendbarkeitsvoraussetzung, nicht genannt. Der Teilbarkeitsbegriff in § 108 InsO muss nicht

---

873 Vgl. *Eickmann* in: HK-InsO § 45 Rdnr. 6. – Beim Finanzierungsleasing sieht *Eckert* in: MünchKomm-InsO § 108 Rdnr. 96 m. w. Nachw. kalkulatorisch keine Schwierigkeit.

874 Dazu *Michalski/Ruess* NZI 2000, 250; *Zahn* DB 1995, 1597.

875 Dazu etwa *Sinz* in: Kölner Schrift zur InsO, S. 593 (616); *Tintelnot* in: *Kübler/Prütting* InsO § 108 Rdnr. 24; *Eckert* in: MünchKomm-InsO § 108 Rdnr. 61 (jeweils m. w. Nachw. auch aus der Rechtsprechung).

876 *Eckert* in: MünchKomm-InsO § 108 Rdnr. 96.

zwangläufig deckungsgleich mit dem des § 105 S. 1 InsO sein, ebenso wenig wie dies der Teilbarkeitsbegriff in § 103 InsO ist.[877]

Es stellt sich daher die Frage, nach welchen Grundsätzen der Teilbarkeitsbegriff in § 108 InsO zu bestimmen ist. Eine Antwort hierauf kann schon der direkte Vergleich mit § 105 S. 1 InsO liefern. Zunächst einmal hat § 108 InsO von vornherein einen eingeschränkten Anwendungsbereich. Während § 105 InsO grundsätzlich auf alle gegenseitigen Verträge Anwendung finden kann, gilt § 108 InsO nur für Miet-, Pacht- und Dienstverhältnisse. Hinzu kommt, dass § 108 Abs. 2 InsO selbst eine zeitliche Zäsur vornimmt, während dies richtigerweise für § 105 InsO nicht der Fall ist.[878] Es bietet sich daher an, für die Teilbarkeit der Leistungen in § 108 InsO zunächst einmal nach der „zeitlichen Teilbarkeit" zu fragen.[879] Die in der Norm genannten Vertragsverhältnisse sind typischerweise solche, die eine Leistungserbringung über einen gewissen zeitlichen Abstand vorsehen. Es handelt sich bei ihnen daher um ganz spezifische Dauerschuldverhältnisse. Die Gegenleistung einer Partei ist stets nach der Dauer der Leistungserbringung der anderen Partei bemessen (z.B. Dauer der Gebrauchsüberlassung, Dauer der Beschäftigung).[880] Hinzukommen muss des Weiteren auch, dass sich in einer bestimmten zeitlichen Periode der Leistungsdauer ein entsprechender Gegenleistungsteil zuordnen lässt. Bei den in § 108 InsO genannten Vertragsverhältnissen dürfte diese Voraussetzung aber unproblematisch in aller Regel erfüllt sein. Besteht die Gegenleistung des Insolvenzschuldners nicht in Geld, so muss die Forderung des Vertragspartners nach § 45 InsO geschätzt werden.[881] Eine „zeitliche Teilbarkeit" liegt demnach dann vor, wenn eine Partei eine Leistung über eine gewisse Dauer hinweg erbringt und sich ein entsprechender Gegenleistungsteil der Leistung zuordnen lässt.

Die unterschiedliche Reichweite der Teilbarkeitsbegriffe in § 108 und § 105 InsO ergibt sich auch daraus, dass der Gleichbehandlungsgrundsatz in beiden Normen unterschiedlich angelegt ist. Während § 105 S. 1 InsO verhindern soll, dass bestimmte Gläubiger den Verwalter faktisch zur Erfüllung ihrer Verträge zwingen können, der Gleichbehandlungsgrundsatz in dieser Norm also

877 Vgl. hierzu auch *FG* Düsseldorf (5 K 3280/04 U) E*FG* 2006, 1024 (Rdnr. 28), Entscheidung vom 30. November 2005.

878 Aus diesem Grunde scheidet z.B. auch eine Trennung der Prozesskosten nach Zeitabschnitten aus, vgl. *OLG* Schleswig-Holstein (4 W 47/05), Beschluss vom 22. Juni 2005.

879 So auch *Sinz* in: *Uhlenbruck* InsO § 108 Rdnr. 86.

880 Krit. hinsichtlich einer zeitlichen Teilbarkeit von Leasingverträgen *Schmid-Burgk* ZIP 1998, 1022 (1023).

881 *Marotzke* in: HK-InsO § 108 Rdnr. 21.

nur eingeschränkt angelegt ist, differenziert § 108 Abs. 2 InsO stringent nach der Zeit vor und nach Verfahrenseröffnung. Im Zusammenhang mit dem eingeschränkten Anwendungsbereich, der die Norm zu einer echten Sondervorschrift macht[882], werden Gläubiger, die vor Verfahrenseröffnungen Leistungen erbracht haben, generell – hinsichtlich des der Teilleistung entsprechenden Gegenleistungsteils – als Insolvenzgläubiger behandelt. Insofern wollte der Gesetzgeber eine klare Regelung[883] und sah diese in § 108 Abs. 2 InsO. Durch den Verweis auf die bis dato geltende Rechtslage[884] wird klar, dass der Gesetzgeber die Regelung des § 108 Abs. 2 InsO (zumindest was Dauerschuldverhältnisse anbelangt) nicht für generalisierungsfähig erachtete.[885] Wenn von Teilen der Literatur daher vorgetragen wird, § 108 Abs. 2 diene im gleichen Maße dem Grundsatz der *par conditio creditorum* wie § 105 S. 1 InsO[886], habe also die gleiche Zweckrichtung und verfolge das gleiche Ziel, so dass die Bedenken gegen § 105 S. 1 InsO auch gegen § 108 Abs. 2 InsO vorgetragen werden müssten, was bislang jedoch nicht geschehen sei[887], so ist dem mit dem bisher Gesagten zu widersprechen.

II. Die Teilbarkeit der Leistungen im Rahmen von § 103 InsO – Vorleistungsüberschuss des Schuldners bei Verfahrenseröffnung

Der Vollständigkeit halber soll die Bedeutung des Teilbarkeitsbegriffs im Rahmen des § 103 InsO, also bei einem Vorleistungsüberschuss des Schuldners bei Verfahrenseröffnung, hier nur kurz dargestellt werden.[888]

Hat der Schuldner vor Verfahrenseröffnung teilweise Vorleistungen erbracht, so ist die Teilbarkeit der gegenseitigen Leistung entscheidend, um zu bestimmen, ob und in welcher Höhe der Masse ein Anspruch auf entsprechende Teil-

882 Vgl. *Kroth* in: *Braun* InsO § 103 Rdnr. 14; *Kreft* in: MünchKomm-InsO § 103 Rdnr. 103.

883 Vgl. BT-Drucksache 12/2443, S. 146 f.

884 BT-Drucksache 12/2443, S. 146 .

885 *Jaeger/Henckel* KO § 19 Rdnr. 3 (Sukzessivlieferungsverträge als Dauerschuldverhältnisse fallen z.B. unter den Anwendungsbereich der §§ 103, 105 InsO); anders wohl *BGH* DZWiR 2005, 116. Ein weiteres Beispiel bilden Versicherungsverträge (Deckung und Prämie *pro rata temporis*), *Bescheid* in: *Uhlenbruck* InsO § 105 Rdnr. 20; *OLG* Düsseldorf (4 U 133/04) NJW-RR 2006, 494.

886 Für einen gleichlaufenden Zweck beider Normen wohl auch *BGHZ* 167, 363 = *BGH* NJW 2006, 2485 (2487), Entscheidung vom 11. Mai 2006; *BAGE* 108, 357 (Rdnr. 58), Entscheidung vom 18. November 2003.

887 *Tintelnot* in: *Kübler/Prütting* InsO § 105 Rdnr. 2; *Scheffler* ZIP 2001, 1182 (1186); *Linder* S. 107; *Wiegmann* S. 44.

888 Für eine ausführlichere Auseinandersetzung muss wegen der gemeinsamen Abhandlung mit § 105 S. 1 InsO auf den 2. Teil der Arbeit verwiesen werden.

gegenleistung zufließen kann.[889] Bei der Beurteilung der Teilbarkeit spielt der Gläubigergleichbehandlungsgrundsatz primär keine Rolle. Vielmehr geht es darum, den Bestand der Masse genau zu bestimmen, wozu auch festzustellen ist, welche Forderungen des Schuldners in die Masse einzustellen sind. Vordergründig geht es auch nicht so sehr darum, die Reichweite des Verwalterwahlrechts zu bestimmen[890], da die Teilbarkeit auch innerhalb des § 103 InsO losgelöst von der Erfüllungswahl beurteilt werden muss. Die Bestimmung des Massebestandes dient letztlich zwar der Gläubigergesamtheit, hat aber nicht zum Ziel, Privilegierungen einzelner Gläubiger im Verhältnis aller Gläubiger untereinander zu vermeiden. Um dem Zweck des Insolvenzverfahrens, das Vermögen des Schuldners möglichst ganzheitlich verwerten zu können, gerecht zu werden, ist ein weiter Teilbarkeitsbegriff innerhalb des § 103 InsO angemessen. Die Leistungen sind demnach schon dann teilbar, wenn Leistung und Gegenleistung sich aufeinander beziehen lassen und der Wert der Gegenleistung wirtschaftlich feststellbar ist.[891] Dementsprechend hat der Insolvenzverwalter Anspruch auf die Gegenleistung in dem der Teilleistung entsprechenden Umfang[892], losgelöst von der Erfüllungswahl.

Dies hat dann auch für Abtretungen und entsprechende Konsequenzen. Da der Anspruch auf die Teilgegenleistung schon vor Verfahreneröffnung entstanden ist, kann der Vertragspartner hiergegen mit einer Insolvenzforderung aufrechnen.[893] Nach § 94 InsO bleibt eine schon vor Verfahrenseröffnung eingetretene Aufrechnungslage auch im Insolvenzverfahren bestehen. § 96 Abs. 1 Nr. 1 InsO steht bereits begrifflich nicht entgegen. In der Folge setzt sich dann auch eine Abtretung des Anspruchs auf die Gegenleistung, für die der Schuldner vor Verfahrenseröffnung die ihm obliegende Leistung schon erbracht hatte, in Höhe der der Teilleistung entsprechenden Gegenleistung, durch.[894]

Die Rechtslage bei Unteilbarkeit der Leistungen wird im 5. Teil der Arbeit ausführlich dargestellt.[895]

889 *Graf/Wunsch* ZIP 2002, 2117 (2121).
890 *Bien* ZIP 1998, 1017 (1019).
891 Siehe für diesen Fall *BGHZ* 150, 353 (LS).
892 *Huber* NZI 2002, 467 (470).
893 *Graf/Wunsch* ZIP 2002, 2117 (2121).
894 *BGHZ* 129, 336 = *BGH* ZIP 1995, 926.
895 Siehe unten S. 205 ff.

III. Die Teilbarkeit der Leistungen im Rahmen des Insolvenzanfechtungsrechts (§§ 142, 143 InsO)

1. Die Bedeutung der Teilbarkeit bei Bargeschäften (§ 142 InsO)

a) Problemstellung

Im dritten Abschnitt des dritten Teils der Insolvenzordnung (§§ 129 ff. InsO) ist das Insolvenzanfechtungsrecht geregelt. Zweck der Insolvenzanfechtung ist die Mehrung der Insolvenzmasse und die Durchsetzung der Gläubigergleichbehandlung.[896] Aus diesem Grunde kann der Insolvenzverwalter Rechtshandlungen des Schuldners, die vor Verfahrenseröffnung vorgenommen wurden und die Insolvenzgläubiger benachteiligen, unter den Voraussetzungen der §§ 130 ff. InsO anfechten, mit der Folge, dass das, was aus dem Vermögen des Schuldners abgeflossen ist, wieder zur Masse zurückgewährt werden muss, § 143 Abs. 1 InsO.[897]

Innerhalb des Anfechtungsrechts stellen die sog. Bargeschäfte (§ 142 InsO) eine Besonderheit dar. Nach § 142 InsO ist eine Leistung des Schuldners, für die unmittelbar eine gleichwertige Gegenleistung in sein Vermögen gelangt, nur anfechtbar, wenn die Voraussetzungen des § 133 Abs. 1 InsO vorliegen, wenn also der Schuldner die Leistung mit dem Vorsatz der Gläubigerbenachteiligung erbringt und der Leistungsempfänger den Vorsatz des Schuldners kannte.[898] Liegen die strengen Voraussetzungen des § 133 Abs. 1 InsO nicht vor, bedeutet dies im Umkehrschluss, dass die Anfechtung eines Bargeschäfts ausgeschlossen ist. Der Zweck des § 142 InsO liegt darin, dem Schuldner die Teilnahme am Rechtsverkehr auch dann weiter zu ermöglichen, wenn er sich bereits in der Krise befindet.[899] Demnach bleibt ein zeitnaher, gleichwertiger Leistungsaustausch möglich.

§ 142 InsO schützt im Rahmen seines Anwendungsbereiches nicht das Vertrauen des Leistungsempfängers auf den Bestand des Leistungsaustauschs.

---

896 *Keller* Insolvenzrecht Rdnr. 1437; *Dauernheim* in: FK-InsO § 129 Rdnr. 1.

897 Ausführlich zu den Rechtsfolgen der Anfechtung *Kirchhof* in: MünchKomm-InsO § 143 Rdnrn. 20 ff.

898 Zur gesetzlichen Vermutung der Kenntnis siehe § 133 Abs. 1 S. 2 InsO. – Vom Wortlaut des § 142 InsO her müsste eine Anfechtung wegen inkongruenter Deckung nach § 131 InsO ausgeschlossen sein. Nach feststehender Rechtsprechung kann bei Inkongruenz von Leistung und Gegenleistung aber kein Bargeschäft vorliegen, *BGHZ* 123, 320 (328 f.); *BGHZ* 150, 122 (130).

899 *Kirchhof* in: MünchKomm-InsO § 142 Rdnr. 1; *Keller* Insolvenzrecht Rdnr. 1522; BT-Drucksache 12/2443, S. 167; *BGH* WM 1984, 1430.

Grundsätzlich darf zwar ein Leistungsempfänger darauf vertrauen, dass der Leistungsaustausch mit dem Schuldner auch in der späteren Insolvenz Bestand haben wird. Darauf kommt es bei § 142 InsO aber nicht an. Kennt der Leistungsempfänger nämlich die Krise des Gläubigers, so wird gem. § 133 Abs. 1 S. 2 InsO die Kenntnis des Gläubigerbenachteiligungsvorsatzes vermutet. Diese Vermutung bezieht sich zwar direkt nicht auch auf den Benachteiligungsvorsatz des Schuldners[900], weiß der Leistungsempfänger aber, dass die Zahlungsunfähigkeit des Schuldners droht, und dies ist Voraussetzung für die Vermutung, so lassen die Gesamtumstände regelmäßig auch auf einen Benachteiligungsvorsatz seitens des Schuldners schließen[901], was zur Folge hat, dass das Bargeschäft anfechtbar ist.

Um ein Bargeschäft überhaupt erst annehmen zu können, kommt es neben dem zeitnahen Leistungsaustausch[902] entscheidend auf die Gleichwertigkeit der Leistungen an. Die Gläubigerbenachteiligung ist bei Bargeschäften nämlich nur deswegen ausgeschlossen, weil man wegen der von § 142 InsO geforderten Gleichwertigkeit unterstellen kann, dass die künftige Masse keine Nachteile durch den Leistungsaustausch erleidet. Das Vermögen des Schuldners wird derart gewissermaßen nur „umgeschichtet".[903] Freilich ist auch die Bestimmung der Gleichwertigkeit von Fall zu Fall nicht leicht zu ermitteln. Notwendig ist es jedoch, weil die Gegenleistung den Wert der Leistung des Schuldners voll ausgleichen muss.[904]

Umstritten ist hingegen, ob ein einheitliches Austauschverhältnis[905] in ein teilweise ausgleichendes Bargeschäft und einen zugunsten des Gläubigers überschießenden anfechtbaren Teil zerlegt werden darf. *Kirchhof* verneint diese Frage und verweist auf den einheitlichen Charakter der Rechtshandlungen im Insolvenzanfechtungsrecht, der dazu führe, dass Rechtshandlungen auch nur einheit-

---

900 BT-Drucksache 12/2443, S. 265 f.

901 *Kirchhof* in: MünchKomm-InsO § 133 Rdnr. 26.

902 Wann für die Leistung des Schuldners *unmittelbar* eine Gegenleistung in sein Vermögen gelangt, ist nicht absolut bestimmbar. Es kommt auf die Umstände des Einzelfalls an. Die Bestimmung der Unmittelbarkeit kann bisweilen schwierig sein (zu Bargeschäften bei Anwaltsvergütungen *BGH* DZWiR 2006, 502), näher *Kreft* in: HK-InsO § 142 Rdnr. 5.

903 *BGH* ZIP 2005, 1243 (1245); *BGHZ* 123, 320 (323); *Kirchhof* in: MünchKomm-InsO § 142 Rdnr. 9; *Baur/Stürner* Insolvenzrecht Rdnr. 18.46.

904 *Kirchhof* in: MünchKomm-InsO § 142 Rdnr. 12.

905 Einheitliches Austauschverhältnis bedeutet vollständiger Austausch der geschuldeten Leistungen. Zu den Voraussetzungen eines einheitlichen Rechtsgeschäfts *Jaeger/Henckel* KO § 29 Rdnr. 183.

lich angefochten werden können. Auch ein Vertrag könne nur als ganzes, nicht eine einzelne Bestimmung daraus angefochten werden.[906]

Im Grundsatz entschied auch der *BGH,* dass bei länger währenden Vertragsbeziehungen ein Bargeschäft nur ausnahmsweise angenommen werden dürfe, grundsätzlich daher einzelne Rechtshandlungen innerhalb der Vertragsbeziehung nicht teilweise angefochten werden können. Dies könne nur ausnahmsweise dann geschehen, wenn die jeweiligen Leistungen und Gegenleistungen zeitlich oder gegenständlich teilbar seien.[907] Leistung und Gegenleistung müssen sich also in selbständige Teile zerlegen lassen.[908]

Für die Zergliederung eines einheitlichen Austauschverhältnisses sprechen aber die folgenden Überlegungen[909]: Einig ist man sich darin, dass, wenn der Schuldner eine Leistung erbringt, deren Wert geringer ist als der Wert der erhaltenen Gegenleistung, insgesamt ein wirksames Bargeschäft vorliegen soll.[910] Der Leistungsaustausch zwischen Gläubiger und Schuldner bleibt folglich von der Insolvenz unberührt. Nimmt man auf der anderen Seite aber an, dass, wenn der Wert der vom Schuldner erbrachten Leistung über den Wert der Gegenleistung hinausgeht, kein Bargeschäft vorliegt, mit der Folge, dass der Insolvenzverwalter die Rechtshandlung anfechten kann, so wird ein und derselbe Sachverhalt, je nach dem ob gerade Partei 1 oder Partei 2 später in Insolvenz fällt, unterschiedlich behandelt. In den meisten Fällen wird die andere Partei ihren Anspruch auf Rückgewähr der Gegenleistung nach Anfechtung durch den Verwalter nur als Insolvenzforderung geltend machen können, § 144 Abs. 2 S. 2 InsO. Der ursprüngliche Anspruch auf die Leistung des Schuldners lebt nach § 144 Abs. 1 InsO zwar wieder auf, dies jedoch nur mit Rückwirkung für die Zeit vor Verfahrenseröffnung[911], so dass auch dieser Anspruch als Insolvenzforderung geltend zu machen ist. Mit dem Zweck des Anfechtungsrechts und insbesondere dem des § 142 InsO lässt sich diese weit reichende Rechtsverkürzung des anderen Teils nicht rechtfertigen. Im heutigen Rechtsverkehr muss man immer damit rechnen, dass die Zahlungsunfähigkeit des Gegenübers droht und dass daher alle Rechtshandlungen künftige Insolvenzgläubiger benachteiligen. Besinnt man sich bei § 142 InsO darauf, dass eine Gläubigerbenachteiligung bei lediglich „umgeschichteten" Vermögen ausscheidet, so sollte man, um einen einheitlichen Sachverhalt auch möglichst einheitlich behandeln zu können, die

906 *Kirchhof* in: MünchKomm-InsO § 142 Rdnr. 12; § 143 Rdnr. 17 m. w. Nachw.; *BGH* WM 1971, 908 (909); *BGH* ZIP 1994, 40 (45).

907 *BGHZ* 77, 250 (255) = ZIP 1980, 618; *BGHZ* 167, 190 = NJW 2006, 2701 (2704).

908 *Dauernheim* in: FK-InsO § 129 Rdnr. 35 m. w. Nachw.

909 Dazu auch *Paulus* in: *Kübler/Prütting* InsO § 142 Rdnr. 8.

910 *Kirchhof* in: MünchKomm-InsO § 142 Rdnr. 12.

911 *Kuhn/Uhlenbruck* KO § 39 Rdnr. 2.

Zergliederung eines einheitlichen Austauschverhältnisses zulassen.[912] Soweit demnach für die Leistung des Schuldners in sein Vermögen eine entsprechend gleichwertige Gegenleistung geflossen ist, liegt ein Bargeschäft vor.[913] Nur der zugunsten des Gläubigers überschießende Teil des Leistungsaustauschs ist daher anfechtbar.[914] Für diese Sichtweise kann man immerhin auch den Wortlaut des § 142 InsO heranziehen. Dort ist die Rede von *einer* Leistung des Schuldners, für die unmittelbar *eine* gleichwertige Gegenleistung in sein Vermögen gelangt. Leistung und Gegenleistung werden demnach nur insoweit in Bezug zueinander gesetzt, als sie sich wertmäßig entsprechen. Ob der Gesamtumstand des Leistungsaustausches ein einheitliches Austauschverhältnis darstellt, ist insofern irrelevant.

Der Gläubigergleichbehandlungsgrundsatz, den das Insolvenzanfechtungsrecht durchzusetzen versucht, verlangt nicht, die Masse um jeden Preis anzureichern. Nur Vermögen aus der Masse, das der Schuldner bewusst zur Benachteiligung aller Gläubiger weggegeben hat, muss durch die Insolvenzanfechtung wieder zur Masse zurückgeholt werden. Der Sinn des Anfechtungsrechts kann aber da nicht erreicht werden, wo eine Gläubigerbenachteiligung ausscheidet.[915] Dies ist aber immer dann der Fall, wenn Leistung und Gegenleistung, Teilleistung und Teilgegenleistung sich wertmäßig entsprechen.[916]

b) Der Teilbarkeitsbegriff bei Bargeschäften

Damit stellt sich im Ergebnis nur die Frage, wie der Teilbarkeitsbegriff innerhalb des Anwendungsbereichs des § 142 InsO zu bestimmen ist. Wie erwähnt, sollte man vom Zweck der Vorschrift ausgehend, *ein Bargeschäft schon immer dann annehmen, wenn sich Leistung und Gegenleistung auf einander beziehen und wertmäßig gegenüberstellen lassen*. Dabei ist der Wille des Gesetzgebers zu berücksichtigen, der davon ausging, dass Grundlage für den Leistungsaustausch eine Parteivereinbarung sein müsse[917] und die Gleichwertigkeit nach objektiven

---

912 *BGHZ* 86, 349 (354); *BGHZ* 97, 87 (96) (die Anfechtung soll der Masse keine Vorteile verschaffen, die sie ohne die anfechtbare Rechtshandlung auch nicht erlangt hätte). – Für eine Teilanfechtung bei entsprechender Teilbarkeit auch *Dauernheim* in: FK-InsO § 129 Rdnr. 35.

913 Vgl. auch *BGH* ZIP 2003, 855 („*Das Vorliegen einer unmittelbaren Gläubigerbenachteiligung [...] ist ausschließlich mit Bezug auf das Wertverhältnis zwischen den konkret ausgetauschten Leistungen zu beurteilen.*“).

914 *Huber* in: *Gottwald* Insolvenzrechtshandbuch § 46 Rdnr. 1 (mit Beispiel).

915 Vgl. *Huber* in: *Gottwald* Insolvenzrechtshandbuch § 46 Rdnrn. 3, 41.

916 *BGHZ* 118, 171 (173); *BGHZ* 128, 184 (187); *BGHZ* 129, 236 (240); *BGH* NJW 1999, 643; *BGH* ZIP 1997, 853 (854).

917 BT-Drucksache 12/2443, S. 167 zu § 161.

Maßstäben zu beurteilen sei, weil auch die Benachteiligung ein objektives Erfordernis darstelle.[918] Dass Leistung und Gegenleistung selbständige abtrennbare Teile der Gesamtleistung darstellen, ist nicht erforderlich.

Lassen sich Leistung und Gegenleistung nicht derart gegenüberstellen, weil etwa der Wert einer Leistung objektiv nicht genau bemessen werden kann, so ist für die Annahme der Sondervorschrift § 142 InsO kein Raum, mit dem Ergebnis, dass die Rechtshandlung insgesamt angefochten werden kann. Der Insolvenzverwalter trägt hier zu Recht das Risiko, dass er eine möglicherweise wertmäßig höhere Gegenleistung nicht für die Masse nutzt.

2. Die Bedeutung der Teilbarkeit bei den Rechtsfolgen der Insolvenzanfechtung (§ 143 InsO)

Im Zusammenhang mit dem soeben erläuterten Themenkomplex steht die Teilbarkeitsfrage, wenn es um die Rechtsfolgen der Anfechtung geht. Im Anschluss an den Teilbarkeitsbegriff bei den Bargeschäften geht man grundsätzlich davon aus, dass eine Teilanfechtung von Rechtshandlungen nicht möglich ist.[919] Dies ergebe sich aus einer Betrachtung der Vorschriften über die Anfechtungsgründe (etwa § 132 Abs. 1 InsO), da hier die Rede von der Anfechtung des Rechtsgeschäfts und nicht von einem Wertausgleich ist.[920] Im Hinblick darauf, dass mit der Zulassung von Bargeschäften der Zweck verfolgt wird, solchen Geschäften die Wirksamkeit zu belassen, von denen wegen des Wertausgleichs keine Gläubigerbenachteiligung in Betracht kommt, kann dem jedoch nicht zugestimmt werden. Zumindest für den Bereich der Bargeschäfte kommt demnach eine Teilanfechtung in Betracht. Und auch sonst kommt eine Teilanfechtung der die Gläubiger benachteiligenden Folgen einer Rechtshandlung in Betracht, wenn sie sich in selbständige Teile zerlegen lassen.[921]

Nach der in der Rechtsprechung und in der Literatur vertretenen „schuldrechtlichen Theorie“ begründet das Anfechtungsrecht einen schuldrechtlichen Anspruch auf Rückgewähr dessen, was aus dem Vermögen des Schuldners abgeflossen ist[922], was für Verfügungen des Schuldners bedeutet, dass diese zur Mas-

918 BT-Drucksache 12/2443, S. 167; so auch *BGHZ* 123, 320 (328 f.); *Paulus* in: *Kübler/Prütting* InsO § 142 Rdnr. 7; *Kreft* in: HK-InsO § 142 Rdnr. 4.

919 Dazu *Jaeger/Henckel* KO § 29 Rdnrn. 182 ff.; *Kirchhof* in: MünchKomm-InsO § 143 Rdnrn. 17 ff.; *Hess* InsO § 143 Rdnr. 69 (jeweils m. w. Nachw.); *Huber* in: *Gottwald* Insolvenzrechtshandbuch § 46 Rdnr. 41.

920 Vgl. nur *Jaeger/Henckel* KO § 29 Rdnr. 183.

921 Ausführlicher zu diesem Thema *Kirchhof* in: MünchKomm-InsO § 143 Rdnr. 18. – Wie hier auch *Dauernheim* in: FK-InsO § 129 Rdnr. 35 m. w. Nachw.

922 *RGZ* 70, 113; *RGZ* 103, 121; *BGHZ* 22, 128; *BGHZ* 128, 184 (194, m. w. Nachw.); *Keller* Insolvenzrecht Rdnr. 1452; *Dauernheim* in: FK-InsO § 129 Rdnr. 9. – Nach der

se rückgängig gemacht werden müssen. Auf Ansprüche aus Verpflichtungsgeschäften, die der Schuldner abgeschlossen hat, muss der Berechtigte zum Vorteil der Gläubigergesamtheit verzichten.[923]

Zu beachten ist bei der Auslegung der Anfechtungsvorschriften stets der Sinn, den Gläubigergleichbehandlungsgrundsatz zu verwirklichen. Ohne einen Teilbarkeitsbegriff näher zu bestimmen, steht demnach das Ziel der Auslegung schon fest. Hat der Schuldner eine teilbare Leistung ohne werterhaltende Gegenleistung teilweise erbracht, so muss der Leistungsempfänger die erhaltene Leistung zur Masse zurückgewähren. Hat er auf die Leistung des Schuldners eine Gegenleistung erbracht, die objektiv allerdings hinter dem Wert der Leistung zurückbleibt, so muss er nur den überschießenden Teil zurückgewähren.[924] Im Streitfall muss der Insolvenzverwalter, der die Rechtsfolge aus dem ihm zustehenden Anfechtungsrecht geltend machen möchte, allerdings den Nachweis für den objektiven Wert der Gegenleistung erbringen. Ist die vom Schuldner erbrachte Leistung allerdings als unteilbar anzusehen, so muss der Leistungsempfänger die gesamte erhaltene Leistung zurückgewähren.

Stellt man sich das Problem praktisch vor, so fällt auf, dass der Teilbarkeitsbegriff nicht nur bei der Beurteilung der Leistung des Schuldners begegnet, sondern auch bei der Verpflichtung, die dem Leistungsempfänger infolge der Insolvenzanfechtung auferlegt wird. Selbst wenn der andere Teil eine insgesamt teilbare Leistung des Schuldners teilweise erhalten hat, kann es doch sein, dass bei wertmäßiger Betrachtung und unter Einbeziehung einer etwaig schon teilweise erbrachten Gegenleistung das, was der Empfänger noch zur Masse zurückgewähren muss, unteilbar ist. Vor dem Hintergrund des § 143 Abs. 1 S. 2 InsO, der teilweise die bereicherungsrechtlichen Regelungen für anwendbar erklärt, stellt dies jedoch kein Problem dar. Zwar muss der Leistungsempfänger das Erhaltene grundsätzlich *in natura* zurückgewähren.[925] Ist dies aber nicht möglich, richtet sich der Anspruch des Insolvenzverwalters auf Wertersatz. Die Bemessung des objektiven Wertes ist, wenn man Leistung und Gegenleistung wertmäßig gegenübersetzen kann, jedoch stets möglich. Im Übrigen muss die ganze Rechtshandlung rückgängig gemacht werden. Dann trägt aber auch der Verwalter das Risiko, dass er einen bestimmten Wert für die Masse nicht nutzen konnte.

„dinglichen" Theorie soll die Anfechtung unmittelbar dingliche Wirkung haben (*Kreft* in: HK-InsO § 129 Rdnr. 65) und nach der haftungsrechtlichen Theorie unterliegen die aus dem Vermögen des Schuldners weggegebenen Werte weiterhin der Haftung der Insolvenzmasse (*Kirchhof* in: MünchKomm-InsO vor §§ 129-147 Rdnr. 18). Überblick bei *Dauernheim* in: FK-InsO § 129 Rdnrn. 3-8.

923 *Keller* Insolvenzrecht Rdnrn. 1444, 1447.

924 Vgl. *Kirchhof* in: MünchKomm-InsO § 134 Rdnr. 42 m. w. Nachw.

925 *Keller* Insolvenzrecht Rdnr. 1443.

Zusammenfassend kann man daher festhalten, dass bei der Betrachtung der Rechtsfolgen der Insolvenzanfechtung eine Teilbarkeit der Leistungen dann vorliegt, wenn sich der Wert der Leistungen objektiv feststellen lässt. Demnach dürften fast alle Leistungen als teilbar anzusehen sein. Die Interessen der Gläubigergesamtheit werden durch diese rein wirtschaftliche Betrachtungsweise[926] vollumfänglich berücksichtigt. Bei einer solchen Argumentation mit dem Massenutzen ist auch dem Vorschlag zuzustimmen, dass der Anfechtungsgegner die Rückgewähr der erlangten Leistung dadurch abwenden kann, dass er für den überschießenden Wertanteil der Schuldnerleistung einen entsprechenden Wertersatz leistet.[927]

IV. Ergebnis: Einheitlicher Teilbarkeitsbegriff außerhalb der Regelung des § 105 S. 1 InsO

Die Betrachtungen haben gezeigt, dass der Teilbarkeitsbegriff außerhalb des § 105 S. 1 InsO einheitlich aufgefasst werden kann, wenn es um die Behandlung teilbarer Leistungen geht. Grund dafür ist die Auslegung des Begriffs im Lichte des Gläubigergleichbehandlungsgrundsatzes. Da es nahezu immer darum gehen dürfte, den Vermögensumfang der Masse zu bestimmen oder genau festlegen zu können, welche Vermögenswerte der Verwalter noch zur Masse ziehen kann, um diese anzureichern, ist eine objektive, wirtschaftliche Bestimmung des Teilbarkeitsbegriffs geboten. Leistung und Gegenleistung sind daher immer dann teilbar, wenn sie sich objektiv feststellen und bewerten lassen.

Für das Insolvenzanfechtungsrecht gilt dies ohne Einschränkungen, weil durch die §§ 129 ff. InsO der Gläubigergleichbehandlungsgrundsatz ja erst durchgesetzt werden soll. Dennoch darf die Begriffsbestimmung hier nicht über das Ziel hinausschießen, da der Zweck der §§ 129 ff. InsO dort nicht erreicht werden kann, wo eine Gläubigerbenachteiligung ausscheidet. Die Rechte des Vertragspartners, insbesondere auch der Schutz seines Vermögens, gebieten es, die Rechte des Verwalters, mit denen er den Gläubigergleichbehandlungsgrundsatz durchzusetzen versucht, da strikt zu begrenzen, wo der Gleichbehandlungsgrundsatz eine Geltung nicht mehr beansprucht.[928]

---

926 *Huber* in: *Gottwald* Insolvenzrechtshandbuch § 46 Rdnr. 3.

927 Vgl. *Kirchhof* in: MünchKomm-InsO § 134 Rdnr. 42. – A. M. *Jaeger/Henckel* KO § 29 Rdnr. 183. Diese Möglichkeit kommt auch bei der Pflicht zur Rückgewähr einer unteilbaren Leistung in Betracht.

928 Vgl. *Huber* in: *Gottwald* Insolvenzrechtshandbuch § 46 Rdnr. 51.

5. Teil. Folgeproblem: Die insolvenzrechtliche Behandlung „unteilbarer Leistungen“ im gegenseitigen Vertrag

Nachdem der Teilbarkeitsbegriff ausführlich behandelt wurde, soll im Folgenden einigen Fragen im Zusammenhang mit der insolvenzrechtlichen Behandlung „unteilbarer Leistungen“ nachgegangen werden. Diese Fragen stellen sich i. E. unabhängig davon, welchen Teilbarkeitsbegriff man konkret verwendet, also losgelöst davon, ob man auf die Höchstpersönlichkeit der Leistung[929], die Gleichartigkeit[930], die Feststellbarkeit und Berechenbarkeit[931] oder die Bedeutung der Leistung für die Unternehmensfortführung abstellt. Liegen einmal unteilbare Leistungen vor, ist die Rechtslage bislang noch weitestgehend ungeklärt[932], obwohl teilweise auch schon Vorschläge zur Lösung entsprechender Fälle gemacht wurden.[933]

Spiegelbildlich zu der großen Meinungsvielfalt zum Teilbarkeitsbegriff an sich, ergibt sich daher eine wohl ebenso große Anzahl unterschiedlicher Meinungen zur Behandlung „unteilbarer Leistungen“ in der Insolvenz.[934] Um dies zu verdeutlichen stelle man sich vor, Schuldner und Vertragspartner schließen einen Vertrag über den Kauf eines unikaten Tafelservices zum Preis von 5.000 EUR, wobei bei Vertragsschluss vom Käufer bereits 1.000 EUR angezahlt werden.

Dieser Fall wirft trotz seiner Banalität eine Reihe von Fragen auf: Geht man davon aus, dass der Vertragspartner sich in der Rolle des Käufers befindet und der Schuldner als Verkäufer insolvent wird, so fragt sich zum einen, was die Parteien im Falle der Erfüllungswahl durch den Verwalter von einander verlangen können. Muss aus Massemitteln die gesamte Gegenleistung erbracht werden? Wie viel muss der Vertragspartner an die Masse zahlen? Denkbar ist, dass er die noch ausstehenden 4.000 EUR zahlt. Da jedoch der Grundsatz gilt, dass der

---

929 *Kreft* in: MünchKomm-InsO § 105 Rdnr. 22.

930 *Tintelnot* in: *Kübler/Prütting* InsO § 105 Rdnr. 15.

931 *Scherer* NZI 2004, 113 (117).

932 So auch *Linder* S. 144; *Foerste* Insolvenzrecht Rdnr. 227. – Auch der *BGH* hat die Frage bislang noch nicht entschieden, sondern mehrmals ausdrücklich offen gelassen (*BGHZ* 129, 336 [343] = LM § 17 KO Nr. 31 [m. Anm. *Marotzke*]; *BGHZ* 135, 25 [27] = EWiR 1997, 517 [m. Anm. *Huber*] = WuB VI G. § 9 GesO 2.97, S. 703 ff. [m. Anm. *Hess*]).

933 *Linder* S. 144 ff.; *Kreft* in: MünchKomm-InsO § 105 Rdnrn. 21 ff.

934 An entsprechenden Ausführungen fehlt es jedoch insbesondere in der Kommentarliteratur. Auch die Monographie von *Wiegmann* geht in diesem Zusammenhang (vgl. dort S. 93) nicht weiter auf das Problem ein.

Masse auch die volle Gegenleistung für von ihr zu erbringende Leistungen zusteht[935], ließe sich auch denken, dass der Vertragspartner die vollen 5.000 EUR zu zahlen hat. Welche Ansprüche bestehen dann jedoch hinsichtlich der bereits bezahlten 1.000 EUR? Hier ließen sich Rückforderungs- oder Schadensersatzansprüche entweder gegenüber der Masse als Insolvenzforderung oder (da die Ansprüche ja erst nach Verfahrenseröffnung und Erfüllungswahl entstehen) gegenüber dem Schuldner persönlich als Neuverbindlichkeit denken. Freilich hängen diese Ansprüche ihrerseits wieder von einer Vielzahl unterschiedlicher Faktoren ab.[936]

Zum anderen stellt auch die Möglichkeit, dass der Verwalter die Erfüllung des Vertrages ablehnt, vor gewisse Schwierigkeiten. Hier fragt sich vornehmlich, ob der Vertragspartner das bereits Bezahlte wieder zurückverlangen kann.

In entsprechender Weise kann man sich auch vorstellen, der Schuldner trete als Käufer auf und bezahlt einen Teil des Kaufpreises an. Bei Erfüllungswahl ergeben sich hier zwar keine Schwierigkeiten. Wie verhält es sich aber, wenn der Verwalter die Erfüllung des Vertrages ablehnt. Fraglich ist auch hier wieder, ob und woraus sich ein Rückforderungsrecht des Verwalters ergibt und ob der Vertragspartner möglicherweise gegen diesen Anspruch mit einem Schadensersatzanspruch aufrechnen kann.

Hinzu kommt die Beurteilung derjenigen Fälle, in denen auch eine „unteilbare Leistung" entweder aus mehreren Leistungsteilen bestehen kann oder in denen beispielsweise die Kaufsache unteilbar ist, aber – anders als ein Unikat – am Markt zu anderen Preisen auch anderweitig bezogen werden kann.[937]

Zu überprüfen sind daher dogmatische Fragen zu den §§ 103 ff., 94 ff. InsO, aber auch zu den zivilrechtlichen Bereicherungs- und Schadensersatzansprüchen.

---

935 *BGHZ* 106, 236 (243 f.); *BGHZ* 129, 336 (339); *BGHZ* 155, 87 (98).

936 Unproblematisch ist es hingegen, wenn der Schuldner als Verkäufer die Sache entweder vollständig oder unter Eigentumsvorbehalt an den Käufer verkauft und übereignet hat. Der Kaufpreiszahlungsanspruch fällt im erstgenannten Fall komplett in die Masse (ein Wahlrecht steht dem Verwalter nicht zu). Im letztgenannten Fall kann sich der Käufer selbst für die Erfüllung des Vertrages entscheiden (§ 107 Abs. 1 InsO), muss dann aber auch den vollen Preis zahlen. Wird die Erfüllung des Vertrages abgelehnt, kann der Verwalter vom Vertrag zurücktreten und Rückgabe der Kaufsache nach den allgemeinen Vorschriften (§ 346 BGB) verlangen.

937 Siehe die Fälle bei *Foerste* Insolvenzrecht Rdnr. 227 (Kauf eines LKW); *Linder* S. 145 (Kauf eines Reitpferdes).

§ 10 Unteilbare Sachen als Leistungsgegenstand (tatsächlich unteilbare Leistungen)

Im Folgenden wird untersucht, wie sich die Rechtslage darstellt, wenn der Leistungsgegenstand eine unteilbare Sache ist.

Wie die §§ 241 Abs. 1, 194 Abs. 1 BGB deutlich machen, bedeutet Leistung im Rechtssinne die Herbeiführung eines rechtlichen Erfolges durch Tun oder Unterlassen. Von einem anderen eine Leistung zu fordern, bedeutet nichts anderes, als von ihm ein Tun oder Unterlassen zu verlangen. Worin das Tun oder Unterlassen besteht, bemisst sich nach dem Inhalt des Schuldverhältnisses. Bei einem Kaufvertrag liegt es für den Verkäufer in der Übergabe und Übereignung der Kaufsache. Auch wenn beides zeitlich getrennt möglich ist, wird die (Gesamt-)Leistung dadurch aber nicht zu einer teilbaren. Die Teilbarkeit bezieht sich mithin auf die Leistung als Vertragsgegenstand.[938]

Wenn der Vertragsgegenstand also tatsächlich nur ungeteilt „geleistet" werden kann und Teilleistungen faktisch nicht möglich sind, liegt im Vertragsrecht eindeutig eine unteilbare Leistung vor.

Im Insolvenzrecht werden Fälle dieser Deutlichkeit aber von einem „verrechtlichten" Teilbarkeitsbegriff überschattet, wenn man hinsichtlich des Leistungsgegenstandes auf das „so, wie nach dem Inhalt des Vertrages zu erbringen"[939] abstellt. Dadurch nämlich fließen rechtliche Wertungen in die Bestimmung des konkreten Leistungsgegenstandes ein. Geht man bspw. davon aus, dass Verträge über Bauleistungen teilbar sind[940], Erfüllung dieser Verträge aber nur bei Mangelfreiheit der Bauleistung eintreten kann[941], werden die Widersprüche in diesem Bereich deutlich.[942]

Der insolvenzrechtliche Teilbarkeitsbegriff ist ein wertender Teilbarkeitsbegriff. Die Wertungen schlagen derart auf die Gesamtproblematik durch, dass ein wertungsfreier Teilbarkeitsbegriff als Ausgangspunkt nicht mehr ersichtlich scheint. Dennoch soll der Versuch gewagt werden, von einem „eindeutigen" Fall von unteilbaren Leistungen auszugehen, um dann weitere Wertungsfragen[943] zu berücksichtigen. Zur Kennzeichnung der wertenden Fälle erscheint die Bezeichnung „rechtlich (un-)teilbare Leistungen" angemessen.[944] Man gehe aber zu-

---

938 *Kreft* in: MünchKomm-InsO § 105 Rdnr. 7.

939 *Kreft* in: MünchKomm-InsO § 105 Rdnr. 7.

940 So die überwiegende Meinung um *Kreft*, *Huber* und *Berscheid*, vgl. schon *Kesseler* ZIP 2005, 2046 (2046).

941 *Huber* NZBau 2005, 177 (179).

942 All das endet damit, dass von der „teilweisen Erbringung" einer „unteilbaren Leistung" die Rede ist, vgl. *Linder* S. 148; *Kreft* in: MünchKomm-InsO § 105 Rdnr. 30.

943 Siehe S. 242 ff.

944 Dazu S. 242 ff.

nächst davon aus, dass der Leistungsgegenstand derart beschaffen ist, dass er nicht ohne Wertminderung oder Zerstörung zerlegt werden kann.[945] Insofern kann man auch von unteilbaren Sachen sprechen.[946]

I. Der Schuldner hat seine Gegenleistung für eine unteilbare Sache bereits teilweise erbracht

1. Die Rechtslage vor Verfahrenseröffnung

Außerhalb der Insolvenz bestimmt sich die Rechtslage nach allgemeinem Vertragsrecht. Die fortwährende Gültigkeit des Vertrages unterstellt, kann der Schuldner das von ihm Vorgeleistete nicht zurückverlangen. Der Vertrag stellt für den Vertragspartner den Rechtsgrund für den Besitz und das Behaltendürfen der Leistung dar.[947] Da die Leistung des Schuldners aber auch gleichzeitig in synallagmatischer Verknüpfung mit der (unteilbaren) Gegenleistung steht, ist er vor weiterer Inanspruchnahme mit der Einrede des nicht erfüllten Vertrages (§ 320 BGB) geschützt. I. E. müssen daher beide Parteien ihre Leistungen Zug um Zug erbringen (§ 322 Abs. 1 BGB).

Verklagt der Schuldner seinen Vertragspartner auf Leistung, muss er im Prozess die anspruchsbegründenden Tatsachen beweisen. Dabei muss er auch die Höhe des geltend gemachten Anspruchs darlegen. Der Vertragspartner seinerseits kann vor Gericht alle Einwendungen erheben, die dem Anspruch des Schuldners in irgendeiner Weise entgegenstehen. Verklagt der Schuldner den Vertragspartner uneingeschränkt, wird er nur teilweise obsiegen. Er wird die Klage jedoch insoweit verlieren, als sie nicht auf Leistung Zug um Zug gerichtet ist.[948]

Wie klar sein dürfte, ist dieses Ergebnis auf die synallagmatische Verknüpfung der Leistungspflichten im Vertrag zurückzuführen. Daran würde sich auch dann nichts ändern, wenn die Leistungen im Vertrag teilbar wären.[949] Es entspricht

945 *Linder* S. 123.

946 Siehe die Nachweise unter Fn. 937.

947 *RGZ* 135, 167 (171); vgl. im Umkehrschluss die Ausführungen bei *Marotzke* Gegenseitige Verträge, 1. Aufl., S. 332 ff.

948 *BGHZ* 117, 3; *Heinrichs* in: Palandt § 274 Rdnr. 2; *Vollkommer* in: *Jauernig* BGB § 274 Rdnr. 2; *Schellhammer* Zivilprozess Rdnr. 315; *Jauernig* Zivilprozessrecht § 43 IV. (vor 1).

949 Insbesondere würde das Urteil nicht auf einen einredefreien Anspruch des Schuldners in Höhe des der Vorleistung entsprechenden Gegenanspruchs lauten (vgl. *Heinrichs* in: Palandt § 320 Rdnr. 8). So aber noch die Überlegungen bei Schaffung des BGB, vgl. *Mugdan* Bd. II, S. 632 f.

der Privatautonomie der Parteien, stets das Insolvenzrisiko des eigenen Vertragspartners tragen zu müssen. Jede Partei muss selbst wissen, ob sie – ohne Erhalt einer Gegenleistung – Vorleistungen erbringt. Ohne Bedeutung ist, dass es im Interesse weiterer Gläubiger sein könnte, wenn der Schuldner in Höhe der Vorleistung einen entsprechenden einredefreien Gegenanspruch hätte.

2. Die Rechtslage bei Verfahrenseröffnung

Durch die Verfahrenseröffnung allein wird die rechtliche Existenz des Vertrages nicht beeinträchtigt. Dies bedeutet zunächst, dass die Ansprüche, die sich aus dem Vertrag ergeben, grundsätzlich weiterhin ungeschmälert fortbestehen. Hinzu kommt, dass die Parteien auch durch die ihnen zustehenden Einreden weiterhin geschützt werden. § 320 BGB ist insofern unzweifelhaft „insolvenzfest". Nach h. M. soll die Verfahrenseröffnung lediglich bewirken, dass die gegenseitigen Ansprüche ihre Durchsetzbarkeit verlieren.

Durch die Verfahrenseröffnung wird die Vertragsabwicklung daher bis zur Entscheidung über die Erfüllungswahl im Status quo „konserviert".[950] Insbesondere der Vertragspartner wird sich hüten, Leistungen an den Schuldner, dem die Empfangszuständigkeit fehlt (§ 80 Abs. 1 InsO), zu erbringen und dadurch das Risiko einzugehen, an den Verwalter u. U. noch einmal zahlen zu müssen (vgl. § 82 S. 1 InsO).

Eine gewisse Schwebelage, die durch die Verfahrenseröffnung eintritt, zeigt sich auch im Prozess. Falls der Schuldner den Vertragspartner auf Leistung in Anspruch genommen haben sollte, wird dieser Prozess nach § 240 S. 1 ZPO unterbrochen, bis er nach den §§ 85, 86 InsO aufgenommen oder beendet wird.[951]

3. Die Rechtslage bei Erfüllungswahl

Wie bekannt, räumt § 103 Abs. 1 InsO dem Insolvenzverwalter die Befugnis ein, über die Vertragsabwicklung zu entscheiden. Entscheidet er sich für die Abwicklung, so steht für das Insolvenzverfahren fest, *dass* der Vertrag abgewickelt werden muss. § 103 Abs. 1 InsO regelt jedoch nicht, welche Rechte der Vertragspartner infolgedessen gegen die Masse hat. Mit anderen Worten: Der Vertragspartner muss an den Verwalter leisten (*„Erfüllung vom anderen Teil verlangen"*) und der Verwalter muss die restliche Leistung an den Vertragspartner erbringen (*„den Vertrag erfüllen"*). Dass die restliche Leistung des Verwal-

---

950 *Lent* in: *Jaeger* KO § 17 Rdnr. 55 (Schwebelage); *Huber* NZI 2002, 467 (467, 468 f.); *ders.* NZBau 2005, 256 (259); *Ahrens* LMK 2003, 212 (213); a. A. *Marotzke* in HK-InsO § 103 Rdnr. 2.

951 Zu den Einzelheiten *Braun/Uhlenbruck* Unternehmensinsolvenz, S. 319 ff.; *Keller* Insolvenzrecht Rdnrn. 957 ff.; *Stadler* in: *Musielak* ZPO § 240 Rdnrn. 6 ff.

ters aus Massemitteln zu bewirken ist, ergibt sich dabei aus § 55 Abs. 1 Nr. 2 InsO. Spiegelbildlich zu der eben umschriebenen Rechtslage kann der Vertragspartner nicht noch einmal volle Leistung aus der Masse verlangen. Dies kann insbesondere nicht damit belegt werden, dass er für die Leistung, die er an die Masse erbringt, auch ungeschmälert die Gegenleistung muss geltend machen können, obwohl dies nach dem Wortlaut der §§ 103 Abs. 1, 55 Abs. 1 Nr. 2 InsO nicht ausgeschlossen wäre. § 103 Abs. 1 InsO spricht davon, dass der Verwalter *den* Vertrag erfüllen kann, und in § 55 Abs. 1 Nr. 2 InsO besteht die Masseverbindlichkeit *soweit* Erfüllung zur Masse verlangt wird. Da bei einer unteilbaren Leistung gleich die gesamte Leistung an die Masse erbracht wird, müsste die Masseverbindlichkeit für diese ebenfalls in voller Höhe bestehen.[952]

Für dieses Recht des Vertragspartners fehlt es jedoch an jeglicher Rechtsgrundlage und dies würde auch den Geboten der Insolvenz zuwider laufen. Schließlich liegt auf der Hand, dass der Schuldner vor Verfahrenseröffnung einen Teil seiner Schuld schon beglichen hat und insofern nicht noch einmal leisten muss, § 362 Abs. 1 BGB.

Wenn es also in der hier umschriebenen Sachverhaltskonstellation zur Erfüllungswahl kommt, ergibt sich aus § 103 Abs. 1 InsO unmittelbar nur, *dass* der Vertrag abgewickelt werden muss. Erst mittelbar ergibt sich dann, *wie* dies zu geschehen hat. Der Vertragspartner muss seine Leistung, so wie er sie nach dem Vertrag schuldet, an den Verwalter erbringen. Der Verwalter hingegen muss *anstelle* des Schuldners *den* Vertrag erfüllen. Demnach stehen ihm alle Einwendungen zu, die auch dem Schuldner zugestanden haben.[953]

4. Die Rechtslage bei Ablehnung der Erfüllung

Die Rechtslage ändert sich schnell zum Ungewissen hin[954], wenn der Verwalter von der Möglichkeit Gebrauch macht, die weitere Erfüllung des Vertrages abzulehnen. Da die Primäransprüche der Parteien in der Folge nicht mehr erfüllt werden, fragt sich natürlich, welche Sekundäransprüche die Parteien geltend machen können. Dabei kommt es darauf an, was mit dem Vertrag als solchem in Folge der Erfüllungsablehnung geschieht. Für den Verwalter wird sich die Frage stellen, ob er die Leistung des Schuldners aus der Zeit vor Verfahrenseröffnung wieder – zugunsten der Masse – zurückverlangen kann, wohingegen den Vertragspartner interessiert, ob und in welcher Höhe ihm ein Schadensersatzan-

952 Vgl. ausführlich *Marotzke* Gegenseitige Verträge, 3. Aufl., Rdnr. 4.165 m. w. Nachw.
953 *Jaeger/Henckel* KO § 17 Rdnr. 140.
954 Vgl. *RGZ* 135, 167 (171).

spruch zusteht. Schließlich steht eine etwaige Verrechnungsmöglichkeit[955] beider Ansprüche in Frage.

a) Das dogmatische Umfeld der Erfüllungsablehnung

aa) Die Wirkungen der Erfüllungsablehnung in historischer Betrachtung und die Konsequenzen hieraus

In der historischen Betrachtung war das Recht des Verwalters zur Erfüllungsablehnung nicht unumstritten.[956]

(1) Die Rechtslage bis 1988

Ursprünglich stand die höchstrichterliche Rechtsprechung auf dem Standpunkt, dass weder die Verfahrenseröffnung noch die Erfüllungsablehnung die Wirksamkeit oder den Bestand des Vertrages beeinflussen.[957] Der überwiegende Teil der Literatur folgte dem.[958] Allerdings ging man davon aus, dass die Erfüllungsablehnung eine gewisse gestaltende Wirkung habe.[959] Danach solle der Vertrag infolge der Erfüllungsablehnung in ein Abrechnungsverhältnis umgewandelt werden. Dieses stellt den Schadensersatzanspruch des Vertragspartners in den Vordergrund.[960] Die vom Schuldner vor Verfahrenseröffnung erbrachten Vor-

---

955 Zum Begriff siehe unten Fn. 1038.

956 Siehe etwa *Musielak* AcP 179 (1979), 189 ff.; *Heilmann* KTS 1985, 639 ff.; Übersicht zu den Streitfragen bei *Marotzke* in: HK-InsO § 103 Rdnrn. 36 ff.

957 *RGZ* 135, 167 (170); *BGHZ* 48, 203 (205); *BGHZ* 89, 189 (194 f.); *BGHZ* 96, 392 (394).

958 *Kilger* KO § 17 Anm. 4 c; *Lent* in: *Jaeger* KO § 17 Rdnr. 41. – A. A. *Henckel* ZZP 99 (1986), 419 ff.

959 *BGHZ* 68, 319 (380); *Häsemeyer* Insolvenzrecht Rdnr. 20.23; *ders.* NJW 1977, 737 ff.; *Bork* Einführung in das neue Insolvenzrecht Rdnrn. 156 ff.; *Jaeger* Lehrbuch des deutschen Konkursrechts, § 8 A 3, S. 36 ff.; *Kippenberg* S. 55 ff.; *Weitnauer* DNotZ 1977, 225 (229).

960 Woraus sich der Schadensersatzanspruch ergibt, ist umstritten. In Betracht kommt ein besonderer insolvenzrechtlicher Anspruch (so *Jaeger/Henckel* KO § 17 Rdnr. 171) oder ein Anspruch nach materiellem Recht wegen der Verletzung einer Pflicht aus dem Vertrag (§§ 280 ff. BGB, so *Baur/Stürner* Insolvenzrecht S. 106). Das *RG* hat die Frage offen gelassen (*RGZ* 135, 167 [170 f.]) und auch der *BGH* betrachtete sie bislang nicht als entscheidungserheblich, *BGHZ* 68, 379 (380). – Vgl. auch bei *Häsemeyer* in: 50 Jahre Bundesgerichtshof, S. 725 (728 f.); ausführlich auch *Marotzke* Gegenseitige Verträge, 3. Aufl., Rdnrn. 3.2 und 5.1 ff.

leistungen waren nur Rechnungsposten bei der genaueren Ermittlung des Schadens.[961]

Als Konsequenz daraus sollte der Verwalter nur dann etwas zur Masse zurückverlangen können, wenn der Wert der Teilleistung des Schuldners den dem Vertragspartner durch die Erfüllungsablehnung entstandenen Schaden übersteigt.[962] Woraus sich aber der Rückzahlungsanspruch ergeben sollte, war nicht klar. Zum Teil ging man davon aus, der Anspruch ergebe sich aus ungerechtfertigter Bereicherung, weil infolge der Ablehnung der Rechtsgrund für das zuviel Geleistete weggefallen sei[963] oder der mit der Leistung bezweckte Erfolg nicht eingetreten sei.[964] Andererseits nahm man aber auch an, dass der Verwalter für die Teilleistung eine Vergütung aus dem ursprünglichen Vertrag verlangen könne, weil dieser insoweit tatsächlich erfüllt worden sei.[965] Wie der *BGH* ausdrücklich feststellt, kommt dies nicht nur bei „teilbaren" Leistungen in Betracht.

Im Ergebnis führt dies letztlich dazu, dass der Schadensersatzanspruch des Vertragspartners sich von vornherein nur auf den Rest der ausgebliebenen Leistung bezieht[966], weil er mit dem Rückzahlungsanspruch aufgerechnet werden kann. Aus dem Saldo der beiderseits zu verrechnenden Forderungen ergibt sich dann, ob der Konkursverwalter vom Vertragspartner etwas zur Masse verlangen kann, oder ob letzterer wegen des zu seinen Gunsten sich ergebenden Unterschiedsbetrags in Höhe der Konkursquote Befriedigung aus der Konkursmasse suchen muss.[967]

Losgelöst davon, welche der hier zitierten Ansichten man favorisierte, ergab sich doch im Ergebnis kein großer Unterschied. Bei dem Kauf eines Pferdes im Werte von 22.000 EUR für 20.000 EUR, den der spätere Insolvenzschuldner vor Verfahrenseröffnung schon mit 10.000 EUR angezahlt hatte, konnte der Verwalter nach Erfüllungsablehnung 8.000 EUR zur Masse zurückverlangen, sei es deswegen, weil der Rückzahlungsanspruch (aus ungerechtfertigter Bereicherung) erst entstehe, wenn die Vorleistung den Schaden des anderen übersteigt, oder weil der Anspruch auf Zahlung sich aus dem Vertrag (10.000 EUR) ergibt

961 Siehe *RGZ* 135, 167 (172). – Urteil vom 01. Februar 1932.

962 *BGHZ* 68, 379 (LS). – Urteil vom 05. Mai 1977; *Lent* in: *Jaeger* KO § 17 Rdnr. 44; *Kippenberg* S. 66; *Maas* S. 34 f.; *Offtermatt* S. 159.

963 *RGZ* 135, 167 (172); *BGHZ* 15, 333(335/336); *BGHZ* 68, 379 m. w. Nachw.; *Kropshofer* in: *Hess/Kropshofer* KO § 17 Rdnr. 17.

964 Nachweise bei *Marotzke* Gegenseitige Verträge, 1. Aufl., S. 340 (dort Fn. 8 ff.).

965 *RGZ* 73, 58; *BGHZ* 68, 379 (381); *Jaeger/Henckel* KO § 17 Rdnrn. 75, 80, 83; *Rapp* MittBayNot 1977, 1 (2/3).

966 *BGHZ* 68, 379 (381/382).

967 *BGHZ* 68, 379 (382).

und mit dem Schadenersatzanspruch, der sich auf den Rest der Leistung bezieht (12.000 EUR) aufgerechnet wird.

In dogmatischer Hinsicht werfen beide Konstruktionen aber Fragen auf: Gegen die bereicherungsrechtliche Lösung spricht die Inkonsequenz, die darin liegt, dass zum einen angenommen wird, der Vertrag werde durch die Erfüllungsablehnung umgewandelt, andererseits aber unterstellt wird, es bestehe ein Bereicherungsanspruch wegen Wegfalls der Erfüllungsansprüche.[968] Inkonsequent ist es auch, anzunehmen der Vertrag werde in einen teilerfüllten und einen nicht erfüllten Teil umgewandelt[969], so dass der vertragliche Vergütungsanspruch des Verwalters teilweise bestehen bleibt. In Fällen, in denen der Vertragspartner unteilbare Sachen schuldet, mutet diese Konstruktion ohnehin seltsam an.

Sie zwingt aber auch zu weiteren dogmatischen Unsauberkeiten. Wenn der Schuldner wegen seiner Vorleistung einen (Teil-)Vergütungsanspruch schon vor Verfahrenseröffnung hat und sich der Schadensersatzanspruch des Vertragspartners erst aus der Erfüllungsablehnung nach Verfahrenseröffnung ergibt, so müsste konsequenterweise eine Aufrechnung beider Ansprüche nach § 55 Nr. 2 KO ausgeschlossen sein (und auch aus den §§ 94 ff. InsO ergäbe sich kein Aufrechnungsrecht). Die Gerichte behalfen sich jedoch damit, dass sie den Schadensersatzanspruch des Vertragspartners als schon vor Konkurseröffnung aufschiebend bedingt entstanden ansahen[970], so dass die Aufrechnung gem. § 54 Abs. 1 KO möglich war.

(2) Die Rechtslage ab 1988

Mit *BGHZ* 103, 250[971] stellte der *BGH* die Dogmatik zu den gegenseitigen Verträgen im Insolvenzverfahren auf neuen Boden. Die eigentlichen Gründe dieser Rechtsprechung wurden schon erläutert. Der bereicherungsrechtliche Anspruch des Verwalters sollte bei Vorleistungen des Schuldners vor der Insolvenzeröffnung weiterhin bestehen bleiben.[972] Rechtsdogmatisch betrachtet sollte nämlich die Verfahrenseröffnung zum Erlöschen der gegenseitigen Erfüllungsansprüche führen. Durch die Erfüllungsablehnung wurde dieser Zustand endgültig. Durch die Erfüllungswahl hingegen sollten die untergegangenen Ansprüche neu entstehen.[973]

---

968 Vgl. *Häsemeyer* in: 50 Jahre Bundesgerichtshof, S. 725 (729).

969 *BGHZ* 68, 379 (381 f.).

970 *RGZ* 140, 16 (17); *BGHZ* 15, 333 (336).

971 Urteil vom 11. Februar 1988.

972 *Prahl* ZInsO 2005, 568 (568).

973 *BGHZ* 106, 236 (LS). – Siehe auch *Huber* in: *Gottwald* Insolvenzrechtshandbuch § 34 Rdnr. 39. Zum Ganzen *Jaeger/Henckel* KO § 17 Rdnrn. 115, 149; *Henckel* JZ 1986,

Im Unterschied zu der bis 1988 bestehenden Rechtslage nahm das Gericht in einer späteren Entscheidung an, dass der Gegenleistungsanspruch für vor Verfahrenseröffnung erbrachte Teilleistungen nur bei „Teilbarkeit“ der Leistungen bestehen bleiben soll.[974] Bei „Unteilbarkeit“ verblieb dementsprechend nur die bereicherungsrechtliche Lösung. Indem das Vertragsverhältnis aber vollständig wegfallen sollte, stand auch der uneingeschränkten Annahme eines Wegfalls des rechtlichen Grundes nach § 812 Abs. 1 S. 2 BGB nichts im Wege.[975]

Man kann also festhalten: Zahlte der Schuldner vor Verfahrenseröffnung ohne Erhalt der Gegenleistung eine unteilbare Sache an, so konnte der Verwalter die Vorleistung aus Bereicherungsrecht zurückverlangen (§ 812 Abs. 1 S. 2, Wegfall des rechtlichen Grundes). Der Vertragspartner seinerseits konnte Schadensersatz bemessen an der gesamten ausgebliebenen Leistung geltend machen.[976] Beide Ansprüche wurden zudem in ein Abrechnungsverhältnis eingestellt, so dass der Bereicherungsanspruch des Verwalters nur insoweit bestand, als der Wert der vom Schuldner erbrachten Teilleistung den Schaden des Vertragspartners überstieg.[977] Unter Geltung der KO sollten die §§ 54 ff. der Verrechnung weiterhin nicht entgegenstehen.

bb) Die Wirkungen der Erfüllungsablehnung nach geltendem Recht

Die dogmatische Neuorientierung des *BGH* im Jahre 2002[978] – und diesen Standpunkt wiederholend u. a. im Jahre 2003[979] – führt auch zu einer abweichenden Beurteilung der hier angesprochenen Sachfragen. Demnach soll der Vertrag weder durch die Verfahrenseröffnung noch durch die Erfüllungsablehnung in seinem Bestand beeinträchtigt werden. Im Ergebnis kann dem zugestimmt werden[980], wenn auch die Begründung nicht überzeugt.

---

695 (695 f.); *Pflug* AG 1986, 305 (307 f.); *Kreft* ZIP 1997, 865 (869 f.); *Heilmann* KTS 1985, 639 (640 ff.).

974 *BGHZ* 129, 336. – Zu dieser Entscheidung schon oben auf S. 143 ff.

975 Ein Bereicherungsanspruch bei „Teilbarkeit“ schied aus, da insoweit ja auch die Gegenleistungspflicht bestehen blieb, *Prahl* ZInsO 2005, 568 (568).

976 *Becker* Insolvenzrecht Rdnr. 1113.

977 *BGHZ* 129, 336.

978 *BGHZ* 150, 353.

979 *BGHZ* 155, 87. – Urt. v. 27 Mai 2003.

980 So auch *Marotzke* ZZP 115 (2002), 507 (508) m. w. Hinweisen.

(1) Rückforderungsrecht des Verwalters?

Zu den Folgen der rechtsdogmatischen Beurteilung in Fällen, in denen der Schuldner vor Verfahrenseröffnung Teilleistungen erbringt, führt der *BGH* selbst aus[981]:

> *„In aller Regel löst die Eröffnung des Gesamtvollstreckungsverfahrens in Verbindung mit der Erfüllungsablehnung des Verwalters keinen Anspruch der Masse auf Rückzahlung der Vorleistung des Schuldners aus. Nach der neuen Rechtsprechung des Senats zum Wahlrecht des Verwalters (BGHZ 150, 353 ff.) lassen Verfahrenseröffnung und Erfüllungsablehnung die Ansprüche aus beiderseits noch nicht erfüllten gegenseitigen Verträgen grundsätzlich unberührt. Ein solcher Rückzahlungsanspruch kann allenfalls entstehen, wenn das Interesse des Verwalters an der noch ausstehenden Leistung des Vertragspartners entfällt.*"[982]

Der erste Teil der Begründung klingt aufgrund seiner klaren Aussage überzeugend. Deutlich äußert sich der *BGH* auch an weiteren Stellen im zitierten Urteil. So gibt er zu, dass weder die Verfahrenseröffnung, noch der Umstand, dass das Vermögen des Schuldners nicht ausreicht, um alle Gläubiger zu befriedigen, noch der Umstand, dass der Schuldner das Verfügungsrecht über sein Vermögen verloren hat, geeignet ist, die Ungültigkeit oder die Aufhebung eines gültig entstandenen Rechtsverhältnisses zu bewirken.[983] Außerdem, so der *BGH*, finde der Grundsatz der Meistbegünstigung der Masse im Gesetz keinen Rückhalt.[984]

Dogmatisch nicht so klar ist jedoch die Aussage, dass ein Rückzahlungsanspruch „allenfalls" entstehe, wenn das Interesse des Verwalters an der noch ausstehenden Leistung des Vertragspartners entfällt. Darauf ist noch zurückzukommen.[985] Festhalten kann man jedoch: Ein Rückforderungsrecht des Verwalters besteht im Grundsatz nicht.[986] Dies wird trotz der relativ klaren Aussage des *BGH* in der Literatur dennoch teilweise anders gesehen. *Linder*[987] geht von einem Rückforderungsrecht aus und stützt sich dabei auf einen Umkehrschluss aus § 105 S. 2 InsO, ohne den der andere Teil nicht berechtigt sein könne, eine Teil-

---

981 *BGHZ* 155, 87 (96) dort unter aa).

982 Unter Hinweis auf *Kreft* in: MünchKomm-InsO § 103 Rdnr. 34, § 105 Rdnr. 26; *Jaeger/Henckel* KO § 17 Rdnrn. 80 ff.; *Marotzke* Gegenseitige Verträge, 3. Aufl., Rdnrn. 9.14 f.; 9.85 ff. m. w. Nachw.

983 *BGHZ* 155, 87 (97) unter Hinweis auf *Hahn/Mugdan* S. 82 ff. (106).

984 *BGHZ* 155, 87 (99).

985 S. 249 ff.

986 So auch *Marotzke* in: HK-InsO § 103 Rdnr. 43; *ders.* Gegenseitige Verträge, 3. Aufl.; Rdnrn. 9.45 ff.

987 *Linder* S. 147 f. unter Hinweis auf *Tintelnot* in: *Kübler/Prütting* InsO § 103 Rdnr. 95.

leistung des Schuldners dauerhaft ohne Gegenleistung behalten zu dürfen.[988] Belegt wird die Ansicht nicht aus dem Bereicherungsrecht, sondern mit einer analogen Anwendung der §§ 326 Abs. 4, 346 bis 348 BGB.[989]

Die Begründung, die bei *Linder* fehlt[990], könnte wie folgt lauten: Erbringt der Schuldner vor Verfahrenseröffnung Teilleistungen und ist die Gegenleistung unteilbar, so besteht, wenn der Verwalter die Erfüllung ablehnt, eine Gesetzeslücke, da sich aus dem Gesetz keine Rechtsfolge für einen derartigen Fall ergibt.[991] Da es sich aber bei dem Vertrag zwischen Schuldner und Vertragspartner um einen synallagmatischen Vertrag handelt, ergibt sich aus dem konditionellen Gehalt des Synallagmas, dass keine Vertragspartei die aufgrund eines zweiseitigen Vertrages empfangenen Teilleistungen endgültig behalten kann, ohne zu der entsprechenden Gegenleistung verpflichtet zu sein.[992] Bei unteilbaren Sachen als Gegenleistungsgegenstand steht damit aber fest, dass die empfangene Leistung wieder zurückgewährt werden muss.[993] Vergleichen lässt sich die Situation mit einem Fall des § 326 Abs. 4 BGB. Die Norm geht vom ersten Absatz des gleichen Paragraphen aus. Geregelt ist dort der grundsätzliche Wegfall der Gegenleistungspflicht für den Fall, dass die Leistung des Schuldners rechtlich, praktisch oder persönlich unmöglich ist (§ 275 Abs. 1 bis 3 BGB).[994] Hat dennoch ein Leistungsaustausch teilweise stattgefunden, kann das Geleistete nach §§ 346 bis 348 BGB zurückgefordert werden (§ 326 Abs. 4 BGB); danach sind die empfangenen Leistungen zurückzugewähren und die gezogenen Nutzungen herauszugeben, § 346 Abs. 1 BGB.

Ob die analoge Anwendung der §§ 326 Abs. 4, 346 ff. BGB aber wirklich für die vorliegende insolvenzrechtliche Konstruktion passt, muss bezweifelt werden. Nach § 326 Abs. 1 BGB entfällt der Gegenleistungsanspruch des Schuldners im Falle der Unmöglichkeit kraft Gesetzes (*ipso iure*), weil auch der Schuldner von Gesetzes wegen (im Falle des § 275 Abs. 1 BGB) oder nach Erhebung der entsprechenden Einrede (in den Fällen der §§ 275 Abs. 2 und Abs. 3 BGB) nicht mehr zur Leistung verpflichtet ist. Dem Gläubiger stehen in der Folge nur noch Sekundäransprüche zu, § 275 Abs. 4 BGB, so u. U. auch ein Schadensersatzanspruch. Auch wenn sich der Vertrag auf primärer Leistungs-

---

988 So schon *RGZ* 73, 58 (63); *Marotzke* Gegenseitige Verträge, 1. Aufl., S. 354; *Jaeger/Henckel* KO § 17 Rdnr. 72.

989 Allerdings ohne nähere Begründung *Linder* S. 148.

990 Fn. 989.

991 *Henckel* ZZP 99 (1986), 417 (437); *Marotzke* Gegenseitige Verträge, 1.Aufl., S. 354.

992 Fn. 988.

993 Für einen bereicherungsrechtlichen Anspruch daher *Balthasar* in: *Nerlich/Römermann* InsO § 103 Rdnr. 69 (a. E.).

994 Zur Terminologie *Heinreichs* in: Palandt § 275 Rdnrn. 16, 22, 30.

ebene nach § 326 Abs. 4 BGB in ein Rückgewährschuldverhältnis umwandelt, besteht – anders als im Rahmen des § 103 InsO – der Anspruch auf Rückgewähr des Geleisteten auch dann, wenn der Wert der Teilleistung des Schuldners den Schaden des anderen Teils übersteigt. Der Anspruch aus § 346 Abs. 1 BGB steht beiden Parteien zu und besteht unabhängig vom Schadensersatzanspruch des Gläubigers.

Durch die Erfüllungsablehnung wandelt sich das Schuldverhältnis im Insolvenzverfahren aber gerade nicht automatisch in ein Rückgewähr- oder Abrechnungsverhältnis um. Im Gegenteil: Das Vertragsverhältnis und damit der Vertrag bleiben bestehen. Allein der Vertragspartner kann gemäß § 103 Abs. 2 InsO entscheiden, ob er seine Schadensersatzansprüche zur Tabelle anmelden möchte. Tut er das nicht, so bleibt es beim Vertrag mit den in ihm enthaltenen Verpflichtungen der Parteien. Daraus ergibt sich nach wie vor das Recht zum Besitz[995] und zum Behaltendürfen der Sache.[996]

Es ist auch nicht so, wie vielfach behauptet, dass der Vertragspartner die Leistung dauerhaft ohne Erbringen der Gegenleistung behalten darf.[997] Im Insolvenzverfahren wird das Verhältnis des Schuldners zu seinen Gläubigern nur vorübergehend geregelt.[998] Es enthält eine Haftungsordnung[999] für all diejenigen, die während seiner Dauer ihre Ansprüche gegen den Schuldner geltend machen müssen oder wollen. Ein Partner aus einem Vertrag, dessen Ablehnung der Verwalter gewählt hat, kann seine Ansprüche im Insolvenzverfahren verfolgen, muss dies aber nicht.[1000] Nach Beendigung des Verfahrens kann jeder seine Ansprüche weiterhin gegen den Schuldner verfolgen (vgl. § 201 InsO).[1001] Die Rechte der Parteien ergeben sich aus dem Vertrag, der weiterhin Bestand hat. Macht der Vertragspartner nach Beendigung des Verfahrens weitere Rechte geltend, bleibt er ebenso zur Erbringung der von ihm geschuldeten Leistung verpflichtet, wie dies umgekehrt für den Schuldner gilt. Dass die vorinsolvenzliche

995 *Bärenz* NZI 2006, 72 (77).

996 Wie hier auch *Prahl* ZInsO 2005, 568 (570). – A. A. hingegen *Tintelnot* in: *Kübler/Prütting* InsO § 103 Rdnr. 93 (ohne nähere Begründung); *Bärenz* NZI 2006, 72 (73) (der Vergleich mit einem schwebend unwirksamen Vertrag nach § 177 Abs. 1 BGB überzeugt nicht. Dass während des Schwebezustandes Erfüllung von keiner Seite verlangt werden kann, ist kein Argument für die Annahme, der Rechtsgrund entfalle bei Insolvenzverfahrenseröffnung.).

997 Vgl. etwa *Tintelnot* in: *Kübler/Prütting* InsO § 103 Rdnr. 93.

998 *Brehm* in: Festschrift für *Jelinek*, S. 15 ff. vergleicht den Zweck des Insolvenzverfahrens mit dem Zweck von Besitzschutzrechten.

999 Ausführlich dazu *Häsemeyer* Insolvenzrecht Rdnrn. 1.11 ff.; *Smid* Grundzüge des neuen Insolvenzrechts, § 1 Rdnrn. 1 ff.

1000 *Kreft* in: MünchKomm-InsO § 103 Rdnr. 22.

1001 *Kreft* in: MünchKomm-InsO § 103 Rdnr. 22; *Marotzke* in: HK-InsO § 103 Rdnr. 42; *Huber* NZI 2002, 467 (469); *Foerste* Insolvenzrecht Rdnr. 231.

Schuldnerleistung vom Verwalter im Insolvenzverfahren soll zurückverlangt werden können, ist im Grunde ein Ergebnis, das sich (erneut) nur aus dem Wunsch nach einer Meistbegünstigung der Masse ergibt. Dogmatisch begründen lässt es sich indes nicht.[1002]

Die Ausgangssituationen bei § 326 Abs. 4 BGB und § 103 Abs. 2 InsO sind also derart unterschiedlich, dass eine analoge Anwendung der Rechtsfolge aus § 346 Abs. 1 BGB nicht gerechtfertigt ist. Die Anwendung der Norm würde dem Verwalter ein zusätzliches Recht einräumen, das ihm wertend betrachtet nicht zusteht und damit dem Recht des Vertragspartners nach § 103 Abs. 2 InsO in Verbindung mit der Rechtsprechung zur Wirkung der Verfahrenseröffnung und zum Wahlrecht des Verwalters entgegenstehen. Richtigerweise steht dem Verwalter daher kein Rückforderungsanspruch zugunsten der Masse zu.

Der dem Urteil zu *BGHZ* 155, 87 zugrunde liegende Sachverhalt eröffnet die Möglichkeit, über weitere Anspruchsgrundlagen für ein Rückforderungsrecht des Insolvenzverwalters nachzudenken. Der Insolvenzschuldner als Käufer (eines Grundstücks) hatte den Kaufpreis vollständig im Voraus bezahlt[1003], alle etwaigen Ansprüche auf Rückzahlung des Kaufpreises aber seiner Bank abgetreten. Als Rechtsgrund für diese kamen ein vertragliches Rücktrittsrecht, eine während des Insolvenzverfahrens abgeschlossene Rückabwicklungsvereinbarung sowie „die Eröffnung des Gesamtvollstreckungsverfahrens in Verbindung mit der Erfüllungsablehnung des Verwalters“[1004] in Betracht. Bei den konkreten Vorgaben des Sachverhalts (vollständige Vorleistung des Schuldners) steht nach *BGHZ* 129, 336 fest, dass durch die Abtretung der *Erfüllungsanspruchs* auch nach Verfahrenseröffnung eindeutig dem Zessionar zusteht.[1005] Der Wert des Vertrages ist damit für den Schuldner/Verwalter im Grunde „verloren“. Nicht grundsätzlich anders kann daher der vorliegende Fall zu beurteilen sein, indem es um die Frage geht, wem ein Rückzahlungsanspruch zusteht. Es verwundert daher nicht, wenn der *BGH* schon früh, ohne geprüft zu haben, ob die Ansprü-

---

1002 Wenn es sich beim Schuldner um eine juristische Person handelt (vgl. bei Fn. 371) kann das Recht des Verwalters auf Rückforderung der Vorleistung wirtschaftlich betrachtet durchaus sinnvoll sein; nicht so hingegen, wenn es sich bei dem Schuldner um eine natürliche Person handelt und nach dem Insolvenzverfahren lediglich die Restschuldbefreiung droht.

1003 Dass dennoch § 103 InsO zur Anwendung kam, lag an der bis dato noch nicht erfolgten Auflassung des Grundstücks. Dies lässt sich kritisieren (siehe oben S. 68 ff.), zustimmend aber *Huber* in: MünchKomm-InsO § 103 Rdnrn. 132, 123.

1004 *BGH* NZI 2003, 491 (493).

1005 Siehe dazu S. 143 ff.

che auch dem Rechtsgrund nach bestehen, ausführt: „*Die Abtretung dieser Ansprüche ist im vorliegenden Fall insolvenzfest*".[1006]

Mit der Abtretung der Rückforderungsrechte ermächtigte der Schuldner die Bank, zur Geltendmachung des Rücktritts. Mit Blick auf § 117 Abs. 1 InsO muss nicht breit ausgeführt werden, dass die Rücktrittsermächtigung als Vollmacht mit Insolvenzverfahrenseröffnung erlischt, so dass ein vertragliches Rücktrittsrecht als Rechtsgrund für eine Rückforderung der Vorleistung von vornherein ausscheidet. Anders verhält es sich bei einer Rückabwicklungsvereinbarung, wie sie im vorliegenden Fall von den Parteien geschlossen wurde. Diese Vereinbarung begründet das Recht auf Rückforderung. Lässt man die Zession bei der Beurteilung dieser Vereinbarung als Rückforderungsgrund zunächst außer Betracht (und damit auch die Frage, ob es sich dabei um einen aufschiebend bedingten Rechtserwerb [der im Rahmen des § 91 InsO zulässig ist, wenn nach Verfahrensbeginn nur noch die Bedingung eintreten muss[1007]], oder um den unzulässigen Erwerb einer künftigen Forderung handelt), so ist allenfalls fraglich, ob § 119 InsO einer derartigen Vereinbarung entgegensteht. Danach sind Vereinbarungen, durch die die Anwendung der §§ 103 bis 118 InsO ausgeschlossen oder beschränkt wird, unwirksam. § 119 InsO untersagt damit alle insolvenzabhängigen Lösungsklauseln.[1008] In einem Fall, in dem der Schuldner vor Verfahrenseröffnung vorgeleistet hat, und die Vereinbarung nach Verfahrenseröffnung vom Verwalter mit dem Vertragspartner geschlossen wird, ist diese Frage aber zu verneinen. Ist die Rückabwicklung für die Masse günstig und ist auch der Vertragspartner mit der Rückabwicklung einverstanden, kann § 119 InsO schwerlich entgegenstehen.[1009] Dennoch prüft der *BGH* ausführlich, ob es sich bei der Vereinbarung im Zusammenhang mit der vorinsolvenzlichen Zession um eine Lösungsklausel handelt oder ob die Vereinbarung einer Lösungsklausel gleichzustellen ist.[1010] Im Ergebnis lehnt das Gericht dies richtigerweise zwar ab, der Prüfung hätte es vor dem Hintergrund dieser Ausführungen aber gar nicht erst bedurft.[1011]

1006 *BGH* NZI 2003, 491 (492).

1007 Näher *Ahrens* LMK 2003, 212 (213).

1008 Wenn also einer der Parteien für den Fall der Zahlungseinstellung, des Insolvenzantrags oder der Insolvenzeröffnung das Recht eingeräumt wird, sich vom Vertrag zu lösen, *BGH* NZI 2003, 491 (493) mit Hinweis auf *Huber* in: MünchKomm-InsO § 119 Rdnr. 18.

1009 *Marotzke* in: HK-InsO § 119 Rdnr. 1 m. w. Nachw.

1010 *BGH* NZI 2003, 491 (493).

1011 Ebenso *Huber* NZI 2003, 494 (495). – Dass allein die Abtretung *vor* Verfahrenseröffnung vorgenommen wurde, reicht als Argument gegen § 119 InsO allerdings nicht aus (so *Baldringer* DZWiR 2004, 285 [286]). Abzustellen ist vielmehr auf den Sinn und Zweck des § 119 InsO, dem Verwalter zu ermöglichen, den Nutzen aus einem gegenseitigen bei Verfahrenseröffnung unerfüllten Vertrag für die Masse geltend zu machen.

Festhalten kann man damit, dass eine Rückabwicklungsvereinbarung grundsätzlich als Rechtsgrund für einen Rückzahlungsanspruch des Verwalters in Betracht kommt. Ob derartige Fälle, in denen sich der Vertragspartner auf eine solche Vereinbarung einlässt, häufig vorkommen, ist fraglich.

Schließlich fragt sich, ob die Verfahrenseröffnung im Zusammenhang mit der Ablehnung der Vertragserfüllung durch den Verwalter einen eigenständigen Rechtsgrund für ein Rückforderungsverlangen darstellen kann. Der *BGH* lässt diese Frage offen.[1012] Auch in der Literatur wird hieran gezweifelt.[1013] Dogmatisch begründen lässt sich das Ergebnis allerdings nicht. Für eine Kondiktion ist schon deswegen kein Raum, weil zum einen der Vertrag als Rechtsgrund nicht mit Verfahrenseröffnung oder Erfüllungsablehnung entfällt und zum anderen mit der Leistung des Schuldners vor Verfahrenseröffnung kein über das Herbeiführen der bloßen Erfüllungswirkung hinausgehender eigenständiger Zweck verfolgt wird. Auch entsteht der Rückgewähranspruch nicht durch eine Leistung der Masse. Dass der Schuldner vorgeleistet hat und der Vertrag nicht durchgeführt wird, kann allein für einen Rückgewähranspruch nicht ausreichen.[1014]

(2) Der Schadensersatzanspruch und dessen Inhalt

Der Inhalt des Schadensersatzanspruchs[1015] des Vertragspartners bemisst sich nach dem Erfüllungsinteresse.[1016] Der Vertragspartner kann demnach verlangen, so gestellt zu werden, wie er gestanden hätte, wenn der Vertrag ordnungsgemäß erfüllt worden wäre. Erfasst wird damit auch ein etwaiger entgangener Gewinn (§ 252 BGB).[1017] Bei Geltendmachung des Anspruchs tritt ein Abrechnungsverhältnis in den Vordergrund, in das alle gegenseitigen Ansprüche als Rechnungs-

---

Hätte der Schuldner nicht vorgeleistet, hätte auch die Abtretung vor Verfahrenseröffnung nichts genutzt. Andererseits hätte der Verwalter den Anspruch auch nach Verfahrenseröffnung noch wirksam abtreten können (eine etwaige Haftungsfrage [§ 60 Abs. 1 InsO] stellt sich erst in einem zweiten Schritt).

1012 *BGH* NZI 2003, 491 (493).

1013 *Huber* NZI 2003, 494 (495); für eine Lösung über die Zweckverfehlungskondiktion nur *Kreft* in: MünchKomm-InsO § 105 Rdnr. 26, § 103 Rdnr. 34 (dazu S. 233 ff.).

1014 Vgl. *Ahrens* LMK 2003, 212 (213).

1015 Zur Rechtsgrundlage des Anspruchs ausführlich *Marotzke* Gegenseitige Verträge, 3. Aufl., Rdnrn. 5.14 ff.

1016 *Huber* in: *Gottwald* Insolvenzrechtshandbuch § 35 Rdnr. 33; *Keller* Insolvenzrecht Rdnr. 1234.

1017 *BGHZ* 96, 392 (394); *BGH* ZIP 2001, 31 ff.; *Marotzke* in: HK-InsO § 103 Rdnr. 43. – A. A. *Balthasar* in: *Nerlich/Römermann* InsO § 103 Rdnr. 62; *Tintelnot* in: *Kübler/Prütting* InsO § 103 Rdnr. 98; *Foerste* Insolvenzrecht Rdnr. 226; *Andres* in: *Andres/Leithaus* InsO § 103 Rdnr. 34; *Windel* Jura 2002, 230 (233).

posten eingestellt werden. Ausgeschlossen ist lediglich die Möglichkeit für den Vertragspartner, entsprechend der sog. Surrogationstheorie, seine Leistung weiterhin gegen den Erhalt (des Wertes) der Gegenleistung zu erbringen[1018], was bei Austauschverträgen die Aufrechnungsmöglichkeit des Vertragspartners mit sich brächte.[1019] Wie *Huber*[1020] zu Recht anmerkt, schadet dies jedoch nicht, weil der Vertragspartner grundsätzlich kein Interesse daran haben wird, seine Leistung erbringen zu dürfen, wenn er dafür nur die Quote für seinen Anspruch erhält.[1021]

b) Die Folgen bei Geltendmachen bzw. Nichtgeltendmachen des Schadensersatzanspruchs

Die Folgen für den Fall, dass der Vertragspartner den ihm potentiell zustehenden Schadensersatzanspruch nicht geltend macht, wurden schon angedeutet. Der Vertrag bleibt so wie vor der Verfahrenseröffnung bestehen. Auch die sich aus dem Vertrag ergebenden Rechte stehen den Parteien unbeschränkt zu. Ein Rückzahlungsanspruch des Verwalters hinsichtlich der vom Schuldner erbrachten Teilleistungen besteht nicht.

Anders gestaltet sich die Rechtslage jedoch, wenn der Vertragspartner von seinem Schadensersatzanspruch Gebrauch macht, sprich wenn er den Anspruch geltend macht.

Das Verlangen nach Schadensersatz statt der Leistung führt schon nach Bürgerlichem Recht zum Ausschluss des Leistungsanspruchs, § 281 Abs. 4 BGB. Die Kommentarliteratur geht einhellig davon aus, dass nach § 281 Abs. 4 BGB der ursprüngliche Anspruch erlischt.[1022] Für das Insolvenzrecht kann sich insbesondere nach der neueren Rechtsprechung des *BGH* zum Wahlrecht des Insolvenzverwalters nichts anderes ergeben. Dies gilt selbst dann, wenn man den Schadensersatzanspruch aus § 103 Abs. 2 InsO als speziellen insolvenzrechtlichen Anspruch ansieht.[1023] Denn klar ist, dass der Vertragspartner nicht Schadensersatz und Erfüllung kumulativ geltend machen kann. Wenn er seinen

1018 *BGHZ* 20, 338 (343); *Schmidt* in: *Soergel* § 325 Rdnr. 2 (Differenztheorie).

1019 *Looschelders* Schuldrecht Allgemeiner Teil, Rdnrn. 667 f. m. w. Nachw. – Für die Anwendbarkeit der Austauschmethode jedoch *Marotzke* in: HK-InsO § 103 Rdnr. 43.

1020 In: *Gottwald* Insolvenzrechtshandbuch § 35 Rdnr. 33.

1021 Ausführlich zum Inhalt des Schadensersatzanspruchs *Jaeger/Henckel* KO § 17 Rdnrn. 172 ff.

1022 Siehe nur *Ernst* in: MünchKomm-BGB § 281 Rdnr. 105; *Heinrichs* in: Palandt § 281 Rdnrn. 50 a, 51; *Unberath* in: BeckOK *Bamberger/Roth* § 281 Rdnrn. 48-50; *Kropholler* StudKomm-BGB § 281 Rdnr. 6.

1023 So unter Geltung der KO *Jaeger/Henckel* KO § 17 Rdnr. 171.

Schadensersatzanspruch geltend macht, gestaltet sich der Vertrag daher in ein Abrechnungsverhältnis um.[1024]

Ausgehend von der bisherigen höchstrichterlichen Rechtsprechung werden nach der sog. Differenzmethode[1025] die bisherigen Leistungen in ein Abrechnungsverhältnis als Rechnungsposten eingestellt.[1026] Demnach mindert die Vorleistung des Schuldners den Schaden des anderen Teils.[1027] Solange der Schaden den Wert der Teilleistung aber übersteigt oder mit ihr gleichwertig ist, kann der Verwalter nach wie vor nichts zur Masse zurückverlangen.[1028] Gleichwohl stellt sich in einem nächsten Schritt die Frage, woraus sich der Anspruch des Verwalters ergibt, wenn der Schaden des Vertragspartners niedriger ist als der Wert der Teilleistung.

(1) Rückforderungsrecht des Verwalters bei Geltendmachen des Schadensersatzanspruchs durch den Vertragspartner

In Betracht kommt ein bereicherungsrechtlicher Ausgleich nach § 812 Abs. 1 S. 2 Var. 1 BGB (Wegfall des rechtlichen Grundes).[1029] Der Schuldner hat vor Verfahrenseröffnung das Vermögen seines Geschäftspartners bewusst und zweckgerichtet in der Absicht, den bestehenden Vertrag zu erfüllen, angereichert. Durch die Geltendmachung des Schadensersatzes erlischt nach § 281 Abs. 4 BGB der Leistungsanspruch des Vertragspartners. Bei gegenseitigen Verträgen entfällt wegen der synallagmatischen Verknüpfung von Leistung und Gegenleistung zugleich aber auch der Erfüllungsanspruch des Schuldners.[1030] Der Vertrag bietet demnach keine Grundlage mehr für ein Recht zum Besitz[1031] oder zum Behaltendürfen der empfangenen Leistung.[1032]

1024 *Kreft* in: MünchKomm-InsO § 103 Rdnr. 22.; *Pletzsch* S. 73 f.; *Gottwald/Steer* MittBayNot 2005, 278 (280 f.).

1025 Der Anspruch kann nur nach der Differenzmethode berechnet werden (*Keller* Insolvenzrecht Rdnr. 1235 unter Verweis auf *BGHZ* 96, 392 [395]).

1026 *Prahl* ZInsO 2005, 568 (569).

1027 *Keller* Insolvenzrecht Rdnr. 1235; *Becker* Insolvenzrecht Rdnr. 1113.

1028 *BGHZ* 68, 379 (LS).

1029 Für eine Zweckverfehlungskondiktion wohl *Marotzke* in: HK-InsO § 103 Rdnr. 43 (dort allerdings ohne nähere Begründung; näher siehe unten S. 233 f. unter aa) sowie Fn. 1104).

1030 *Heinrichs* in: Palandt § 281 Rdnr. 51.

1031 *Heinrichs* in: Palandt § 281 Rdnr. 51.

1032 Vgl. *Huber* in: *Gottwald* Insolvenzrechtshandbuch § 35 Rdnr. 38 f. – *Tintelnot* (in: *Kübler/Prütting* InsO § 103 Rdnr. 93) schreibt diese Wirkung schon der Erfüllungsablehnung zu.

In Betracht kommt ferner jedoch auch ein Anspruch aus §§ 281 Abs. 5, 346 Abs. 1 BGB. Wie sich aus diesen Regelungen ergibt, kann der Schuldner nach allgemeiner zivilrechtlicher Systematik seine Teilleistung zurückverlangen, wenn der schadensersatzberechtigte Gläubiger Schadensersatz statt der Leistung verlangt. Beim Schadensersatzanspruch ist insbesondere nach der Schuldrechtsmodernisierung 2001[1033] zwischen dem sog. „kleinen" und „großen" Schadensersatz zu differenzieren.[1034] Nur der „kleine" Schadensersatz lässt eine interne Verrechnung der empfangenen Leistung mit dem Schadensersatzanspruch bemessen an der gesamten vertraglichen Leistung[1035] zu. Entscheidet sich der Vertragspartner jedoch dafür, Schadensersatz statt der ganzen Leistung geltend zu machen, ergibt sich allein für diesen Fall aus den §§ 346 Abs. 1, 281 Abs. 5 BGB der Rückforderungsanspruch auf die vom Schuldner erhaltenen Teilleistungen vom Vertragspartner. Eine Anrechnung findet dann nicht statt.[1036] Der Schadensersatz statt der ganzen Leistung lässt aufgrund seiner Dogmatik eine Verrechnung daher nicht zu.

Fällt der Schuldner in Insolvenz, wird der Vertragspartner in aller Regel aber ein Interesse an der zum Teil erhaltenen Vorleistung haben, § 281 Abs. 1 S. 2 BGB, so dass er diese behalten will und nur den minimierten Schaden wird geltend machen wollen. Wegen Teilbarkeit der vom Schuldner erbrachten Geldschuld ist die Geltendmachung des „kleinen Schadensersatzes" durch den Vertragspartner auch möglich.[1037]

Ein Anspruch des Verwalters aus §§ 281 Abs. 5, 346 Abs. 1 BGB ist daher der Ausnahmefall.

(2) Vereinbarkeit einer internen Verrechnung mit den §§ 94 ff. InsO

Fraglich ist bislang noch, ob der internen „Verrechnung" der Ansprüche die §§ 94 ff. InsO entgegenstehen.[1038] Für das Aufrechnungsrecht im Insolvenzverfahren[1039] gilt im Grundsatz Folgendes: Obwohl die Aufrechnung dem Gläubi-

---

1033 Fn. 1103.

1034 Dazu *Heinreichs* in: Palandt § 281 Rdnrn. 46, 47;

1035 Vgl. *Becker* Insolvenzrecht Rdnr. 1113 (Mitte).

1036 *Becker* Insolvenzrecht Rdnr. 1113 (a. E.)

1037 Vgl. dazu *H. P. Westermann* in: Erman § 281 Rdnr. 7; *Heinrichs* in: Palandt § 281 Rdnr. 35.

1038 Zur Unterscheidung der Begrifflichkeiten: „Verrechnung" bedeutet im hiesigen Zusammenhang der wechselseitige Ausgleich gegeneinander gerichteter Ansprüche, die für sich allein erst benannt werden können, nachdem die Gegenpositionen abgezogen wurden. Bei der „Aufrechnung" stehen sich wechselseitige eigenständig bezifferbare Ansprüche gegenüber, vgl. *Sinz/Hefermehl* Unternehmensinsolvenz Rdnr. 940.

1039 Ausführlich zur Aufrechnung im Insolvenzverfahren *Becker* DZWiR 2005, 221 ff.

ger eine Selbstexekutionsbefugnis[1040] einräumt und damit tendenziell geeignet ist, den insolvenzrechtlichen Gleichbehandlungsgrundsatz zu gefährden, wird das Vertrauen in die eingetretene Aufrechnungslage geschützt.[1041] Diese setzt gem. § 387 BGB voraus, dass zwei Personen einander gleichartige Leistungen schulden, wobei die Forderung des Gläubigers fällig (§ 390 BGB) und die Gegenforderung erfüllbar sein muss. Die Aufrechnungslage muss zudem gem. § 94 InsO schon bei Verfahrenseröffnung bestehen. Fehlt im Zeitpunkt der Verfahrenseröffnung eine der Aufrechnungsvoraussetzungen, so kann gem. § 95 Abs. 1 S. 1 InsO die Aufrechnung erst erfolgen, wenn die fehlenden Voraussetzungen eintreten. Zu beachten ist aber § 95 Abs. 1 S. 3 InsO, wonach die Aufrechnung ausgeschlossen ist, wenn die Forderung der Masse in durchsetzbarer Weise besteht, bevor die Aufrechnung erfolgen kann, sprich bevor die Aufrechnungsvoraussetzungen für die Forderung des Vertragspartners eintreten. In diesem Fall muss der Vertragspartner mit der Durchsetzung der Masseforderung rechnen, so dass seine Rechtsposition nicht schützenswert ist.[1042] Ähnlich verhält es sich bei § 96 Abs. 1 Nr. 1 InsO. Hier hat der Vertragspartner bei Verfahrenseröffnung einen Anspruch gegen den Schuldner, so dass er gem. § 38 InsO als Insolvenzgläubiger anzusehen ist. Wird er *nach* Verfahrenseröffnung etwas zur Insolvenzmasse schuldig, liegt zwar eine Aufrechnungslage vor, die Aufrechnung ist aber ausgeschlossen, weil die Aufrechnung ebenfalls dem Gläubigergleichbehandlungsgrundsatz entgegenlaufen würde.[1043]

Entscheidend kommt es im Rahmen der §§ 94 ff. InsO damit stets auf das Entstehen und die Durchsetzbarkeit der gegenseitigen Ansprüche an. Ohne die Ansprüche direkt miteinander zu verrechnen, entsteht der Schadensersatzanspruch des Vertragspartners noch vor dem Bereicherungsanspruch der Masse. Der Schadensersatzanspruch entsteht, wenn endgültig die Nichterfüllung des Vertrages feststeht[1044], also spätestens mit Ablehnung der Erfüllung durch den Insolvenzverwalter. Die Nichterfüllung des Vertrages steht aber auch dann fest, wenn der Verwalter keine Erklärung zur Erfüllung abgibt, der Vertragspartner seinen Schaden zur Insolvenztabelle anmeldet und der Verwalter den Anspruch dem Grunde nach anerkennt.[1045] Der Schadensersatzanspruch besteht nach § 103 Abs. 2 InsO neben dem Erfüllungsanspruch in einem Verhältnis elektiver Konkurrenz.[1046] Dadurch wird die Position des Gläubigers gekennzeichnet, mehrere,

1040 *Bötticher* in: Festschrift für *Schima*, S. 95 ff.
1041 *Eickmann* in: HK-InsO § 94 Rdnr. 1.
1042 *Eickmann* in: HK-InsO § 95 Rdnr. 1.
1043 *Eickmann* in: HK-InsO § 96 Rdnr. 1.
1044 *Kreft* in: MünchKomm-InsO § 103 Rdnr. 22.
1045 *Keller* Insolvenzrecht Rdnr. 1233.
1046 *Ernst* in: MünchKomm-BGB § 281 Rdnr. 68.

inhaltlich verschiedene Rechte geltend machen zu können.[1047] Der Bereicherungsanspruch hingegen entsteht ohnehin erst, wenn der Vertragspartner seinen Schaden geltend macht und die Vorleistung des Schuldners den Schaden des Vertragspartners übersteigt.[1048] Die Frage, ob die Aufrechnungshindernisse der § 95 Abs. 1 S. 3, § 96 Abs. 1 Nr. 1 InsO der direkten Verrechnung der Ansprüche entgegenstehen, ist also von vornherein nicht Ziel führend. Bedenken muss man ebenso, dass auch der Schadensersatzanspruch des Vertragspartners nur abzüglich der erhaltenen Teilvorleistung berechnet werden kann.

Die §§ 94 ff. InsO stehen der direkten Verrechnung daher nicht entgegen. Für ein anderes Ergebnis spricht auch nicht der Grundsatz der *par conditio creditorum*, da ein Gläubiger aus einem gegenseitigen Vertrag, dessen Ablehnung der Verwalter explizit gewählt hat, nicht bevorzugt wird, wenn zur Ermittlung seines Schadens, den er ja ohnehin nach § 103 Abs. 2 InsO als Insolvenzforderung geltend machen muss, die erhaltenen Teilvorleistung des Schuldners abgezogen wird.

Die Grundsätze des Wegfalls der Bereicherung nach § 818 Abs. 3 BGB vermögen im Einzelfall nichts am Ergebnis zu ändern. Hat der Vertragspartner die empfangene Leistung schon vor Verfahrenseröffnung verbraucht, so steht außer Frage, dass die Vorleistung doch weiterhin den Schaden des Vertragspartners mindert. Die Grundsätze des Bereicherungswegfalls gelten hier nicht. Im Übrigen kann sich der Vertragspartner, wenn er durch die Geltendmachung seines Anspruchs den bereicherungsrechtlichen Ausgleich erst begründet, nicht auf den Wegfall der Bereicherung berufen.[1049] Dies gilt erst recht, wenn die Entreicherung erst nach Verfahrenseröffnung eingetreten ist, da der Vertragspartner hier mit der Erfüllungsablehnung rechnen musste und daher als bösgläubig nach § 818 Abs. 4, § 819 Abs. 1 BGB anzusehen ist.

In jedem Fall kann daher die empfangene Teilvorleistung als Rechnungsposten in den Schadensersatzanspruch eingestellt werden.

(3) Bereicherungsanspruch des Zessionars?

Wie gestaltet sich die Rechtslage, wenn der Schuldner den Erfüllungsanspruch vor Verfahrenseröffnung an einen Zessionar abgetreten hat, nachdem er den Anspruch des Vertragspartners schon teilweise bedient hatte. Für die Lösung dieser Fälle ist nach *BGHZ* 105, 353 und *BGHZ* 155,87 ebenfalls ein neuer Maßstab

1047 *Heinrichs* in: Palandt § 262 Rdnr. 6 (in Abgrenzung zur Wahlschuld nach § 262 BGB). I. E. besteht nur *ein* Anspruch, der entweder auf Erfüllung oder Schadensersatz gerichtet ist.

1048 *BGHZ* 68, 379 (LS). – Siehe auch *Jaeger/Henckel* KO § 17 Rdnr. 81.

1049 Unter Geltung der KO schon *Jaeger/Henckel* KO § 17 Rdnr. 81.

anzulegen. In einer früheren Entscheidung, die noch zur Zeit der „Erlöschenstheorie“ ergangen ist[1050], hatte der *BGH* entschieden, dass infolge des Wegfalls des Rechtsgrundes für die bereits erbrachten Teilleistungen, der Zessionar die Teilleistung des Schuldners zurückfordern kann[1051], soweit sie den Nichterfüllungsschaden des Vertragspartners übersteigen. Bei einer unteilbaren Gegenleistung des Vertragspartners steht nach neuerer Rechtslage zunächst fest, dass der Zessionar in keinem Fall einen Teilerfüllungsanspruch in Höhe der vom Schuldner erbrachten Teilleistung erlangen kann. Vielmehr ist hier davon auszugehen, dass die Abtretung den vollen Anspruch des Schuldners gegen den Vertragspartner erfasst. Rechtsinhaber des Leistungsanspruchs ist mit der Abtretung fortan der Zessionar, § 398 BGB.

Diesbezüglich bleibt es ohne Einfluss, wenn der Schuldner später in Insolvenz fällt oder wenn der Verwalter die Nichterfüllung des Vertrages wählt. Durch die dem Vertragspartner zustehende Einrede aus § 320 BGB, die er auch dem Zessionar entgegenhalten kann (§ 404 BGB)[1052], muss er die Leistung nur erbringen, wenn er vom Schuldner auch die Restleistung erhält. Diese bei Verfahrenseröffnung bestehende Rechtslage überdauert das gesamte Verfahren und gilt auch noch danach. Daran werden insbesondere zwei Dinge deutlich:

Das Insolvenzverfahren stellt auf dem Weg der Forderungsdurchsetzung nur ein Zwischenverfahren dar, was – vorbehaltlich der Insolvenzanfechtung oder der Restschuldbefreiung – die Rechtslage i. d. Regel nur vorübergehend in ein spezielles Ordnungssystem einstellt.

Es entspricht nicht den Wertungen des Gesetzes, den Schuldner auch nach Verfahrenseröffnung an der Durchsetzung seiner Forderung gegen den Vertragspartner zu hindern, wenn der Verwalter die Vertragsablehnung gewählt hat.[1053] Wäre der Schuldner Forderungsinhaber geblieben, würde es keinen Sinn machen, wenn nach Aufhebung des Verfahrens der Vertragspartner seine Rechte geltend machen kann, der Schuldner seinerseits auf Vertragsdurchführung aber nicht bestehen kann.

Macht der Vertragspartner seinen Schadensersatzanspruch aber geltend und erlöschen in einem gegenseitigen Vertrag die Erfüllungsansprüche, so wird auch ein Zessionar vom Vertragspartner keine Erfüllung mehr verlangen können. Wenn die Teilleistung des Schuldners als Rechnungsposten in den Schadensersatz eingestellt wird, so fragt sich, ob dem Zessionar der den Schaden übersteigende Teil der schuldnerischen Vorleistung gebührt, so wie der *BGH* in

1050 *BGHZ* 106, 236. – Entscheidung vom 20. Dezember 1988.
1051 Krit. wohl *Marotzke* in: HK-InsO § 103 Rdnr. 38 m. w. Nachw.
1052 *BGHZ* 55, 356 = LM § 320 BGB Nr. 17.
1053 So auch *Marotzke* in: HK-InsO § 103 Rdnr. 42.

BGHZ 106, 236 (242)[1054] ausgeführt hat. Davon kann man aber nur dann ausgehen, wenn man annimmt, dass die Abtretung anstelle des Erfüllungsanspruchs beim Erlöschen desselben den Bereicherungsanspruch erfassen soll. Dieser Ansatz ist jedoch in der Konstruktion schon zweifelhaft, da sich ein entsprechender Wille der Parteien kaum feststellen lassen dürfte. Darüber hinaus bietet er letztlich keine angemessene Lösung für einen Ausgleich der Vermögensverschiebungen innerhalb der einzelnen Leistungsbeziehungen. Man stelle sich folgendes Beispiel vor:

Der Schuldner hat vor Verfahrenseröffnung eine unteilbare Sache vom Vertragspartner im Wert von 18.000 EUR für 20.000 EUR (Weiterverkaufspreis 22.000 EUR) gekauft und bei Vertragsschluss 10.000 EUR angezahlt. Sodann sieht er sich infolge einer herannahenden Krise gezwungen, die Forderung für 16.000 EUR an einen Zessionar zu verkaufen.

In diesem Fall kann der Vertragspartner, wenn er Schadensersatz geltend macht, die Sache behalten (kann also mit ihr anderweitig wirtschaften[1055]), muss aber, da die Vorleistung den Erfüllungsschaden um 8.000 EUR übersteigt, diesen Betrag als ungerechtfertigte Bereicherung an den Verwalter zur Masse zurückgewähren. Der Zessionar kann im Insolvenzverfahren nichts zur Masse geltend machen. Seine Ansprüche entstehen durch die Geltendmachung des Schadensersatzes durch den Vertragspartner erst nach Verfahrenseröffnung, so dass er als sog. Neugläubiger[1056] den Ausgang des Verfahrens abwarten muss. Da der Vertragspartner durch seine Anmeldung der Schadensersatzforderung den Erfüllungsanspruch zum Erlöschen gebracht hat, wird wohl ein Anspruch des Zessionars gegen den Schuldner wegen nachträglicher Unmöglichkeit des Forderungserwerbs gem. §§ 280 Abs. 1 und 3, 283 BGB mangels Verschulden ausscheiden. Nach Verfahrensbeendigung kann der Zessionar jedoch die Zahlung der Kaufpreissumme gem. §§ 346 Abs. 1, 326 Abs. 5 BGB zurückverlangen. Demnach besteht kein Bedürfnis, dem Zessionar den Bereicherungsanspruch zuzusprechen. Dass der *BGH* dies dennoch tut, mag daran liegen, dass er den Zessionar schützen will. Die Berücksichtigung einzelner Interessen sollte aber nicht mit Konstruktivismen zu erreichen versucht werden, die die dogmatischen Zusammenhänge im Großen in grundlegender Weise durchbrechen.

1054 Auch ZIP 1998, 171 = NJW 1998, 1282 = MDR 1998, 446 = KTS 1998, 414.

1055 Zur Rechtslage unter Geltung der KO *Musielak* AcP 179 (1979), 189 (205 ff.).

1056 *Foerste* Insolvenzrecht Rdnr. 60; *Keller* Insolvenzrecht Rdnr. 329; *Häsemeyer* Insolvenzrecht Rdnr. 10.05.

(4) Recht des Verwalters, den Vertragspartner zur Ausübung des Wahlrechts verbindlich aufzufordern?

Fraglich ist in diesem Zusammenhang schließlich, ob der Insolvenzverwalter den Vertragspartner über die Erklärung zur Ausübung seines Wahlrechts (ob er trotzt Erfüllungsablehnung weiterhin auf Erfüllung bestehen oder ob er Schadensersatz geltend machen will) auffordern oder gar eine Frist hierzu bestimmen darf, um sich Klarheit über die ihm ggf. zustehenden Rechte zu verschaffen. Erwogen wird ein solches Recht teilweise aus § 264 Abs. 2 BGB analog[1057], teilweise auch aus einer analogen Anwendung des § 103 Abs. 2 S. 2 InsO.[1058] *Marotzke* befürwortet ein derartiges Recht des Insolvenzverwalters mit der Folge, dass nach Fristablauf der Vertragspartner sein Wahlrecht verliert.[1059] Begründet wird dies mit der Erwägung, dass der Vertragspartner andernfalls eine ihm nicht zustehende Machtposition innehat, wenn man ihm gestattet, die Ausübung der ihm zustehenden Wahlrechte nach Belieben zu verzögern[1060], überdies sei ein solches Recht notwendig, um klare Verhältnisse zu schaffen.[1061]

Marotzke belegt seine Argumentation mit einem Beispiel, das dem Ausgangsfall eines Beschlusses des *AG* Köln nachgebildet ist.[1062] Hier betreibt die spätere Insolvenzschuldnerin ein Unternehmen, das Werkzeugmaschinen für die Schiffs-, Bahn- und Automobilindustrie herstellt. Die Auftragsdurchlaufzeiten liegen bei ca. ein bis zwei Jahren. Als das Insolvenzverfahren beantragt wird, befinden sich Maschinen mit einem Auftragsvolumen von rund 30 Mio. EUR in Arbeit.[1063] Hier fragt *Marotzke*: Soll der Verwalter die bereits in Arbeit befindlichen Maschinen fertig stellen oder soll er den Betrieb stilllegen und die Arbeitnehmer entlassen?[1064]

Die Problematik sieht der Autor selbst dann für gegeben, wenn der Verwalter bereits die Erfüllung des Vertrages verlangt hat. Wenn aber der Verwalter die Erfüllung verlangt, muss der Vertrag durchgeführt werden, und dann muss er auch die Produktion mit Massemitteln fortsetzen (§ 55 Abs. 1 Nr. 2 InsO). Das Wahlrecht des Vertragspartners, also die Frage, ob er trotz Erfüllungsablehnung

---

1057 *Heinrichs* in: Palandt § 281 Rdnr. 51.

1058 *Marotzke* KTS 2002, 1 (36).

1059 *Marotzke* KTS 2002, 1 (36); so auch *Berscheid* in: *Uhlenbruck* InsO Vor § 103 Rdnr. 19 (a. E.) (dann, wenn die Ausübung eines Rücktrittsrechts das Wahlrecht aus § 103 InsO mit der Folge zu Fall bringen könnte, dass die Insolvenzmasse auf unnütz aufgewandte Kosten sitzen bleiben würde).

1060 *Marotzke* KTS 2002, 1 (33 f.).

1061 *Marotzke* KTS 2002, 1 (35).

1062 *AG* Köln (27 IN 178/00), Entscheidung vom 29. Juni 2000, DZWiR 2000, 393 = ZInsO 2000, 406 = ZIP 2000, 1350.

1063 Sachverhalt bei *Marotzke* KTS 2002, 1 (22 f.).

1064 *Marotzke* KTS 2002, 1 (33).

weiterhin auf Erfüllung bestehen will – und sich diesen Anspruch möglicherweise für die Zeit nach Ablauf des Insolvenzverfahrens aufheben will – oder ob er Schadensersatz geltend machen will, steht hier gar nicht zur Debatte. Wenn der Verwalter durch die Erfüllungswahl der Masse keinen Nutzen bringen kann, muss er die Erfüllung ablehnen und den Betrieb stilllegen. Der Vertragspartner kann dann wahlweise den Erfüllungsanspruch (nach Umrechnung nach § 45 InsO) oder den Schadensersatzanspruch zur Tabelle anmelden, erhält hierauf aber nur die Quote. Hierzu wird er vielfach gezwungen sein, wenn es sich bei der Schuldnerin um ein Unternehmen handelt, das durch das Insolvenzverfahren liquidiert wird und im Anschluss daran die Rechtsfähigkeit verliert, oder wenn er bei einer Unternehmenssanierung am Planverfahren teilnehmen möchte.

Tatsächlich besteht demnach kein Grund, dem Insolvenzverwalter ein Recht einzuräumen, dem Vertragspartner für die Ausübung seines Wahlrechts eine verbindliche Frist zu setzen. Hinzu kommt der Gedanke, dass der Insolvenzverwalter doch erst durch die Erfüllungsablehnung das Wahlrecht des Vertragspartners begründet hat.[1065] Es ginge zu weit, dem Verwalter dann auch noch zu gestatten, die Wahl des Vertragspartners einseitig festzulegen.[1066]

Die Problematik erinnert an eine Diskussion, die nach der Schuldrechtsmodernisierung im Rahmen des allgemeinen Schuldrechts geführt wird und die bislang noch nicht ausgefochten ist.[1067] Erbringt der Schuldner eine fällige Leistung nicht rechtzeitig, so kann der Gläubiger nach Ablauf einer dem Schuldner gesetzten Frist gem. § 323 Abs. 1 BGB vom Vertrag zurücktreten sowie kumulativ (§ 325 BGB) oder alternativ Schadensersatz statt der Leistung nach §§ 280 Abs. 1, 3, 281 BGB verlangen. Zu beachten ist hierbei, dass das Recht auf die Leistung, d.h. der ursprüngliche Erfüllungsanspruch nicht mit Fristablauf erlischt. Vielmehr besteht er bis zur Ausübung des Rücktritts oder Schadensersatzes weiterhin fort (§ 281 Abs. 4 BGB). Da nach Fristablauf der Gläubiger zwischen mehreren Rechtsbehelfen wählen kann, dem Schuldner aber kein Recht zusteht, diesen für ihn u. U. nachteiligen Schwebezustand zu beenden, wird alternativ erwogen, ob der Gläubiger analog § 314 Abs. 3 BGB nur innerhalb einer angemessenen Frist seine Rechte soll ausüben können[1068], ob die Sekundärrechte analog § 350 BGB nach Ablauf einer vom Schuldner gesetzten Frist wieder erlöschen[1069] oder ob der Schuldner den Gläubiger durch das Angebot der Leistung zu einer Entscheidung zwingen kann.[1070] Im Rahmen dieser Diskussion muss man zwar zugestehen, dass sich durchaus Fälle denken lassen, in denen der

1065 Vgl. *Kaiser* JZ 2001, 1057 (1069).
1066 *Marotzke* (KTS 2002, 1 [37 f.]) will dieses Argument trotzdem nicht gelten lassen.
1067 *S. Lorenz* NJW 2007, 1 (3).
1068 So *Ramming* ZGS 2003, 113 (117 f.).
1069 *Otto* in: Staudinger (Bearb. 2004) § 281 Rdnr. D 8.
1070 *S. Lorenz* NJW 2007, 1 (3) m. w. Nachw.

Schwebezustand den Schuldner in eine unangemessene Position versetzen kann. Ebenso muss man aber bedenken, dass der Schuldner die ihm obliegende Leistung nicht innerhalb der dafür vorgesehenen Frist erbracht und damit selbst die Ursache für die Ungewissheit gesetzt hat. Grundsätzlich kann daher der Schuldner den Gläubiger nicht zur Geltendmachung seiner Rechtsbehelfe drängen. Eine im Einzelfall interessengerechte Lösung lässt sich dabei über die Grundsätze des § 242 BGB konstruieren. Danach kann der Gläubiger nur noch Sekundäransprüche geltend machen, wenn der Schuldner ihm zuvor die Leistung tatsächlich angeboten hat, er die Leistung aber zurückweist.[1071]

Für das Insolvenzrecht bietet sich eine ähnliche Lösung an. Demnach könnte man dem Insolvenzverwalter ausnahmsweise nur dann das Recht einräumen, den Vertragspartner über die Erklärung zur Ausübung des Wahlrechts aufzufordern, wenn ein weiteres Zuwarten auf eine solche Erkärung des Vertragsparterns für die Masse unzumutbar wäre.

c) Zwischenergebnis

Seit der neueren Rechtsprechung des *BGH* zum Wahlrecht des Insolvenzverwalters kann der Vertragspartner darüber entscheiden, ob er eine vom Schuldner erbrachte Vorleistung behalten will, wenn die von ihm zu erbringende Gegenleistung tatsächlich unteilbar ist und der Verwalter die Vertragserfüllung ablehnt, oder ob er mit einem Schadensersatzanspruch am Insolvenzverfahren teilnehmen möchte.

Macht er den Schadensersatzanspruch geltend, muss er grundsätzlich nur dann die Bereicherung herausgeben, wenn der Wert der Teilleistung den Wert des Schadens übersteigt. Da ein Vertragspartner, dessen Schaden durch eine bereits erhaltene Vorleistung kompensiert wird und der hinter dem Wert der Vorleistung zurückbleibt, den Schaden aber nicht zur Tabelle anmelden wird, hat sich der Rückforderungsanspruch des Verwalters gegen den Vertragspartner, wie *Prahl* trefflich formuliert, parktisch erledigt.[1072] Weder der ursprüngliche (infolge des Ersatzverlangens erloschene) Erfüllungsanspruch noch der Schadensersatzanspruch gewähren ihm ein Recht, den den Schaden übersteigenden Wert der Teilvorleistung zu behalten.[1073] Insofern ergibt sich der Bereicherungsanspruch des Verwalters aus § 812 Abs. 1 S. 2 Var. 1 BGB wegen Wegfalls des rechtlichen Grundes. Das einheitlich zu betrachtende Abrechnungsverhältnis steht den Wertungen der §§ 94 ff. InsO nicht entgegen.

Verlangt der Vertragspartner den sog. „großen" Schadensersatz (Schadensersatz statt der ganzen Leistung) als Unterform des Schadensersatzes, so ergibt

---

1071 So auch *Kleine/Scholl* NJW 2006, 3462 (3463) m. w. Nachw.

1072 *Prahl* ZInsO 2005, 568 (570).

1073 Wie hier auch *Prahl* ZInsO 2005, 568 (570).

sich schon aus der allgemeinen Systematik des Zivilrechts (§ 281 Abs. 5 BGB), dass der Ersatzanspruch und der Rückgewähranspruch des Verwalters – in diesem Fall aus §§ 346 Abs. 1, 281 Abs. 5 BGB – getrennt zu betrachten sind und eine direkte Verrechnung nicht stattfindet. Die Vorschriften nach §§ 94 ff. InsO stehen der Aufrechnung, die zu erklären ist, auch in diesem Fall nicht entgegen.[1074]

II. Der Vertragspartner des Schuldners hat seine Gegenleistung für eine unteilbare Sache bereits teilweise erbracht

1. Die Rechtslage vor Verfahrenseröffnung

Nur kurz soll noch auf die Rechtslage hingewiesen werden, die vor Verfahrenseröffnung besteht. Vor weitere Inanspruchnahme durch den Schuldner schützt den Vertragspartner selbstredend die Einrede des nicht erfüllten Vertrages nach § 320 BGB. Das von ihm Geleistete verbleibt aber (solange der Vertrag besteht) beim Schuldner.

Im Prozess muss der Vertragspartner auf Leistung Zug um Zug gegen Erbringung der noch ausstehenden Gegenleistung klagen und auch die Zwangsvollstreckung kann er erst betreiben, nachdem der Gerichtsvollzieher dem Schuldner die Leistung in einer den Annahmeverzug begründenden Art und Weise angeboten hat (§§ 756, 765 ZPO).

2. Die Rechtslage bei Verfahrenseröffnung

Wird das Verfahren über das Vermögen des Schuldners eröffnet, so fällt auch die teilweise erhaltene Leistung des Vertragspartners in den Massebestand, soweit die Vorleistung in das Vermögen des Schuldners übergegangen ist.[1075] Hinsichtlich der sonstigen Wirkungen kann auf das oben unter I. 2. Gesagte verwiesen werden.[1076] Wegen der Unteilbarkeit der vom Schuldner zu erbringenden Leistung kann der Vertragspartner einen der Vorleistung entsprechenden Gegenleistungsteil weder als Masseforderung noch als Insolvenzforderung geltend machen. Bis zur Wahlrechtsausübung durch den Insolvenzverwalter tritt auch hier eine gewisse Konservierungswirkung durch die Verfahrenseröffnung ein.

1074 Vgl. *Becker* Insolvenzrecht Rdnr. 1114.

1075 Siehe *Andres* in: *Nerlich/Römermann* InsO § 35 Rdnr. 85.

1076 S. 206.

3. Die Rechtslage bei Erfüllungswahl

Betrachtet man im Folgenden die Rechtslage, die dann eintritt, wenn der Verwalter bei einer durch den Schuldner zu erbringenden unteilbaren Sache die Erfüllung des Vertrages wählt, wird deutlich, warum der Teilbarkeitsbegriff in § 105 S. 1 InsO so heftig umstritten ist.

§ 103 InsO gestattet dem Verwalter, verbindlich für das Insolvenzverfahren festzulegen, dass der Vertrag abgewickelt werden muss.[1077] Da eine Teilung des Leistungsgegenstandes nicht in Betracht kommt und dementsprechend eine Aufteilung des Vertrages in einen nicht erfüllten und einen teilerfüllten Vertragsteil von vornherein ausscheidet[1078], muss der Vertragspartner die restliche Leistung an die Masse erbringen, kann aber auch die gesamte Gegenleistung aus der Masse verlangen. Dies ist im Grunde unstreitig und wird, obwohl dadurch die Masse nicht geschützt wird, (noch)[1079] so hingenommen.

Theoretisch zwingend ist diese Lösung jedoch nicht. Gerade die Anhänger eines starken Masseschutzes könnten unter dem doch vielfach verwendeten Argument, dass der Masse für ihre Leistung auch ungeschmälert die entsprechende Gegenleistung zufließen muss, vorschlagen, dass die Masse nur dann die komplette unteilbare Sache liefern muss[1080], wenn auch der Vertragspartner seine Gegenleistung noch einmal komplett erbringt.[1081] Durch die Erfüllungswahl könnte der Verwalter damit bei unteilbaren Sachschulden vermeiden, dass der Vertragspartner einen Schadensersatzanspruch zur Tabelle anmeldet. Er würde dann die bei Verfahrenseröffnung „konservierte" Rechtslage auch für die Dauer des Verfahrens aufrechterhalten können.

Von einem beachtlichen Teil der insolvenzrechtlichen Literatur wird diese Lösung im Bereich der Bauverträge bereits befürwortet.[1082] Da der *BGH* eine Lösung entsprechender Fälle bei Unteilbarkeit der Leistung bislang nicht angeboten hat[1083], ist es durchaus nicht fern liegend, wenn er diese Möglichkeit infolge seiner massefreundlichen Rechtsprechung erwägt, sobald er Gelegenheit hierzu bekommt.

1077 Siehe schon oben unter S. 97 ff.

1078 Undeutlich *Linder* S. 146, die davon spricht, dass die Wahl des Verwalters auch den bereits vom Vertragspartner erfüllten Vertragsteil erfasst (unter Hinweis auf *Scherer* NZI 2004, 113 [114]).

1079 Dazu sogleich.

1080 *Huber* NZI 2002, 467 (470).

1081 Diese Möglichkeit nennt auch *Wiegmann* S. 88.

1082 Zu den Besonderheiten im Bauvertragsrecht siehe oben S. 157 ff. m. w. Nachw.

1083 Nachw. unter Fn. 932.

Im Ergebnis jedoch wäre diese Lösung mit dem geltenden Recht nicht zu vereinbaren. Gegen sie spricht zunächst der damit einhergehende Eingriff in die Privatautonomie und die Vermögensrechte des Vertragspartners. Er wäre gezwungen, eine Leistung zu erbringen, die vertraglich so nicht vorgesehen war und die er deswegen so auch nicht wollte. Dem Verwalter wäre es faktisch gestattet, den Inhalt des Vertrages zu modifizieren. Mit dem Gläubigergleichbehandlungsgrundsatz kann das letztlich nicht gerechtfertigt werden, weil der Grundsatz eine solche inhaltliche Dimension nicht aufweist. Aus ihm ergibt sich nur das Postulat der gleichmäßigen Befriedigung aller aus der Masse, was allenfalls eine Anspruchskürzung für den Einzelnen bedeuten kann, nicht jedoch eine gesteigerte Verantwortlichkeit des Einzelnen. Es wäre schlicht widersprüchlich, den Gläubigergleichbehandlungsgrundsatz so weit auszudehnen, dass man auf seiner Grundlage einen speziellen Gläubiger bewusst benachteiligt und damit diesen Gläubiger die Rechte verwährt, die ihm nach dem Gläubigergleichbehandlungsgrundsatz im Grunde ebenfalls zustehen sollen, nämlich nur das Insolvenzrisiko des Vertragspartners zu tragen und nur mit der Forderung am Verfahren teilzunehmen, die bei Eröffnung des Verfahrens begründet war (§ 38 InsO).

Hinsichtlich des Eingriffs in die vermögenswerten Rechte des Vertragspartners fehlt es an einer hierfür erforderlichen Rechtsgrundlage (arg. e § 311 Abs. 1 BGB). Keiner muss einfach durch die Wahl der anderen Partei Leistungen erbringen, ohne hierzu auch gesetzlich verpflichtet zu sein, § 311 Abs. 1 BGB.[1084] Vor der doppelten Inanspruchnahme schützt den Vertragspartner schon der Erfüllungseinwand nach § 362 Abs. 1 BGB.

Schließlich ließe sich eine so weit reichende Lösung auch insolvenzrechtlich nicht mit § 55 Abs. 1 Nr. 2 InsO vereinbaren. Dort heißt es über den Bestand einer Masseverbindlichkeit aus gegenseitigen Verträgen, *soweit* deren Erfüllung zur Insolvenzmasse verlangt wird, muss auch die Masse die Gegenleistung erbringen. Wenn also volle Erfüllung zur Masse verlangt wird, muss eben, soweit die von der Masse zu erbringende Leistung unteilbar ist, der Vertrag auch seitens der Masse ungeschmälert, sprich vollständig abgewickelt werden, auch wenn dies die Masse nicht schont.[1085] Man darf insoweit darauf vertrauen, dass der Verwalter seiner Erfüllungswahl ein vernünftiges Kalkül zugrunde gelegt hat.[1086] Zuzumuten ist es ihm.

1084 Anders wohl *Scheffler* ZIP 2001, 1182 (1185), siehe Fn. 548.

1085 Marotzke Gegenseitige Verträge, 3. Aufl., Rdnr. 4.165.

1086 Vgl. *Smid* Grundzüge des neuen Insolvenzrechts, § 11 Rdnr. 2.

4. Die Rechtslage bei Ablehnung der Erfüllung

a) Allgemeines

Lehnt der Verwalter die Erfüllung des Vertrages ab, stellen sich mehrere Fragen, die bislang nicht eindeutig geklärt sind. Fraglich ist z.B., in welcher Höhe der Vertragspartner einen Schadensersatzanspruch zur Insolvenztabelle anmelden und ob er ggf. Rückforderung der Vorleistung verlangen kann. Verbunden ist letztere Frage zum einen mit der Unklarheit über einen Rückforderungsgrund und zum anderen mit der Bestimmung des Inhalts des § 105 S. 2 InsO.

Bei Unteilbarkeit der vom Schuldner zu erbringenden Leistung steht zunächst fest, dass der Vertragspartner nicht darauf verwiesen ist, einen vertraglichen Anspruch auf Erbringung der seiner Leistung entsprechenden Gegenleistung zur Tabelle anzumelden.[1087] § 105 S. 1 InsO greift hier nicht ein. Umso mehr erlangt die soeben angesprochene Frage Relevanz, ob der Vertragspartner dann seine Vorleistung zurückverlangen kann. Verneint man dies jedoch (vorschnell) und spricht dem Vertragspartner (nur) einen Schadensersatzanspruch wegen Nichterfüllung des ganzen Vertrages zu[1088], so kann sich dies offensichtlich nicht mit dem doch zuvor – als es um die Frage der Rückforderung einer vom Schuldner erbrachten Vorleistung ging[1089] – postulierten Grundsatz vereinbaren lassen, nach dem eine Partei ohne Erbringung einer Gegenleistung nicht berechtigt sein kann, eine Leistung der anderen Partei dauerhaft zu behalten.[1090] Durch diesen Gegensatz wird deutlich, dass das vorgetragene Argument so nicht ganz stichhaltig ist. Nach der hier vertretenen Auffassung, nach der dem Verwalter bei teilweiser Vorleistung des Schuldners ein Rückforderungsrecht grundsätzlich versagt wird, lässt sich das Ergebnis – ebenfalls kein Rückforderungsrecht des Vertragspartners im umgekehrten Fall – ebenso damit begründen, dass das Insolvenzverfahren nur ein Zwischenverfahren ist und nichts über das „dauerhafte Behaltendürfen" der Leistung aussagen kann. Dies gilt umso mehr, als inzwischen anerkanntermaßen die Verfahrenseröffnung nicht den Bestand des Vertrages berührt. Versagt man aber dem Vertragspartner ein Rückforderungsrecht, so fragt sich, ob die Vorleistung für den Fall, dass er den Schaden im Insolvenzverfahren geltend machen muss, eine Erhöhung des Ersatzanspruchs bewirken kann. Darauf soll im Folgenden näher eingegangen werden.

1087 *Linder* S. 145.

1088 *Linder* S. 145.

1089 Siehe oben S. 212.

1090 So in entsprechenden Fällen aber *RGZ* 73, 58 (63); *Marotzke* Gegenseitige Verträge, 1. Aufl., S. 354; *Jaeger/Henckel* KO § 17 Rdnr. 72.

b) Schadensersatz wegen Nichterfüllung des ganzen Vertrages

Konsequent ist es, nach Erfüllungsablehnung und bevor der Vertragspartner den Schaden tatsächlich geltend macht, anzunehmen, der Schadensersatzanspruch bemesse sich nach der Nichterfüllung des ganzen Vertrages und könne auch nur in dieser Höhe zur Tabelle angemeldet werden.[1091] Die Vorleistung müsste insofern unberücksichtigt bleiben. Sie erhöht[1092] also nicht den Schadensersatzanspruch.

Hält man dieses Ergebnis u. U. für unangemessen, könnte man in einem weiteren Schritt dem Vertragspartner ein Recht zur Rückforderung der Vorleistung einräumen[1093], wobei man sich dann mit der Frage auseinandersetzen muss, auf welche Rechtsgrundlage sich ein Rückforderungsrecht stützt, ob § 105 S. 2 InsO einer solchen Rückforderung entgegensteht und ob die Rückforderung entweder als Masseforderung oder als Insolvenzforderung geltend zu machen ist.[1094]

Aber der Reihe nach: Hinsichtlich des in Frage stehenden Schadensersatzanspruchs muss es i. E. bei dem soeben genannten Ergebnis bleiben. Dem Vertragspartner steht eine Insolvenzforderung nach § 103 Abs. 2 InsO wegen Nichterfüllung des ganzen Vertrages zu. Hätte der Vertragspartner durch die Abwicklung eines entsprechenden Geschäfts z.B. 5.000 EUR Gewinn gemacht, kann er diese zur Tabelle anmelden. Seine Vorleistung von möglicherweise ebenfalls 5.000 EUR wird hierbei nicht berücksichtigt. Er kann also z.B. nicht 10.000 EUR als Schaden geltend machen, oder etwa die Gewinnspanne fiktiv auf die erbrachte Vorleistung umrechnen und diesen Betrag dem Schadensersatz noch „aufsatteln“. Dies entspräche nicht den Grundsätzen des Schadensrechts, nach denen der Schadensersatz nicht geeignet ist, ungerechtfertigte Vermögensverschiebungen auszugleichen oder einen fiktiven Gewinn geltend zu machen.[1095]

Daran ändert auch nichts die Gestaltungswirkung in dem Fall, dass der Vertragspartner seinen Schaden tatsächlich geltend macht. Hier entfallen zwar die Leistungspflichten aus dem Vertrag, so dass ein Ausgleich rechtsgrundloser Vermögensverschiebungen grundsätzlich in Betracht kommt, den Schadensersatz vermag dies aber nicht zu erhöhen.

1091 *Linder* S. 145.

1092 In welcher Höhe sie anzumelden wäre, ist eine andere Frage.

1093 Zweifelnd *Kreft* in: MünchKomm-InsO § 105 Rdnr. 33.

1094 Vgl. *Marotzke* in: HK-InsO § 105 Rdnr. 20 (a. E.)

1095 *Stoll* S. 181 ff.; *Müller* ZfSch 2005, 54 ff.; *dies.* VersR 2006, 1289 (1295) (schadensrechtliches Bereicherungsverbot).

Im Übrigen ist der Vertragspartner auch selbst durch seine Vorleistung das Ausfallrisiko des Schuldners eingegangen[1096], das sich jetzt, da der Verwalter die Vertragserfüllung abgelehnt hat, auch verwirklicht.[1097] Die privatautonome Abwicklung des Vertrages kann hier nicht einfach ungeschehen gemacht werden.

c) Rückforderungsanspruch des Vertragspartners?

Noch nicht geklärt ist damit, ob der Vertragspartner seine Vorleistung nicht auf andere Weise wieder zurückverlangen kann. Wie bereits angedeutet, ergeben sich bei diesem Fragenkomplex mehrere Teilprobleme.

aa) Rechtsgrundlage für den Rückforderungsanspruch

In der Zeit, in der der Vertragspartner den Schadensersatzanspruch nicht geltend macht, kommt praktisch nur ein Anspruch aus Bereicherung wegen Zweckfortfalls nach § 812 Abs. 1 S. 2 Var. 2 BGB in Betracht.[1098] Fraglich ist aber, welcher der mit der Leistung „nach dem Inhalt des Rechtsgeschäfts bezweckte Erfolg" sein soll. Zweck der Leistung ist erst einmal nur, den Vertrag zu erfüllen, um dadurch allenfalls einen einredefreien Gegenanspruch auf die Leistung des anderen Teils zu erlangen oder um die teilweise Erfüllung der eigenen Verbindlichkeit zu erreichen.[1099] Dieser Zweck kann für einen Bereicherungsanspruch allein allerdings nicht ausreichen, da anderenfalls immer, wenn sich in einer vertraglichen Beziehung Leistungsstörungen ergeben, zugleich ein Bereicherungsanspruch bestehen würde. Daher ist auch anerkannt, dass der mit der Leistung bezweckte Erfolg ein weitergehender sein muss.[1100] Es muss ein Zweck verfolgt werden, der neben dem Vertrag besteht.[1101] Wenn sich also im Einzelfall keine näheren Ausführungen zu einem ausnahmsweise doch vorliegenden eigenen Zweck machen lassen, kann der Vertragspartner grundsätzlich die Vorleistung nicht wegen Zweckverfehlung kondizieren.

Zu beachten und entscheidend für die Ablehnung einer mögliche Zweckverfehlungskondiktion ist aber Folgendes: Die Ansicht *Krefts*[1102], nach der ein Berei-

---

1096 *Jaeger/Henckel* KO § 17 Rdnr. 70; *Meyer* NZI 2001, 294 (295).
1097 Vgl. *Henckel* KTS 2006, 487 (493).
1098 *Kreft* in: MünchKomm-InsO § 105 Rdnr. 33. – Allerdings ohne nähere Begründung. Auch der Hinweis auf *Jaeger/Henckel* KO § 17 Rdnr. 81 führt nicht weiter.
1099 Vgl. *Mentzel/Kuhn/Uhlenbruck* KO § 26 Rdnr. 18; *Plonski* S. 32.
1100 *RGZ* 66, 132 (134); *BGH* NJW 1963, 806.
1101 *Sprau* in: Palandt § 812 Rdnr. 86.
1102 Fn. 1098.

cherungsanspruch wegen Zweckfortfalls bestehen soll, gründet sich, wie sich der Kommentierung entnehmen lässt, auf den Rechtsgedanken des § 323 Abs. 3 BGB a. F. Vor der Schuldrechtsmodernisierung im Jahre 2001 sah die Norm vor, dass bei nicht zu vertretenem Unmöglichwerden der Leistung das Geleistete nach den Vorschriften über die Herausgabe einer ungerechtfertigten Bereicherung zurückgefordert werden könne, soweit die nach dieser Vorschrift (gemeint ist § 323 BGB a. F.) nicht geschuldete Gegenleistung schon bewirkt war. Der Zweck, den Leistungserfolg herbeizuführen, wurde demnach unmöglich. In der Tat konnte man vor der Schuldrechtsmodernisierung erwägen, diese Grundsätze in den Fällen der teilweisen Vorleistung einer Partei in der Insolvenz analog heranzuziehen. Mit dem Schuldrechtsmodernisierungsgesetz[1103] jedoch, wurde auch die Norm des § 323 Abs. 3 BGB a. F. inhaltlich geändert. Der Norm entspricht heute § 326 Abs. 4 BGB. Wie an anderer Stelle schon erwähnt, regelt § 326 BGB generell die Rechtsfolgen bei Befreiung von der Leistungspflicht einer Partei. Im synallagmatischen Vertrag entfällt nunmehr generell nach Abs. 1 der Norm auch die Gegenleistungspflicht, mit der Folge, dass nach Abs. 4 das bereits Geleistete nach den §§ 346 bis 348 BGB zurückgefordert werden kann.

Die bereicherungsrechtliche Rückabwicklung hat sich damit auch für das Insolvenzverfahren erledigt.[1104]

Umso mehr stellt sich die Frage, ob der Vertragspartner wegen der Erfüllungsablehnung auch genuin vom Vertrag zurücktreten und dann gem. § 346 Abs. 1 BGB Rückzahlung der Vorleistung verlangen kann. Unmittelbar wegen der Nichterfüllungswahl des Insolvenzverwalters sollte man jedoch kein gesetzliches Rücktrittsrecht annehmen, da der Verwalter mit seiner Wahlrechtsausübung nur von einem ihm zustehen Recht Gebrauch macht und dies keine Vertragspflichtverletzung darstellen kann.[1105] Ein Rücktrittsrecht kann dem Vertragspartner daher allenfalls nach allgemeinem Recht zustehen, etwa aus §§ 323 ff. BGB.[1106] Für den Vertragspartner fehlt im Insolvenzverfahren jedoch die Möglichkeit, die Voraussetzungen für ein Rücktrittsrecht (etwa Verzug) herbeizuführen, da er mit Verfahrenseröffnung einen durchsetzbaren Anspruch auf die Leistung nicht mehr hat. Überdies ist fraglich, ob sich bereits aus einer (ent-

1103 Gesetz zur Modernisierung des Schuldrechts vom 26. November 2001 (BGBl. I S. 3138). – Das Gesetz trat am 01. Januar 2002 in Kraft.

1104 *Linder* S. 145 (dort Fn. 544) geht auf die Änderungen durch die Schuldrechtsmodernisierung nicht ein. – Die Ausführungen bei *Kreft* (MünchKomm-InsO § 105 Rdnrn. 33, 26) sind insofern überholt.

1105 *Jaeger/Henckel* KO § 17 Rdnr. 171; *Kuhn/Uhlenbruck* KO § 26 Rdnr. 2.

1106 *Marotzke* in: HK-InsO § 103 Rdnr. 43 (dort mit Fn. 194).

sprechenden) Anwendung des § 112 InsO ein grundsätzlicher Ausschluss von Rücktrittsrechten ergibt.[1107]

bb) Inhalt und Reichweite des § 105 S. 2 InsO

§ 105 S. 2 InsO bestimmt: „*Der andere Teil ist nicht berechtigt, wegen der Nichterfüllung seines Anspruchs auf die Gegenleistung die Rückgabe einer vor der Eröffnung des Verfahrens in das Vermögen des Schuldners übergegangenen Teilleistung aus der Insolvenzmasse zu verlangen*".

Die überwiegende Meinung geht davon aus, dass sich die Vorschrift trotz ihrer systematischen Stellung nicht nur auf teilbare Leistungen bezieht, sondern jede Rückforderung von Teilleistungen ausschließt.[1108] Dem Wortlaut der Norm könnte man indes auch eine andere Bedeutung zuschreiben, wenn es heißt „wegen der Nichterfüllung seines Anspruchs auf die Gegenleistung". Bei Unteilbarkeit der Leistung gibt es keinen Anspruch auf die Gegenleistung wegen Nichterfüllung.

Nimmt man nun mit *Kreft* an, es komme bei Vorleistungen des Vertragspartners eine Zweckverfehlungskondiktion in Betracht (oder jetzt nach einer analogen Anwendung der §§ 346 bis 348 BGB), so ist unklar, ob § 105 S. 2 InsO diesem Anspruch wirklich entgegensteht.

Diese Frage ist zu bejahen, nicht aber schon wegen der Ausführungen in der Gesetzesbegründung zu § 105 InsO.[1109] Dort heißt es vornehmlich, S. 2 stelle klar, dass der Vertragspartner des Schuldners die ihm *durch S. 1 auferlegte Einschränkung seiner Rechtsstellung*[1110] auch nicht dadurch kompensieren kann, dass er die Rückgabe der von ihm erbrachten Teilleistung aus der Insolvenzmasse verlangt.[1111] Eine Einschränkung der Rechtsstellung ergibt sich durch S. 1 aber nur bei Teilbarkeit der Leistung. Dies verdeutlicht zugleich noch einmal, dass die Teilbarkeit die Ausnahme im Verhältnis zur Unteilbarkeit darstellen sollte, die im Einzelfall argumentativ belegt werden muss.

1107 Einzelheiten bei *Marotzke* Gegenseitige Verträge, 3. Aufl., Rdnr. 7.3.

1108 Siehe *Linder* S. 145 f.; *Tintelnot* in: *Kübler/Prütting* InsO § 105 Rdnrn. 1, 18; *Balthasar* in: *Nerlich/Römermann* InsO § 105 Rdnrn. 6, 11; *Kreft* in: MünchKomm-InsO § 105 Rdnr. 38; *Kepplinger* S. 253 f.; *Huber* in: *Gottwald* Insolvenzrechtshandbuch § 35 Rdnr. 29.

1109 So aber *Linder* S. 146; ähnlich auch *Marotzke* in: HK-InsO § 105 Rdnr. 18.

1110 Im Originaldruck nicht kursiv.

1111 BT-Drucksache 12/2443, S. 145 f. – Die Begründung zu S. 2 ist auch abgedruckt bei *Kreft* in: MünchKomm-InsO bei § 105 Rdnr. 5.

S. 2 des § 105 InsO schließt aber auch bei Unteilbarkeit das Rückforderungsrecht des Vertragspartners aus, weil der Gesetzgeber durch den Hinweis auf § 26 S. 1 KO[1112] offensichtlich generell eine Rückforderung ausschließen wollte. Unter Geltung des § 26 S. 1 KO war dies feststehende Ansicht.[1113]

cc) Rechtsfolge

Will man in der unter bb) diskutierten Position anderer Ansicht sein, bleibt nur noch die Frage, wie der Rückforderungsanspruch geltend zu machen ist. *Kreft* selbst geht in der Kommentierung zu § 105 InsO im Münchener Kommentar davon aus, dass ein Rückgabeanspruch als Insolvenzforderung geltend gemacht werden kann.[1114] An anderer Stelle findet sich der Hinweis, dass eine Rückforderung, die nicht generell von § 105 S. 2 InsO ausgeschlossen werde (z.B. nach Geltendmachung eines Rücktrittsrechts), stets als Insolvenzforderung geltend zu machen ist.[1115]

Wie der Anspruch einzuordnen ist, bemisst sich nach dem Entstehungszeitpunkt und danach, ob eine Geltendmachung als Masseforderung durch den Gläubigergleichbehandlungsgrundsatz beschränkt ist.

Weder Verfahrenseröffnung noch Erfüllungsablehnung berühren zwar die Wirksamkeit des Vertrages[1116], bei der Zweckverfehlungskondiktion (diese noch unterstellt) kommt es hierauf aber auch nicht an. Wenn der Zweck durch die insolvenzmäßige Behandlung der Vorleistung vereitelt wird, kommt nur die Verfahrenseröffnung an sich[1117] als Zeitpunkt für die Entstehung des Anspruchs auf Rückforderung in Betracht.[1118] Danach hätte der Anspruch vor Verfahrenseröffnung nicht bestanden, was einer Qualifizierung als Insolvenzforderung (s. § 38 InsO) entgegensteht.[1119] Gleiches gilt aber auch für die Qualifizierung als Masseanspruch.

1112 Ebenfalls in BT-Drucksache 12/2443, S. 145 f. (a. E.).

1113 Dazu *Jaeger/Henckel* KO § 26 Rdnr. 2 m. w. Hinweisen; *Kuhn/Uhlenbruck* KO § 26 Rdnrn. 2, 4 m. w. Nachw.

1114 *Kreft* in: MünchKomm-InsO § 105 Rdnr. 33.

1115 Etwa *Marotzke* in: HK-InsO § 105 Rdnr. 20 (a. E.) auch mit Hinweisen auf anders lautende Ansichten.

1116 *Jaeger/Henckel* KO § 26 Rdnr. 1.

1117 Die Rede ist daher auch von der „insolvenzbedingten Zweckverfehlung", vlg. *Prahl* ZInsO 2005, 568 (570).

1118 Man könnte zwar auch an den Zeitpunkt der Erfüllungsablehnung durch den Insolvenzverwalter denken, da dieser durch § 103 InsO aber nur von einem ihm zustehenden Recht Gebrauch macht, sollte dies keine reflexartige Schlechterstellung der Masse nach sich ziehen können.

1119 A. A. und mit Hinweis gerade auf § 38 InsO *Marotzke* in: HK-InsO § 105 Rdnr. 20.

Nicht passend wäre auch, den Anspruch als Neuforderung aufzufassen, was eine Abwicklung im Insolvenzverfahren ausschließen würde. Dies ist schon deswegen unbillig, weil der Anspruch ja gerade auf die Insolvenz zurückzuführen ist. Es liegt daher näher, bei dem vorherrschenden Verständnis, nach dem Masseverbindlichkeiten alle der Masse innewohnenden Belastungen[1120] darstellen, auch bei dem Rückforderungsanspruch von einer Forderung eigener Art auszugehen, die nur durch das Insolvenzverfahren begründet werden kann.[1121] Dies allerdings widerspricht dem anerkannten Verständnis zu § 55 Abs. 1 Nr. 3 InsO, wonach die dort genannten sonstigen Masseverbindlichkeiten als Verbindlichkeiten des Insolvenzverwalters im Rahmen seines Handelns für den Schuldner und die Masse zu sehen sind.[1122]

Richtig ist es daher wohl, (wohlgemerkt wenn man einen Rückzahlungsanspruch zulässt) den Anspruch als Insolvenzforderung anzusehen, da der Grund für die Rückforderung zwar in der Insolvenzeröffnung liegt, die Voraussetzung, sprich die Vorleistung, aber vor Verfahrenseröffnung geleistet wurde.[1123]

d) Die Folgen bei Geltendmachen des Schadensersatzes

aa) Rückforderung der Vorleistung aus § 812 Abs. 1 S. 2 Var. 1 BGB?

Die Gestaltungswirkung (§ 281 Abs. 4 BGB), die dann eintritt, wenn der Vertragspartner seinen Schaden geltend macht, könnte sich auf die Rückforderungsdogmatik zugunsten des Vertragspartners auswirken.

Erlöschen die gegenseitigen Ansprüche, kommt nämlich ein Anspruch aus ungerechtfertigter Bereicherung nach § 812 Abs. 1 S. 2 Var. 1 BGB (Wegfall des rechtlichen Grundes) in Betracht. Der Annahme dieses Anspruchs könnten allerdings insolvenzspezifisch § 105 S. 2 InsO sowie allgemeine zivilrechtsdogmatische Einwände entgegenstehen.

Wie bereits erwähnt, geht man bei § 105 S. 2 InsO davon aus, dass die Norm jedweder Rückforderung von Teilleistungen entgegensteht. Dem kann dogmatisch allerdings entgegengetreten werden. Zunächst verbietet die Norm vom Wortlaut her nur die Rückforderung wegen der Nichterfüllung eines Anspruchs. Darunter zu verstehen ist etwa ein Rückforderungsrecht aus § 346 Abs. 1 BGB, wenn der Vertragspartner wegen der Erfüllungsablehnung ein Rücktrittsrecht

---

1120 *Hefermehl* in: MünchKomm-InsO § 53 Rdnr. 5.

1121 Vgl. *Keller* Insolvenzrecht Rdnr. 331.

1122 *Keller* Insolvenzrecht Rdnr. 334 m. w. Nachw.

1123 Ähnlich *Kreft* in: MünchKomm-InsO § 105 Rdnr. 26 („*der Rechtsgrund liegt in der Vorauszahlung*“).

ausübt.[1124] Macht der Vertragspartner hingegen Schadensersatz geltend, ergibt sich das Rückforderungsrecht in zeitlicher Systematik während des Insolvenzverfahrens unmittelbar aus der Geltendmachung des Schadensersatzes. Erst der Schadensersatz kann lediglich wegen der Nichterfüllung geltend gemacht werden.

Vom Sinn und Zweck des § 105 S. 2 InsO her mag man einwenden, dass diese Unterscheidung keine Rolle spielen kann. Im Ergebnis kommt man trotz dieser Unterscheidung aber auch nicht zu einem anderen Ergebnis. Denn wenn der Rückforderungsanspruch wegen des Schadensersatzverlangens entsteht, so entsteht dieser Anspruch zeitlich betrachtet erst nach Verfahrenseröffnung, was dazu führt, dass er als Neuforderung im laufenden Verfahren ohnehin nicht als Insolvenzforderung geltend gemacht werden kann.

Gegen einen Anspruch aus ungerechtfertigter Bereicherung sprechen auch allgemeine zivilrechtsdogmatische Erwägungen. Wenn sich zwar rein theoretisch ein Bereicherungsanspruch denken lässt, so ist dieser Anspruch aber in das System des Verhältnisses zwischen vertraglichen und außervertraglichen Rückabwicklungsschuldverhältnissen einzugliedern. Dass durch die Zulassung des bereicherungsrechtlichen Ausgleichs ein Missverhältnis entstehen würde, wird leicht deutlich, wenn man das Insolvenzverfahren bei der Beurteilung des Falles gedanklich außer Bertacht lässt.

Kauft jemand eine unteilbare Sache und zahlt diese zum Teil an, so ist die Rechtslage, wenn der Schuldner keinerlei Leistung erbringt, eindeutig. Der Gläubiger kann dem Schuldner eine angemessene Frist setzen, innerhalb derer er die Leistung zu erbringen hat. Verstreicht die Frist fruchtlos, kann der Gläubiger Schadensersatz statt der Leistung (§§ 280 Abs. 1 u. 3, 281 Abs. 1 BGB) geltend machen. Er wird dann so gestellt, als sei der Vertrag ordnungsgemäß durchgeführt worden (Äquivalenzinteresse). Seine Vorleistung erhält er hingegen mit dem Schadensersatz nicht zurück. Denn bei ordnungsgemäßer Abwicklung des Vertrages, hätte er diese ja auch erbringen müssen. Der Schadensersatz ist damit vom Ansatz her das falsche Instrument, um die Vorleistung zurückzuverlangen.

Das Verlangen nach Schadensersatz führt dazu, dass die Leistungsansprüche aus dem Vertrag erlöschen (§ 281 Abs. 4 BGB). Damit erlischt aber nicht der Vertrag als solcher. Vielmehr beschränkt sich das Schuldverhältnis nun auf die Sekundärpflichten (aus dem fortbestehenden Vertrag). Zwingend stünde dies einem Bereicherungsanspruch zwar nicht entgegen, da für die Frage, ob eine Leistung rechtsgrundlos i. S. des § 812 BGB erlangt wird, maßgeblich ist, ob ein

1124 § 105 S. 2 InsO schließt hingegen nicht die Ausübung bereits bestehender Rücktrittsrechte aus, vgl. *Marotzke* in: HK-InsO § 105 Rdnr. 19, sowie oben S. 233 ff. m. w. Nachw.; *Kuhn/Uhlenbruck* KO § 26 Rdnrn. 2, 4.

Anspruch auf die Leistung besteht.[1125] Es kommt damit auf die Existenz des Primäranspruchs an und dieser besteht gerade nicht mehr.

Gegen § 812 BGB spricht aber der Vorrang vertraglicher Rückabwicklungsansprüche. Wegen ein und derselben Pflichtverletzung kann der Gläubiger nämlich nicht nur Schadensersatz, sondern nach seiner Wahl (§ 325 BGB) auch vom Vertrag zurücktreten (§ 323 Abs. 1 BGB) und dann die Rückforderung der Vorleistung verlangen (§ 346 Abs. 1 BGB). Erst durch den Rücktritt wird der bis dahin bestehende Vertrag in ein Rückabwicklungsschuldverhältnis umgewandelt. Mit dem System der §§ 280 ff. BGB und §§ 323 ff. BGB regelt der Gesetzgeber seit der Schuldrechtsreform die zwei hauptsächlichen Rücktrittsfolgen bei Vorliegen von Pflichtverletzungen in Schuldverhältnissen. Die Regelungen sind – so kann man dem Willen des Gesetzgebers entnehmen – vorrangig vor den bereicherungsrechtlichen Ansprüchen.[1126]

Damit bleibt die Frage, ob sich durch die Einleitung eines Insolvenzverfahrens etwas anderes ergeben kann. Der schon mehrfach erwähnte vorläufige Charakter des Insolvenzverfahrens spricht dagegen. Leistet der Schuldner wegen der Eröffnung des Verfahrens nicht mehr, kann der Gläubiger durch das Setzen einer Frist nicht mehr den Schadensersatzanspruch oder das Rücktrittsrecht herbeiführen.[1127] Die vertragliche Rückabwicklung kommt hier nicht mehr in Betracht. Verweigert der Verwalter die Erfüllung des Vertrages, so steht dem Vertragspartner zwar wieder ein Schadensersatzanspruch zu (§ 103 Abs. 2 InsO), das Rückforderungsrecht scheidet aber aus. Ließe man nach der Geltendmachung des Schadensersatzanspruchs einen bereicherungsrechtlichen Rückforderungsanspruch zu, widerspräche dies der eben aufgezeigten allgemeinen Systematik.

Das Insolvenzrecht will bereits bestehende Ansprüche in ein kollektives Ordnungssystem einstellen, und zumindest bereits bestehende Rücktrittsrechte nicht ausschließen. Dem Zweck des Verfahrens würde es aber zuwiderlaufen, wenn man statt eines vertraglichen Rückforderungsrechts, das bewusst nicht vom Vertragspartner begründet werden kann, auf den bereicherungsrechtlichen Ausgleich rekurrieren würde, der durch die Geltendmachung des Schadensersatzanspruchs vom Vertragspartner begründet würde. Wertend betrachtet kann es nicht sein, dass vertragliche Rückforderungsrechte dem bereicherungsrechtlichen Ausgleich vorgehen, diese Rückforderungsrechte in der Insolvenz ausgeschlossen sind und dieser Ausschluss durch die Anwendung des bereicherungsrechtlichen Ausgleichs umgangen wird.

1125 Vgl. *Sprau* in: Palandt § 812 Rdnr. 71.

1126 *Sprau* in: Palandt § 812 Rdnr. 12.

1127 Dies ergibt sich seit *BGHZ* 150, 353 (LS 2) schon aus der Wirkung der Verfahrenseröffnung.

bb) Rückforderung der Vorleistung aus §§ 281 Abs. 5, 346 Abs. 1 BGB?

Es stellt sich nach alldem die Frage, ob man die Rechtsgrundlage für einen Rückforderungsanspruch auch in §§ 281 Abs. 5, 346 Abs. 1 BGB erblicken kann. Selbst außerhalb des Insolvenzverfahrens ist hier vieles ungeklärt.

Hat der Vertragspartner Vorleistungen erbracht und vom Schuldner nichts erhalten, ist die Differenzierung zwischen großem und kleinem Schadensersatz überflüssig. Nach § 103 Abs. 2 InsO kann er aber, wie festgestellt, Schadensersatz wegen Nichterfüllung des ganzen Vertrages, also Schadensersatz im Sinne des großen Schadensersatzes (Schadensersatz statt der ganzen Leistung) geltend machen.

Nichts desto trotz spricht § 281 Abs. 5 BGB dem Schuldner das Recht zu, das Geleistete nach §§ 346 ff. BGB zurückzuverlangen. Hat der Schuldner aber nichts geleistet, greift die Norm vom Wortlaut her nicht ein. Erst durch eine Gesamtschau mit § 346 Abs. 1 BGB, der ein zwischen beiden Parteien bestehendes Rückgewährschuldverhältnis konstatiert, kann man erwägen, dass auch der Vertragspartner Rückforderung des von ihm Geleistete verlangen kann.

Die Lösung liegt erneut in der allgemeinen Systematik des Schadensersatz- und Rücktrittsrechts. Der Gläubiger ist in § 281 Abs. 5 BGB nicht genannt, weil kein Grund besteht, ihm mit dem Schadensersatz auch die Vorleistung zurückzuverschaffen. Nach § 325 BGB kann der Gläubiger nämlich neben dem Schadensersatz auch ein Rücktrittsrecht ausüben und daher das Vorgeleistete zurückverlangen.[1128] Im Insolvenzverfahren, in dem ein Rücktrittsrecht wegen der Insolvenz einer Vertragspartei ausgeschlossen ist, kann die Rechtsfolge des Rücktritts nicht entgegen dieser Systematik mit einem Schadensersatzverlangen begehrt werden.

e) Zwischenergebnis

Es bleibt festzuhalten, dass der Vertragspartner im Insolvenzverfahren keinen Anspruch auf Rückforderung der vor Verfahrenseröffnung erbrachten Teilleistung hat. Ein solcher Anspruch steht ihm weder unmittelbar nach der Erfüllungsablehnung durch den Verwalter noch als dogmatische Folge des Verlangens von Schadensersatz statt der Leistung nach § 103 Abs. 2 InsO zu. Insofern ist die Rechtslage für den Fall, dass vor Verfahrenseröffnung der Schuldner oder der Vertragspartner teilweise Vorleistungen erbracht hat, unterschiedlich zu beantworten.[1129]

1128 *Ernst* in: MünchKomm-BGB § 281 Rdnr. 107.

1129 Es soll an dieser Stelle noch einmal an die Forderung nach einem einheitlichen Teilbarkeitsbegriff für § 103 und § 105 InsO (*Linder* S. 68 ff.; *Scherer* NZI 2004, 113 ff.)

Für einen überwiegenden Teil der insolvenzrechtlichen Literatur ergibt sich dieses Ergebnis bereits aus § 105 S. 2 InsO[1130]; darüber hinaus aber auch aus einer wertenden und systematischen Betrachtung der einschlägigen zivilrechtlichen und insolvenzrechtlichen Normen.

erinnert werden. Die unterschiedlichen Rechtsfolgen in den unterschiedlichen Sachverhaltskonstellationen zeigen deutlich, dass der Bestimmung der einzelnen Begriffe das Heranziehen ebenfalls unterschiedlicher Wertungsfaktoren immanent ist, so dass der Begriff der Teilbarkeit für § 103 InsO nicht zwangläufig der gleiche sein muss/sollte, wie der für § 105 InsO.

1130 Fn. 1108.

§ 11 „Rechtlich (un-)teilbare“ Leistungen

In den folgenden Ausführungen soll nicht erneut der Begriff der Teilbarkeit erörtert werden. Im Vordergrund steht die Frage, ob sich eine im Vergleich zur bisher vorgestellten Lösung für die Behandlung (tatsächlich und eindeutig) unteilbarer Leistungen abweichende Lösung ergeben kann, wenn man weitere Wertungen in die Lösung einbeziehen möchte. Natürlich werden die im Folgenden vorgestellten Wertungen z. T. auch entsprechend als Abgrenzungskriterium für die Frage teilbare oder unteilbare Leistung herangezogen (so etwa die Höchstpersönlichkeit der Leistungserbringung). Andere Wertungen aber (Vorteile durch Ausweichgeschäfte; Interesse des Verwalters) sollen zumindest dazu führen, dass die Rechtsfolge des § 105 S. 1 InsO eingreift, wenn auch *begrifflich* in diesen Fällen nicht von einer teilbaren Leistung gesprochen werden kann. Dies belegt letztlich noch einmal, dass rein begriffliche Lösungsansätze zu § 105 S. 1 InsO (Teilleistungen, Gleichartigkeit der Leistungen) nicht abschließend sein können. Fraglich ist jedenfalls, ob sich durch (weitere) Wertungen ein anderes Ergebnis rechtfertigen lässt.

Zu nennen ist hier zunächst das Beispiel von *Kreft*.[1131] Er nimmt Unteilbarkeit einer Leistung dann an, wenn Gegenstand des Vertrages etwa die Anfertigung eines Gemäldes durch einen bestimmten Künstler ist, da es sich dabei um eine höchstpersönliche Leistung, die weder ganz noch zum Teil von einem Dritten erbracht werden kann, handelt. In einem solchen Fall scheint es berechtigt, so der Autor, die geschuldete Leistung als unteilbar anzusehen.[1132] Für den Fall, dass der Besteller des Unikats insolvent wird und der Künstler bei einem mehrteiligen Unikat eines bereits vor Verfahrenseröffnung an den Besteller geleistet hat, geht *Kreft* allerdings von einem, den Wert dieser Teilleistung entsprechenden Anspruch als Insolvenzforderung aus, den der Künstler zur Tabelle anmelden müsse.[1133] Entsprechendes gelte in solchen Fällen, in denen der Auftragnehmer insolvent wird und der Auftraggeber nach teilweiser Vorauszahlung in sich abgeschlossene Teile einer insgesamt unteilbaren Gesamtleistung zu for-

---

1131 In: MünchKomm-InsO § 105 Rdnrn. 22 f.; in: Festschrift für *Uhlenbruck*, S. 387 (403).

1132 *Kreft* in: MünchKomm-InsO § 105 Rdnr. 22; ebenso *Thode* ZfIR 2000, 165 (181); *Berscheid* in: *Uhlenbruck* InsO § 105 Rdnr. 6; *Andres* in: *Andres/Leithaus* InsO § 105 Rdnr. 3.

1133 *Kreft* in: MünchKomm-InsO § 105 Rdnr. 28.

dern hat.[1134] Hier soll der entsprechende Anspruch auf einen Teil der insgesamt unteilbaren Leistung nur als Insolvenzforderung geltend zu machen sein.[1135]

Lässt sich bei *Kreft* noch eine gewisse Systematik erkennen[1136], so ist bei *Foerste*[1137] kaum noch zu erkennen, welchen Sinn der Teilbarkeitsbegriff überhaupt noch haben soll. Die Wertung, die der Autor vornimmt, verrechtlicht den Begriff derart, dass es keinen Sinn mehr macht, vertraglich geschuldete Leistungen überhaupt noch in teilbare und unteilbare zu unterteilen. Am Anfang seiner Ausführungen nennt der Autor ein Beispiel, bei dem teilbare Leistungen vorliegen sollen und löst die Rechtslage bei Teilerfüllung durch den Vertragspartner auf. Wenn der Vertragspartner demnach vom später insolvent werdenden Schuldner 12 Computer im Wert von je 2.200 EUR zum Stückpreis von 2.000 EUR kauft (Weiterverkaufspreis 2.500 EUR) und vor Verfahrenseröffnung 8.000 EUR anzahlt, so kann der Vertragspartner nach Erfüllungsverweigerung durch den Verwalter einen Erfüllungsanspruch (4 x 2.200 EUR), sowie einen Schadensersatzanspruch wegen Nichtleistung (8 x 200 EUR) zur Tabelle anmelden. Einen Anspruch wegen des entgangenen Gewinns verneint der Autor. Eine entsprechende Lösung nach diesen Grundsätzen hält *Foerste* für konsequent, wenn der Vertragspartner und der Schuldner einen Vertrag über eine unteilbare Sache abgeschlossen haben.[1138]

Eine genauere Lösung bietet der Autor allerdings nicht an. Wie sollte diese auch aussehen? Wenn der Vertragspartner für seine Leistung einen entsprechenden Gegenleistungsteil sowie einen Schadensersatzanspruch wegen Nichterfüllung zur Tabelle anmelden müsste[1139], so ist die Unterscheidung zwischen teilbaren und unteilbaren Leistungen schlicht überflüssig. Zieht man die Wertungen, die hinter der Lösung der Fälle mit teilbaren Leistungen stehen, bei der Beurteilung unteilbarer Leistungen heran, nimmt man dem Teilbarkeitsbegriff die Existenz. Man argumentiert für etwas und zerstört zugleich den Grund für die Argumentation, wenn auch das Ergebnis für den Vertragspartner günstig ist. Hat er auf seine Vorleistung üblicherweise keinerlei Ansprüche, kann er so doch zumindest neben dem Schadensersatz einen Teil als „Quasierfüllungsanspruch" zur Tabelle anmelden. Konsequent müsste man dann aber auch sagen, dass sich

1134 *Kreft* in: MünchKomm-InsO § 105 Rdnr. 34.

1135 *Kreft* in: MünchKomm-InsO § 105 Rdnr. 33.

1136 Grundsätzlich liegt Unteilbarkeit nur bei höchstpersönlichen Leistungen vor, Ausnahme: die Leistungen lassen sich dem Werte nach einem Gegenleistungsanteil zuordnen.

1137 *Foerste* Insolvenzrecht Rdnr. 227.

1138 *Foerste* Insolvenzrecht Rdnr. 227. – (G hatte von S für 24.000 EUR einen LKW im Wert von 30.000 EUR gekauft und vor Insolvenzeröffnung 8.000 EUR angezahlt) unter Hinweis auf *Kreft* in: MünchKomm-InsO § 105 Rdnrn. 28 f.

1139 Etwa 30.000 EUR ÷ 8.000 EUR = 3.750 EUR als „Quasierfüllungsanspruch" sowie 30.000 EUR – 24.000 EUR = 6.000 EUR als Nichterfüllungsschaden.

das Wahlrecht des Insolvenzverwalters nicht auf den „Quasierfüllungsanspruch“ beziehen kann, so dass der Schadenersatz sich an der gesamten vertraglich geschuldeten Leistung abzüglich des „Quasierfüllungsanspruchs“ bemisst. Im Ergebnis erzielt man so aber das gleiche Ergebnis, als würde man dem Vertragspartner nur eine Schadensersatzanspruch bemessen an der gesamten ausgebliebenen Leistung einräumen.

Es wird mithin deutlich, dass ein Beispiel, wie *Foerste* es nennt, nicht entsprechend der Grundsätze im Falle teilbarer Leistungen gelöst werden kann. Auch der Hinweis auf *Kreft*[1140] führt nicht weiter, weil *Kreft* an entsprechender Stelle selbst davon spricht, dass der Vertragspartner bei unteilbarer Leistung keinen vertraglichen Anspruch auf eine teilweise Gegenleistung hat. Ausnahmen sieht *Kreft* eben nur bei mehrteiligen Unikaten.

Vor dem Hintergrund der bisherigen Darstellung fragt sich, ob sich eine abweichende Beurteilung ergibt oder rechtfertigt, wenn weitere Wertungen mit in den Abwägungsprozess eingestellt werden. Zu nennen ist hier etwa die Wertung, dass Unteilbarkeit der Leistung nur bei Höchstpersönlichkeit der Leistungserbringung vorliegt, bei mehrteiligen Unikaten aber wieder eine Ausnahme zu machen ist. Ebenso stellt sich die Frage, was gilt, wenn der Leistungsgegenstand anderweitig am Markt angeboten oder bezogen werden kann. *Musielak*[1141] nennt ein Beispiel[1142], in dem der Schuldner vor Verfahrenseröffnung auf ein von ihm für 50.000 EUR[1143] gekauftes Grundstück, das ihm noch nicht übereignet wurde, 20.000 EUR anzahlt. Nachdem der Verwalter die Erfüllung ablehnte, gelingt es dem Vertragspartner, das Grundstück für 60.000 EUR anderweitig zu verkaufen. Hier hält *Musielak* es für zwingend erforderlich, dass ein Anspruch des Verwalters auf Rückzahlung der Vorleistung bestehen muss.[1144]

Als zusätzliches Wertungskriterium nennt des Weiteren der *BGH* selbst das Interesse des Verwalters an der noch ausstehenden Leistung des Vertragspartners.[1145] Was einen Rückzahlungsanspruch des Verwalters für vom Schuldner vor Verfahrenseröffnung erbrachte Teilleistungen angeht, so soll dieser allenfalls dann bestehen, wenn das Interesse des Verwalters an der noch ausstehenden Leistung des Vertragspartners entfällt.[1146]

1140 Vgl. Fn. 1138.

1141 In: AcP 179 (1979), 189 (205 f.).

1142 Zurückgehend auf *Lent* in: *Jaeger* KO § 17 Rdnr. 44.

1143 Bei *Musielak* AcP 179 (1979), 189 (205 f.) sind die Werte in DM angegeben.

1144 *Musielak* AcP 179 (1979), 189 (205).

1145 *BGHZ* 155, 87 (96 f.).

1146 Unter Hinweis auf u. a. *BGH* WM 2001, 96.

Stellt die erste hier angesprochene Wertungsfrage noch eine Art Weichenstellung für das grundsätzliche Vorliegen von teilbaren/unteilbaren Leistungen dar, so beziehen sich die letzteren Wertungen auf einzelne Abwicklungsmodalitäten bei unteilbaren Leistungen in der Insolvenz.

Wie diese Fragen zu behandeln sind, gilt es im Folgenden zu untersuchen.

I. Vertretbarkeit der Leistungserbringung und mehrteilige Unikate

Die eigentliche Wertung, die hinter dem verfolgten Ziel steht, ist die Ähnlichkeit der Fälle, in denen mehrteilige Unikate geschuldet werden mit Fällen sonstiger teilbarer Leistungen. Steht zwar grundsätzlich die Höchstpersönlichkeit der Leistungserbringung im Vordergrund, soll es hierauf nicht mehr ankommen, wenn sich der Leistung ein entsprechender Gegenleistungsteil zuordnen lässt.[1147]

Eine derartige Differenzierung kann nicht ganz überzeugen.[1148] Zum Teil richtig und weiterführend ist nur das Merkmal der gegenseitigen Zuordnung von Leistung und Gegenleistung. Ohne dieses Merkmal läge in den meisten Fällen ohnehin ein Fall von Leistungen unteilbarer Sachen vor. Schwieriger wird es hingegen, wenn Leistung und Gegenleistung sich wertmäßig genau gegenüberstellen lassen müssen, da hier nicht mehr die Möglichkeit gegeben ist, der Leistung einen objektiven Gegenleistungsteil zuzuordnen, sondern sich der Wert der Gegenleistung aus dem vertraglichen Verhältnis ergeben muss.[1149]

Das Merkmal der Höchstpersönlichkeit an sich scheidet aber schon generell als Zuordnungskriterium aus, weil der Leistungsgegenstand, wenn er auch aus mehreren Teilen besteht, eine höchstpersönliche Leistung bleibt. Konsequent ist es daher, von vornherein nur auf die Mehrteiligkeit des Leistungsgegenstandes abzustellen.[1150] Dies würde dann aber gerade nach der Ansicht *Krefts* dazu führen, dass sich die Fälle, in denen der Autor teilbare Leistungen sieht, nicht mehr (angemessen) lösen lassen. Die Errichtung eines Hauses stellt nach *Kreft* z.B. eine solche teilbare Leistung dar.[1151] Da es sich aber bei dem Haus unstreitig

1147 *Kreft* in: MünchKomm-InsO § 105 Rdnr. 28. – Für eine Abgrenzung nach der Möglichkeit der Zuordnung auch *Tintelnot* in: *Kübler/Prütting* InsO § 105 Rdnr. 4; *Wiegmann* S. 83 f.; vgl. zur früheren Rechtslage auch *Langhein* ZIP 1985, 385 (390); *Brandes* RWS-Skript Rdnr. 704.

1148 Wenig überzeugend ist die Argumentation gegen eine Zuordnung nach dem Kriterium der Vertretbarkeit bei *Linder* S. 125 f., da sie ein Beispiel anführt, in dem auch nach *Kreft* (in: MünchKomm-InsO § 105 Rdnr. 28) eine teilbare Leistung vorläge.

1149 Zum Ganzen Darstellung bei *Linder* S. 129 ff. (dort unter [i] und [j]).

1150 Kritisch auch *Linder* S. 145 (dort Fn. 543).

1151 *Kreft* in: Festschrift für *Uhlenbruck*, S. 387 ff.

nicht um einen mehrteiligen Leistungsgegenstand handelt, müsste man im Grunde von einer unteilbaren Leistung ausgehen.[1152]

Hier wird noch einmal deutlich, welche Probleme es bereitet, bei der Frage nach der grundsätzlichen Teilbarkeit zu viele Einzelfallwertungen zu berücksichtigen. Ob im Einzelfall eine von der grundsätzlichen Behandlung unteilbarer Leistungen in der Insolvenz abweichende Lösung gerechtfertigt ist, muss auch entsprechend einer Einzelfallbewertung vorbehalten bleiben. Teilbar sind die Leistungen von Fall zu Fall nur dann, wenn die Rechtsfolge aus § 105 S. 1 InsO gerechtfertigt ist. Die Teilbarkeitsfrage wird nicht in den Griff zu bekommen sein, wenn man den Begriff abstrakt genau festlegen will. Dem Begriff zu Grunde liegt vielmehr immer ein Einzelfall, auf den er konkret angewendet werden muss.

II. Vorteile durch Ausweichgeschäfte des Vertragspartners

Die Wertung hinter der Frage „erlangt der Vertragspartner durch Ausweichgeschäfte in Folge der Erfüllungsablehung Vorteile?“ steht nicht im unmittelbaren Zusammenhang mit dem Teilbarkeitsbegriff selbst, sondern betrifft die Rechtslage in dem Fall, in dem der Schuldner vor Verfahrenseröffnung eine unteilbare Leistung des Vertragspartners bereits teilweise angezahlt hat. Lehnt der Verwalter die Erfüllung des Vertrages ab und veräußert daraufhin der Vertragspartner die Sache zu einem besseren Preis anderweitig, so kann man es als unbillig und mit den Grundsätzen des Insolvenzrechts als nicht vereinbar empfinden, wenn der Verwalter die Vorleistung des Schuldners nicht zur Masse verlangen kann. Ein Anspruch des Verwalters auf Rückführung der Vorleistung wurde früher zum Teil aus § 812 BGB, zum Teil aber auch aus einem Abrechnungsverhältnis nach § 326 BGB a. F. angenommen.[1153]

Wenn man heute allerdings annimmt, die Erfüllungsablehnung habe keinerlei gestaltende Wirkung, ist auch ein Anspruch auf Rückforderung nicht ohne weiteres gegeben.[1154] *Musielak*[1155], der der früheren vorherrschenden Meinung entgegentrat und die Beseitigung der Erfüllungsansprüche durch einseitige Erklärung des Konkursverwalters nicht zustimmte, sah ein Rückforderungsrecht aber aus anderem Grunde gegeben. Seine Darlegungen lassen sich auch heute, nach veränderter Rechtslage, hören: Der Autor nimmt an, dass die Erfüllungsansprü-

1152 *Meyer* NZI 2001, 294 ff. stimmt *Kreft* grundsätzlich zu, will aber § 105 S. 1 InsO im Falle von geschuldeten Bauleistung teleologisch reduzieren, *Meyer* (a. a. O.) S. 296.

1153 *Musielak* AcP 179 (1979), 189 (206) m. w. Nachw. – Siehe ausführlich auch *Marotzke* Gegenseitige Verträge, 1. Aufl., S. 338 ff.

1154 Vgl. hierzu die Ausführungen auf S. 212 ff.

1155 In: AcP 179 (1979), 189 (206 f.).

che in dem Zeitpunkt erlöschen, in dem der Vertragspartner den Gegenstand anderweitig verkauft. Denn in diesem Verkauf, so *Musielak* weiter, liege die konkludente Erklärung des Rücktritts von dem mit dem Schuldner geschlossenen Kaufvertrag, und dies bedeute den Ausschluss des Erfüllungsanspruchs.[1156] Dementsprechend müsste nach heutigem Recht der Verwalter einen Anspruch auf Rückzahlung der Vorleistung aus § 346 Abs. 1 BGB haben.

Der Annahme eines solchen Anspruchs stehen aber mehrere Einwände entgegen: Der Anspruch setzt zunächst voraus, dass die Voraussetzungen für ein Rücktrittsrecht vorliegen. Da durch die Verfahrenseröffnung die gegenseitigen Ansprüche ihre Durchsetzbarkeit verlieren, könnte der Vertragspartner im Grunde nicht durch eine Fristsetzung die Voraussetzung nach § 323 Abs. 1 BGB herbeiführen.[1157] Eine Fristsetzung wäre nach § 323 Abs. 2 Nr. 1 BGB zwar entbehrlich, wenn der Schuldner die Leistung ernsthaft und endgültig verweigert.[1158] Ob die Erfüllungsverweigerung des Verwalters im Insolvenzverfahren mit einer Verweigerung nach § 323 Abs. 2 Nr. 1 BGB aber gleichzusetzen ist[1159], muss bezweifelt werden. Die Verweigerung nach § 323 Abs. 2 Nr. 1 BGB ist eine rechtswidrige[1160], die Rechtsfolge sichert dem Gläubiger eine möglichst einfache Rechtsdurchsetzung, bzw. Begründung seiner Ansprüche. Die Verweigerung nach § 103 InsO kann damit nicht gleichgesetzt werden, weil der Verwalter ein ihm zustehendes Recht zugunsten der Gläubigergesamtheit muss geltend machen können, ohne dadurch ein Rücktrittsrecht des Vertragspartners zu schaffen.[1161]

Weiterhin muss der Vertragspartner auch berechtigt sein, das Rücktrittsrecht im Insolvenzverfahren geltend zu machen. Auf die grundsätzliche Frage, ob dem Vertragspartner eine solche Befugnis im Insolvenzverfahren zusteht, wurde schon hingewiesen.[1162] Richtiger Ansicht nach ist die Frage zu verneinen.

Schließlich ist auch fraglich, ob man den Zweitverkauf einer Sache wirklich als konkludente Erklärung des Rücktritts verstehen kann. Dem Grundsatz der Privatautonomie entsprechend kann man eine unbegrenzte Anzahl von Verträgen über ein und dieselbe Sache schließen. Nicht in jedem Abschluss eines neuen Vertrages steckt dann die Erklärung an dem zuvor geschlossenen Vertrag

---

1156 *Musielak* AcP 179 (1979), 189 (207).

1157 Vgl. *Jaeger/Henckel* KO § 17 Rdnr. 81; siehe auch oben S. 237 ff.

1158 Zu den Voraussetzungen der Leistungsverweigerung *Ernst* in: MünchKomm-BGB § 323 Rdnrn. 99 ff. – (An die Erfüllungsverweigerung sind strenge Anforderungen zu stellen).

1159 So die einst vorherrschende Meinung (*Mentzel/Kuhn/Uhlenbruck* KO § 26 Rdnr. 9 m. w. Nachw.).

1160 *Ernst* in: MünchKomm-BGB § 323 Rdnr. 104.

1161 *Henckel* ZZP 99 (1986), 419 (437).

1162 Siehe Fn. 1157 (dort m. w. Nachw.).

nicht mehr festhalten zu wollen.[1163] Nicht einmal eine ernsthafte und endgültige Leistungsverweigerung könnte man annehmen, da es dem Gläubiger freisteht, welchen der in der Vielzahl abgeschlossenen Verträge er erfüllen will. Auf Schadensersatz haftet er jedoch in jedem Fall.

Der Wille des Gläubigers, Schadensersatz verlangen zu wollen, muss klar hervortreten. Nimmt man an, dass, wenn der Vertragspartner einen Schadensersatzanspruch im Insolvenzverfahren geltend macht, der Erfüllungsanspruch fortbesteht, so kann der Wille, am Vertrag nicht festhalten zu wollen, nicht einfach unterstellt werden, wenn der Vertragspartner die Sache an einen Dritten veräußert. Gleiches gilt aber auch, wenn der Erfüllungsanspruch infolge des Schadensersatzverlangens erlischt. In diesem Fall hat sich der Vertragspartner für eine eindeutige Rechtsposition entschieden, was aber nicht der Fall ist, wenn er die dem Schuldner geschuldete Sache anderweitig verkauft. Hat der Schuldner aber ein schlechtes Geschäft gemacht und erlangt der Vertragspartner durch ein Ausweichgeschäft bessere Vorteile, so bleibt es dabei, dass der Schuldner seinen eigenen ungünstigen Vertragsschluss zu vertreten hat. Nach Beendigung des Verfahrens kann er dann zwar Rückzahlung der Vorleistung verlangen, wenn der Vertragspartner zur Leistung der Sachen nicht mehr im Stande oder gewillt ist (§§ 346 Abs. 1, 323 Abs. 1, 326 Abs. 5 BGB). Es ist aber nur konsequent, es bei der vom *BGH* angeordneten Undurchsetzbarkeit gegenseitiger Ansprüche für die Dauer des Insolvenzverfahrens zu belassen. Für den Verwalter gilt dies ebenso wie für den Vertragspartner. Dann kann der Verwalter aber auch Rückzahlung nicht verlangen, auch nicht dadurch, dass dem Vertragspartner die Ausübung eines Rücktrittsrechts unterstellt wird.

Wie *Musielak*[1164] auch schon formulierte, muss der Konkursverwalter, um sich die Früchte der Vorleistung irgendwie zu sichern, versuchen, den Wert der Vorleistung dadurch für die Masse nutzbar zu machen, dass er die Forderung aus dem Vertrag an einen Dritten verkauft. Gelingt ihm auch das nicht, trägt er dafür das Risiko und kann es nicht unter Berufung auf den Gläubigergleichbehandlungsgrundsatz auf den Vertragspartner abwälzen.[1165]

1163 Zum Inhalt der Rücktrittserklärung siehe *Gaier* in: MünchKomm-BGB § 349 Rdnrn. 2 ff.

1164 Vgl. *Musielak* AcP 179 (1979), 189 (207).

1165 Unter Hinweis auf *Kalter* KTS 1973, 16 (17).

III. Das Interesse des Verwalters an der noch ausstehenden Leistung des Vertragspartners

In analoger Anwendung des § 323 Abs. 3 BGB a. F. nahm man schon früher an, dass der Verwalter die Vorleistung des Schuldners soll zurückverlangen können, wenn er an der Teilleistung (der insgesamt teilbaren Gegenleistung) des Vertragspartners kein Interesse habe.[1166]

Nach *BGHZ* 155, 87[1167] geht der *BGH* davon aus, dass ein Rückzahlungsanspruch des Verwalters zwar grundsätzlich nicht bestehe, allenfalls aber dann in Betracht komme, wenn das Interesse des Verwalters an der noch ausstehenden Leistung des Vertragspartners entfällt.[1168] Eine Einschränkung für den Fall der Teilbarkeit der Leistung des Vertragspartners macht der *BGH* nicht.

Es fragt sich daher, ob das Interesse des Verwalters eine von den allgemeinen Grundsätzen unterschiedliche Behandlung der unteilbaren Leistungen in der Insolvenz rechtfertigt.

Das Interesse an der Gegenleistung ist allgemein nach bürgerlichem Recht dann erheblich, wenn dem Gläubiger nur mit der vollen Leistung gedient ist.[1169] Aus diesem Grunde solle der Verwalter, der an der Teilleistung des Vertragspartners kein Interesse hat, die Anzahlung zurückfordern können. Richtigerweise stellt der *BGH*, wie soeben erwähnt, nicht auf die Teilbarkeit der Gegenleistung ab, denn soweit man das Recht aus § 323 Abs. 3 BGB a. F. auf den Verwalter überträgt, kann das Interesse des Verwalters nicht weniger zu berücksichtigen sein, wenn die Gegenleistung unteilbar ist. Dennoch ist fraglich, ob das Interesse des Verwalters an der Gegenleistung überhaupt rechtlich relevant sein kann. Nach geltendem Recht ersetzt § 326 Abs. 4 BGB den bis zur Schuldrechtsreform geltenden § 323 Abs. 3 BGB a. F. Zudem findet man heute ein neues Leistungsstörungsrecht vor. Dieses zeigt in § 323 Abs. 5 S. 1 BGB, welche rechtliche Bedeutung das Interesse an der Gegenleistung haben kann. § 323 BGB gewährt dem Vertragspartner das Recht, von einem gegenseitigen Vertrag zurückzutreten, wenn der Schuldner eine fällige Gegenleistung nicht oder nicht vertragsgemäß erbringt. Hat der Schuldner hingegen (schon) eine Teilleistung erbracht, so kann der Vertragspartner nur zurücktreten, wenn er darlegt, dass er an dieser kein Interesse hat, § 323 Abs. 5 S. 1 BGB.

1166 *Jaeger/Henckel* KO § 17 Rdnr. 82; *Foerste* Insolvenzrecht Rdnr. 229.

1167 *BGHZ* 155, 87 (96/97) = NZI 2003, 491 (m. Anm. *Huber*) = NJW 2003, 2744 = KTS 2003, 631 = LMK 2003, 213 (Anm. *Ahrens*) = ZInsO 2003, 607.

1168 So auch *Kreft* in: MünchKomm-InsO § 103 Rdnr. 34.

1169 Vgl. insofern *Jaeger/Henckel* KO § 17 Rdnr. 82 unter Hinweis auf *RGZ* 140, 393; *RGZ* 170, 259. – Vgl. nach heutigem Recht §§ 323 Abs. 5 S. 1, 281 Abs. 1 S. 2 BGB.

Festzuhalten ist damit zunächst einmal Folgendes: Das Gesetz berücksichtigt das Interesse desjenigen, der seine Leistung ordnungsgemäß erbringen will[1170] und die Leistung seines Schuldners nicht erhält. Des Weiteren stellt das Gesetz auf das Interesse des Vertragspartners an der erhaltenen Leistung ab und nicht auf die noch ausstehende. Ist die Teilleistung nämlich von Interesse, kommt, so kann man aus § 323 Abs. 5 S. 1 BGB schließen, nur ein Teilrücktritt in Betracht.[1171]

Zu dieser gesetzlichen Linie passt nicht, auf das Interesse des Verwalters an der noch ausstehenden Leistung des Vertragspartners abzustellen, um einen Rückzahlungsanspruch hinsichtlich bei Verfahrenseröffnung bereits erbrachter Vorleistungen des Schuldners zu begründen. Denn indem man das Interesse an der ausgebliebenen Leistung bemisst, räumt man dem Verwalter (Schuldner) ein Recht ein, sich ohne vom Gesetz vorgesehenen Grund von der vertraglichen Verpflichtung freizusprechen. Der Grundsatz der Privatautonomie mit der Folge *pacta sunt servanda* würde in sein Gegenteil verkehrt. Außerdem fragt sich, warum man dem Verwalter, wenn er doch die Erfüllung des Vertrages abgelehnt hat, begünstigen soll. Der Vertragspartner verlöre damit nicht nur jedwede (rechtliche) Sicherheit, wenn der Schuldner insolvent wird. Denn ob der Verwalter an der Gegenleistung noch ein Interesse hat, ist für ihn nicht abzusehen.

Schließlich ist auch der dogmatische Bruch für den Fall, dass allenfalls das Interesse des Verwalters für den Rückforderungsanspruch maßgeblich ist, zu vermeiden.[1172] Aus welcher Rechtsgrundlage und wie – im Hinblick auf die neuere Rechtsprechung des *BGH* zum Verwalterwahlrecht – sollte sich ein Rückforderungsanspruch dogmatisch begründen lassen?

Der Irrelevanz des Verwalterinteresses bei Vorleistungen des Schuldners steht nicht im Widerspruch zu der Annahme, die Leistungen seien dann teilbar, wenn der Vertragspartner eine massenützliche Gegenleistung zu erbringen habe.[1173] Diesem Verständnis wohnt in gewisser Weise die Relevanz des Verwalterinteresses an der Gegenleistung inne. Im Vordergrund steht jedoch vielmehr das wirtschaftliche Angewiesensein des Schuldners auf die Leistung, um für den Verwalter die Weiterwirtschaftungsmöglichkeit zu schaffen. Das Interesse des Verwalters an der Leistung ist hier ein derart gesteigertes, dass die Annahme der Teilbarkeit gerechtfertigt ist, weil sonst der Vertragspartner einen zu großen

1170 Die eigene Vertragstreue stellt eine ungeschriebene Voraussetzung des § 323 Abs. 1 dar, *Ernst* in: MünchKomm-BGB § 323 Rdnr. 257 m. ausführlichen Nachw. aus Rechtsprechung und Literatur.

1171 *Ernst* in: MünchKomm-BGB § 323 Rdnr. 3.

1172 Kritisch auch *Prahl* ZInsO 2005, 568 (570).

1173 Siehe oben S. 168 ff.

Einfluss auf das Schuldnervermögen nehmen könnte. Denkbar ist daher, dass der Rückforderungsanspruch in gleicher Weise dann zu bejahen ist, wenn der Verwalter im gleichen Maße auf die Rückzahlung der Vorleistung angewiesen ist. Dies erscheint jedoch nur schwer vorstellbar, da der Verwalter auch jederzeit die Möglichkeit haben wird, durch Erfüllung des Vertrags die volle vertraglich äquivalente Gegenleistung zu erhalten, und mit dieser weiterzuwirtschaften. Steckt in dieser Gegenleistung nicht (mehr) der Wert der eigens vom Schuldner erbrachten Leistung, weil er mit dem Vertrag ein schlechtes Geschäft gemacht hat, so kann man im Grunde zweierlei annehmen: Entweder man erachtet es für unzulässig, dem Verwalter ein Rückforderungsrecht einzuräumen, weil der Schuldner selbst das Risiko seines eigenen Vertrages trägt[1174], oder man bejaht in diesen Fällen die Einflussmöglichkeit des Vertragspartners auf das Schuldnervermögen durch Zurückbehalten der Vorleistung, so dass i. d. Regel ein Rückforderungsrecht des Verwalters besteht. M. E. ist ersteres richtig, da diese Lösung der Privatautonomie entspricht und die mögliche Folge des Zurückbehaltens der Vorleistung nicht Argument für den Rechtsgrund des Rückforderungsrechts selbst sein kann.

1174 Vgl. *Musielak* AcP 179 (1979), 189 (207).

Der Teilbarkeitsbegriff des § 105 S. 1 InsO muss im Lichte des Gläubigergleichbehandlungsgrundsatzes zusammen mit dem Schutz des vertraglichen Synallagmas in der Insolvenz und unter Beachtung des Grundsatzes der Privatautonomie ausgelegt werden. Anhand einer Betrachtung der Rechtsfolgen, die sich aus einer pauschalen Inhaltsbestimmung des Begriffs ergeben, kann geschlossen werden, dass der Begriff nicht verallgemeinerungsfähig ist, sondern von Fall zu Fall geprüft werden muss, ob die Folgen der Teilbarkeit einer Leistung für den Vertragspartner des Insolvenzschuldners hinnehmbar und daher angemessen sind.

Dies ist regelmäßig dann der Fall, wenn der Vertragspartner durch ein etwaiges Zurückbehalten seiner Leistung die Unternehmenssanierung gefährden könnte. [1175] Kann der Vertragspartner derart Einfluss auf das Schuldnervermögen nehmen, muss man ihm im Interesse der Gläubigergesamtheit zumuten, auf die ihm grundsätzlich zustehende Einrede des nicht erfüllten Vertrages (§ 320 BGB) im Insolvenzverfahren zu verzichten. In diesem Fall wird der Rechtsverlust des Vertragspartners dadurch hinreichend kompensiert, dass er die Gegenleistung für vor Verfahrenseröffnung erbrachte Teilleistungen im Insolvenzverfahren noch als Insolvenzforderung geltend machen kann. Hat die Leistung des Vertragspartners hingegen keine derartige Bedeutung, kann und sollte der Insolvenzverwalter die Erfüllung des Vertrages mit dem Vertragspartner ablehnen. Tut er dies nicht, sondern sieht einen Vorteil in der Abwicklung des gesamten Vertrages, so muss auch die vor Verfahrenseröffnung empfangene Gegenleistung des Vertragspartners mit Massemitteln beglichen werden. Dies ist Folge der Annahme der Unteilbarkeit der Leistung des Vertragspartners.

Die Beweislast für das Vorliegen der Voraussetzung der Teilbarkeit der Leistung liegt beim Insolvenzverwalter. Nur er kann darlegen, welche Bedeutung die Leistung des Vertragspartners für die Masse und für die Unternehmensfortführung hat.

Die Teilbarkeit einer Leistung ist gegenüber der Unteilbarkeit der Ausnahmefall. Vorleistungen aus der Zeit vor Verfahrenseröffnung kann der Vertragspartner im Insolvenzverfahren jedoch nicht zurückverlangen. Vorleistungen des Schuldners kann der Verwalter im eröffneten Verfahren nur noch dann zurückverlangen, wenn der Vertragspartner infolge der Erfüllungsablehnung einen Schadensersatzanspruch zur Tabelle anmeldet und der Wert der Vorleistung den Schaden des Vertragspartners übersteigt. Ein etwa mangelndes Interesse des Verwalters

1175 Der Sanierungsgedanke im Insolvenzverfahren ist vom Gesetzgeber stark betont worden, BT-Drucksache 12/2443, S. 71 (77 f.).

an der Gegenleistung rechtfertigt dogmatisch kein anderes Ergebnis. Da ein Vertragspartner, dessen Schaden durch eine bereits erhaltene Vorleistung kompensiert wird und der hinter dem Wert der Vorleistung zurückbleibt, den Schaden aber nicht zur Tabelle anmelden wird, hat sich der Rückforderungsanspruch des Verwalters gegen den Vertragspartner, wie *Prahl* trefflich formuliert, praktisch erledigt.[1176] Das Argument, der Vertragspartner dürfe ohne Erbringung einer Gegenleistung die Vorleistung nicht dauerhaft behalten, trifft nicht zu. Dass der Vertragspartner die erhaltene Vorleistung im Insolvenzverfahren nicht zurückgeben muss, ist Folge der nur vorübergehenden Dauer des Insolvenzverfahrens. Nach Beendigung des Verfahrens ist der Schuldner gleichsam nicht daran gehindert, seine Rechte gegen den Vertragspartner weiter zu verfolgen. Das Risiko, vorzuleisten ohne eine Gegenleistung zu erhalten, muss den Schuldner ebenso treffen, wie den Vertragspartner. Geht der Schuldner dieses Risiko vor Insolvenzverfahrenseröffnung ein, wirkt es nach Verfahrenseröffnung auch für die Masse fort. Im Hinblick auf die neuere Rechtsprechung, die die Rechte des Schuldners durch die Verfahrenseröffnung nicht beeinträchtigt sieht, ist dies nur konsequent. Dem *Bundesgerichtshof*[1177] ist daher darin zuzustimmen, dass die Rechte des Schuldners in die Masse einfließen und diese folglich nicht mehr Rechte haben kann als der Schuldner noch vor Verfahrenseröffnung.

Die Auslegung insolvenzrechtlicher Normen orientiert sich grundsätzlich an den Prinzipien des Insolvenzrechts, vornehmlich am Gläubigergleichbehandlungsgrundsatz.[1178] Dieses Prinzip lässt sich am ehesten dann realisieren, wenn der Wert des Ausfallrisikos eines Gläubigers wirtschaftlich exakt benannt werden kann. Aus diesem Grunde sind bei der Anwendung insolvenzrechtlicher Normen Leistungen immer dann als teilbar anzusehen, wenn sich Leistung und Gegenleistung objektiv feststellen und bewerten lassen.

Die Insolvenz einer Partei ist nach wie vor „ein Wertvernichter schlimmster Art"[1179]. Es gilt daher zu vermeiden, dass die Insolvenz des einen zwangsläufig auch dem anderen die Vorteile aus der Vertragsabwicklung raubt und damit potentiell zu dessen Zahlungsunfähigkeit beitragen kann.[1180] Gesamtwirtschaftlich ist dies nicht sinnvoll. Im Rahmen des Teilbarkeitsbegriffs kann man versuchen, dem dadurch zu entgehen, dass durch die Annahme der Unteilbarkeit der vom Vertragspartner geschuldeten Leistung, dieser die Einrede des nicht erfüllten Vertrages im Insolvenzverfahren behält und somit, solange er nicht aus der Mas-

---

1176 *Prahl* ZInsO 2005, 568 (570).

1177 *BGHZ* 96, 34 (37 m. w. Nachw.); *BGHZ* 155, 87 (97).

1178 *Pawlowski* DZWiR 2001, 45 (49).

1179 Zitat von *Ernst Jaeger* aus dem Lehrbuch des Deutschen Konkursrechts, 8. Aufl. 1932, abgedruckt bei *Pape/Uhlenbruck* Insolvenzrecht (2002) Rdnr. 35.

1180 Vgl. *Marotzke* in: *Leipold* Insolvenzrecht im Umbruch, S. 183 (190/191).

se die volle Gegenleistung für seine Leistung erhält, mit seinen Ressourcen anderweitig (weiter-)wirtschaften kann.

Der Gläubigergleichbehandlungsgrundsatz wird durch den vorgeschlagenen Teilbarkeitsbegriff nicht beeinträchtigt. Anderslautenden Stimmen lässt sich unter dem Aspekt gesamtwirtschaftlicher Sinnhaftigkeit auch entgegnen, dass die Förderung wirtschaftlichen Lebens – künftig ohne den insolvent gewordenen Schuldner – für das Gemeinwohl wichtiger ist als die „gleichmäßige Entsorgung des unternehmerischen Leichnams".[1181] Ein Vertragspartner, der nach Vorleistung so gut wie keine Rechte im Insolvenzverfahren hat, wird sich überlegen, ob er sich überhaupt noch auf Vorleistungen einlässt. Wirtschaftlich betrachtet ist dies nicht sinnvoll. Benachteiligt werden schließlich auch die, die ungesichert Vorleistungen erbringen müssen.

1181 Zitat nach *Stürner* NZI 2005, 597 (598).

Literaturverzeichnis

Adam, Roman F., Die Forderungsabtretung und das Wahlrecht des § 103 InsO, DZWiR 1998, 227.

Ahrens, Martin, Anmerkung zu BGH, Urteil vom 27. Mai 2003 – IX ZR 51/02, LMK 2003, 212.

Andres, Dirk; Leithaus, Rolf; Dahl, Michael, Insolvenzordnung (InsO), München 2006 (zitiert: Bearbeiter in: *Andres/Leithaus* InsO).

Arbeitskreis für Insolvenz- und Schiedsgerichtswesen e. V., Köln (Hrsg.), Kölner Schrift zur Insolvenzordnung, 2. Auflage, Herne 2000 (zitiert: Bearbeiter in: Kölner Schrift zur InsO).

Arens, Peter (Hrsg.); *Lüke, Wolfgang* (Bearb.), Zivilprozessrecht, 9. Auflage, München 2006 (zitiert: *Lüke* Zivilprozessrecht).

Baldringer, Sebastian, Vertragliche Lösungsklauseln auf den Insolvenzfall, DZWiR 2004, 285.

Balz, Manfred, Die Ziele der Insolvenzordnung, in: Kölner Schrift zur InsO, S. 3.

ders.; *Landfermann, Hans-Georg*, Die neuen Insolvenzgesetze, 2. Auflage, Düsseldorf 1999.

Bamberger, Georg; *Roth, Herbert*, Beck'scher Online-Kommentar BGB, Stand: 01. November 2006, München (zitiert: Bearbeiter in: BeckOK *Bamberger/Roth*).

Bärenz, Christian, Von der Erlöschenstheorie zur Theorie der insolvenzrechtlichen Modifizierung – zur Dogmatik der neuen BGH-Rechtsprechung zu § 103 InsO, NZI 2006, 72.

Baumbach, Adolf; *Albers, Jan*; *Hartmann, Peter*, Zivilprozessordnung, 66. Auflage, München 2008 (zitiert: Bearbeiter in: *Baumbach/Albers/Hartmann* ZPO).

Baur, Fritz, „Steckengebliebene" Insolvenzverfahren, in: Festschrift für *Friedrich Weber* (1975), S. 41.

ders.; *Stürner, Rolf*, Zwangsvollstreckungs-, Konkurs- und Vergleichsrecht, Band 2 (Insolvenzrecht), 12. Auflage, Heidelberg 1990 (zitiert: *Baur/Stürner* Insolvenzrecht).

Becker, Christoph, Begünstigen und Zurückdrängen der Aufrechnung unter laufendem Insolvenzverfahren, DZWiR 2005, 221.

ders., Insolvenzrecht, Köln, Berlin, München 2005.

Berges, August Maria, Anmerkung zu BGH, Urteil vom 25. September 1952 – IV ZR 13/52, BB 1952, 869.

Betti, Emilio, Die Problematik der Auslegung in der Rechtswissenschaft, in: Festschrift für *Karl Engisch* (1969), S. 205.

Bien, Michael, Die Insolvenzfestigkeit von Leasingverträgen nach § 108 Abs. 1 Satz 2 InsO, ZIP 1998, 1017.

Binder, Jens-Hinrich, Zur Insolvenzbeständigkeit masseschädigender Rechtshandlungen unter Mitwirkung des vorläufigen Insolvenzverwalters, KTS 2006, 1.

Böhle-Stamschräder, Aloys, Konkursordnung, 12. Auflage, München 1976.

Bork, Reinhard, Allgemeiner Teil des Bürgerlichen Gesetzbuches, 2. Auflage, Tübingen 2006.

ders., Anmerkung zu BGH, Urteil vom 04. Mai 1995 – IX ZR 256/93, JZ 1996, 51.

ders., Einführung in das Insolvenzrecht, 4. Auflage, Tübingen 2005.

ders., Zur Dogmatik des § 17 KO, in: Festschrift für *Albrecht Zeuner* (1994), S. 297.

Bötticher, Eduard, Die „Selbstexekution" im Wege der Aufrechnung und die Sicherungsfunktion des Aufrechnungsrechts, in: Festschrift für *Hans Schima* (1969), S. 95.

ders., Höchstrichterliche Rechtsprechung zum Insolvenzrecht, in: RWS-Skript 292, 3. Auflage, Köln 1997 (zitiert: *Brandes* RWS-Skript).

Braun, Eberhard; *Bauch, Rüdiger*, InsO, 3. Auflage, München 2007 (zitiert: Bearbeiter in: *Braun* InsO).

ders.; *Uhlenbruck, Wilhelm*, Unternehmensinsolvenz, Düsseldorf 1997.

Brehm, Wolfgang, Der Bereicherungsanspruch im Insolvenzverfahren, in: Festschrift für *Wolfgang Jelinek* (2002), S. 15.

Bremkamp, Christoph, Anmerkung zu BGH, Urteil vom 25. April 2002 – IX ZR 313/99, DB 2002, 1501.

Brüning, Christoph, Gleichheitsrechtliche Verhältnismäßigkeit, JZ 2001, 669.

Bruns, Alexander, Das Wahlrecht des Insolvenzverwalters und vertragliche Lösungsrechte, ZZP 110 (1997), 305.

Büschgen, Hans E., Praxishandbuch Leasing, München 1998.

Bydlinski, Franz, Grundzüge der juristischen Methodenlehre, Wien 2005.

Canaris, Claus-Wilhelm, Finanzierungsleasing und Wandelung, NJW 1982, 305.

de Bra, Peter, Anmerkung zu BGH, Urteil vom 13. März 2003 – IX ZR 64/02, LMK 2003, 135.

Dubischar, Roland, Grundbegriffe des Rechts, Stuttgart, Berlin, Köln, Mainz 1968.

Eckert, Hans-Georg, Leasingraten – Masseschulden oder Konkursforderungen?, ZIP 1997, 2077.

ders., Miete, Pacht und Leasing im neuen Insolvenzrecht, ZIP 1996, 897.

Ehricke, Ulrich, Die Umsetzung der Finanzsicherheiten-Richtlinie im Rahmen des Diskussionsentwurfs zur Änderung der Insolvenzordnung, ZIP 2003, 1065.

ders., Nochmals – Zur Umsetzung der Finanzsicherheiten-Richtlinie in das deutsche Recht, ZIP 2003, 2141.

Eickmann, Dieter u. a. (Hrsg.), Insolvenzordnung, 4. Auflage, Heidelberg 2006 (zitiert: Bearbeiter in: HK-InsO).

Elfring, Claus, Versicherungsverträge im Insolvenzrecht, BB 2004, 617.

Engel, Johanna, Leasingrelevante Regelungen der neuen Insolvenzordnung, Beilage zu BB 1999, 1.

dies., Miete, Kauf, Leasing, Bonn 1993.

Engisch, Karl, Die Relativität der Rechtsbegriffe, in: Deutsche Landesreferate zum V. Internationalen Kongress für Rechtsvergleichung in Brüssel (1958), Band 5, Berlin 1958, S. 59.

ders., Einführung in das juristische Denken, 9. Auflage, Stuttgart, Berlin, Köln 1997.

Esser, Josef, Vorverständnis und Methodenwahl in der Rechtsfindung, Frankfurt am Main 1970.

Fehl, Norbert, Leasing in der Insolvenz, DZWiR 1999, 89.

Flume, Werner, Allgemeiner Teil des Bürgerlichen Rechts, Band 2 (Das Rechtsgeschäft), 3. Auflage, Heidelberg 1979.

Foerste, Ulrich, Insolvenzrecht, 3. Auflage, München 2006.

Franke, Johannes; *Böhme, Ralf*, Die Tilgung von Altforderungen durch den „schwachen" vorläufigen Insolvenzverwalter, Besprechung zu BGH, Urteil vom 13. März 2003 – IX ZR 56/02, DZWiR 2003, 494.

Ganter, Hans Gerhard, Die Ausübung unzulässigen wirtschaftlichen Drucks auf den vorläufigen Insolvenzverwalter beim Abschluss zur Fortführung des Schuldner-Unternehmens notwendiger Geschäfte, in: Festschrift für *Walter Gerhardt* (2004), S. 237.

Gärtner, Rudolf, Anmerkung zu BGH, Urteil vom 29. November 1984 – IX ZR 44/84, LM § 845 ZPO Nr. 1.

Gassert-Schumacher, Heike, Privilegien in der Insolvenz, Frankfurt am Main 2002.

Gerhardt, Walter (Hrsg.), Festschrift für *Franz Merz*, Köln 1992 (zitiert: Bearbeiter in: Festschrift für *Merz*).

ders., Anmerkung zu BGH, Urteil vom 21. April 2005 – IX ZR 24/04, EWiR 2005, 545.

ders., Vorausabtretung und Konkurseröffnung , in: Gedächtnisschrift für *Brigitte Knobbe-Keuk* (1997), S. 169.

Germann, Oscar Adolf, Probleme und Methoden der Rechtsfindung, 2. Auflage, Bern 1967.

Girisch, Wolfgang, Anmerkung zu BGH, Urteil vom 21. Oktober 1976 – VII ZR 335/75, LM § 36 VglO Nr. 6.

Goldschmidt, Werner, Einheit und Vielfalt des Begriffes der Normenhandhabung, in: Festschrift für *Karl Engisch* (1969), S. 191.

Gottwald, Peter (Hrsg.), Insolvenzrechtshandbuch, 3. Auflage, München 2006 (zitiert: Bearbeiter in: *Gottwald* Insolvenzrechtshandbuch).

Gottwald, Stefan; *Steer, Christian*, Teilweise Rückerstattung der Grunderwerbsteuer bei Insolvenz des Bauträgers? MittBayNot 2005, 278.

Graf von Westphalen, Friedrich, Leasing und Konkurs, BB 1988, 218.

Graf, Ulrich; *Wunsch, Irene*, Gegenseitige Verträge im Insolvenzverfahren, ZIP 2002, 2117.

Grundlach, Ulf; *Frenzel, Volkhard*; *Schmidt, Nikolaus*, Anmerkung zu BGH, Urteil vom 25. Oktober 2001 – IX ZR 17/01, DZWiR 2002, 89.

ders.; *Schirrmeister, Andre*, Anmerkung zu BGH, Urteil vom 13. März 2003 – IX ZR 64/02, DZWiR 2003, 293.

Hahn, Carl; *Mugdan, Benno*, Die gesamten Materialien zu den Reichs-Justizgesetzen, Band 4 (Materialien zur Konkursordnung), Neudruck der Ausgabe Berlin 1881, Aalen 1983 (zitiert: *Hahn/Mugdan*).

Häsemeyer, Ludwig, Das funktionelle Synallagma im Konkurs- und Vergleichsverfahren, KTS 1973, 2.

Häsemeyer, Ludwig, Die Gleichbehandlung der Konkursgläubiger, KTS 1982, 507.

ders., Die Grenzen der Konkursbeständigkeit vorgemerkter Ansprüche, NJW 1977, 737.

ders., Gegenseitige Verträge im Spannungsfeld zwischen Privatautonomie und Insolvenzrecht, in: 50 Jahre Bundesgerichtshof, Band 3, München 2000.

ders., Insolvenzrecht, 3. Auflage, Köln, Berlin, Bonn, München 2003.

Hassold, Gerhard, Strukturen der Gesetzesauslegung, in: Festschrift für *Karl Larenz* (1983), S. 211.

Hatz, Helmut, Rechtssprache und juristischer Begriff, Stuttgart 1963.

Heck, Philipp, Gesetzesauslegung und Interessenjurisprudenz, in: AcP 112 (1914), 1.

Heidland, Herbert, Der Bauvertrag in der Insolvenz von Auftraggeber und Auftragnehmer, 2. Auflage, Neuwied, München 2003 (zitiert: *Heidland* Bauvertrag).

ders., Konsequenzen der „Erlöschenstheorie" und der Theorie der Teilbarkeit von Bauleistungen für die baurechtliche Abnahme, für Vergütungsansprüche, Gewährleistungsfrist und Vertragsstrafe im Insolvenzverfahren über das Vermögen des Auftraggebers, in: Festschrift für *Wilhelm Uhlenbruck* (2000), S. 423.

Heilmann, Hans, Kein Gestaltungsrecht auf Ablehnung der Erfüllung nach § 17 KO, KTS 1985, 639.

Henckel, Wolfram, Anmerkung zu BGH, Urteil vom 30. Januar 1986 – IX ZR 79/85, JZ 1986, 694.

ders., Anmerkung zu BGH, Urteil vom 09. Juli 1986 – VIII ZR 232/85, JZ 1987, 359.

ders., Anmerkung zu BGH, Urteil vom 27. Februar 1997 – IX ZR 5/96, JZ 1998, 155.

ders., Aufrechnung in der Insolvenz, in: Festschrift für *Gerhard Lüke* (1997), S. 237.

ders., Gegenseitige Verträge in Konkurs und Vergleich, ZZP 99 (1986), S. 419.

ders., Konstruktion, Funktion, Interessen – zur modifizierten Erlöschenstheorie durch den BGH, in: Festschrift für *Hans-Peter Kirchhof* (2003), S. 191.

ders., Rezension zu *Linder*, Vorleistungen in der Insolvenz (2006), KTS 2006, 487.

ders., Sachmängelhaftung beim Kauf im Konkurs, in: Festschrift für *Franz Wieacker* (1978), S. 366.

Hergenröder, Curt Wolfgang, Entschuldungsmodel statt Verbraucherinsolvenz bei Masselosigkeit, DZWiR 2006, 265.

Hess, Harald, Anmerkung zu BGH, Urteil vom 27. Februar 1997 – IX ZR 5/96, WuB VI G. § 9 GesO 2.97, S. 703.

ders., InsO, Großkommentar zur InsO, 3. Auflage, Heidelberg 2007 (zitiert: *Hess* InsO).

ders.; *Kropshofer, Birger*, Konkursordnung, 4. Auflage, Neuwied, Kriftel, Berlin 1993 (zitiert: Bearbeiter in: *Hess/Kropshofer* KO).

ders.; *Pape, Gerhard*, InsO und EGInsO, Grundzüge des neuen Insolvenzrechts, Köln 1995 (zitiert: *Hess/Pape* InsO).

Hoeniger, Heinrich, Die gemischten Verträge in ihren Grundformen, Mannheim, Leipzig 1910.

Hölzle, Gerrit, Ein Ausblick auf die Folgen der geplanten Umsetzung der Finanzsicherheiten-Richtlinie aus Sicht der Insolvenzverwalter, ZIP 2003, 2144.

Huber, Michael, Anmerkung zu BGH, Urteil vom 27. Februar 1997 – IX ZR 5/96, EWiR 1997, 517.

ders., Anmerkung zu BGH, Urteil vom 27. Mai 2003 – IX ZR 51/02, NZI 2003, 494.

ders., Gegenseitige Verträge und Teilbarkeit von Leistungen in der Insolvenz, NZI 2002, 467.

ders., Grundstrukturen der Abwicklung eines Bauvertrages in der Insolvenz, NZBau 2005, 177 (Teil 1); NZBau 2005, 256 (Teil 2).

ders., Vertragsspaltung in der Insolvenz des Auftragnehmers auch für mangelhafte Teilleistung vor Verfahrenseröffnung? ZInsO 2005, 449.

Huber, Ulrich, Die Stellung des Abnehmers im Konkurs des Lieferanten beim Kauf unter Eigentumsvorbehalt, BB 1964, 731.

Jabornegg, Peter, Zurückbehaltungsrecht und Einrede des nicht erfüllten Vertrages, Wien 1982.

Jaeger, Ernst (Begr.); *Henckel, Wolfram* (Bearb.), Konkursordnung, §§ 1-42, 9. Auflage, Berlin, New York 1997 (zitiert: *Jaeger/Henckel* KO).

dies., Insolvenzordnung (§§ 1-55), Berlin 2004 (zitiert: *Jaeger/Henckel* InsO).

Jaeger, Ernst (Begr.); *Lent, Friedrich* (Bearb.), Konkursordnung, Band 1 (§§ 1-70), 8. Auflage, Berlin 1958 (zitiert: Bearbeiter in: *Jaeger* KO).

ders., Lehrbuch des deutschen Konkursrechts, 8. Auflage, Berlin 1932.

ders., Verträge auf Lieferung von Wasser, Gas und Elektrizität aus städtischen Werken, LZ 1912, 286.

Jaeger, Hermann, Teilbarkeit und Unteilbarkeit obligatorischer Leistungen, Erlangen 1913.

Jauernig, Othmar, Ist die Rechtsmacht des Konkursverwalters durch den Konkurszweck begrenzt? in: Festschrift für *Friedrich Weber* (1975), S. 307.

ders., Zivilprozessrecht, 28. Auflage, München 2003.

ders.; Berger, Christian, Bürgerliches Gesetzbuch, 11. Auflage, München 2004 (zitiert: Bearbeiter in: *Jauernig* BGB).

Jendrek, Paul, Anmerkung zu BGH, Urteil vom 10. März 1994 – IX ZR 236/93, WuB VI A § 36 VglO 1.94.

Jhering, Rudolf von, Der Zweck im Recht, Band 1, 3. Auflage, Leipzig 1893.

Kaiser, Dagmar, Die Rechtsfolgen des Rücktritts in der Schuldrechtsreform, JZ 2001, 1057.

Kant, Immanuel, Kritik der reinen Vernunft, 6. Auflage (Nachdruck), Darmstadt 2005.

Keller, Ulrich, Insolvenzrecht, München 2006.

Kepplinger, Henriette-Christine, Das Synallagma in der Insolvenz, Wien u. a. 2000.

Kesseler, Christian, § 105 InsO und die teilbaren unteilbaren Leistungen, ZIP 2005, 2046.

ders., Die Insolvenz des Bauträgers, RNotZ 2004, 176.

ders., Gefahren für den Bauträgervertrag jenseits der MaBV, MittBayNot 2006, 17.

Kiesow, Wilhelm, Gesetz über den Vergleich zur Abwendung des Konkurses, 4. Auflage, Mannheim 1932 (zitiert: *Kiesow* Vergleichsordnung).

Kilger, Joachim; *Böhle-Stamschräder, Aloys*, Konkursordnung, 15. Auflage, München 1987 (zitiert: *Kilger* KO).

Kilger, Joachim; *Schmidt, Karsten*, Insolvenzgesetze (KO, VglO, GesO), 17. Auflage, München 1997 (zitiert: *Kilger/K. Schmidt*).

Kippenberg, Berthold, Der Einfluss der Eröffnung des Konkursverfahrens auf noch nicht erfüllte zweiseitige Verträge, Leipzig 1907.

Kirchhof, Hans-Peter (Hrsg.), Münchener Kommentar zur Insolvenzordnung, Band 1 (§§ 1-102), München 2001; Band 2 (§§ 103-269), München 2002; Band 3 (§§ 270-335), München 2003 (zitiert: Bearbeiter in: MünchKomm-InsO).

ders., Anfechtbarkeit von Rechtshandlungen vorläufiger Insolvenzverwalter, ZInsO 2000, 297.

ders., Zwei Jahre Insolvenzordnung – Ein Rückblick, ZInsO 2001, 1.

Kleine, Lucas; *Scholl, Bernd*, Das Konkurrenzverhältnis primärer und sekundärer Gläubigerrechte bei Pflichtverletzungen im allgemeinen Schuldrecht, NJW 2006, 3462.

Korczak, Dieter; *Pfefferkorn, Gabriele*, Überschuldungssituation und Schuldnerberatung in der Bundesrepublik Deutschland, Stuttgart 1992.

Kramer, Ernst A., Juristische Methodenlehre, 2. Auflage, München 2005.

Kreft, Gerhart, Die Wende in der Rechtsprechung zu § 17 KO, ZIP 1997, 865.

ders., Teilbare Leistungen nach § 105 InsO – unter besonderer Berücksichtigung des Bauvertragsrechts, in: Festschrift für *Wilhelm Uhlenbruck* (2000), S. 387.

Kropholler, Jan, Bürgerliches Gesetzbuch, Studienkommentar, 10. Auflage, München 2007 (zitiert: *Kropholler* StudKomm-BGB).

Krull, Helge, Globalzession, Erfüllungsverlangen und vorkonkursliche Teilleistung, InVO 1998, 180.

ders., Teilbarkeit der Leistung nach § 105 InsO, NZI 1998, 66.

ders., Zur Abwicklung schwebender Vertragsverhältnisse in künftigen Insolvenzverfahren, ZInsO 1998, 291.

Kübler, Bruno M.; *Prütting, Hanns*, InsO Kommentar zur Insolvenzordnung (Loseblatt), Band 1, Stand November 2006, Köln (zitiert: Bearbeiter in: *Kübler/Prütting* InsO).

Kuhlen, Lothar, Typuskonzeption in der Rechtstheorie, Berlin 1977.

Kuhn, Georg; *Uhlenbruck, Wilhelm*, Konkursordnung, 10. Auflage, München 1986 (zitiert: *Kuhn/Uhlenbruck* KO).

Künne, Karl, Anmerkung zu LG Hagen, Urteil vom 13. März 1958 – 1 S 13/58, KTS 1958, 94.

Landfermann, Hans-Georg, Der Ablauf eines künftigen Insolvenzverfahrens, BB 1995, 1649.

ders., Rezension zu *Häsemeyer*, Insolvenzrecht, 1992, ZZP 107 (1994), 127.

Langhein, Gerd, Der Sonderkundenvertrag im Vergleich, ZIP 1985, 385.

Larenz, Karl, Lehrbuch des Schuldrechts, Band 1 (Allgemeiner Teil), 14. Auflage, München 1987 (zitiert: *Larenz* Schuldrecht).

ders.; Canaris, Claus-Wilhelm, Methodenlehre der Rechtswissenschaft, 4. Auflage, Berlin 2006.

ders.; Wolf, Manfred, Allgemeiner Teil des Bürgerlichen Rechts, 9. Auflage, München 2004.

Leipold, Dieter (Hrsg.), Insolvenzrecht im Umbruch, Köln, Berlin, Bonn, München 1991 (zitiert: Bearbeiter in: *Leipold* Insolvenzrecht im Umbruch).

ders., BGB I Einführung und Allgemeiner Teil, 4. Auflage, Tübingen 2007.

Leithaus, Rolf, Anmerkung zu BGH, Urteil vom 13. März 2003 – IX ZR 64/02, NZI 2003, 317.

Lettl, Tobias, Anmerkung zu BGH, Urteil vom 18. Oktober 2001 – IX ZR 493/00, WuB VI B § 17 KO 1.02.

Lichtenberger, Peter, Die Auflassungsvormerkung – auch künftig unverzichtbares Sicherungsmittel beim Kauf vom Bauträger, NJW 1977, 519.

Liegmann, Jörg, Gesetz zur Beschleunigung fälliger Zahlungen, GewArch 2003, 274.

Linder, Petra, Vorleistungen in der Insolvenz, Köln, Berlin, München 2006.

Looschelders, Dirk, Schuldrecht Allgemeiner Teil, 4. Auflage, Köln, Berlin, München 2006.

ders., Verfassungsrechtliche Grenzen der deliktischen Haftung Minderjähriger – Grundsatz der Totalreparation und Übermaßverbot, VersR 1999, 141.

Lorenz, Stephan, Fünf Jahre „neues“ Schuldrecht im Spiegel der Rechtsprechung, NJW 2007, 1.

Lüke, Gerhard (Hrsg.), Münchener Kommentar zur Zivilprozessordnung, Band 1 (§§ 1-354), 2. Auflage, München 2000 (zitiert: Bearbeiter in: MünchKomm-ZPO).

Lwowski, Hans-Jürgen; Merkel, Helmut, Kreditsicherheiten, 8. Auflage, Berlin 2003.

Maas, Gottfried Heinrich, Die Wirkung der Ablehnungserklärung des Konkursverwalters, Berlin 1915.

Marotzke, Wolfgang, Anmerkung zu BGH, Urteil vom 09. Juli 1986 – VIII ZR 232/85, EWiR 1986, 915.

ders., Anmerkung zu BGH, Urteil vom 11. Februar 1988 – IX ZR 36/87, EWiR 1988, 285.

ders., Anmerkung zu BGH, Urteil vom 21. November 1991 – IX ZR 290/90, EWiR 1992, 71.

ders., Anmerkung zu BGH, Urteil vom 04. Mai 1995 – IX ZR 256/93, EWiR 1996, 179.

ders., Anmerkung zu BGH, Urteil vom 04. Mai 1995 – IX ZR 256/93, LM § 17 KO Nr. 31.

ders., Anmerkung zu BGH, Urteil vom 27. Februar 1997 – IX ZR 5/96, LM GesO Nr. 24 (6/1997).

ders., Anmerkung zu BGH, Urteil vom 25. April 2002 – IX ZR 313/99, ZZP 111 (2002), 507.

ders., BGB und InsO: zwei neue Leistungsstörungsrechte im Widerstreit, KTS 2002, 1.

ders., Das Zurückbehaltungsrecht im Konkurs des Gegners, JA 1988, 117 (Teil 1); JA 1988, 176 (Teil 2).

ders., Die Behandlung der „schwebenden Rechtsgeschäfte“, in: *Leipold* Insolvenzrecht im Umbruch (1991), S. 183.

ders., Gegenseitige Verträge im neuen Insolvenzrecht, 3. Auflage, Neuwied, Kriftel 2001 (zitiert: *Marotzke* Gegenseitige Verträge, 3. Aufl.).

ders., Gegenseitige Verträge im neuen Insolvenzrecht, 2. Auflage, Neuwied, Kriftel 1998 (zitiert: *Marotzke* Gegenseitige Verträge, 2. Aufl.).

ders., Gegenseitige Verträge in Konkurs und Vergleich, München 1985 (zitiert: *Marotzke* Gegenseitige Verträge, 1. Aufl.).

Medicus, Dieter, Bürgerliches Recht, 21. Auflage, Köln, Berlin, München 2007.

Mentzel, Franz; Kuhn, Georg; Uhlenbruck, Wilhelm, Konkursordnung, 11. Auflage, München 1994 (zitiert: *Mentzel/Kuhn/Uhlenbruck* KO).

Meyer, Guido, Die Teilbarkeit von Bauleistungen nach § 105 InsO, NZI 2001, 294.

Meyer, Peter; Rein, Christian, Das Ende der Gläubigergleichbehandlung im Insolvenzrecht?, NZI 2004, 367.

Michael, Lothar, Die drei Argumentationsstrukturen des Grundsatzes der Verhältnismäßigkeit, JuS 2001, 148.

Michalski, Lutz; Ruess, Peter, Rechtsfolgen der Insolvenz des Leasinggebers bei im Wege des Factoring veräußerten Leasingforderungen, NZI 2000, 250.

Mohrbutter, Harro, Anmerkung zu BGH, Urteil vom 10. März 1994 – IX ZR 236/93, EWiR 1994, 717.

Mohrbutter, Peter; Mohrbutter, Harro, Erfüllungsverlangen des Insolvenzverwalters und Teilbarkeit der Leistung, DZWiR 2003, 1.

Motive zu dem Entwurf einer deutschen Gemeinschuldordnung, Berlin 1873 (zitiert: Motive Gemeinschulordnung).

Mugdan, Benno, Die gesamten Materialien zum Bürgerlichen Gesetzbuch für das Deutsche Reich, 5 Bände, Berlin 1899 (zitiert: *Mugdan* Bd.).

Müller, Gerda, Aktuelle Fragen des Haftungsrechts, ZfSch 2005, 54.

dies., Neue Perspektiven beim Schadensersatz, VersR 2006, 1289.

Musielak, Hans-Joachim, Die Erfüllungsablehnung des Konkursverwalters (Zur Auslegung des § 17 Abs. 1 der Konkursordnung), AcP 179 (1979), 189.

ders., Grundkurs ZPO, 9. Auflage, München 2007 (zitiert: *Musielak* ZPO).

ders., Leistungsstörungen bei Sukzessivlieferungsvertrag, Entscheidungsbesprechung zu BGH, Urteil vom 10. November 1976 – VIII ZR 112/75, JuS 1979, 96.

ders., ZPO Zivilprozessordnung, 5. Auflage, München 2007 (zitiert: Bearbeiter in: *Musielak* ZPO).

Nerlich, Jörg; Römermann, Volker, Insolvenzordnung (Loseblatt), Stand April 2006, München (zitiert: Bearbeiter in: *Nerlich/Römermann* InsO).

Obermüller, Manfred, Anglerlatein oder – Der Widerstand gegen die Umsetzung der Finanzsicherheiten-Richtlinie, ZIP 2003, 2336.

ders., Insolvenzrecht in der Bankpraxis, 6. Auflage, Köln 2002.

ders.; Livonius, Barbara, Auswirkungen der Insolvenzrechtsreform auf das Leasinggeschäft, DB 1995, 27.

Oetker, Hartmut, Anmerkung zu BGH, Urteil vom 27. Februar 1997 – IX ZR 5/96, DZWiR 1998, 66.

Offtermatt, Gernot, Das Wahlrecht des Konkursverwalters nach § 17 Konkursordnung, Tübingen 1966.

Palandt, Bürgerliches Gesetzbuch (BGB), 67. Auflage, München 2008 (zitiert: Bearbeiter in: Palandt).

Pape, Gerhard, Ablehnung und Erfüllung schwebender Rechtsgeschäfte durch den Insolvenzverwalter, in: Kölner Schrift zur InsO, 2. Auflage, S. 531.

ders., Anmerkung zu BGH, Urteil vom 20. Dezember 1988 – IX ZR 50/88, EWiR 1989, 283.

ders., Anmerkung zu BGH, Urteil vom 22. Februar 2001 – IX ZR 191/98, LM § 17 KO Nr. 35 sowie WuB VI B § 17 KO 3.02.

ders., Bevorstehende Änderungen der InsO nach dem InsOÄndG 2001, ZInsO 2001, 587.

ders.; Uhlenbruck, Wilhelm, Insolvenzrecht, 2. Auflage, München 2006.

Paulus, Christoph G.; Zenker, Wolfgang, Grenzen der Privatautonomie, JuS 2001, 1.

Paulus, Christoph, Anmerkung zu BGH, Urteil vom 21. November 1991 – IX ZR 290/90, EWiR 1993, 697.

Pawlowski, Hans-Martin, Einführung in die juristische Methodenlehre, 2. Auflage, Heidelberg 2000.

ders., Zur Auslegung der Insolvenzordnung, DZWiR 2001, 45.

Pflug, Hans-Joachim, Der gegenseitige Vertrag im Konkurs und das „Wahlrecht" des Konkursverwalters nach § 17 KO, AG 1986, 305.

Pilgram, Thomas, Ökonomische Analyse der bundesdeutschen Insolvenzordnung, Frankfurt am Main, Berlin, Bern 1999 (zitiert: *Pilgram* Ökonomische Analyse).

Plander, Harro, Das Wahlrecht des Konkursverwalters und des Vergleichsschuldners nach §§ 17 Abs. 1 KO, 50 Abs. 1 VglO und die Stellung des Vertragspartners im Falle des § 878 BGB, JZ 1973, 45.

Pletzsch, Michael, Die Erfüllungsverweigerung des Konkursverwalters, Frankfurt am Main 1973.

Plonski, Wolfgang, Ansprüche aus gegenseitigen Verträgen beim Konkurse beider Kontrahenten, Greifswald 1932.

Pottgießer, Gaby; Velte, Patrick, Die bilanzielle Behandlung von Handy-Subventionen, StuB 2006, 131.

Prahl, Albert, Der Prämienanspruch des Lebensversicherers in der Insolvenz des Versicherungsnehmers bei beiderseits nicht erfülltem Vertrag, VersR 2006, 884.

ders., Zur Bereicherung des anderen Teils aus Vorleistungen des Schuldners vor seiner Insolvenz, ZInsO 2005, 568.

Preuß, Nicola, „Missbrauch der Vertretungsmacht" des Insolvenzverwalters, NZI 2003, 625.

Ramming, Klaus, Wechselwirkungen bei den Voraussetzungen der gesetzlichen Kündigungs- und Rücktrittsrechte nach allgemeinem Schuldrecht (§§ 314, 323, 324 BGB), ZGS 2003, 113.

Rapp, Manfred, Erfüllungsablehnung und Vormerkungswirkung im Konkurs des Verkäufers, MittBayNot 1977, 1.

Rattunde, Rolf; Röder, Petra, Verfahrenseröffnung und Kostendeckung nach der InsO, DZWiR 1999, 309.

Rebmann, Kurt (Hrsg.), Münchener Kommentar zum Bürgerlichen Gesetzbuch, 4. Auflage, München 2003 (zitiert: Bearbeiter in: MünchKomm-BGB).

Rendtorff, Wulf, Der beiderseitig nicht vollständig erfüllte Vertrag in der Insolvenz (§ 17 KO und §§ 103, 105 sowie 107 InsO), Berlin 2004.

Reul, Adolf; Heckschen, Heribert; Wienberg, Rüdiger, Insolvenzrecht in der Kautelarpraxis, München 2006 (zitiert: Bearbeiter Kautelarpraxis, 2006)

Rief, Elke, Anmerkung zu BGH, Urteil vom 27. Februar 1997 – IX ZR 5/96, WiB 1997, 990.

Ringstmeier, Andreas, Anmerkung zu BGH, Urteil vom 13. April 2006 – IX ZR 158/05, BGHReport 2006, 1135.

Rosenberg, Leo; *Gaul, Hans Friedhelm*; *Schilken, Eberhard*, Zwangsvollstreckungsrecht, 11. Auflage, München 1997.

Roth, Herbert, Die Fortsetzung des Synallagmas mit insolvenzrechtlichen Mitteln, in: Festschrift für *Walter Rolland* (1999), S. 305.

Rümker, Dietrich, Anmerkung zu BGH, Urteil vom 29. November 1984 – IX ZR 44/84, EWiR 1985, 25.

Rumpf, Stefanie, Das Synallagma im Dauerschuldverhältnis, Konstanz 2003.

Savigny, Friedrich Carl von, Juristische Methodenlehre, nach Ausarbeitung des Jakob Grimm, Stuttgart 1951.

Sax, Walter, Über Rechtsbegriffe – Gedanken zur Grenze rechtlicher Begriffsbildung, in: Festschrift für *Hermann Nottarp* (1961), S. 133.

Scheffler, Frank Rüdiger, Teilleistungen und gegenseitige nicht vollständig erfüllte Verträge in der Insolvenz, ZIP 2001, 1182.

Schellhammer, Kurt, Zivilprozess, 12. Auflage, Heidelberg 2007.

Scherer, Inge, Teilweise Vorleistungen in der Insolvenz, NZI 2004, 113.

Schiffauer, Peter, Wortbedeutung und Rechtserkenntnis, Berlin 1979.

Schmid-Burgk, Klaus, Leasingraten – Masseschulden oder Konkursforderungen, ZIP 1998, 1022.

Schmidt, Andreas (Hrsg.), Hamburger Kommentar zum Insolvenzrecht, 2. Auflage, Münster 2007 (zitiert: Bearbeiter in: Hamburger Kommentar zum InsR).

Schmidt, Karsten, Anmerkung zu BGH, Urteil vom 09. Juli 1986 – VIII ZR 232/85, JuS 1987, 319.

ders., Anmerkung zu BGH, Urteil vom 04. Mai 1995 – IX ZR 256/93, JuS 1995, 839.

ders., Entscheidungsbesprechung zu BGH, Urteil vom 11. Mai 2000 – IX ZR 262/98, JuS 2001, 188.

Schmidt-Rimpler, Walter, Die Gegenseitigkeit bei einseitig bedingten Verträgen, insbesondere beim Versicherungsvertrag, Stuttgart 1968.

Schmitz, Claus, Anmerkung zu BGH, Urteil vom 22. Februar 2001 – IX ZR 191/98, BauR 2001, 1583.

ders., Mängel nach Abnahme und offener Werklohnanspruch – ein wesentlicher Anwendungsbereich des § 103 InsO bei Bauverträgen, ZIP 2001, 765.

Seifert, Peter, Refinanzierung von Leasingverträgen nach § 108 InsO, NZM 1998, 217.

Sinz, Ralf; *Hefermehl, Hendrik*, Unternehmensinsolvenz, 2. Auflage, Köln 2003.

Smid, Stefan (Hrsg.); *Depré, Peter*, Insolvenzordnung, 2. Auflage, Stuttgart, Berlin, Köln 2001 (zitiert: *Smid* InsO).

ders., Grundzüge des neuen Insolvenzrechts, 4. Auflage, München 2002.

ders., Rezension zu *Wiórek* Das Prinzip der Gläubigergleichbehandlung im Europäischen Insolvenzrecht, DZWiR 2006, 484.

ders., Struktur und systematischer Gehalt des deutschen Insolvenzrechts in der Judikatur des IX. Zivilsenats des Bundesgerichtshofs, DZWiR 2004, 1.

ders.; *Lieder, Solveig*, Das Schicksal urheberrechtlicher Lizenzen in der Insolvenz des Leasinggebers, DZWiR 2005, 7.

Soergel, Hans Theodor (Begr.); *Siebert, Wolfgang* (Hrsg.), Bürgerliches Gesetzbuch, Band 5,2 (Schuldrecht), 13. Auflage, Stuttgart 2005 (zitiert: Bearbeiter in: *Soergel*).

Staudinger, Julius von (Begr.), Kommentar zum Bürgerlichen Gesetzbuch, Berlin (zitiert: Bearbeiter in: Staudinger [Bearb. Jahr]).

Stein, Friedrich; *Jonas, Martin* (Begr.), Kommentar zur Zivilprozessordnung, Band 3 (§§ 253-299 a), 21. Auflage, Tübingen 1997 (zitiert: Bearbeiter in: *Stein/Jonas* ZPO).

Stoll, Hans, Haftungsfolgen im Bürgerlichen Recht, Heidelberg 1993.

Stürner, Rolf, Aktuelle Probleme des Konkursrechts, ZZP 94 (1981), 263.

ders., Anmerkung zu BGH, Urteil vom 21. November 1991 – IX ZR 290/90, LM § 17 KO Nr. 29.

ders., Der Abschied von der „klassenlosen" Insolvenz, NZI 2005, 597.

Tacke, Helmut R., Leasing, 3. Auflage, Stuttgart 1999.

Thode, Reinhold, Erfüllungs- und Gewährleistungssicherheiten in innerstaatlichen und grenzüberschreitenden Bauverträgen, ZfIR 2000, 165.

Thomas, Heinz; *Putzo, Hans*, Zivilprozessordnung, 28. Auflage, München 2007 (zitiert: Bearbeiter in: *Thomas/Putzo* ZPO).

Tintelnot, Albrecht, Anmerkung zu BGH, Urteil vom 22. Februar 2001 – IX ZR 191/98, EWiR 2001, 1107.

ders., Die gegenseitigen Verträge im neuen Insolvenzverfahren, ZIP 1995, 616.

Uhlenbruck, Wilhelm (Hrsg.), Insolvenzordnung, 12. Auflage, München 2003 (zitiert: Bearbeiter in: *Uhlenbruck* InsO).

ders., Anmerkung zu BGH, Urteil vom 04. Mai 1995 – IX ZR 256/93, EWiR 1995, 691.

ders., Die Durchsetzung von Gläubigeransprüchen gegen eine vermögenslose GmbH und deren Organe nach geltendem und neuem Insolvenzrecht, ZIP 1996, 1641.

van den Daele, Wolfgang, Probleme des gegenseitigen Vertrages, Hamburg 1968.

Voss, Rudolf, Anmerkung zu BGH, Urteil vom 11. März 1997 – X ZR 146/94, EWiR 1997, 739.

Waldner, Wolfram, Anmerkung zu BGH, Urteil vom 10. März 1994 – IX ZR 236/93, WiB 1994, 741.

Wank, Rolf, Die juristische Begriffsbildung, München 1985.

Weber, Hansjörg, Kreditsicherungsrecht, 8. Auflage, München 2006.

Weitnauer, Hermann, Die Vormerkung im Konkurs des Bauträgers, DNotZ 1977, 225.

Westermann, Harm Peter (Hrsg.), Erman Bürgerliches Gesetzbuch, 11. Auflage, Köln 2004 (zitiert: Bearbeiter in: Erman).

Wiegmann, Oliver, Grund, Grenzen und Wirkungsweise des § 105 InsO, Frankfurt am Main 2004.

Wieser, Eberhard, Erfüllungsverlangen des Insolvenzverwalters und Aufrechnung mit einer Insolvenzforderung, JZ 2003, 231.

Wilmowsky, Peter von, Europäisches Kreditsicherungsrecht, Tübingen 1996.

Wimmer, Klaus, Entwurf eines Gesetzes zur Umsetzung der Finanzsicherheiten-Richtlinie, ZIP 2003, 1563.

ders.; Ahrens, Martin, Frankfurter Kommentar zur Insolvenzordnung, 4. Auflage, Neuwied 2006 (zitiert: Bearbeiter in: FK-InsO).

Windel, Peter A., Der insolvenzrechtliche Gleichbehandlungsgrundsatz und seine Auswirkungen auf die Abwicklung schwebender Austauschverträge, Jura 2002, 230.

Wiórek, Piotr Marcin, Das Prinzip der Gläubigergleichbehandlung im Europäischen Insolvenzrecht, Baden-Baden 2005.

Zahn, Herbert, Anmerkung zu BGH, Urteil vom 04. Mai 1995 – IX ZR 256/93, DB 1995, 1597.

ders., Leasingnehmer und refinanzierende Bank in der Insolvenz des Leasinggebers nach der Insolvenzordnung, DB 1995, 1597.

Zippelius, Reinhold, Juristische Methodenlehre, 10. Auflage, München 2006.

Zöller, Richard (Begr.); *Geimer, Reinhold* (Bearb.), Zivilprozessordnung, 26. Auflage, Köln 2007 (zitiert: Bearbeiter in: *Zöller* ZPO).

Peter Lang · Internationaler Verlag der Wissenschaften

Oliver Wiegmann

Grund, Grenzen und Wirkungsweise des § 105 InsO

Frankfurt am Main, Berlin, Bern, Bruxelles, New York, Oxford, Wien, 2004.
174 S.
Schriften zum Wirtschaftsrecht, Steuerrecht und Zivilprozeßrecht.
Herausgegeben von Jürgen Costede. Bd. 14
ISBN 978-3-631-52364-3 · br. € 39.–*

Die Behandlung noch nicht vollständig erfüllter gegenseitiger Verträge nach Eröffnung des Insolvenzverfahrens gehört zu den meistdiskutierten Fragestellungen des Insolvenzrechtes. § 105 InsO ordnet in diesem Zusammenhang an, dass die Vertragspartner des Schuldners ihren Leistungsanspruch wegen bereits erbrachter Teilleistungen stets nur als Insolvenzgläubiger geltend machen können, auch wenn der Insolvenzverwalter wegen der noch ausstehenden Leistungen die Erfüllung des Vertrages verlangt. Die Arbeit untersucht, inwieweit die mit der Regelung beabsichtigten Zielsetzungen erreicht werden können und beleuchtet insbesondere die Frage der Teilbarkeit der Leistung sowie die Anwendung des § 105 InsO auf unterschiedlichste Vertragstypen.

Aus dem Inhalt: Praktische Bedeutung des § 105 InsO · Entstehungsgeschichte und Gesetzeszweck des § 105 Satz 1 InsO · Voraussetzungen des § 105 Satz 1 InsO · Rechtsfolge des § 105 Satz 1 InsO, § 105 Satz 2 InsO